ANTOLOGÍA DE ROMÁNTICAS ALEMANAS

Letras Universales

Antología de románticas alemanas

Edición de Federico Bermúdez-Cañete
y Esther Trancón y Widemann

Traducción de Federico Bermúdez-Cañete
y Esther Trancón y Widemann

CÁTEDRA
LETRAS UNIVERSALES

Diseño de cubierta: Diego Lara

Juan Ignacio Luca de Tena, 15. 28027 Madrid
Depósito legal: M. 40.895-1995
I.S.B.N.: 84-376-1375-2
Printed in Spain
Impreso en Gráficas Rógar, S. A.
Pol. Ind. Cobo Calleja. Fuenlabrada (Madrid)

INTRODUCCIÓN

Introducción general al romanticismo

Para comprender adecuadamente a estas diez escritoras conviene situarlas en su contexto histórico e ideológico, el Romanticismo, la última crisis global de nuestra cultura, que afectó a toda Europa y en buena medida a las Américas. Es evidente que nuestra presentación está obligada a simplificar y esquematizar al intentar resumir un movimiento tan amplio, plural y contradictorio; aun así, será útil a los lectores no especializados que, además, podrán completar su información consultando la bibliografía adjunta.

El gran árbol romántico hunde sus raíces en el siglo XVIII: sin la Ilustración y el llamado Prerromanticismo no habría desplegado sus inmensas ramificaciones filosóficas, literarias, pictóricas, musicales... La «Edad de la razón» aportó los medios para el ejercicio generalizado de la crítica, así como la incipiente orientación hacia una de las líneas definitorias del horizonte romántico, la libertad. No nos corresponde aquí adentrados en interpretaciones más sutiles, como la de H. G. Gadamer[1], uno de los teóricos que han profundizado en la continuidad de ambos movimientos; baste con apuntar la dialéctica contraposición entre elementos constantes y elementos superadores. El principal de estos últimos es, claro está, la apertura a los inmensos e inexplorados ámbitos de lo transracional. R. Argullol ha mostrado cómo, partiendo de Shaftesbury (su obra *Characteristics of men...* es

[1] H. G. Gadamer, *Verdad y método,* Salamanca, 1977; *apud* Alfredo de Paz; *La revolución romántica,* Tecnos, 1992, págs. 62 y ss.

de 1711) y sobre todo desde mediados del siglo XVIII, la interpretación romántica del hombre en su relación con la naturaleza vuelve a ser orgánica y panteísta, oponiéndose a la escisión entre ambos propuesta por el mecanismo empirista y racionalista[2].

En el complejo entramado de corrientes filosóficas y literarias que constituye el «Siglo de las luces» en Europa emergen, en pugna con el sensualismo y el racionalismo, autores atentos a esos espacios de la mente que escapan al control intelectual: la pasión, la melancolía, el misterio... En lengua inglesa, James Thomson publica *Las estaciones* en 1726-1730, vibrando ante los paisajes de otoño e invierno, tan opuestos al primaveral «locus amoenus», repetido, desde Teócrito, a lo largo de más de dos mil años. Edward Young escribe sus *Pensamientos nocturnos* en 1742-1745, estremecido por la muerte de sus seres queridos, y combinando filosofía y religiosidad aceptadas con un insólito regusto por lo sepulcral y atormentador. Thomas Gray, con su *Elegía en un cementerio de aldea* (1760), Macpherson, con sus *Poemas gaélicos,* firmados por «Ossian», *Fingal, Temora...* (1760-1763), muestran a Inglaterra como país pionero en la nueva sensibilidad, sin duda relacionada con su situación económica, social y política, la más avanzada entonces en Europa.

Al mismo tiempo, en los países de lengua alemana se produce una evolución análoga, en oposición a la prepotencia del neoclasicismo impuesto por Francia. En Suiza se inicia el culto literario de la montaña con Albrecht von Haller y su poema científico-paisajístico *Los Alpes* (1732); y ya a partir de 1725 Bodmer y Breitinger luchan desde Zúrich contra el clasicista alemán Gottsched; allí mismo, algo más tarde, Salomon Gessner renueva el género pastoril con sus *Idilios* (1756-1772), influyendo en toda Europa con su nuevo tono sentimental. Zúrich, con su anglofilia y su paisajismo, fue un centro de irradiación prerromántico, alcanzando, por ejemplo, a Goethe.

En Alemania, Lessing (1729-1781) combatió la tragedia francesa y defendió el nuevo drama burgués, a la vez

---

[2] R. Argullol, *El héroe y el único,* Barcelona, Destino, 1990, págs. 28-34.

que reivindicaba a Shakespeare, desde 1750. Hamann, hacia 1760, es ya mago y místico, casi romántico, y prepara el camino a Herder. La influencia de las novelas «gótica» y sentimental de origen inglés, de la comedia «lacrimosa» de Diderot y de las baladas populares, estudiadas por primera vez en Inglaterra por Percy en 1765, entronca con las inquietudes de los jóvenes escritores alemanes. Klopstock adopta un tono inédito al cantar en *El Mesías* (1748) la religión y en sus *Odas* la naturaleza, a la vez que introduce el nacionalismo que tanta fortuna tendrá como tema romántico, con sus bardos germánicos inspirados en los del falso Ossian. Por su parte, Winckelmann (1717-1768) aportó una nueva visión de la cultura griega, que sería muy estimulante para los románticos, como veremos. Herder (1744-1803) desarrolló el interés por los cantos populares de todos los pueblos y por Shakespeare, y se lo transmitió en Estrasburgo al joven Goethe en 1770-1771.

El movimiento «Sturm und Drang» («Tempestad e ímpetu», título de un drama de Klinger) unió a éste con Goethe, Bürger y otros jóvenes inspirados en Rousseau, Hamann, Herder, los ingleses..., y defendió ante todo el genio frente a la tradición. Duró unos quince años, hasta que Goethe, tras su viaje a Italia en 1786, retornó al clasicismo. Pero este breve interludio prerromántico tuvo un efecto incalculable, sobre todo por el éxito de *Werther* (1774) que, aunque inspirado en Rousseau, impuso su mayor intensidad y apretado dinamismo, sucediendo a *La nueva Eloísa* (1762) como novela más leída e imitada en toda Europa. Y también por su drama *Götz von Berlichingen* (1773) traducido por Walther Scott; así como por sus poemas amorosos de juventud, por ejemplo, «Willkommen und Abschied» («Acogida y separación») donde el diálogo entre pasión y naturaleza supera de nuevo a Rousseau en fervor y nitidez. Schiller contribuyó con *Los bandidos* (1781), las *Cartas sobre educación estética* y *Sobre la poesía ingenua y sentimental* (1795). W. Heinse profundizó en el sentimiento de la montaña en su literatura de viajes. En suma, entre la «Aufklärung» o Ilustración alemana y el amplio apogeo del Goethe clásico, los «Stürmer» aportaron temas, actitudes y géneros que constituyen buena parte de la herencia inmediata de nuestras escritoras románticas, tan ligadas a Goethe y a Schiller.

Al llamado prerromanticismo francés lo representan autores aislados, pero de inmensa influencia en Europa. Diderot, de formación clasicista, racionalista y empirista, director de la *Enciclopedia* y seguidor de Voltaire, es a la vez un increíble innovador que desarrolla una revolucionaria teoría dramática, cultiva nuevos géneros, y rebosa sentimiento e inventiva: Lessing se apoyó en él para desarrollar el «drama burgués» y le llamó «mente alemana» (cosa que también haría Goethe). Y, sobre todo, el ginebrino, a caballo entre las culturas suiza y francesa, Juan Jacobo Rousseau (1712-1778), en quien confluyen las tendencias prerrománticas europeas, como ha mostrado Charles Dédéyan[3]. Sin ser plenamente romántico, por su confianza en el discurso racional para la elaboración de teorías que consideran aún al ser humano en abstracto (el *Contrato social,* los *Discursos,* las *Cartas...),* desarrolla mejor que ningún otro autor de su tiempo los temas propios de la revolución cultural que se avecinaba: una radical atención al propio yo *(Confesiones, Ensoñaciones...);* una capacidad desconocida para dialogar con la naturaleza y fundirse con ella al modo panteísta (descripciones de *La nueva Eloísa,* del *Emilio,* y de los libros autobiográficos citados); y un minucioso análisis de la pasión amorosa, que desborda poderosamente la estrechez del sensualismo rococó. La obra de Rousseau impregna el primer romanticismo alemán: desde Kant, pasando por Goethe, reaparece en casi todos los contemporáneos de las autoras aquí estudiadas. Otros notables paisajistas, como Bernardin de Saint-Pierre y Ramond, no desbordaron tanto las fronteras francesas.

En España las tendencias prerrománticas han sido estudiadas a fondo, con revisiones como las de Joaquín Arce[4], José Caso González y otros, cuyo resumen no cabe aquí:

---

[3] Ch. Dédéyan, *J. J. Rousseau et la sensibilité littéraire à la fin du XVIII siècle,* París, S.E.E.S., 1966.

[4] J. Arce, *La poesía del siglo ilustrado,* Madrid, Alhambra, 1981.

baste con una mínima información[5], histórica, para que el público de lengua española relacione cronológicamente a las primeras románticas alemanas con sus contemporáneos españoles. La Guerra de la Independencia contra Napoleón (1808-1814) sorprendió a unos escritores que, como Jovellanos (1744-1811), contemporáneo de Herder y de Goethe, acabaron de lograr la superación de un prolongadísimo y degenerado Barroco, y comenzaban a abrirse a la revalorización de la Edad Media, la ensoñación melancólica y los paisajes agrestes o nocturnos, o como sus seguidores de otras promociones, Juan Meléndez Valdés (1754-1817), o Nicasio Álvarez de Cienfuegos (1764-1809). Pero si la invasión napoleónica por un lado estimuló la conquista de las libertades democráticas, a través de las Cortes de Cádiz y de la Constitución de 1812, por otro aglutinó a las fuerzas reaccionarias en torno al oscurantista Fernando VII (indigno de su ilustrado abuelo, Carlos III), cuya devastadora censura retrasó la eclosión del Romanticismo hasta su muerte, en 1833[5]. El contraste entre España y Alemania llegó a ser de unos cuarenta años entre las fechas de nacimiento de Jean Paul Richter (1763), A. W. Schlegel (1767), o Caroline Schlegel-Schelling (1763), la primera aquí estudiada, y Espronceda (1808) o Larra (1809). En otro sentido, un ilustre coetáneo español de Caroline, Leandro Fernández de Moratín, había nacido sólo tres años antes que ella; sin embargo, en su contexto lo más avanzado consistía en combatir la pervivencia del Barroco con el «buen gusto» puramente neoclásico (por cierto, atravesó Alemania y los Alpes en 1793, viajando desde Inglaterra hacia Italia, su país afín, sin adquirir noticias del «Sturm und Drang» ni barruntar la estética de lo sublime ante la alta montaña)[6].

Considerando, a vista de pájaro, el momento histórico

---

[5] V. Llorens, *El Romanticismo español,* Madrid, Castalia, 1979; véase también, *Liberales y románticos,* México, Colegio de México, 1954

[6] *Viaje a Italia,* Madrid, Espasa-Calpe, 1992; véase también Rosario Assunto, *Naturaleza y razón en la estética del setecientos,* Madrid, Visor, 1989.

del Romanticismo europeo, encontramos una gran disparidad en la evolución socioeconómica y política de los distintos países. Varios de ellos no han alcanzado aún la unidad nacional, como Italia o como Alemania, dividida en unos doscientos minúsculos territorios de carácter semifeudal; y su economía es básicamente agraria. Inglaterra va a la cabeza en su industrialización y riqueza colonial, así como en la gradual conquista del poder político por la burguesía. Y en Francia estalla el enfrentamiento violento con las estructuras del Antiguo Régimen. La Revolución de 1789 es un acontecimiento clave, que entronca con el Romanticismo en una misma lucha por la libertad. La nueva ideología, que tiene en Rousseau a su más emblemático representante, supone un «giro copernicano» frente a la creencia en un pecado original irremediable: la historia se contempla como un proceso esperanzado de superación, siempre en progreso. Aunque los excesos del Terror, las guerras subsiguientes y las invasiones napoleónicas pusieron en seguida en crisis el entusiasmo inicial, las propuestas teóricas de la Revolución Francesa continuaron vigentes. Friedrich Schlegel, en el Fragmento 116 de la revista *Athenäum* (1798-1800), escribió: «La Revolución Francesa, la *Doctrina de la ciencia* de Fichte y el *Wilhelm Meister* de Goethe son las grandes tendencias de nuestra época». Es conocido el gesto de Hölderlin, Schelling y Hegel, condiscípulos en Tubinga, plantando un «árbol de la libertad» en su memoria. Y Kant, que aportó al Romanticismo las bases para la filosofía idealista de Fichte (sobre todo con su *Crítica del juicio,* de 1790, donde potencia la idea de belleza como «intuición de la unidad del ser»), siempre celebró la Revolución. En Inglaterra, Wordsworth y Coleridge se apasionaron en su favor; ellos y muchos otros viajaron a Francia. Pero, a partir de la derrota de Napoleón y del Congreso de Viena, las teorías conservadoras de Edmund Burke y Joseph de Maistre ganaron mucho terreno; muchos románticos alemanes, ingleses, franceses y españoles volvieron a la tradición, para basar en el «espíritu del pueblo» el creciente nacionalismo de su tiempo. G. Lukács ha mostrado cómo, sobre todo en Alemania, donde el progreso político era imposible, los intelectuales concentraron su energía en la vida interior, sufriendo la contradicción entre su servidumbre práctica y sus vuelos mentales[7].

En este contexto, los románticos alemanes realizaron una titánica labor especulativa, la creación de la filosofía idealista. Siguiendo a Alfredo de Paz, por ejemplo[8], podemos reconstruir sintéticamente su trayectoria, sobre todo en la disciplina más cercana a nuestro campo literario, la Estética. Kant puso las bases, con su *Crítica del juicio* (1790), para la superación del racionalismo, afirmando que lo estético es subjetivo, independiente de toda regla, e inaugurando así la concepción moderna. Apoyado en su doctrina, Goethe vio en lo bello el «fenómeno primigenio»; y Schiller, en sus *Cartas sobre la educación estética del hombre* (1795), expresó la infinita potencialidad del arte como juego creador. Fichte extremó las posiciones kantianas, «romantizándolas»: la única realidad es la actividad del yo, que crea el no-yo, el mundo. Como hemos visto en el «Fragmento», de F. Schlegel, se le consideró padrino del Romanticismo alemán, tanto en la teoría de la *Doctrina de la ciencia* como en la práctica política, por sus *Discursos a la nación alemana* (1807). Con sus enseñanzas en la Universidad de Jena tuvo una influencia esencial en la concepción de la ironía de F. Schlegel (el yo del artista se distancia de lo relativo del mundo, haciéndose así libre) y en el idealismo mágico de Novalis (el mundo se sublima mágicamente en el yo del artista). Más adelante, Schelling (1775-1854), autor del *Sistema del idealismo trascendental* (1800), encontró en el fenómeno estético la solución para un problema filosófico clave: la relación entre naturaleza y espíritu. Superó así a Kant y a Fichte con su esfuerzo por dar a lo absoluto rasgos concretos, a través de la naturaleza y el arte (Hegel, en sus *Lecciones de Estética* [1820-1830] lo haría a través de la historia). Como veremos enseguida, varias de las escritoras seleccionadas compatieron directamente, a través del

---

[7] G. Lukács, *El alma y las formas*, Barcelona, 1875; véase también, *Breve historia de la literatura alemana*, Barcelona, 1975.

[8] Alfredo de Paz, *La revolución romántica* (1984), Madrid, Tecnos, 1992, págs. 100-148.

«Círculo de Jena» y en Berlín, esta intensísima etapa de especulaciones teóricas.

Pero estas primeras generaciones del Romanticismo alemán no fueron sólo creativas a través del lenguaje verbal, tanto metafísico como crítico-literario. La música y las artes plásticas se desarrollaron de manera tan impresionante como la filosofía. El más temprano teorizador literario de la convergencia de todos los caminos hacia la belleza fue Wackenroder (1773-1798), amigo de Tieck y muerto prematuramente cuando empezaba a colaborar con el «Círculo de Jena». Su obra *Efusiones cordiales de un monje amante del arte* (1797) pone la intuición y la libertad del genio como punto de partida, y la pintura y la música como vías más elevadas hacia la plenitud estética[9]. En su exaltación de la música le acompañaron después Tieck, F. Schlegel, Novalis y E. T. A. Hoffmann, quien adoptó el nombre de Amadeus en homenaje a Mozart (cuyo *Requiem* fue compuesto en 1791). Recordemos que, en el año inaugural del Romanticismo alemán e inglés (1798), Beethoven compuso su Sonata para piano «Patética»; y siguió creando, paralelamente a los poetas y pintores: en 1808, la «Quinta Sinfonía», a la vez que C. D. Friedrich pintaba su «Monje a la orilla del mar» (comentado por Kleist, Arnim y Brentano); y así hasta 1823, en que coincidieron su «Novena Sinfonía» y «El mar de hielo» de Friedrich. En el norte de Alemania dos pintores profundizaron en una sutilísima interpretación de la realidad. Philipp-Otto Runge (1777-1810) pintó desde su interioridad y sentimiento cósmico; amigo de Tieck y muy afín a Novalis, se anticipó a Wagner en su proyecto de síntesis de las artes; su serie «Las horas del día» iría acompañada de textos de Tieck y música de Berger, y alojada en un edificio simbólico. Caspar David Friedrich (1774-1840) extremó el rechazo de la tradición italiana y profundizó en la expresión del alma a través de paisajes vibrantes de simbolismo. En el sur, los llamados «Nazarenos» volvieron en cambio a Italia, a renovar el arte alemán desde un medievalismo cristiano. Por

---

[9] Véase Antoni Marí, *El entusiasmo y la quietud*, Barcelona, Tusquets, 1979, págs. 171-176.

otra parte, la gran pintura romántica fue creada también por franceses: Géricault, Gros, Delacroix..., e ingleses: J. H. Füssli (de origen suizo), Blake, Constable, Turner... y enriquecida por Goya, el genio español en la divisoria entre Ilustración y Romanticismo[10].

Entrando ya en el panorama específicamente literario, conviene aludir a la simultaneidad de la aparición del pleno Romanticismo en Inglaterra y en Alemania, así como a su posterior difusión por Francia y España. Se ha debatido largamente sobre la unidad de este gran movimiento europeo. Arthur O. Lovejoy ha insistido en la heterogeneidad de sus manifestaciones, según los distintos países y generaciones[11]. En cambio, René Wellek ha mostrado la profunda comunidad ideológica y estética que subyace a la aparente pluralidad[12], tesis que comparte Hans Georg Schenk en su valioso estudio, donde aspira a demostrar su coherencia, más allá de las contradicciones en que se manifiesta[13].

En 1798 apareció la primera edición de las *Lyrical Ballads,* anónima; la segunda, en 1800, firmada por Wordsworth (nacido en 1770) y Coleridge (n. 1772): con ellas se inició la renovación de la lírica inglesa hacia el lenguaje asequible a la clase media, la conciencia de la necesaria distanciación de la emoción inicial para la elaboración del poema, y una visión íntima, familiar y panteísta a la vez, de la naturaleza. En esta primera generación tienen importancia también Southey (n. 1774), Jane Austen (n. 1775) y Walther Scott (n. 1771), creador de un tipo de novela histórica que influiría enormemente en Francia y España (mientras que los primeros no fueron apreciados entre nosotros hasta Unamu-

---

[10] Véase Paz, *op. cit.,* págs. 215-405.

[11] Arthur O. Lovejoy, *Essays in the history of ideas,* Baltimore, The Johns Hopkins Press, 1948; véase también, *La gran cadena del ser,* Barcelona, Icaria, 1983.

[12] René Wellek, *Historia de la crítica moderna,* Madrid, Gredos, 1959; véase también, *Confrontations, Studes in the intellectual and literary relations between Germany and England and the United States during the nineteth century,* Princeton University Press, 1965.

[13] H. G. Schenck, *The mind of the european romantics,* Londres, 1966; trad. alemana, *Geist der europäischen Romantik,* Francfort, Minerva GMBH, 1970.

no, un siglo después). La coincidencia cronológica con los autores del «Círculo de Jena» es total; por otra parte, Wordsworth visitó brevemente Alemania, pero Coleridge se quedó en 1799, asimilando y casi plagiando la filosofía y crítica de Schelling.

En la segunda generación romántica inglesa (que se suele llamar «satánica», frente a la anterior «de los lagos») destaca Byron (n. 1788), valoradísimo en Francia y, por ello y por su figura de dandy rebelde, de enorme influencia en toda Europa, desde España a Rusia. En cambio, a los más refinados y profundos poetas Shelley (n. 1792) y Keats (1795; casi de la misma edad que el «tardío» romántico alemán Heine) Francia (y el público español, que dependía de las traducciones al francés para su conocimiento de la literatura europea) no los supo apreciar; como tampoco a Charlotte y a Emily Brontë (n. 1816 y 1818).

La relación de la literatura francesa con la alemana del primer Romanticismo se inició gracias a Mme. de Staël, que viajó en compañía de A. W. Schlegel, asimilando con enorme curiosidad las nuevas corrientes (en nuestra antología de prosas aparece una sabrosa anécdota suya, como se verá) y las transmitió a un público dominado por el neoclasicismo en su obra *Sobre Alemania* (1814; primera edición destruida por Napoleón), apoyada por la traducción del *Curso de literatura dramática* de A. W. Schlegel. El Romanticismo francés tuvo su preludio con Chateaubriand (n. 1768) autor de *Atala* (1801) y *El genio del cristianismo* (1802) (pronto traducidas al español) y con algún precursor poco valorado, como Sénancour (n. 1770) y su *Obermann* (1804, dado a conocer en España también por Unamuno, un siglo después); pero no llegó a su plenitud hasta la década 1820-1830, con el liderazgo de Victor Hugo *(Odas y Baladas,* 1826; *Hernani,* 1830). En todo caso, por su desarrollo más tardío, así como por su tendencia dominante hacia la lírica sentimental, está emparentado con el español (salvo su tardío representante Bécquer, afín a lo germánico). No parece necesario detenernos aquí sobre las fechas de aparición y desarrollo del Romanticismo en España, así como sobre la mediación, decisiva, de la literatura francesa: es sabido hasta qué punto se sobrevaloró en la nación vecina a Byron y a Scott, por ejemplo, en detrimento de varios de los más hondos y auténticos poetas ingleses y alemanes; y cómo en España se dependió de esas preferencias, hasta la tardía floración de Bécquer, empapado, en cambio, de música y poesía alemanas. Nos remitimos al concienzudo estudio de conjunto de Leonardo Romero Tobar, y a su bibliografía[14]. Lo que sí conviene señalar es el considerable retraso cronológico de la escritoras románticas españolas en relación con las diez alemanas aquí presentadas. Baste recordar que Gertrudis Gómez de Avellaneda (1814-1873) empezó a publicar en 1841, y Carolina Coronado (1820-1911) en 1843, en un contexto histórico estudiado por Susan Kirkpatrick, Marina Mayoral, María del Carmen Simón Palmer, Elena Catena, etc.[15]. Prácticamente medio siglo de diferencia con Caroline y Dorothea Schlegel, e incluso con Sophie Mereau.

Una vez presentada la aparición del Romanticismo en Inglaterra y sus equivalentes más tardíos en Francia y España, nos referiremos al alemán, también de modo esquemático, como marco para las diez escritoras de nuestra antología. Las tres primeras nacen a principios de los años 60, y empiezan su vida literaria todavía en el siglo XVIII; otras dos en los primeros 70; dos más en los 80; y las tres últimas entre 1796 y 1805.

Vamos a ver cómo se inscriben dentro del «Kunstperiode» («Período artístico»: denominación empleada por Hegel en sus *Lecciones sobre estética* y después por Heine, para el periodo 1789-1830, aproximadamente), es decir, en la estela de Goethe pero a la vanguardia del primer y más dinámico Romanticismo. Goethe, como consejero del Gran Duque de Weimar, había intervenido en la creación de la Universidad de Jena, donde empezaron a enseñar Schiller, Fichte y Humboldt. Esta pequeña ciudad, cercana a Weimar y Ber-

---

[14] L. Romero Tobar, *Panorama crítico del romanticismo español,* Madrid, Castalia, 1994.

[15] *Escritoras románticas españolas,* coord. M. Mayoral, Madrid, Fundación Banco Exterior, 1990; *Las románticas,* Madrid, Cátedra, 1991 (véase Bibliografía).

lín y no expuesta a las guerras de coalición, se iba a convertir en el escenario principal de la renovación filosófica y literaria. Como veremos, varias de las primeras escritoras protagonizan o colaboran en los salones literarios de Berlín; y muchas más desarrollan su vocación en la órbita de Goethe, y en menor grado en la de Schiller. Ambos dirigían en Weimar la revista *Die Horen* («Las horas»); habían mostrado, sobre todo desde el *Musenalmanach* («Almanaque de las musas»), 1797, la importancia de la balada popular frente a los modelos clásicos; y, tanto desde la novela de formación *Wilhelm Meister* como desde la teoría estética, ofrecían un concepto ilustrado de la literatura, destinada a educar gradualmente a la sociedad con sus personajes modélicos, evitando así la revolución. Las primeras románticas partieron, pues, del Berlín de los salones y del Weimar de Goethe y Schiller, pero llegaron a su plenitud al formar parte del «Círculo de Jena», o al menos relacionarse con sus principales figuras. Más adelante daremos más detalles sobre la vida familiar de este grupo, cuyo núcleo se apoyaba en Caroline y Dorothea, casadas con los hermanos Schlegel.

Veamos ahora un brevísimo panorama del Romanticismo alemán, con sus principales generaciones y escuelas. La primera en el tiempo, y también por su genialidad teórica y crítica, es el «Círculo de Jena». Su cohesión e irradiación ni siquiera cubrió el decenio 1795-1805, pero fue importantísima. En torno a August Wilhelm Schlegel (n. 1767) y su hermano Friedrich (n. 1772) se agruparon Tieck, Wackenroder (hasta su muerte en 1798), Novalis, el teólogo Schleiermacher y el joven filósofo Schelling (que sería, como Fichte, profesor de aquella Universidad); y otros amigos y simpatizantes ocasionales. En su diversidad, les unía la común oposición al concepto clasicista de la literatura: ya no la concebían como medio de formación, sino como realidad autónoma, expresión de las inmensas riquezas inexploradas del yo. Convergían en una búsqueda de lo Absoluto a través de la filosofía idealista, la música, el arte y la creación literaria libérrima, integradora de pensamiento y belleza, fragmentaria, siempre en evolución. En una nación desmembrada, sin unidad estatal, y más anclada en la economía agraria que las potencias vecinas, este núcleo de intelectuales resultaba una brillante excepción, apenas valorada por la sociedad pero cargada de futuro como estímulo para otras generaciones.

Destacaron más como teóricos que como creadores puros. Los cursos sobre literatura de A. W. Schlegel, sus traducciones, así como las geniales intuiciones y renovación interpretativa de su hermano Friedrich y de Novalis, supusieron un cambio radical en la historia alemana. Después de colaborar con Schiller en *Die Horen* se distanciaron de él; en cambio revalorizaron la novela de formación goethiana y la adoptaron como modelo, aunque para intentar superarla. Innumerables «fragmentos» y artículos de crítica fueron apareciendo en la revista del círculo, *Athenäum* (1798-1800). Además cultivaron una nueva lírica, más ágil, impresionista y musical que la de Goethe, aunque compartiendo con él la preferencia por la canción popular (sin dejar de considerar los modelos clásicos, y elaborando una nueva relación entre mitología y poesía); un tipo de cuento muy personal, abierto a lo irracional; un acercamiento al teatro partiendo de Shakespeare y Calderón y una narrativa basada en el *Wilhelm Meister* (1794-96, primera parte). En esta corriente destaca *Lucinde* (1799) de F. Schlegel, precursora de la «novela abierta» moderna, rica de incitaciones en su mezcla de géneros y su nuevo concepto del amor. En cuanto a la lírica, éste destacó más como teórico y crítico; es emblemático su «Fragmento 116»: «La poesía romántica es universal y progresiva...» Como dramaturgo no tuvo éxito *(Alarkos)*. Más adelante aludiremos al papel de Dorothea y de Caroline como cotraductoras, coautoras de textos del *Athenäum* e inspiradoras del ideal femenino de *Lucinde*.

Sobre Wackenroder (1773-1798) y su redescubrimiento del mundo medieval y renacentista desde una nueva visión integradora de música, arte y poesía ya hemos hablado más arriba. Transmitió la riqueza de sus intuiciones a su amigo y editor póstumo Ludwig Tieck (1773-1853), que evolucionó desde el común modelo del *W. Meister* hacia una novela más subjetiva, poética y fragmentaria, *Las andanzas de Franz*

Sternbald (1798), con fascinantes paisajes análogos a los de C. D. Friedrich. Fue excelente cuentista y dramaturgo, mediano poeta y óptimo traductor de *El Quijote*.

Friedrich von Hardenberg, «Novalis» (1772-1801), se propuso también superar el modelo goethiano con su novela *Heinrich von Ofterdingen* (1802; incompleta por su temprana muerte). En ella y en su poemario *Himnos a la noche* (1798-1800) crea un mundo simbólico, con una genial pretensión de totalidad. Formalmente comparte la libertad innovadora de F. Schlegel, frente a los clasicistas. Apenas podemos aludir en esta apretada síntesis a su valor emblemático como primer lírico del Romanticismo alemán. Ni a la moderna concepción teológica de Friedrich Schleiermacher, buscador de la autenticidad y la unidad básica de las religiones, por debajo de las querellas entre iglesias establecidas; o a la posición eminente de Schelling en la historia de la filosofía. El primero fue amigo de los de Jena, y luego de Bettina Brentano; el segundo, además, esposo de Caroline.

En lugar aparte hay que mencionar al excéntrico E. T. A. Hoffmann (1776-1822), que vivió gran parte de su vida en Berlín, y es más bien afín a Jean Paul Richter, prologuista de sus *Trozos de fantasía a la manera de Caillot;* aunque no tuvo especial relación con nuestras escritoras, completa el panorama de su generación (ya fuera del «Círculo de Jena»). Como aquéllos, despliega una insólita visión de lo real, «naturalmente» entreverada con lo fantástico y mágico; los personajes se transforman y dudan de su identidad. Fue muy apreciado en Francia, y uno de los que más influyó en otras literaturas: en nuestra Rosalía de Castro, en Baudelaire, Poe, Gogol... Su amigo en Berlín, Adalbert von Chamisso (1781-1838), continuó el tema de la alienación en *Peter Schlemihls wundersame Geschichte (La historia maravillosa de Peter Schlemihl,* 1814), donde el hombre pierde su sombra, símbolo de su pertenencia a la sociedad; nadie le reconoce, y roza la locura. Pero estos dos quedan lejos de nuestras escritoras, salvo por su arraigo en Berlín.

Por otra parte, básicamente independientes del «Círculo de Jena», podemos agrupar a tres autores que, en parte, sólo lo preludian, por permanecer atentos a las formas clásicas.

Johann Paul Friedrich Richter, «Jean-Paul» (1763-1825), narrador de poderosa fantasía (y que comparte su predilección por lo grotesco con Tieck, Hoffmann y Chamisso) y también orientado desde el *W. Meister,* tuvo éxito con *Hesperus* (1795) y se burló de Weimar en *Titan* (1800), con un humor irónico cercano al propugnado por F. Schlegel. Karoline von Günderrode lo leyó con gran interés, como veremos. Friedrich Hölderlin (1770-1843; enfermo mental desde 1803), formado en Tubinga junto a Schelling y Hegel, supo adaptar las formas poéticas helénicas mejor incluso que Goethe, quien a diferencia de Bettina Brentano no supo valorarlo. Sólo tardíamente se ha reconocido la pureza y levedad de su lírica, de un patetismo ya romántico pero cincelada como una obra clásica. Contribuyó a la exaltación de Grecia como lugar mítico, dentro de la corriente que arranca de Winckelmann y de la que participan nuestras poetisas, por ejemplo, en *El archipiélago* y en la etérea novela *Hyperion* (1799), vagamente goethiana en su arranque; Marcel Brion ha señalado su afinidad con Karoline von Günderrode. En tercer lugar, Heinrich von Kleist (1777-1811) escribió en nítidos versos sus dramas de gran hondura y desgarro, y narró en una prosa muy concisa, acerada y moderna. Visitó el «Círculo de Jena» y tuvo amistad y colaboración con sus miembros, sin poder integrarse por su atormentada inadaptación, que acabó en un estudiado suicidio en pareja. Su asombroso talento le ha valido una gran estima en nuestros días, análoga a la de Hölderlin.

Pero en aquella Alemania fragmentada y agraria, con usos y costumbres ancestrales, aquellas minorías tan avanzadas no podían encontrar acogida. En cambio, el llamado «Grupo de Heidelberg» iba a corresponder mucho más con lo único que aglutinaba al mosaico de pequeños territorios independientes: el «Volkegeist» (espíritu del pueblo) estudiado ya por Herder en sus *Volklieder* (1779); un patrimonio colectivo de leyendas, canciones y costumbres que, junto con el idioma común, unificado por la *Biblia* de Lutero, ofrecía la única base posible. Heidelberg, ciudad histórica y pintoresca, en situación geográfica equilibrada entre el norte y el sur, era políticamente más abierta por depender de Francia, y carecía de la tensión ideológica prusiana. Una vez disuelto el «Círculo de Jena», algunos escritores, con menor cohesión personal entre ellos pero suficientes afinidades, empezaron a marcar una nueva orientación en el Romanticismo alemán. Clemens Brentano (1778-1842) y Achim von Armim (1781-1831) reunieron, reelaboraron y editaron una colección de poesías tradicionales en *Des Knaben Wunderhorn (El cuerno maravilloso del muchacho,* desde 1805); la *Zeitschrift für Einsiedler (Revista para ermitaños,* desde 1806) les sirvió de órgano colectivo, análogo al *Athenäum* en Jena, aunque de menor relevancia. Ambos tienen estrecha relación con algunas de nuestras autoras: Clemens, hermano de Bettina, pretendiente de Karoline y marido de Sophie; Achim, marido de Bettina; por otra parte, Friedrich Creuzer, profesor de la Universidad y especialista en mitología, también amigo del grupo, se enamoró de Karoline. La colección fue dedicada por los dos a Goethe, confirmando su magisterio, que marcó una dirección central en la lírica romántica, facilitando un cauce fluido y flexible, más fácil que las exaltadas aspiraciones de Novalis y F. Schlegel.

En conjunto, el «Grupo de Heidelberg» supuso el inicio de una evolución hacia el conservadurismo, que aumentaría en toda Alemania a partir del Congreso de Viena (1815) y como reacción patriótica frente a Napoleón. Joseph Görres (1776-1848) pasó de exaltar la Revolución Francesa a combatirla, y se dedicó a la teoría estética en sus *Aforismos sobre el arte* (1802). Él y Clemens Brentano son los primeros católicos en este conjunto de escritores protestantes (también F. Schlegel se convertiría al catolicismo). A todos ellos se unieron también los hermanos Grimm, que desde 1812 publicaron su colección de *Märchen (Cuentos populares),* reunidos y reelaborados por ellos en una prosa escueta y sabrosa, que se han leído en todo el mundo. Brentano había destacado ya en 1801 por su novela *Godwi,* afín a las de Jean-Paul; después de su conversión en 1817 escribió los *Romances del rosario*. Arnim fue un excelente narrador, con un rico mundo onírico (valorado por Béguin, entre otros) que contrastaba con su carácter serio de noble prusiano. Con ellos se encontraría en Heidelberg Joseph von Eichendorff (1788-1857), adoptando su dedicación a los temas populares y paisajísticos, con un fondo religioso. Ha quedado como el romántico más leído en Alemania, por carecer de la ironía de Tieck, la tensión atormentada de Brentano y los vuelos simbólicos de Novalis. En su obra se amansa y domestica la esencia romántica surgida en Jena, a través de una mitificación de lo medieval. Por otra parte, destaca como narrador en *Ahnung und Gegenwart (Presentimiento y presente,* 1815) y *Das Marmorbild (La estatua de mármol,* 1819).

Se suele llamar «Frühromantik» (Romanticismo temprano) al del grupo de Jena y «Spätromantik» (Romanticismo tardío) al de Heidelberg, aunque apenas están separados por diez años. En último lugar, como trasfondo de nuestras escritoras más longevas (por ejemplo, Bettina) aludiremos al periodo llamado «Biedermeier» (palabra que implica conservadurismo y domesticidad), extendido desde el Congreso de Viena (1815) hasta las dos revoluciones de 1830 y 1848. Encontramos a Annette von Droste-Hülshoff (1797-1848) narradora y fina poetisa, nacida el mismo año que Adele Schopenhauer (no la incluimos en esta antología por ser mucho más conocida y merecer una edición aparte). También a Eduard Mörike (1804-1875) y Nikolas Lenau (1802-1850), con temas amorosos e introspectivos, cercanos por su edad a Fanny Mendelssohn (n. 1805); pero su orientación los separa ya de nuestras últimas poetisas, Ottilie y Adele. En todo caso, como trasfondo de la madurez y vejez de Bettina, conviene aludir a lo conflictivo de aquella época, con la naciente industrialización y proletarización, y una dura represión. Varios autores, entre ellos Heine, activos y comprometidos periodistas llamados de «La joven Alemania» («Das junge Deutschland»), fueron prohibidos en 1835; el periodo entre la revolución de julio de 1830 y la de 1840 se llamó «Vormärz» («Antes de marzo») y confrontó a los escritores vueltos hacia el pasado con los progresistas.

Cerramos este apretado panorama con la mención del escritor más destacado de la época, Heinrich Heine (1797-1856), exiliado en París desde 1831, comparable a Nietzsche como artista de la lengua alemana. Poeta de éxito con *Das*

Buch der Lieder (El libro de las canciones, 1821) e hispanizante en el *Romanzero* (1851), muy leído en traducción en Francia y en España, es sobre todo un gran prosista en sus *Reisebilder (Cuadros de viaje,* 1826-1830) y un duro crítico de la realidad de su patria en *Deutschland. Ein Wintermärchen (Alemania. Un cuento de invierno,* 1843). El carácter de esta antología no aconseja extendernos más en este marco inicial; en el apartado siguiente nos concentraremos en la concreta situación histórica de nuestras diez escritoras.

La mujer

Para poder interpretar y valorar la producción literaria de las autoras de esta época hay que tener en cuenta su situación histórico-social. La época del Romanticismo, con su ideología liberal, es para las mujeres una fase de liberación en el campo de la literatura. Por primera vez tienen la oportunidad de brillar, no en todos los campos de la literatura, pero sí en algunos, como lo demuestra por ejemplo Sophie Mereau, considerada la primera escritora profesional en Alemania. En los textos presentados se puede observar una lenta conquista del mundo literario, con diversas variaciones, siempre en lucha con el papel doméstico asignado a la mujer europea hasta la Revolución Francesa. Para poder comprender la particular situación de estas autoras y los problemas a los que tuvieron que enfrentarse, es indispensable describir tanto su situación práctica como mujeres como el concepto romántico de lo femenino.

El mundo de las diez escritoras presentadas en esta antología difiere considerablemente del nuestro, según podemos comprobar en sus textos. Todas pertenecen a la burguesía y, aunque no siempre tengan una vida despreocupada, normalmente no tienen que ganarse el sustento, proporcionado por sus familias o su maridos. Se mueven en sus salones, tienen tiempo para visitas y saraos, para leer, estudiar, conversar..., y para escribir textos literarios y cartas. Largas cartas a pluma, con otra función que la de transmitir información o mantener amistades o contactos sociales, poesías que son más que pasatiempos para damas de la alta sociedad: que quieren ser obras de arte, forma de expresión literaria, una posibilidad de presentarse no sólo con bellos vestidos, sino también con ideas inteligentes y expresiones poéticas.

También la lengua de estos textos es diferente de la nuestra: contiene muchas palabras que, aunque las conozcamos, ya no las usamos como entonces. Palabras como eterno, profundo, sagrado, puro, fiel, moral y divino; o alma, espíritu, corazón, naturaleza. Expresiones que nos parecen exageradas en su grandilocuencia. Hay que acostumbrarse a este lenguaje que refleja determinados valores e ideales para poder distinguir las particularidades de cada autora y profundizar en esta época literaria y en la vida de aquellas mujeres. Unas vidas que, aunque a casi dos siglos de distancia, todavía nos muestran paralelismos con nuestro tiempo y cuestiones muy actuales.

Entre las obras literarias que plasman la ideología de la Ilustración, en lo referente a la educación femenina, destaca el *Emilio* de Rousseau, donde leemos, por ejemplo: «La educación de las mujeres siempre debe referirse al hombre. Gustar, sernos útiles, amarnos y hacernos la vida fácil y amena: éstos son los deberes de la mujer en todo momento, y esto se les debería enseñar en su infancia»[16]. La mujer depende del hombre, sea el padre, el hermano o el marido; no sólo económica sino también socialmente. Todas las autoras presentadas en esta antología, por independientes y originales que se nos presenten en sus obras, fueron educadas según estos criterios para su función de esposas y madres. Debían ser decentes, virtuosas, dadas a la vida doméstica y retirada.

Pero también Novalis, uno de los representantes fundamentales de la escuela romántica, reparte los papeles socia-

---

[16] J. J. Rousseau, *Emilio,* Madrid, Edaf, 1982. Las teorías de Rousseau, en especial sobre la educación de las niñas, fueron propagadas en Alemania también por Johannes Bernhard Basedow (1724-1790) en su libro *Methodenbuch für Väter, Mütter der Familien und Völker*, Dessau, 1773.

les: «La mujer no sabe nada de la situación de la comunidad. Sólo a través de su marido está relacionada con el Estado, la Iglesia, el público, etc. Vive en el estado verdaderamente natural»[17]. Esta declaración contiene una cierta admiración y envidia: la mujer puede ser como es, el hombre tiene que actuar. El estado natural es un jardín perdido para el hombre; la mujer no es despreciada como un ser inferior sino adorada como un ser superior. Pero, igual que en épocas anteriores, estos seres adorados no participan en la sociedad y en la vida pública. No es de extrañar que algunas mujeres, como Karoline von Günderrode, que fue una de las que más sufrieron por su condición de mujer, desearan: «¡Por qué no soy un hombre!»[18]; o que su poesía fuera descrita como masculina y en sus cartas a Creuzer ella se llamara a sí misma «el amigo»[19].

Otras escritoras, no tan radicales como la Günderrode, más dispuestas a conformarse con su situación, igualmente inquietas, insatisfechas, buscaban salidas a su vida doméstica, se tomaban muchas más libertades que otras mujeres de su época y por ello eran criticadas por la sociedad. Pero incluso ellas habían asumido los valores de la sociedad. Caroline Schlegel-Schelling, por ejemplo, dice de su hijo ilegítimo en una carta: «el bebé... te comunico lo mejor al final... no es niña»[20]. Y Fanny Mendelssohn escribe a su hermano: «He meditado sobre la pregunta de cómo yo, una persona nada excéntrica o hipersentimental, he adquirido el estilo femenino. [...] No es el estilo lo que me falta, sino más bien un cierto principio de vida, y por eso mis obras más largas mueren en su juventud de senilidad; me falta la fuerza para asegurar debidamente las ideas, darles la consistencia necesaria. Por eso me salen mejor las canciones, para las

---

[17] Novalis, «Sobre la mujer y la feminidad», en F. Schlegel, *Theorie der Weiblichkeit,* págs. 159-172.

[18] Véase la carta de Karoline von Günderrode a Gunda Brentano del 29 de agosto de 1801.

[19] Véase la carta de Karoline a Friedrich Creuzer del 27 de abril de 1805.

[20] Véase la carta de Caroline a Meyer del 9 de diciembre de 1793, Mangold, 1973, págs. 61 y ss.

que sólo hay que tener una idea bonita, sin mucha fuerza para la realización»[21].

Rahel Varnhagen describe de forma muy explícita la situación de la mujer: «... de acuerdo con la norma aplaudida no tienen ni espacio para sus propios pies, siempre tienen que ponerlos justo *en* el sitio en que el hombre acaba de estar, y quiere estar: y ven todo el agitado mundo con sus ojos, como alguien que estuviera hechizado como un árbol con sus raíces en la tierra; cada intento, cada deseo de deshacer este estado antinatural es llamado frivolidad»[22]. Este intento de liberación no fue una tendencia general; aparte de Rahel fueron muy pocas, entre las pertenecientes al círculo romántico, las que cuestionaron el papel tradicional de la mujer. Fue ésta la primera vez que un grupo de mujeres salió de su círculo doméstico, aunque aún inseguras y vacilantes. E incluso muchos de sus avances no habrían sido posibles sin el apoyo de algunos hombres.

Aunque los románticos querían ver a la mujer en el «estado natural» (ideología que contradice la de la emancipación en el sentido actual), su imagen de ella difería esencialmente del papel que se le asignaba en la sociedad. Pensaban que no eran los padres los que tenían que elegir el marido para la hija; ella debería amar (y tomar como esposo) a quien ella eligiera. Y aunque no tuviera nada que ver con «el Estado, la Iglesia y el público», su función no sería sólo la de ama de casa, servidora y madre, sino la de compañera que pensara y, dentro de cierto margen, actuara independientemente; alguien por quien el hombre podría ser admirado y que él podría admirar. No es casualidad que varios de los románticos alemanes se casaran con mujeres considerablemente mayores. Varnhagen con Rahel, catorce años mayor que él, Schelling con Caroline, trece años mayor, Friedrich Schlegel con Dorothea, nueve años mayor, y Clemens Brentano con Sophie, ocho años mayor.

No estudiamos aquí un cambio generalizado en aquella

---

[21] Véase la carta de Fanny a Felix Mendelssohn del 17 de febrero de 1835.

[22] Véase la carta de Rahel Varnhagen a Rose del 22 de enero de 1819.

Retrato de Dorothea Schlegel realizado por A. Graff en 1800

sociedad; se trataba de unos pocos, pero formando una especie de familia, con parientes cercanos y lejanos, amigos y colaboradores. La trabazón de las interrelaciones entre las diez escritoras seleccionadas y sus parejas, amistades y rivalidades es impresionante. Si consideramos, en primer lugar, a Bettina Brentano, observamos: amistad íntima y colaboración literaria con su hermano Clemens; matrimonio con el amigo de éste, Achim von Arnim; amistad y mutuo enriquecimiento cultural con Karoline von Günderrode, y luego con Rahel Varnhagen y Friedrich Schleiermacher; críticas a Caroline Schlegel y celos de Luise Gotter (íntima amiga de Caroline), que osaba escribirse con su adorado Goethe.

Karoline von Günderrode tuvo un inicio de relación amorosa con el jurista Karl von Savigny, que acabaría casándose con otra hermana de Bettina, Gunda Brentano; en cuanto a Clemens, intentó despertar en ella una pasión, como vemos en su biografía y epistolario.

Rahel Varnhagen, judía, fue ofendida por Clemens Brentano; sin embargo, ayudó mucho a Bettina, más liberal y humana, a pesar de un poso de prejuicios. Ella y la regente de otro gran salón judío, Henriette Herz, contribuyeron, junto con el teólogo Friedrich Schleiermacher, a que se conocieran Dorothea Veit y su futuro marido Friedrich Schlegel. Por su parte, éste y su hermano August Wilhelm tuvieron cierta rivalidad (aunque muy bien solucionada) por causa de Caroline Böhmer, primero esposa de August Wilhelm y luego de Schelling. En fin, éstas y otras relacionas afectivas contribuyeron a dar cohesión y estímulo al círculo de Jena, así como a disolverlo posteriormente.

Aunque en esta familia (también en la generación siguiente, representada en esta antología por Ottilie von Goethe, Adele Schopenhauer y Fanny Mendelssohn, había relaciones similares) además de amor, amistad y conversaciones inteligentes existieran celos, odio y malicia ingeniosa, a sus miembros les ofrecía cierto apoyo frente a una mayoría que criticaba lo que hacían sus mujeres. Ya en 1783, en la *Magazin für Frauenzimmer* (Revista para señoras) se describía el peligro futuro: «Hace aproximadamente diez años pocas mujeres leían, y lo que leían era por ejemplo libros de cocina, *El emperador Octaviano*... Desde hace diez años, en cambio, casi todo el mundo lee y por eso hay que temer que el bello sexo, con tantos libros [...] olvide que no está sólo destinado a leer, sino también a parir hijos, educarlos y llevar una casa»[23]. Una mujer que no se atenía a estas normas de feminidad corría peligro de ser considerada como poco femenina (un juicio muy temido, por ejemplo, por Rahel Varnhagen y también por Caroline Schlegel-Schelling) o, en el caso más extremo, tenía que renunciar al amor de los hombres (como Karoline von Günderrode o Adele Schopenhauer).

Friedrich Schlegel, por ejemplo, apoyó la libertad de la mujer *en su ámbito:* «Las mujeres tienen que seguir siendo mojigatas mientras los hombres sean tan sentimentales, tontos y malos como para exigirles inocencia y falta de cultura»[24]. Pero tampoco concebía la idea de que una mujer pudiera penetrar seriamente en el campo de la literatura y seguir siendo mujer y femenina; sobre su cuñada escribe: «Ahora, digo, puede hacer lo que todos nosotros queremos hacer..., escribir una novela. Parece que su feminidad se ha terminado por ahora». El papel de escritora no concuerda con el tradicional de la mujer, receptivo y pasivo. Para expresarse literariamente tiene que ser más activa, más dura, tiene que «engendrar ella misma el hijo que quiere parir»; igual que un escritor. Sólo que las mujeres, acostumbradas a dar y a esperar, no estaban preparadas para la probable consecuencia de estas nuevas actividades: la soledad de la libertad (que se refleja, por ejemplo, tanto en la correspondencia de Rahel Varnhagen o Adele Schopenhauer como en la biografía de Sophie Mereau o Karoline von Günderrode). Y en casi todas las biografías se refleja lo difícil que era realizarse como escritora sin renunciar a ser mujer y amada..., o viceversa (como en el caso de Bettina Brentano o Sophie Mereau, que suspenden sus actividades literarias en la época de su matrimonio).

---

[23] Behrens, 1981, págs. 446 y ss.
[24] Behrens, 1981, pág. 449.

El matrimonio

El matrimonio —igual que el hecho de no casarse en la vida— siempre es una realidad decisiva para todas las autoras aquí descritas. Sin embargo, las consecuencias del casamiento varían considerablemente: mientras algunas suspenden sus actividades literarias, otras descubren en el matrimonio su talento y son estimuladas por sus maridos en su interés por la literatura y la cultura en general. Henriette Herz muestra este efecto de modo muy ilustrativo: sólo con el apoyo de su marido descubre la literatura y sus dotes para llevar uno de los salones más importantes de Berlín. También Karl August Varnhagen apoya todas las actividades de su admirada Rahel y rescata sus obras para la posteridad. Por otra parte, se puede observar que las mujeres que no contraen matrimonio sufren considerablemente por sentirse excluidas. Es conocido el desenlace trágico de Karoline von Günderrode, que busca la muerte a orillas del Rin; otras, como Adele Schopenhauer o Rahel (que se casa muy tarde con Varnhagen), no renuncian a la vida, pero sí se hace notar su frustración en numerosas cartas y otros escritos. El matrimonio sigue proporcionando a la mayoría la seguridad y el estatus social que necesitan para poder desarrollar su talento literario. Sólo mujeres tan fuertes como Bettina Brentano o Sophie Mereau lo sienten también como atadura para su creatividad.

Sin embargo, en esta época se puede observar un cambio importante en la actitud hacia el matrimonio, decisivo para nuestro concepto moderno. Su forma predominante en el siglo XVIII, y hasta entrado el XIX, era el matrimonio de conveniencia. Los padres buscaban el marido adecuado para sus hijas, como en el caso de los padres de Henriette, de Dorothea Mendelssohn o del hermano mayor de Caroline. Para esta selección se valoraban el estatus social y la situación económica del futuro yerno. La hija era sacada de la unidad familiar y ocupaba su papel de esposa en una nueva unidad. Lo que unía a los cónyuges eran sus relaciones económicas y sociales y rara vez sentimientos o cariño. A finales del siglo XVIII el sistema de los matrimonios de conveniencia se fue diluyendo. Las mujeres, sobre todo, reclamaban sentimientos más intensos en la vida conyugal. Aunque la mayoría de las escritoras de la primera generación contrajeron matrimonios de conveniencia, muchas, más tarde, reaccionaron contra ellos, porque ya no satisfacían sus expectativas, que habían cambiado poco a poco, imperceptiblemente. Así se explica el gran número de divorcios que se observa por primera vez en la sociedad alemana: Dorothea se divorcia de Simon Veit, Caroline se separa de Böhmer..., la única que parece haber tenido suerte con el marido designado por sus padres es Henriette, con Markus Herz. Sin embargo, estas separaciones siempre iban precedidas de un largo periodo de sufrimiento y desilusión, porque seguían siendo un tabú social y significaban un gran escándalo y, en parte, la exclusión de la vida social.

A Dorothea la casó su padre, el famoso pensador Moses Mendelssohn, a los quince años con el comerciante judío Simon Veit. Tras veinte años de vida conyugal desgraciada, se decidió a luchar por sus necesidades. Después de la separación vivió retirada de toda vida social, sola, con medios económicos mínimos, pero aun así consideró aquel cambio una liberación.

A Caroline Michaelis la casó su querido hermano mayor con el médico Wilhelm Böhmer, a quien apenas conocía. Pronto experimentó que el matrimonio no le traía la deseada vida mejor, sino sobre todo aburrimiento en un pequeño pueblo, amargura y resignación. Al cabo de dos años escribía a su hermana: «Ya no soy muchacha, el amor no me da que hacer más que fáciles tareas caseras..., ya no espero ningún futuro color de rosa..., mi destino está decidido»[25]. Esta situación hizo que Caroline viera la temprana muerte de su marido más que como una pérdida, como una posibilidad de liberación.

---

[25] Véase la carta de Caroline a su hermana Lotte del 28 de mayo de 1786.

Ottilie von Goethe. Grabado realizado por E. V. Binzer en 1863

La ruptura con las conveniencias iba normalmente seguida de una fase de experimentos. Sophie Mereau, por ejemplo, se realiza en sus diversas actividades literarias, publica novelas y su revista literaria *Kalathiskos*. Dorothea Mendelssohn comienza la relación con el joven escritor Friedrich Schlegel, y se decide a vivir con él en unión libre. Caroline Michaelis, después de casarse con August Wilhelm Schlegel por amistad, se enamora del joven Schelling y durante bastante tiempo mantiene una relación con ambos. Una de las mujeres que intenta combinar su enlace convencional con August von Goethe con sus deseos de amor y pasión, a través de numerosas relaciones, es Ottilie von Goethe. Aunque sufre mucho por la falta de sentimientos en su matrimonio, nunca se decide a separarse, motivada por el alto estatus de Wolfgang von Goethe y las posibilidades que le trae el hecho de ser «la nuera de Goethe».

La concepción del amor

En todas las mujeres de esta época se puede observar el deseo de amor auténtico y de relaciones intensas. Para ellas el amor es el único lazo poderoso y duradero entre hombre y mujer. El amor voluntario, y no el matrimonio de conveniencia, proporciona estabilidad a una relación y la capacidad de resistir los malos momentos y tiempos de crisis. Esta nueva concepción se basa sobre todo en valores como la igualdad, la amistad, la lealtad y el respeto, y por ello se refiere a una sola persona. No tiene un origen sólo femenino, sino que es fruto de la ideología general burguesa y romántica, como se puede ver también en el *Catecismo de la Razón para las Mujeres Nobles* de Friedrich Schlegel:

«No abusarás del más mínimo de los santuarios del amor, pues perderá su tierno sentimiento aquella que profane sus favores y se entregue a cambio de regalos o donativos, o sólo para ser madre tranquila y pacíficamente.

»No tendrás ningún amante aparte de él, pero podrás ser amiga, sin aparentar el colorido del amor o coquetear o adorar.

»No te crearás ningún ideal, ni de ángel del cielo, ni de héroe de poemas o novelas, ni de nadie soñado ni imaginado: sino que amarás a un hombre tal como es»[26].

Uno de los textos más significativos y más ilustrativos sobre el ideal femenino y el concepto de la mujer y del amor, también escrito por Friedrich Schlegel, es *Lucinde*. Esta pequeña novela causó tal escándalo cuando fue publicada, en 1799, que un año más tarde aparecieron, anónimas, las *Cartas familiares sobre la Lucinde de Schlegel*, del teólogo y filósofo Friedrich Schleiermacher, amigo suyo, en defensa del autor y su obra. Lo que más provocó la ira del público y una ola de indignación moral fue la representación e idealización de un nuevo concepto del amor, el así llamado amor romántico, que incluía explícitamente los placeres sensuales. Al mismo tiempo se exalta en la *Lucinde* a un nuevo tipo de mujer: la amiga perfecta, la amada sensual y la mujer intelectualmente independiente. Tanto la *Lucinde* como las *Cartas familiares* fueron escritas en pro del matrimonio por amor; son ejemplos del elogio del amor romántico, de la eterna armonía y unidad de los amantes: una concepción desarrollada en aquella época, que en buena medida permanece en el inconsciente ideológico contemporáneo.

Aunque se haya incorporado a nuestra visión del mundo, a fines del siglo XVIII suponía un cambio rotundo. También Schleiermacher subrayaba este aspecto en su dedicatoria a los incomprensivos. En la sociedad burguesa predominaba el antiguo y cínico sistema feudal: la función de la esposa era la procreación y para el placer había otras mujeres; los sentimientos refinados sólo se podían encontrar en la literatura o en conversaciones con mujeres del segundo grupo. Lo escandaloso de *Lucinde*, según esta tradición, no serían las escenas eróticas, sino la mezcla de estos dos campos: matrimonio *y* amor, unión espiritual *y* sensual, pasión *y* procreación. Hasta entonces sólo se podía encontrar un amor que pretendiera incluir todos estos aspectos en textos literarios en los que esta idea aparecía como deseo irrealiza-

---

26 Mangold, 1973, págs. 89 y ss.

ble. Lo más insolente de *Lucinde* es la forma de presentar el amor integral, no como un deseo utópico que lleva a la desgracia (como en las novelas sentimentales), sino como una posibilidad de realización concreta. Como consecuencia de esta actitud, la mujer burguesa ya no tenía que dividir sus sentimientos entre la sumisión hacia su marido y la fantasía de un galán real o ficticio, sino que canalizaba todos sus sentimientos hacia un único amor.

Otra razón para la indignación general fue el supuesto aspecto autobiográfico de la fragmentaria novela. Al público le importaba poco que la impresión que Caroline Böhmer (su futura cuñada) había causado en el autor fuera más decisiva para la concepción de la novela y, en general, de la imagen de la mujer en Friedrich Schlegel, que su amor por Dorothea. Todo el mundo creía ver retratados detalles íntimos de una relación escandalosa: la del literato protestante de veintisiete años con la mujer judía de treinta y siete, divorciada por su causa, viviendo con él en unión libre. Como el autor prescindió de toda codificación, enseguida el público identificó a Dorothea con Lucinde. Este fenómeno era previsible. Caroline escribió a Novalis[27]: «Si yo fuera su amada no hubiera permitido que se imprimiera.» Y Dorothea, la real, dice: «Me dan escalofríos al pensar que lo más íntimo sea publicado de esta forma..., lo que era tan sagrado para mí, tan secreto, ahora expuesto a todos los curiosos, los rencorosos»[28]. Sin embargo, está dispuesta a tomar sobre sí todas las ofensas personales por amor a la obra de arte y, sobre todo, a su autor.

Esta nueva visión del amor y de la convivencia de la pareja contiene aspectos peculiares en la relación entre hombre y mujer. La convicción de que amar significa aceptar al otro tal como es, con todos sus defectos y faltas, se acerca en muchos casos a la relación madre-hijo. En varias de las autoras aquí presentadas se puede observar un papel de «madre», lo que se debe también a las grandes diferencias de edad entre los cónyuges. Tanto Dorothea como Caroline se

---

[27] Véase la carta de Caroline a Novalis del 20 de febrero de 1799.
[28] F. Schlegel, *Lucinde*, epílogo de Henriette Beese, pág. 179.

preocupan por la salud de Friedrich y August Wilhelm Schlegel; en sus cartas se pueden encontrar numerosos consejos para que se cuiden, se abriguen, no cojan frío, etc. Rahel Varnhagen observa y comenta las actividades de Karl August, joven diplomático y su futuro marido, con la preocupación y el cariño de una madre que sigue el destino de su hijo. Igualmente, Sophie Mereau-Brentano escribe a su marido Clemens: «Mi amor, creo yo, tendría que cubrirte como un vestido cálido y suave que llevaras contigo a todas partes y en el que te sintieras bien...»[29]. Caroline Schlegel siente un cariño maternal por el joven estudiante Schelling, que cultiva más aún, para así poder justificar su doble relación con Schlegel y Schelling a la vez.

Otro aspecto, muy unido a este sentimiento maternal, es el deseo de sacrificarse por el amado. Sophie, en general no muy dada a expresiones sentimentales o patéticas, escribe a Clemens que hay momentos en los que moriría por él de buen grado. Bettina Brentano sacrifica su estilo de vida por amor a su marido, que prefiere la vida retirada en su casa de campo. El ejemplo más drástico es el de Dorothea Schlegel, que está dispuesta a renunciar a todas sus convicciones, sus actividades e intereses y pone su vida completamente al servicio de Friedrich Schlegel, considerado por ella autor genial y divino. No aspira nunca a ser reconocida como poetisa o traductora; sólo quiere contribuir a ganar el sustento de la pareja y apoyar a su marido en sus tareas, aumentando así su gloria. Aquí se perfila la otra cara de este tipo de relaciones, y las posibles ataduras que conllevan para la mujer. Ella aspira a la plenitud a través de la unidad emocional con su marido; pero su personalidad tiende a disolverse si sólo se considera una parte complementaria. Únicamente dentro de esta unidad con el hombre puede ser feliz, lo que implica fácilmente una cierta sumisión. Esta actitud se refleja también en la tendencia a presentarse como una niña frente al hombre amado. Bettina Brentano es descrita a menudo como la niña eterna, comportamiento que no sólo adoptó en su juventud ante el adorado Goethe, sino tam-

[29] Véase la carta de Sophie Mereau a Clemens del 17 de octubre de 1804.

bién a sus casi cincuenta años frente al conde Pückler Muskau. Caroline Schlegel, a los treinta y seis años, se siente como una niña que quiere reposar su cabeza en el hombro de Schelling. La mujer se quiere presentar débil para que el hombre amado pueda parecer aún más fuerte. Esta tendencia está respaldada por la literatura y la ideología románticas, que idealizan la naturaleza y tienen a la mujer como representante de lo natural; así se tiende a identificar la infancia, natural, pura y sin deformar por la sociedad, con lo femenino en sí.

En esta concepción del amor, el vínculo principal es la unión de las almas, como base de toda relación íntima y duradera. Se aspira a un nivel de comprensión, inalcanzable para ninguna otra persona, que lleva a la fusión de la pareja en una sola identidad. Esta unión es capaz de nivelar las diferencias innatas entre hombre y mujer y sus consiguientes tensiones. Para los lectores de *Lucinde* esta unificación intelectual y espiritual en el matrimonio es un aspecto nuevo y revolucionario. Por otra parte, la consideración de la pareja como el mejor amigo y confidente va ganando cada vez más adeptos. En suma, a pesar de la posible sumisión al hombre, la relación amorosa le da a la mujer una nueva perspectiva; a través de la vinculación con su pareja encuentra una nueva confianza y un sentido a su vida. La mujer ya no sólo busca equilibrio en una relación sino plenitud individual. El deseo de ser feliz en los brazos de un hombre, por más o menos tiempo, es una meta principal, como se puede observar, por otra parte, en la frustración de las mujeres que no consiguen este propósito.

La amistad

Este concepto de la unidad espiritual se encuentra también en las relaciones no amorosas. En la época romántica se cultiva una amistad muy intensa que difiere poco del sentimiento amoroso, según vemos en numerosas cartas. El romanticismo no sería considerado uno de los grandes cambios históricos si no hubiera influido radicalmente en

Adele Schopenhauer. Dibujo de A. von Sternberg realizado en 1841

la relación entre los sexos. Para comprender su postura hay que compararla con la de la Ilustración. Los racionalistas creían en la igualdad de las personas, y por tanto de hombres y mujeres, según defendieron, por ejemplo, Mary Wollstonecraft y otros. Si la mujer pudiera desarrollar su inteligencia igual que el hombre, argumentaban, en pocas generaciones le habría alcanzado, y existiría una igualdad absoluta. Los románticos, sin embargo, consideraban esenciales las diferencias entre lo femenino y lo masculino. Friedrich Schlegel, por ejemplo, atribuía a la mujer un mayor talento para la poesía y la religión. Esas diferencias no eran algo que hubiera que nivelar, sino valores muy deseables. Cada sexo es en sí incompleto y necesita el complemento del otro. En este sentido Nikolaus Lenau escribía a su amada: «¿Quién tiene genio? ¿Puede tenerlo la mujer? Pregunta estúpida. Lo tienen la mujer y el hombre juntos»[30]. Paralelamente, se puede observar que los hombres a menudo mostraban rasgos femeninos y algunas mujeres tendían a presentarse con actitudes masculinas.

Dentro de esta nueva concepción de las relaciones entre el hombre y la mujer, también la amistad adquiere nuevas dimensiones. Desde la Antigüedad hay ejemplos en la historia y en la literatura del alto nivel alcanzado por algunas relaciones entre amigos; pero quien observa los epistolarios de principios del siglo XIX llega al convencimiento de que ninguna época ha celebrado y vivido el ideal de la amistad con tanta pasión como los románticos. Estas amistades a veces incluían una cooperación literaria, como en el caso de Schleiermacher y Novalis o de los hermanos Schlegel, que publicaron juntos sus contribuciones al *Athenaüm*, o de Görres y Clemens Brentano, con su *Historia maravillosa de Bogs el relojero*.

Otras veces se daban entre un hombre y una mujer; en algunas ocasiones eran la base para una relación amorosa o un matrimonio; en otras, la amistad con un «alma hermana» podía resultar el medio para escapar de un matrimonio

30 Walter, 1985, pág. 133.

infeliz y frustrante. Durante bastante tiempo Sophie Mereau consideró al joven Clemens Brentano un amigo; lo mismo fue Schelling para Caroline Schlegel. Estas relaciones se basan sobre todo en una igualdad real entre ambos, en intereses compartidos; y así disuelven las diferencias sociales entre hombre y mujer. En cuanto a Karoline von Günderrode, en sus cartas a su amante (casado) Creuzer, habla de sí misma como «el amigo». Este seudónimo era, sin duda, un código para encubrir su relación secreta e ilícita; pero, por otra parte, también puede ser considerado indicio de una amplia base intelectual y amistosa. Otro ejemplo de matrimonio surgido de sentimientos amistosos es la unión entre Caroline y August Wilhelm Schlegel. Bastante antes de casarse, August ayuda a Caroline en una de las situaciones más difíciles de su vida, y ella le describe así en una carta al hermano de éste, Friedrich: «Usted siente qué buen amigo fue Wilhelm para mí. Todo lo que yo le pude dar alguna vez me lo ha devuelto ahora voluntaria, desinteresada y humildemente, mediante un apoyo más que amable. Me ha reconciliado conmigo misma poder llamarlo mío, sin que un sentimiento ciego e irresistible me atara a él...»[31]. Este sentimiento de amistad sigue predominando durante su posterior vida de casados y su convivencia en Jena, e incluso se observa en las cartas de la época de su separación y su divorcio.

Un capítulo especial es el de las amistades entre mujeres. Entre las escritoras aquí presentadas se pueden encontrar intensas amistades mantenidas durante años, a veces durante toda una vida. El ejemplo más conocido es la relación entre Bettina Brentano y Karoline von Günderrode, inmortalizada en su libro *Die Günderrode*; otras parejas de amigas son Ottilie von Goethe y Adele Schopenhauer o Adele y Sibylle Mertens o Rahel Varnhagen y Pauline Wiesel o Caroline Schlegel y Luise Gotter, aparte de pactos de amistad como la *Alianza de la Virtud*, a la que pertenecía Henriette Herz.

Al interpretar la correspondencia entre las amigas, el lec-

---

[31] Walter, 1985, pág. 129.

tor moderno tiene que tener en cuenta el estilo peculiar de estas cartas. Dado que la amistad y el amor están tan unidos en el concepto romántico y parten de la misma base, en las cartas amistosas se pueden encontrar numerosas declaraciones amorosas. Esto no se debe interpretar automáticamente como indicio de relaciones homosexuales; igualmente se pueden encontrar estas emanaciones sentimentales en la correspondencia entre Fanny Mendelssohn y su hermano, por ejemplo. Así, Dorothea Veit escribe a su amiga Elisabeth Paulus: «¡Cómo te agradezco, querida alma amante, que me comunicaras tus sentimientos hacia mí! Sí, lo siento y lo repito con gusto, eres mi hermana elegida y encontrada, e igual que tú, siento que en el espíritu somos inseparables... Aparte de la hermana de Friedrich, Charlotte Ernst, nunca amé a una mujer como a ti..., ¡pero, claro, tan enamorada como yo lo estoy de ti, ella no lo estará nunca! Sí, realmente enamorada, muchas veces puedo añorar esos ojos, el tono de tu voz, como un enamorado; tengo un verdadero deseo de ti».

Las amigas mantienen un contacto intenso, sobre todo por carta; así, por ejemplo, la joven Ottilie se escribe con Adele Schopenhauer a diario, a pesar de que vivían a pocas manzanas la una de la otra. Las amigas son especialmente importantes en fases difíciles, problemas amorosos o matrimonios infelices, como Henriette para Dorothea Veit cuando conoce a Schlegel y se separa de su marido; o Adele, que comparte todas las aventuras amorosas de su amiga Ottilie. Para algunas de las escritoras que viven solas las amigas reemplazan completamente a la familia; el caso más drástico es el de Adele Schopenhauer y Sibylle Mertens, que la cuida durante sus últimos años y se ocupa de su entierro después de morir Adele en su casa.

Los salones literarios

Una de las formas más características de la relación social y de la vida literaria en la época romántica son los salones: un fenómeno fascinante de la historia cultural de Europa.

El concepto básico del salón literario simboliza a la Europa intelectual y es además «el escenario del ensayo general de la emancipación de la mujer». Estos dos aspectos le dan su especial relevancia como punto de cristalización de la cultura de los siglos pasados en su evolución hacia la modernidad.

¿Qué es un salón literario? Dada la variedad de este fenómeno cultural, no existe ninguna definición general. Pero hay ciertas características que se repiten y lo pueden describir aproximadamente. En un sentido general, el salón literario es una forma social sin normas ni fines definidos, cuyo centro suele ser una mujer. Los invitados aparecen con regularidad, sin invitación especial, para encuentros amistosos. Pertenecen a clases sociales diferentes, y les une la conversación sobre temas literarios, filosóficos o políticos. Una de las constantes de un salón es el lenguaje elaborado y los juegos de palabras. La conversación en sí es considerada un arte, y la ingeniosidad del orador, la agudeza del público y la complejidad de las alusiones forman la base de esta cultura. Por eso los miembros asiduos no sólo buscan allí la compañía amistosa, sino que tratan de aportar constantemente tendencias o ideas novedosas a la conversación. Aunque la denominación «salón» provenga del nombre de la sala de recepciones, el salón literario no tiene un lugar definido; el lugar del encuentro tiene una importancia secundaria, puede ser tanto un palacio como una buhardilla (como lo demuestra el primer salón de Rahel Levin-Varnhagen); lo esencial era sólo la posibilidad de conversar y la ausencia de limitaciones temporales.

La *salonière* o anfitriona es el centro de la reunión; suele tratarse de una señora más o menos adinerada, cuyo ingenio y *esprit* hace funciones de imán para sus invitados. Ella crea la atmósfera culta, con un cierto matiz erótico (muchas son alabadas por su belleza), provoca conversaciones divertidas, nivela diferencias y suscita animación y movimiento intelectuales. Su autoridad suave e irrefutable siempre pretende la mediación. A menudo en el salón hay una estrella, un artista conocido a quien la anfitriona rinde homenaje y a cuya sombra los menos dotados se sienten seguros. Ella

Rahel Varnhagen, grabado de Wilhelm Hensel realizado en 1821

fomenta la originalidad de los talentos más dispares, remueve las ideas y las vuelve a unir en un todo específico que enriquece a los participantes. Del mismo modo que no existe un marco temporal, tampoco se pretende un compromiso general; el lema es la diversificación. La tolerancia y la falta de prejuicios son la garantía de la vida del salón.

Sin embargo, en contraste con los primeros salones aristocráticos de la Francia del siglo XVII, donde, sobre todo, se hacía política bajo la dirección de mujeres atractivas, los salones alemanes de la época romántica tenían un público mixto de aristócratas y burgueses y sus temas solían ser eminentemente culturales. Eran el punto de encuentro de las tendencias emancipatorias de la burguesía; en palabras de Hannah Arendt, una de las biógrafas más importantes de Rahel Varnhagen: «un espacio social neutral, en el que se encuentran todas las clases y de cada uno se espera, por supuesto, que sea un individuo»[32]. La presentación de la propia individualidad sustituye a la representación feudal de los salones aristocráticos. Los salones representaban el idilio soñado de una sociedad mixta liberal: aquí se encontraban aristócratas y burgueses, hombres y mujeres, judíos y cristianos como iguales, con un punto de unión, la cultura, ya fuera a través de la música, del teatro o de la literatura.

El salón literario es considerado por los románticos no sólo como lugar de encuentro, sino como espacio de producción literaria. Sólo en la reciprocidad de conversaciones y obras escritas se produce el nuevo arte romántico. Aspecto esencial es el proceso artístico de la creación literaria, más que el resultado. Uno de los ejemplos más importantes de dicha función de los salones es el llamado «Círculo de Jena», alrededor de los hermanos Schlegel y sus mujeres. En este grupo se producen los textos para la revista literaria *Athenäum* (1798-1800); Friedrich y August Wilhelm Schlegel, Tieck y Novalis son sus autores. En 1799 es cuando el grupo está más unido; en casa de A. W. Schlegel y su mujer, Caroline, viven: el filósofo Schelling (futuro amante y luego marido de Caroline), el poeta Tieck con su mujer e hija,

---

[32] H. Arendt, 1992, pág. 62; véase también Dischner, 1977, págs. 29 y ss.

su hermano Friedrich Schlegel con su mujer Dorothea, el científico Steffens, el poeta Novalis y, un poco más tarde, Friedrich Schleiermacher, filósofo y téologo. Las mujeres no sólo dominaban la vida del salón, sino que también unían a los miembros tan dispares de un grupo de artistas como éste; las dos señoras de Schlegel renunciaron a su propia actividad literaria para dedicar su energía completamente al grupo.

Aunque sea indiscutible la importancia de los salones literarios para la época romántica, existen varias teorías para explicar por qué este fenómeno se produjo justamente en aquel tiempo y lugar. Una de las razones es, sin duda, el auge de la burguesía. Desde su creciente importancia en la sociedad, busca nuevas formas de diversión, contactos sociales y cultura. El ejemplo más ilustrativo es la evolución de Berlín. A finales del siglo XVIII no existía ningún foro para la comunicación: la capital prusiana no tenía Universidad ni teatros de renombre. La única posibilidad era la conversación en un marco privado. La aristocracia en decadencia y la burguesía ascendente permanecían separadas. Sólo algunas casas judías conseguían reunir en sus salones a representantes de ambas clases bajo un mismo techo. El vínculo entre ambas, heredado de la Ilustración, era el anhelo de cultura y de desarrollo de la personalidad. En todos los salones de la época se había formado una especie de mundo aparte, donde personas en conflicto dentro de la sociedad se encontraban en armonía.

Para poder comprender lo nuevo de esta especie de encuentros, hay que considerar la oferta cultural de Berlín. Por una parte existía la vida social de la corte. Bajo la dirección de Federico el Grande, rey prusiano a partir de 1740, amante de la cultura francesa, se construyeron varios palacios al estilo francés y una ópera. Pero, a pesar de sus enormes gastos, Federico no consiguió fomentar realmente la cultura en su capital. Su sobrino Federico Guillermo II siguió con el estilo de su antecesor. Se gastaron cantidades enormes en bailes y diversiones, pero apenas existían instituciones culturales para un público más amplio. Sin embargo, algunas de las nuevas leyes promulgadas durante su reinado tuvieron una gran influencia sobre la sociedad: mejoró considerablemente las condiciones de vida de los judíos, facilitó la separación para las mujeres y declaró el alemán idioma oficial de la Academia de Ciencias, atrayendo así a una parte de la inteligencia alemana a Berlín.

También la vida cultural comercial era muy pobre en el Berlín del siglo XVIII. En 1750 todavía no se representaban las obras de Lessing en el teatro real por falta de interés del público. En 1771 se inauguró el primer teatro privado en la ciudad, con apoyo de la casa real. Este evento fue el principio de una evolución en la vida teatral de Berlín, que se hizo notar a finales de siglo en un mayor éxito del arte dramático en la sociedad y un mejor renombre de actores y actrices, que poco a poco fueron siendo aceptados en los círculos sociales. Por las mismas fechas se abrió el primer museo de pintura en la casa particular de Jean Marc Pascal; un año más tarde se inauguró la primera biblioteca pública, etc. Estas posibilidades de diversión e ilustración abrían el ámbito cultural a un público que no tenía acceso a la vida social de la corte. Sin embargo, dado su carácter comercial, no facilitaban el encuentro de personas diferentes o nuevas amistades. Aquellos foros no satisfacían a quienes buscaban el diálogo y la discusión intelectual.

Quienes querían una compañía más selecta y conversaciones formativas procuraban hacerse miembros de una de las diversas asociaciones intelectuales. Éstas fueron una realización de la tendencia pretendida por los salones: el encuentro de aristócratas y burgueses, a veces incluso de hombres y mujeres y de judíos y cristianos. Las asociaciones eran círculos cerrados, todas con estatutos definidos y claras condiciones para la admisión de candidatos. Sus fines eran diversos: en algunas el tema principal era la discusión de escritos eruditos, otras formaban el podio para conversaciones de todo tipo, cenas comunes, charlas y bailes. Algunas se encontraban en restaurantes o salas alquiladas, otras en casas particulares. En fin, estas asociaciones tenían funciones diversas, asumidas más tarde por instituciones oficiales como la Universidad, partidos políticos, bibliotecas y librerías. Existían asociaciones expresamente eruditas como la

Real Academia de las Ciencias, la Asociación de los Amigos de las Ciencias, la Sociedad de los Amigos de la Humanidad o la Asociación de los Lunes, la más antigua, fundada a mediados de siglo. La Asociación de los Miércoles era tan exclusiva que era casi «secreta» y apenas aceptaba a nuevos miembros. Una segunda Asociación de los Miércoles se ocupaba de temas más sencillos; ofrecía lecturas de obras de teatro y poesías o representaciones musicales, seguidas de una cena. A esta sociedad pertenecían, por ejemplo, el matrimonio Herz o Moses Mendelssohn, aunque en general contaran pocos judíos entre sus miembros. Por su parte, los círculos de lectura representaban otra especie de asociación intelectual; formaban, sobre todo, una alternativa a la compra de libros y revistas caras. La demanda general en cuanto a novelas, obras de teatro, almanaques, diarios de viaje, poesías y crítica literaria sobrepasaba considerablemente la oferta de los editores y libreros, incapaces de ofrecer libros a precios realistas a un número creciente de lectores. Así que el público se encontraba en una casa particular o en salas alquiladas por la sociedad o por algún editor, y repartían los gastos para libros y revistas culturales.

Estos círculos eran mucho menos exclusivos que las asociaciones clásicas: todo el que se interesara por la literatura, conociera a algún miembro y estuviera dispuesto a correr con los gastos, podía participar. Por la misma razón, en ellos se encontraba un porcentaje más alto de mujeres que en las asociaciones, sobre todo en los que se reunían en una casa particular. Sin embargo, la admisión de mujeres seguía siendo rara y bastante discutida entre los miembros masculinos. Fue igualmente en estos círculos donde se vio por primera vez a participantes judíos. Aunque fueran aún pocos, alguno, como el pensador Moses Mendelssohn, contaba con un éxito excepcional en las actividades culturales de Berlín y era miembro de honor de la mayoría de las sociedades y círculos. Markus y Henriette Herz también pertenecían a varias sociedades y en los años 80 Henriette reunía en su casa un pequeño círculo de lectura, los jueves por la noche. Varios de sus miembros formaron la «Alianza de la Virtud» en la que todos los hermanos y hermanas juraban solemnemente aspirar a la perfección moral. Entre sus miembros se contaban Henriette, su joven admirador Wilhelm von Humboldt, Caroline von Dacheröden, futura esposa de éste, Dorothea Veit y Karl von LaRoche, hijo de la escritora Sophie von LaRoche.

La participación de grupos sociales como los judíos y las mujeres en las asociaciones (no sólo como una minoría simplemente tolerada) es un fenómeno sin precedentes en la historia alemana. Sin embargo, en la misma época se formaron también círculos intelectuales expresamente judíos, en parte por iniciativa de judíos que no eran suficientemente conocidos como para ser aceptados en alguno de los círculos mixtos. Uno de ellos era, por ejemplo, el círculo de lectura en casa de Dorothea Veit, en el que participaban también Moses, padre de Dorothea, los Herz y David Friedländer.

Los salones judíos

Antes de 1760 no había en Berlín ningún foro al que tuvieran acceso tanto judíos como cristianos, pues no existía una vida cultural pluralista. Las formas sociales restringidas comenzaron a disolverse cuando la aristocracia empezó a acudir cada vez más a la ciudad, a la vez que los comerciantes judíos fueron adquiriendo grandes fortunas, y un nuevo sistema educativo permitió a los jóvenes intelectuales burgueses acceder a puestos privilegiados. Las diversiones descritas en el capítulo anterior posibilitaban cierta relación entre los grupos sociales. Pero sólo un fenómeno social logró ahondar estos contactos: el salón literario.

La formación de los salones en Berlín fue un proceso paulatino. Ya veinte años antes de que Henriette y Markus Herz tuvieran su primer salón había familias que recibían invitados de grupos sociales diversos: así, los padres de Alexander y Wilhelm von Humboldt o el escritor y librero judío Friedrich Nicolai. Sin embargo las invitaciones a casa de los Mendelssohn eran consideradas especiales, ya que en ella aparecían regularmente personas judías y cristianas, de

Henriette Herz por Anton Graff

acuerdo con la ideología propagada por Moses Mendelssohn. Los comienzos de los salones literarios fueron descritos por Henriette Herz, anfitriona del primer salón judío. Ella nos explica cómo los Mendelssohn llevaban una casa «abierta», ya que los amigos aparecían sin invitación[33]; la denominación «salón» apenas era utilizada en aquella época. Sin embargo había que ser presentado y la historia de Henriette Herz demuestra que el arte de llevar un salón depende tanto de las circunstancias familiares como de la formación y los talentos de la dama que lo preside.

La belleza clásica de Henriette, su agudeza, su interés apasionado por las nuevas tendencias literarias y su facilidad para hacer amistades la llevaron a su éxito social. Pero los ingresos de su marido, sus contactos profesionales y sobre todo sus populares conferencias sobre ciencias naturales en su casa fueron condiciones fundamentales para el surgimiento de aquel doble salón. Según Henriette recuerda en sus memorias, todo empezó al acudir algunos miembros de familias prestigiosas a la consulta de su marido. Gracias a las conferencias de éste y las cenas que las seguían se fueron creando amistades entre el público. Así se fue desarrollando el salón, doble también en sentido ideológico: en un cuarto Henriette discutía con los jóvenes románticos su lírica y prosa, mientras en otro su marido daba conferencias sobre la razón, la ciencia y la Ilustración. El salón tuvo un final inmediato al morir Markus Herz, inesperadamente, en 1803. La pareja había gastado casi todos sus ingresos en las veladas y desde entonces Henriette padeció demasiada penuria como para seguir con sus invitaciones.

Una década después de que abriera el suyo el matrimonio Herz apareció Rahel Levin con el segundo y más famoso salón de Berlín. La historia de Rahel demuestra que una mujer también podía llevar con éxito un salón sin un marido adinerado o reconocido intelectualmente, si disponía de algunos medios económicos, ciertas cualidades personales y

[33] Véase *Sobre la historia de la sociedad y el tono de conversación en Berlín*, de Henriette Herz, en el apartado «Prosa»; véase también la definición del salón literario de Deborah Hertz (1991), págs. 32 y ss.

amigos. Los huéspedes de su padre (franceses, aristócratas y actores) introdujeron a la joven Rahel en el mundo elegante. Pero al principio ella se sentía insignificante entre los invitados. Se había desligado de la comunidad judía; ignoraba las convenciones (como, por ejemplo, un tipo de matrimonio arreglado por sus padres) y aceptó la soledad como precio de la osadía de salir del mundo judío, topándose a la vez con un rechazo en el mundo aristocrático. Pero, en los años 90, se fue acercando poco a poco al mundo de la aristocracia que la había atraído desde su juventud. Conoció a un diplomático sueco que la presentó a muchos de sus amigos aristócratas y los animó a visitarla en su casa. En la buhardilla de la casa de su madre, Rahel discutía con sus amigos judíos y cristianos, la elite cultural de la época, la más reciente obra de teatro de Iffland, las novelas de Goethe o la Revolución Francesa. Siguió soltera hasta los cuarenta y dos años; pero después de un periodo de soledad durante la invasión francesa y la guerra de liberación, se convirtió al cristianismo y se casó con su joven admirador, el diplomático y escritor Varnhagen van Ense. La pareja llevó un segundo salón en la segunda década del siglo XIX, que era mucho más pequeño y más formal que las veladas anteriores a 1806.

Nos interesa un tercer caso, de modo complementario: Brendel, hija mayor del filósofo judío Moses Mendelssohn, conocía el círculo de lectura exclusivamente judío que se reunía los jueves en casa de su padre. Una vez casada por éste con el banquero judío Simon Veit, a los diecinueve años intentó organizar en su casa un salón propiamente dicho, pero la falta de interés de su marido y su propio carácter, introvertido y serio, lo impidieron. Por otra parte, a los treinta y tres años (1797) conoció a Friedrich Schlegel (en el salón de Henriette Herz), se enamoró de él y pidió el divorcio, con lo que las posibilidades de llevar adelante un salón se hicieron aún más remotas debido a su aislamiento social y a la precaria economía de la nueva pareja. Con su nuevo nombre, Dorothea, tras su conversión al protestantismo y unida al escritor, tendría un importante papel en el círculo de Jena; pero esto ya apunta al siguiente apartado de nuestra exposición.

Los salones literarios aceleraron también el cambio de la imagen de la mujer en general. El modelo gottschediano de la mujer retirada y dedicada a la virtud se hizo definitivamente anacrónico. Sin embargo, volvería a resurgir en la ideología romántica de los años posteriores, simultáneamente al declive de los salones. A los ojos de muchos la cultura intelectual de los salones judíos significaba un peligro: compartiendo intereses literarios comunes, a menudo surgían relaciones amorosas sin atender a barreras sociales o económicas. Estas relaciones, cuando se convertían en matrimonios, significaban un desafío a la jerarquía social.

Así que, aunque estuvieran abiertos sólo a muy pocas mujeres, supusieron un cambio decisivo para la elite femenina de Berlín. En cuanto a su poder cultural, real o simbólico, ofrecían a las participantes muchas más posibilidades que cualquier otra actividad o asociación intelectual. Además, a pesar de que la mayoría de los invitados, y sobre todo de los participantes activos, eran hombres, los salones casi siempre se formaban alrededor de ciertas mujeres, muy admiradas. El hecho de que se reunieran en casas particulares hacía más fácil el acceso al público femenino. Otro aspecto favorable era que en aquellas tertulias la base no era una formación sistemática, campo en el que las mujeres tenían un déficit evidente, sino su don de transmitir su interés literario y sus valores no conformistas a amigos y conocidos. Rahel Levin, por ejemplo, nunca destacó como autora; sin embargo, era admirada por muchos hombres importantes por su talento para la conversación y la correspondencia y por su acertado juicio estético.

El círculo de Jena

Un grupo muy particular en aquel mundo cultural es el círculo de Jena, el fenómeno más importante aparte de los salones de Berlín. Aunque perseguía fines análogos, iba mucho más allá de los encuentros esporádicos; se puede decir que era el proyecto de un nuevo modelo romántico de vida.

Retrato de Caroline Schlegel-Schelling por Friedrich August Tischbein

El círculo se forma alrededor de los hermanos Schlegel y sus respectivas mujeres, y poco a poco va atrayendo a amigos afines que también buscan un nuevo modo de vivir. La idea básica proviene de Friedrich Schlegel, que desde hacía bastante tiempo aspiraba a la fundación de una revista junto con sus mejores amigos (sobre todo Novalis y el filósofo Schleiermacher, con quien había experimentado algún tiempo en Berlín una convivencia y colaboración que los dos llamaban en broma «matrimonio»). Y no es casualidad que el proyecto de la revista *Athenäum* se mencione siempre unido a un plan de convivencia del grupo de amigos; ambos propósitos están inseparablemente relacionados.

En su origen está el desplazamiento de Friedrich Schlegel, que había dejado Jena en 1797 para vivir en Berlín, donde pronto empezó a visitar la «Asociación de los miércoles». Allí había hecho amistad con Schleiermacher, teólogo conocido por sus sermones poco ortodoxos, duramente criticados por la Iglesia establecida. Se influyeron mutuamente y juntos elaboraron una especie de ética de la libertad. Schleiermacher llevó a Schlegel al salón de su amiga Henriette Herz, donde éste conoció a Dorothea Veit, su futura mujer. Además, en el mismo salón se encontró por primera vez con el joven Ludwig Tieck.

En el mismo año Novalis conoce a August Schlegel y a Caroline y, desde el primer momento, reconoce en ella a una «afinidad electiva». A finales de año entabla relación con el joven Schelling, que le impresiona profundamente (aunque difiere de su teorías). El proyecto intelectual común se va perfilando cada vez más; su modo de colaboración se define por la ausencia de competencia entre los participantes y, en general, por una extraordinaria libertad en el trato, que se puede deducir de la correspondencia entre ellos. El deseo de formar un grupo se va concretando. Friedrich Schlegel crea la base para este sentimiento de pertenencia mutua con la fundación de la revista *Athenäum* y es apoyado sobre todo por su cuñada Caroline, más que por su hermano August Wilhelm. Como ambos hermanos necesitaban un podio para sus artículos y trabajos, pero se habían distanciado de Schiller y ya no podían ni querían publicar en la revista de éste, *Die Horen* («Las Horas»), decidieron finalmente fundar su propia revista. Caroline, al principio, no sintió mucho entusiasmo por la idea, porque prefería que August siguiera con sus traducciones de las obras de Shakespeare, que el matrimonio había comenzado (las cuales, por cierto, se harían famosas por la extraordinaria exactitud y sensibilidad de los traductores, aunque el nombre de Caroline no aparezca en ellas).

La convivencia del grupo comienza en el verano de 1799, cuando Friedrich Schlegel se instala en la casa de su hermano, en Jena, con su amante Dorothea Veit. Ambos son acogidos cordialmente por Caroline. Con ellos llega Tieck y su mujer Amalie, a la que la mayoría del grupo considera aburrida. Novalis aparece a menudo por allí en cortas visitas. Caroline describe su papel de anfitriona de tantos huéspedes de forma muy ilustrativa en una carta a una amiga[34]. Aparte de éstos recibe regularmente a varias personas para comer, entre ellos el joven Schelling, cuya relación amorosa con Caroline pondría más adelante en peligro a la «familia» del grupo de Jena. Al principio, sin embargo, la vida en común del grupo se presenta con gran entusiasmo. Cuanto más unido está el grupo de jóvenes románticos «revolucionarios» y mayor atención reciben por su combativa revista, que aparece desde mediados de 1798, más se enfrentan con el mundo exterior. Caroline, aparte de anfitriona, es considerada como la personificación del grupo, por su resistencia a las categorías y conceptos fijos. No en vano el pensamiento romántico era criticado en su tiempo por «femenino» (mientras que hoy se le valora más por ello). En conjunto, aquella reducida minoría de intelectuales estaba cuestionando el pensamiento, la moral y la estética consolidados durante siglos. Su sensualidad y espíritu liberalizador debieron de resultar desconcertantes y provocadores, a la vez que abrían horizontes insólitos a las nuevas generaciones.

En la correspondencia entre los miembros del grupo llama la atención, sobre todo, cómo se escuchan, animan y es-

[34] Véase la carta de Caroline a Luise Gotter del 5 de octubre de 1799.

timulan mutuamente, cómo respetan la individualidad de cada uno. Su lema principal es, siempre, el intento revolucionario de unir la vida y la poesía. Su voluntad de dar forma a la vida común como a una «obra de arte» explica la falta de competencia entre los miembros del grupo y también el nuevo concepto del papel de los sexos y las generaciones. La mujer, en la concepción romántica, aparece como personificación de valores ahora redescubiertos. Por ello, la personalidad romántica es andrógina: la mujer contribuye de modo esencial a la obra común, y los hombres son considerados, en buena medida, «femeninos» por su sensibilidad y emocionalidad.

Al grupo pertenecían también tres niños: Phillip, hijo de Dorothea Veit, más tarde pintor nazareno[35]; la hija de Tieck y Auguste Böhmer, hija de Caroline, guapa, precoz, sensible..., la preferida de toda la «familia» y adorada por su tío Friedrich Schlegel. Los niños tenían un papel especial y muy importante en la vida del grupo, ya que con ellos podían vivir su concepto de educación liberal. El niño no debe ser aislado en un mundo infantil aparte, sino integrado en el mundo de los mayores como miembro con iguales derechos y tomado muy en serio. Caroline, por ejemplo, trata a su hija Auguste, de doce años, más como una amiga o una compañera íntima que como una niña, como se puede comprobar en las cartas que le escribe.

Pero la unidad del grupo, tan deseada por todos, estaba en peligro, casi desde el principio, por causa del amor de Caroline y Schelling. La utopía de realizar un ambicioso modelo social en un ámbito reducido fracasa, al fin y al cabo, por la vulnerabilidad e inconstancia de los sentimientos humanos. Al principio, el proceso fue frenado por el entusiasmo hacia los ideales comunes. Caroline, como anfi-

[35] El grupo de los nazarenos era un grupo de jóvenes artistas (entre ellos Johannes Veit) que, bajo la dirección de Johann Friedrich Overbeck, dejaron la Academia de Viena para instalarse en Roma. Basándose en las obras de Durero y sobre todo de Rafael, querían renovar el arte a través de la religión e iniciar una nueva época de arte cristiano. Phillip Veit se unió al grupo en 1815.

triona y mediadora entre los miembros del grupo, se esforzaba por reprimir sus sentimientos para complacer a cada miembro de su «familia». Además, los enfrentamientos y la crítica del mundo exterior, como por ejemplo el escándalo por la publicación de *Lucinde*, fomentaron la unidad. Pero, al igual que tantos otros ensayos de vida en comunidad, éste tampoco aguantó las tensiones creadas por un complejo entramado de amor y celos. Las estructuras y valores tradicionales, que el grupo había superado teóricamente, volvían a aflorar en sus emociones y sentimientos. Esto se puede observar sobre todo en Friedrich Schlegel: por amor al hermano había renunciado a Caroline, la mujer que más le había impresionado en su vida. Ahora se le acercaba Schelling, se la «quitaba» a su hermano, y junto con ella distanciaba de él a Auguste, su «niña querida». Caroline, intuyendo todos estos procesos, tenía sentimientos cada vez más ambivalentes frente a Friedrich y veía sus defectos con más claridad, hecho que no soportaba Dorothea, que adoraba a su marido. Para Dorothea, Friedrich era y tenía que ser perfecto; además, sentía celos latentes de Caroline, ya que intuía la importancia que ésta tenía para su marido. Así comenzó una red de chismes y difamaciones, que culminó en el rumor de que Caroline quería hacer de alcahueta con su hija de trece años para asegurar una relación *à quatre*. El más tranquilo y objetivo en todo este entramado era la «víctima» directa, August Wilhelm, que siempre había basado su matrimonio con Caroline más en la amistad, colaboración y respeto mutuo que en las pasiones. Por ello siguió en contacto con la nueva pareja, incluso después del divorcio, y defendió tanto a Caroline como a Schelling contra duras críticas y calumnias.

A partir de la grave enfermedad de Caroline en 1800 y su viaje de convalecencia, paso a paso se va disolviendo el grupo. Durante esta crisis ella toma plena conciencia de su amor hacia Schelling, que la acompaña en parte del itinerario. Con la partida de Caroline, la «inspiradora», el «símbolo», desaparece también el joven filósofo, lo que acelera la desintegración de la comunidad. Poco más tarde mueren las dos figuras más líricas del grupo: el poeta Novalis y Auguste, la hija de Caroline adorada por toda la «familia». Este suceso (Auguste muere después de pocos días de repentina enfermedad en el mencionado viaje de convalecencia de su madre) conmueve profundamente, no sólo a los parientes más cercanos, sino a todos los miembros del círculo de Jena: como si con la niña hubiera muerto la esperanza y la utopía del grupo. Quien más sufre por todo ello y recae en profundas depresiones es su fundador, Friedrich Schlegel. La frustración de haber realizado parte de la utopía soñada, para perderla en tan poco tiempo, puede ser la causa de su resignación y su regresión en los años posteriores.

La correspondencia

En el ámbito de la ideología de los autores del *Athenäum*, y dentro de su «arte de vivir», se inscriben las «formas sociales escritas», como los epistolarios. Así el Fragmento 77 del *Athenäum* proclama que «la correspondencia es un diálogo en mayor medida». Tanto conversaciones como cartas, discursos y diarios son concebidos como realizaciones artísticas. Una conversación lograda, oral o escrita, ya es una forma de arte, parte de una existencia feliz.

Pero el éxito de la correspondencia no se limita al grupo de Jena; en conjunto, el siglo XVIII es considerado el siglo de las cartas. El estilo formal y retórico de épocas anteriores se va transformando poco a poco en un lenguaje individual y emocional, con un tono natural y amistoso. Base de esta nueva tendencia son los ensayos de Christian Fürchtegott Gellert (1751) y Karl Philipp Moritz sobre el arte epistolar. Ambos defienden un estilo personal y original, en contra de la correspondencia tipificada. «Un epistolario, por bueno que sea, causa siempre más estragos que beneficios. Pues también una buena carta, cuando es imitada, pierde todo su valor en la imitación: porque su valor consiste en ser un fiel retrato del propio curso de los pensamientos, en el estilo oral de cada uno»[36]. Amigos y amigas vertían todos sus sentimientos sobre el papel, para que las epístolas se convirtieran en testimonios verdaderos y reales de su sentir. Surgió un verdadero entusiasmo por el arte de escribir cartas. Entre los más destacados cultivadores de la nueva forma de correspondencia figuran: Johann Gottfried Herder, Goethe (¡de él se conservan al menos 14.000 cartas!), Gottfried August Bürger y los hermanos Schlegel. Las cartas de autores importantes son publicadas, aún en vida de éstos, con considerable éxito. Muchas personas, como Caroline Schlegel, copian cartas de escritores famosos para practicar el estilo.

A lo largo de esta evolución, el género epistolar, al adquirir un creciente subjetivismo, abre las puertas del mundo literario a muchas mujeres. Como el espacio de lo privado y sentimental se considera territorio femenino, se acepta con mayor facilidad a las mujeres como autoras de cartas que como escritoras o poetisas. La correspondencia es un campo ideal para ellas, puesto que es posible escribir cartas en cualquier circunstancia. Virginia Woolf, que ya en 1928 investigó sobre la literatura femenina, escribe: «Una mujer podía escribir cartas mientras cuidaba a su padre enfermo. Podía escribir junto a la chimenea, mientras los hombres charlaban, sin molestarles»[37]. Rahel Varnhagen, una de las más importantes autoras epistolares de la época, comenta al final de una carta a una amiga todo lo que había pasado mientras la escribía: «Aquí estuvieron, durante esta carta: el señor Passalaqua, luego el modisto, a quien pagué unos vestidos; una nota de la generala de Hünerbein pidiendo libros; varias veces mi sirvienta pidiéndome que saliera»[38]. Por desgracia, la correspondencia de algunas autoras no se ha conservado. Por ejemplo, parte del epistolario de Caroline Schlegel fue destruido por su familia (por su contenido

[36] K. P. Moritz, *Anleitung zum Briefeschreiben* (Instrucción para escribir cartas), Berlín, 1783; y también Chr. F. Hellert, *Briefe nebst einer praktischen Abhandlung von dem guten Geschmacke in Briefen* (Cartas con un tratado práctico sobre el buen gusto en las cartas), Leipzig, 1751.

[37] Virginia Woolf, *Una habitación propia*, Barcelona, Seix Barral, 1992.

[38] Walter (1985), págs. 12 y ss.

Fanny Mendelssohn-Hensel, grabado de Wilhelm Hensel

inmoral o político), igual que parte del de Dorothea Schlegel o Sophie Mereau. Pocas tuvieron la suerte de Rahel Varnhagen, cuya correspondencia fue publicada (en parte en vida, en parte en ediciones póstumas) por su marido, cronista y gran admirador, Karl August Varnhagen.

Las cartas presentadas en esta antología son tan diferentes en estilo y tono como las respectivas autoras y sus vidas: un grupo es el de las que se intercambian entre amigas, que en ellas comparten todos sus sentimientos e ideas, como por ejemplo las de Ottilie von Goethe y Adele Schopenhauer, que en su juventud se escriben hasta varias veces al día. Estas cartas son absolutamente particulares, y la compañera o el compañero confidentes tienen función análoga a la de un diario. Por ello, pueden ser tomadas como un directísimo testimonio de la vida de las autoras, como en el caso de la correspondencia de Caroline Böhmer durante su encarcelamiento, que refleja toda su desesperación y sus preocupaciones; o la misiva en que Sophie Mereau confiesa a Clemens Brentano que espera un hijo suyo; o aquellas donde Ottilie describe sus diversas relaciones amorosas. Este tipo de epistolarios ha sido publicado a menudo por interés biográfico, dado que también las autoras aquí presentadas son más conocidas y respetadas como hijas, hermanas, amigas o mujeres de algún escritor conocido que por su propia obra.

Otro grupo está formado por las cartas a sus maridos, parientes o amigos lejanos. Fanny Mendelssohn concluye una a su hermano con las siguientes palabras: «Adiós, querido Felix, de buen grado seguiría escribiendo así, pero luego siempre me acuerdo de lo que tú siempre decías y que siempre es falso, que desde casa no se puede escribir; pero yo creo que es así, que los hombres tienen que escribir desde sus viajes, y las mujeres desde la casa, y entonces ellas se explayan sobre cada granito de arena tan bien conocido, y eso alegra en la lejanía»[39]. Es chocante que las cartas de Felix sobre sus viajes fueran publicadas, mientras que las respuestas

[39] Carta a Felix Mendelssohn en Londres del 6 de julio de 1829.

a éstas, escritas por sus hermanas y su madre, han estado inéditas hasta hace pocos años. Existen numerosos ejemplos de este tipo de correspondencia: Rahel Varnhagen mantiene por carta el contacto con su futuro marido, diplomático en diversos países europeos, durante años; también Sophie y Clemens Brentano se comunican con frecuencia por correo, porque Clemens salía de viaje a menudo, sobre todo con Achim von Arnim, en busca de inspiración. Mientras tanto, la mujer guarda la casa y la familia y tiene al marido al tanto de los acontecimientos domésticos. Sin embargo, hay algunos relatos de viajes escritos por mujeres, como los de Dorothea a Friedrich Schlegel y los de Henriette Herz a una amiga sobre sus viajes a Italia.

Aunque presentan cuadros de gran plasticidad sobre la vida de la época, optamos por incluir sólo algunas cartas de los tipos citados, ya que consideramos de mayor interés las más valiosas por su estilo y porque describen actividades literarias. Encontramos diversos ejemplos de comentarios sobre obras. A menudo las amigas se prestan libros o intercambian su juicio sobre los textos. Karoline von Günderrode, por ejemplo, incluye noticias sobre sus lecturas, interpretándolas; Caroline Schlegel, al igual que su cuñada Dorothea, comenta las obras de los demás miembros del grupo de Jena, ejerciendo una notable influencia en su producción. Fanny Mendelssohn discute con su hermano Felix las traducciones de éste, igual que Caroline crea obras literarias con Schlegel a través de sus cartas. En su epistolario, Rahel Varnhagen describe y analiza su profunda admiración por las obras de Goethe. En otro sentido, la dedicatoria de *Florentin*, la novela de Dorothea Schlegel, está concebida como una carta a su marido sobre su actividad literaria.

No hay que olvidar que una gran parte de estos textos no estaban destinados exclusivamente a una sola persona, ni tenían un carácter privado o confidencial. Eran leídos y comentados en reuniones y salones literarios, así que el autor o la autora se esforzaban por lograr una originalidad en cuanto a los temas y al estilo. No sólo trataban de temas artísticos sino que se tomaban como obras de arte en sí. Por

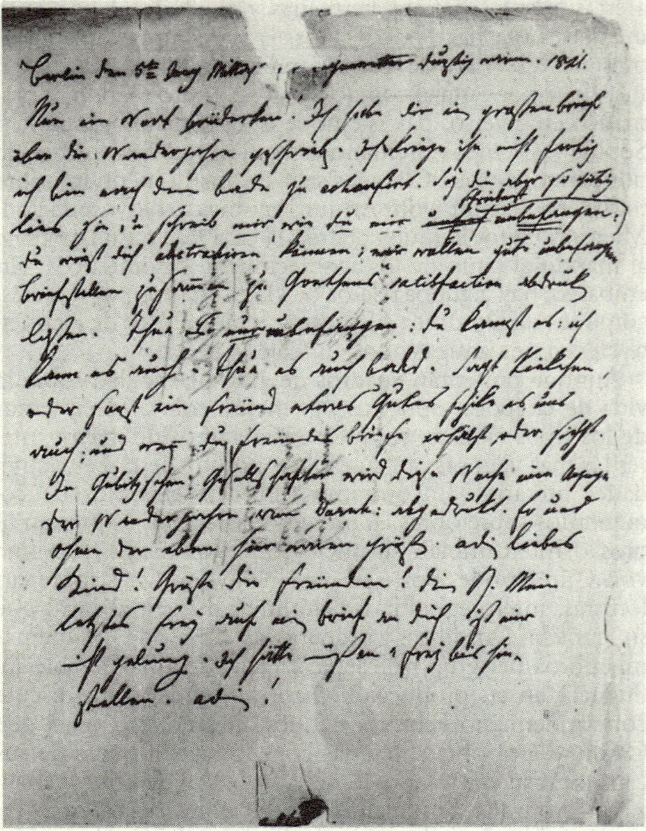

Carta de Rahel a su hermano Ludwig Robert

ejemplo, las cartas de «el amigo» (Karoline von Günderrode) a «Eusebio» no se pueden considerar como la correspondencia privada de una pareja, sino como la forma literaria que Karoline adoptó para expresar sus sentimientos hacia su amante.

Otro ejemplo de esta tendencia es Rahel Varnhagen, que no escribió ninguna obra literaria en el sentido estricto de la palabra, sino que optó por aparecer «sólo» como anfitriona del salón más importante de la época y como autora de cartas. En su amplísimo epistolario (más de 10.000 cartas) está plasmado todo su pensamiento. En vida quiso publicar una parte, porque para ella era el medio preferido para comunicarse con su público. Se ha revalorizado actualmente el estilo de Rahel por la vivacidad de su lenguaje, que refleja la dinámica del pensamiento con frases incompletas, cambios abruptos y ágiles asociaciones de ideas. Su personalísimo uso de la lengua incluye palabras típicamente judías, sin esforzarse en utilizar un alemán estandarizado. Muchas de las autoras tenían peculiaridades sintácticas y ortográficas basadas en el uso conversacional. En la mayoría de las ediciones actuales, sin embargo, la ortografía y la gramática están corregidas según las normas vigentes para facilitar la lectura, privándolas a la vez de parte de su originalidad.

Una variante peculiar es la elegida por Bettina Brentano: muchos años después de su correspondencia con Karoline von Günderrode, amiga íntima de su adolescencia, toma aquellas cartas como base para una especie de novela epistolar (género preferido de la época). Aunque sea difícil comprobarlo, tanto en *La Günderrode* como en *Correspondencia de Goethe con una niña* (sus cartas al adorado e idealizado maestro de la poesía) y *Corona primaveral de Clemens Brentano* (la correspondencia con su hermano mayor), Bettina dice contar hechos reales y sentimientos verdaderos, sólo que reelaborados de forma artística. Cuando se editaron sus obras, el público se escandalizó, precisamente porque tomó la correspondencia íntima con Karoline y las declaraciones de amor hacia Goethe como algo real. No se trata, sin embargo, de diagnosticar sobre la veracidad de estas obras, sino de valorar la forma literaria tan original que Bettina eligió.

La prosa

A finales del siglo XVIII, las circunstancias eran propicias para la entrada de la mujer ilustrada en el mundo de la literatura: existía ya un amplio público de lectoras y la formación de las escritoras tenía una base más sólida. Así que a las mujeres cultas de la generación de 1770 se les presentó por primera vez la posibilidad de producir literatura profesionalmente. Algunas poetisas del siglo XVIII, como Anna Louise Karsch y Sophie LaRoche, habían preparado el camino para la primera generación de escritoras alemanas. Sus obras están casi olvidadas hoy día; muy pocas siguen en venta, las demás sólo se encuentran en bibliotecas. En cambio, en la literatura inglesa de la misma época, hay autoras que, como Jane Austen, gozan de bastante éxito.

La mayoría de las autoras comienza su carrera literaria traduciendo obras del inglés, francés o italiano. Pero algunas empiezan a interpretar los textos libremente, disfrutando al crear variantes y encaminándose paso a paso hacia la producción de cuentos y novelas. Unas pocas se atreven a redactar dramas o poesías. Por lo demás, sus vivencias personales pueden plasmarse en relatos de viajes, comentarios sobre cuadros y críticas literarias.

Su motivación principal para empezar a escribir, y sobre todo para publicar, es el deseo de mejorar su situación económica. Así comienzan a escribir Henriette Herz, Sophie Mereau u Ottilie von Goethe[40] después de la muerte de sus maridos. En otros casos, como el de Dorothea Schlegel, la escritora utiliza su talento para ayudar a la familia a sobrevivir: «¡Que la fortuna me favorezca para que pueda apoyar a mi amigo [Friedrich Schlegel] algunos años más...! Lo que puedo hacer está dentro de estos límites: proporcionarle tranquilidad y elaborar yo misma el pan como una artesa-

40 Véase la carta de Ottilie a Eckermann de 1832.

Karoline von Günderrode, litografía de V. Schertle

na, con humildad, hasta que él pueda hacerlo. Y a esto estoy decidida»[41]. Pero Dorothea publica sus obras con el nombre de Friedrich. Es difícil de entender, desde el punto de vista actual, que una autora se prive de su legítima fama literaria. Pero su motivo no es hacerse famosa, sino sólo ganar el dinero necesario. Con el nombre de Friedrich Schlegel, que ya es conocido, es más fácil publicar y vender los textos. Por lo demás, la pareja escribía en colaboración, corrigiéndose mutuamente, así que ahora es difícil distinguir qué textos son de Dorothea y cuáles de Friedrich.

Existe otra razón por la que algunas autoras optan por no publicar sus obras con su nombre: la profesión de escritora sigue siendo considerada poco decente para una mujer. Por eso eligen a veces el uso de seudónimos, como Karoline von Günderrode o la mayoría de las que envían textos a la revista *Chaos*, dirigida por Ottilie von Goethe. El miedo a firmar con su propio nombre es también una señal de que, por ser un territorio tan inexplorado, hay escritoras con serias dificultades para identificarse con su papel. Therese Forster Huber justifica así sus actividades ante su padre: «No hubo mujer que se apartara del camino prescrito para su sexo, el único que la hace feliz, por motivos más femeninos que yo. Escribía para facilitarle a mi marido que alimentara a su familia, y ¡hasta la muerte de Huber nadie supo que yo tenía la pluma en la mano...!, sólo tenían que creerme capaz de traducir artículos, porque éstos iban a imprenta escritos por mi mano. [...] Huber luego pasaba a limpio mis conceptos amorfos, retocaba, ampliaba y recortaba. Después de su muerte vi cuán poco sabía escribir, pues se me hacía inalcanzablemente difícil terminar los textos»[42]. Varias autoras describen en cartas a amigos su falta de seguridad y confianza en sí mismas en cuanto a sus obras. Otro problema eran las negociaciones con las editoriales: la mayoría de las mujeres no estaba acostumbrada al mundo de los negocios y

[41] Walter (1985), pág. 55.
[42] Walter (1985), pág. 56.

prefería que su marido o algún amigo negociara por ellas. Sin embargo, como demuestra el ejemplo de Sophie Mereau, las obras no estaban mal pagadas y ella, después de su divorcio, se alimentaba con sus ingresos a sí misma, además de a su hija y a su hermano menor.

Como hemos visto, la carrera literaria de estas autoras suele comenzar con traducciones literarias[43], aunque no siempre sea fácil encontrar textos para traducirlos. Tanto Sophie como Dorothea u Ottilie le piden a amigos que están en el extranjero que les traigan material para traducirlo. Así, Sophie traduce, entre otros muchos, la *Fiametta* de Giovanni Boccaccio, y Dorothea encuentra en la Biblioteca Nacional de París material para su *Historia del mago Merlín* (una reelaboración romántica de la leyenda medieval del Santo Grial)[44]. Sin embargo, el paso de verter textos ajenos a ver sus propias palabras impresas resulta muy difícil, sobre todo cuando se trata de una primera obra. Dorothea Veit le comenta a August Wilhelm, su futuro cuñado: «El *Florentin* realmente se imprimirá, cosa que me aterra»[45]. Cuanto más se acerca la fecha de la publicación, más dudas tiene, más infantil le parece. En la «Dedicatoria al editor» describe sus dificultades para encontrar las palabras acertadas: «Siempre creía escribir exactamente lo que estaba pensando, pero era un engaño; hacia delante, ante la pluma, flotaba ante mí la palabra acertada; hacia detrás, tras la pluma, había palabras completamente diferentes que yo no reconocía, como alguien que quiere coger una bola de mercurio con los dedos..., justo cuando cree haberla atrapado sólo ha separado pequeñas bolitas de ella, mientras la verdadera bola grande siempre se le vuelve a resbalar, hasta que se ha convertido completamente en pequeñas partes y no vuelve a encontrar la totalidad.

»"¿Pero quién puede tener un fantasía como de mercu-

---

43 Véase también la carta de Caroline Schlegel a Friedrich Ludwig Wilhelm Meyer del 29 de julio de 1792.

44 Dorothea y Friedrich Schlegel, *Geschichte des Zauberers Merlin*, Franckfort/Berlín, Ullstein, 1988; primera edición, Leipzig, 1804.

45 Walter (1985), págs. 59 y ss.

rio?", te oigo preguntar... Yo la tengo, desgraciadamente, y me sorprende y avergüenza bastante que yo ahora deba ser responsable de ella. Sí, tú tienes la culpa de todo esto, y por eso es lícito y seguramente me permitirás que te dedique a ti personalmente lo que sin ti con seguridad no existiría»[46].

Muchas de las escritoras recurren a la ayuda de amigos y colegas, sin la que no hubiera sido posible la publicación de sus obras. Por ejemplo, Friedrich Schiller aconseja a Sophie Mereau en su primeros años de escritora. Dorothea siempre pide a su marido que revise sus escritos, en parte porque tiene dudas sobre el uso del acusativo y del dativo, problema típico del habla berlinesa; e igualmente Johanna Schopenhauer, madre de Adele y autora de novelas, pide a un amigo que repase su ortografía y puntuación. Pero esta ayuda y apoyo son recíprocos, dado que la mayoría de las escritoras, aparte de en sus propias obras, trabajan como secretarias de sus maridos o amigos. Dorothea se ocupa de toda la correspondencia de su marido; Caroline, su cuñada, repasa los textos de Friedrich para *Athenäum* y corrige el manuscrito de *Lucinde*. Para su propio marido pasa los textos a limpio y copia y corrige sus traducciones, igual que más tarde para Schelling. Esta tarea de descifrar los textos autógrafos casi ilegibles y pasarlos a limpio es una de las más importantes.

A pesar de que la mayoría de las autoras pidiera la revisión de sus obras a maridos o amigos, analizando sus novelas de esta época se puede observar un estilo inconfundiblemente femenino, tanto en el lenguaje como en la temática. Uno de los ejemplos es *Das Blüthenalter der Empfindung* (La floración del sentimiento) de Sophie Mereau. Aunque el asunto principal sea la relación entre Albert y Nanette, encontramos intercaladas escenas de la Revolución Francesa, comentarios críticos sobre el catolicismo conservador e hipócrita, el estatus legal de la mujer, pensamientos filosóficos sobre el Estado, la sociedad y los derechos humanos, etcétera[47]. Este conglomerado de opiniones y elementos estilísticos diferentes nos transmite los núcleos temáticos que

[46] Véase la «Dedicatoria al editor» de *Florentin* en el apartado «Prosa».
[47] Véase el extracto de *Floración del sentimiento* en el apartado «Prosa».

preocupan a la autora y que representan el encanto especial de esta novela. La postura adoptada por la pareja de protagonistas, es decir, la negación del matrimonio de conveniencia y una relación amorosa como pacto entre iguales, muestra la ideología de Sophie.

Mientras que la novela de Sophie Mereau aún contiene bastantes elementos clasicistas, *Florentin* se considera la única novela puramente romántica escrita por una mujer. En comparación con los textos de sus compañeros masculinos, los del grupo de Jena, por ejemplo, puede parecer pobre, por ser menos imaginativa y fantástica, y sus descripciones más realistas. Las aventuras y viajes típicamente románticos del principio están reservados para Florentin, el protagonista masculino. Juliane, la heroína, sólo puede participar en estas aventuras después de duras disputas con sus padres. La sensualidad desbordante que muestran los jóvenes de la novela asusta a Juliane (al contrario que a la Lucinde de su marido Friedrich). En este sentido, la novela de Dorothea no debe ser infravalorada por no atenerse a los modelos masculinos. Es una aportación autónoma de una mujer al Romanticismo, que utiliza sus elementos temáticos y estilísticos, pero conservando rasgos individuales femeninos.

Uno de los ejemplos más destacados y conocidos de un estilo original femenino es la obra de Bettina Brentano. Incluye desde novelas, cartas y fragmentos, hasta dibujos, siluetas a tijera y composiciones musicales. Sorprendentemente, hasta hoy no existe una edición completa de las obras de la más popular de las autoras románticas. En sus tres novelas más importantes, *Goethes Briefwechsel mit einem Kinde* (Correspondencia de Goethe con una niña), *Die Günderrode* (La Günderrode) y *Clemens Brentanos Frühlinskranz* (Corona primaveral de Clemens Brentano), Bettina demuestra su creatividad. Aunque a primera vista pueda parecer que plasma sus ideas e imágenes sólo guiada por la intuición y el sentimiento y ella misma fomentara esta opinión interpretando su papel de niña emotiva y juguetona, contemplando la estructura de las obras se nota lo que sus testigos contemporáneos ya comentaban: Bettina trabajaba y retocaba sus textos detenidamente, una y otra vez. Si se comparan estas tres

Sophie Mereau

novelas con las cartas originales en las que se basa, se ve cómo cambia el orden cronológico, añade situaciones y adorna los hechos; todo encaminado hacia su propósito creador. Las poesías que escribe al estilo tradicional no son el mejor medio para plasmar su exuberante espontaneidad. En una carta a Karoline von Günderrode, Bettina describe así su propio estilo: «Mis cartas a ti son como el lecho del manantial, todo lo que está dentro de mí tiene que fluir por ellas»[48].

Aunque estos primeros pasos de la literatura femenina representen una aportación interesante al mundo literario, no hay que olvidar las condiciones poco propicias en que surgen; las actividades de las escritoras casi siempre estaban subordinadas a sus tareas domésticas. Aunque no escribieran como puro pasatiempo y aportaran cantidades considerables a la economía familiar, no disponían de ningún espacio o tiempo reservado para la creación. Escribían de día, mientras cuidaban a los niños o se ocupaban de los trabajos caseros; o de noche, cuando todos dormían. Los hombres solían tener un despacho para trabajar, lujo con el que las mujeres sólo podían soñar[49]. Esta desventaja se capta mejor observando en qué fases de su vida escriben las autoras aquí presentadas: Bettina Brentano, por ejemplo, se mueve en el mundo literario en su juventud, pero comienza su carrera de escritora a partir de la muerte de su marido, después de muchos años dedicados al papel de esposa, madre y ama de casa. Sophie Mereau, por otra parte, tiene su fase más activa antes de su matrimonio con Clemens Brentano; luego se dedica preferentemente a las traducciones, que le ocupan menos tiempo, y finalmente muere en el parto de su tercer hijo con Clemens.

En aquella sociedad la mujer seguía sin ser reconocida como escritora y, a menudo, tenía que justificar sus actividades o demostrar que, aun siendo autora, seguía cumpliendo con su papel de mujer. Un ejemplo de esta actitud tan

---

[48] Bettina Brentano, *Die Sehnsucht hat allemal Recht,* pág. 320.

[49] Véase Virginia Woolf, *op. cit.*

extendida nos lo aporta la correspondencia entre Sophie y Clemens Brentano. A la crítica de su marido responde Sophie, no sin ironía: «Lo que me dice sobre las escritoras, y en especial sobre mis modestos intentos, me ha emocionado, y es más, me ha edificado. Seguramente, en el fondo no corresponde a nuestro sexo y solamente la magnanimidad de los hombres ha podido contemplar tranquilamente estos disparates tanto tiempo. De verdad, temblaría a causa de algunas obras que ¡por desgracia! ya están en la imprenta, si no encontrara algo de consuelo pensando en su insignificancia e inocuidad. Pero en el futuro por lo menos ya no perderé mi tiempo haciendo versos, y si acaso me viera forzada a escribir, intentaré producir obras morales o libros de cocina. Y quién sabe si su obra erudita, de cuya publicación me ha informado bondadosamente, no hará que me decida del todo a cambiar para siempre la pluma por la aguja»[50].

Las poetisas

Si las dificultades para las autoras de obras en prosa eran grandes, para las poetisas resultaban aún mayores. La poesía, con sus estrictas leyes formales, se consideraba un territorio masculino, opuesto a la espontaneidad y naturalidad que se suelen atribuir a la mujer. Como exige un gran dominio del idioma, intimidaba a las principiantes en este campo y dificultaba su abierta dedicación a la poesía. Sin embargo, creemos que, aunque en esa época existen numerosos poemas escritos por mujeres solamente para uso privado, para plasmar algún sentimiento o entretener a las amistades, los textos de las autoras aquí presentadas, a pesar de ser aún poco conocidos, aportan aspectos originales a la literatura del Romanticismo.

El conflicto creado por la consideración de la poesía

[50] Véase carta de Sophie a Clemens de enero de 1803.

Bettina von Arnim. Litografía de A. Off

como terreno masculino se refleja ejemplarmente en la actitud de Karoline von Günderrode. Sus poemas son los más rigurosos en cuanto a su forma e inspiración en la mitología griega. Los publica con seudónimos masculinos, y de varias cartas y pasajes de su diario se deduce cuánto sufría al sentir la incompatibilidad entre su vocación poética y su papel social como mujer: «Ayer leí en el *Darthula* de Ossian y tuvo un efecto tan agradable en mí; me dominó el deseo antiguo de morir de forma heroica, con gran vehemencia; era insoportable seguir viviendo, insoportable morir tranquila y ordinariamente. Ya muchas veces tuve el deseo, poco femenino, de lanzarme al tumulto del fiero combate, de morir. ¡Por qué no soy un hombre!, no tengo ninguna disposición para las virtudes femeninas, para las felicidades mujeriles. Sólo lo grande y fiero, lo brillante, me gusta. Es un error desgraciado pero inmutable de mi alma; y seguirá así y tiene que ser así, pues soy mujer y tengo los deseos de un hombre, sin la fuerza viril. Por eso soy tan cambiante, estoy tan poco de acuerdo conmigo misma»[51]. Karoline, extremadamente racional y a la vez emotiva, no puede expresarse ni en frías reflexiones ni en exaltaciones sentimentales. En la poesía encontró el medio para salvar el abismo entre los polos opuestos de su ser: se capta la autenticidad del proceso de dar cauce a sus sentimientos y su desesperación.

Otra de las pocas autoras que publica una colección de poesías es Sophie Mereau, que además destaca por atreverse a escribir poemas extensos, con un sistema estrófico y métrico muy elaborado (al contrario que la mayoría de sus contemporáneas, que optaban por formas cortas y sencillas). Esto confirma su calificación como la primera escritora profesional en Alemania. Además tiene suficiente confianza en sí misma y apoyos como para publicar las poesías con su propio nombre, *Der Sophie Mereau Gedichte* (Los poemas de Sophie Mereau)[52],

---

[51] Véase la carta de Karoline a Gunda Brentano del 29 de agosto de 1801.

[52] *Der Sophie Mereau Gedichte.*

y más tarde ser editora de poesías de otras autoras, que, a veces, preferían permanecer anónimas, en su revista *Kalathiskos.*

Algunas escribían poesía sólo esporádicamente: Bettina Brentano, como vimos, no consideraba el verso su medio más idóneo de expresión. Para ella lo lírico podía encontrarse en cualquier texto, en una metáfora, una intuición, una descripción. Solamente intercaló unos pocos poemas en su prosa para presentar vivencias de forma más intensa; por cierto, algunos parecen inspirados por textos de su amiga Karoline. Bettina es muy flexible en cuanto a las formas que elige para expresar sus ideas: cada tema se presenta en el género que considera más apropiado, y por ello calificarla sobre todo como novelista, o como poetisa, o como autora política sería olvidar la heterogeneidad que caracteriza su espíritu. En cuanto a Dorothea Schlegel, sólo se encuentran poesías en sus dos novelas, *Florentin* y la fragmentaria *Camilla*, para ilustrar alguna situación o sentimiento.

Las otras dos poetisas aquí presentadas, las amigas Ottilie y Adele, también se dedican exclusivamente a la lírica. Sin embargo no se pueden comparar con Karoline o Sophie; pertenecen a la generación siguiente, en la que era más fácil publicar sus poesías. Por otra parte, ninguna de las dos se dedicaba a la creación poética con tanta seriedad y ambición profesional. Como Karoline, Adele expresa su desesperación, sufrimiento y soledad; pero a diferencia de ella, escribe sus poemas, igual que su diario, para sí misma o para amigos. En cuanto a Ottilie von Goethe, también elabora una lírica intimista, pero participa más en el mundo literario gracias a su boda con August von Goethe y a la amistad con su suegro. Ottilie demuestra que también se puede actuar de forma natural ante el mundo de la gran literatura masculina; aunque reconocía no poseer un gran talento, no tenía miedo de enseñar sus poesías juveniles a Goethe, el gran maestro, e incluso dedicárselas. Más tarde, también ella, con su revista *Chaos,* pone a disposición de otras mujeres, que no se atreven a publicar sus obras, un foro para expresarse.

Sobre los textos seleccionados

Los poemas, prosas y cartas aquí seleccionados nos ofrecen una primera cala en la producción literaria femenina de la Alemania de las primeras décadas del siglo XIX. Las diez autoras más representativas aparecen en su lucha por conquistar un espacio creativo propio y un reconocimiento social que hasta entonces se les había negado. Unas veces en soledad, otras en colaboración con hermanos, amantes o esposos, las mujeres románticas exploran las posibilidades de expresión poética o narrativa de su específica subjetividad, utilizan los cauces formales que les brinda su tradición y experimentan, con timidez, nuevas combinaciones métricas y estróficas. Pero, sobre todo, se concentran en unos núcleos temáticos preferentes, como el amor y la naturaleza. Comparten con sus compañeros o rivales los temas estéticos o políticos en menor medida, aunque con aportaciones singulares muy valiosas. La concepción novalisiana de la mujer, tan integrada en la naturaleza que es amada con adoración por su mayor pureza y profundidad (y que se extiende por Europa a lo largo de casi todo el siglo, hasta manifestarse, por ejemplo, en Bécquer) resulta conflictiva para las jóvenes más lúcidas de su tiempo, como vemos en sus biografías y en sus textos. Con diversidad de actitudes y de prácticas, en las aquí presentadas predomina el esfuerzo por labrarse una posición progresivamente igualada a la de los varones, dueños casi en exclusiva, hasta fines del siglo XVIII, del mundo literario. Desde su reducto intemporal de dedicación a la familia, salen con decisión a tomar parte en la historia.

Poesía

Los textos poéticos de Dorothea Schlegel (nacida en 1763, sólo tres años después que el puro neoclásico español Leandro Fernández de Moratín) nos muestran ya el uso del

«Lied» o de variaciones inspiradas en ese tipo de canción popular tradicional que, desde Herder a Goethe, le fue brindada a su generación. La combina con formas estróficas y métricas de raigambre clásica, igualmente heredadas del gran maestro, pero llenas de una nueva tonalidad sentimental, de una inédita libertad en la combinación y fragmentación de los modelos. La edición bilingüe permitirá a los lectores expertos captar los logros rítmicos y métricos (con su predominio de los versos de cinco pies yámbicos, de algún modo equivalentes a nuestro endecasílabo; aunque obviamente irreproducibles) así como la rima consonante y las modalidades estróficas, que incluyen la octava real y el soneto junto a composiciones más libres.

En la temática predomina el amor, tanto en su aspecto de plenitud, como en los de ausencia o fugacidad. Pero en nuestra breve selección aparece también la infancia (con el enfoque, de raíz ilustrada, de la libertad frente a una rígida normativa), y acercamientos a la poesía filosófica o meditativa, con el camino como símbolo de la existencia.

Sophie Mereau (n. 1770) representa la cota más alta entre nuestras escritoras en lo que a profesionalidad se refiere. A pesar de la sobrecarga de la maternidad y el hogar encontró tiempo (apoyada por Friedrich Schiller como mentor y su primer marido Mereau como asesor) para reunir en su salón de Jena a varios de los mejores poetas románticos, hacer traducciones del inglés, francés e italiano, dirigir su propia revista y ser redactora de otras, colaborar con su segundo esposo Clemens Brentano y, en fin, publicar sus obras poéticas y narrativas firmando con su nombre y obteniendo ingresos suficientes. Entre los ocho poemas seleccionados encontramos una mayor variedad temática que en los de Dorothea. Trata del genio y la creación poética, combinando lo discursivo con logros rítmicos y estilísticos. Expresa la melancolía con suaves melodías verbales. El paisaje aparece con matices casi impresionistas en «Luz y sombra», pintando fluidos procesos cromáticos. En «Recuerdo y fantasía», dentro de una forma clasicista, adopta un tono algo discursivo y retórico, alineado con lo más epocal del Romanticismo europeo. En cambio, «Schwarzburg», el más logrado a nuestro juicio, revela su indiscutible talento: a través de un itinerario por paisajes de montaña, descritos con morosa delectación de los sentidos por medio de imágenes y sinestesias innovadoras, el sujeto poético se funde con la Naturaleza dentro de una cosmovisión panteísta vivida con talante positivo, sin el desgarro de otros románticos. Por otra parte, «En la fiesta de Francia» presenta la integración de la escritora de Jena en la lucha progresista de su época, cantando a la Revolución Francesa. En fin, «Kalathiskos» es una de sus referencias a la Antigüedad grecolatina, tan importante entonces en su renovada interpretación. En cuanto a la métrica, utiliza con soltura tanto el ritmo yámbico como el trocaico; y alterna el uso de la rima consonante con los caudalosos versículos blancos, según el tono de cada poema.

Karoline von Günderrode (n. 1780) es la figura más emblemática dentro de la dimensión radical del Romanticismo. En su carácter introvertido los sentimientos se adensaban en prolongadas resonancias, intensificados por un apasionamiento a veces en conflicto con su lúcida inteligencia, a veces reforzado por ella hasta desembocar en actitudes extremas. Así lo captamos en su lírica, tanto como en su prosa. La constelación temática que presentamos aquí es amplia: desde el amor, predominante, a la muerte, pasando por la razón, la belleza artística, el Oriente y la mitología. Todo ello en un abanico de opciones estróficas y métricas; algunos experimentos en versos muy breves (paralelos a los que veremos de su amiga Bettina) alternan con largos versículos o con pentámetros yámbicos; también se somete a la disciplina del soneto. Unas veces intenta expresar lo inefable del amor por medio de la tradicionalísima antítesis; otras emparenta con Novalis en su culto del sueño y de la noche. «Tiempos antiguos y modernos» representa la opción ilustrada frente al oscurantismo, aunque con escasa tensión lírica. «Rojo intenso» (con efectos intraducibles, como el que en alemán rimen los monosílabos «rot» —rojo— y «Tod» —muerte— se acerca, en cambio, más a nuestra concepción de lo romántico. Los poemas que siguen insisten en el anhelo amoroso insatisfecho, o en la ausencia, o en el afán de exclusividad. «Ariadna en Naxos» expresa tempranamente, a través de una de las versiones del mito griego —la que se ajusta precisamente a su actitud—, su voluntad de absoluto en el amor y de muerte como única alternativa al fracaso: antes que la inmortalidad ofrecida por un dios, prefiere lanzarse al oscuro abismo del océano. «Tendencia del artista», en caudalosos versículos de estirpe clásica, que trata sobre la creación estética, nos muestra sus tanteos en un campo temático menos ligado a su núcleo de inspiración, para el que hubiera necesitado quizá más años de cultivo. En fin, el soneto «Las viudas malabares» presenta el cruel rito oriental dignificado por su visión trágica, radical, de la unión amorosa.

Bettina Brentano (n. 1785), su íntima amiga, representa el contrapunto psicológico y existencial. Extrovertida, prodigio de espontaneidad, entregada a todo y todos desde su derroche de intuición y vitalidad (aunque, como atisbaremos en su prosa, muy comprometida socialmente en la madurez) nos ha dejado una creación lírica de menor relieve que su narrativa; y que, en todo caso, excluye la tragicidad de Karoline. Cultiva con gracia el «Lied» en metros cortos, sobre asuntos tanto amorosos como de vocación creadora; pero también el soneto, aportando delicadas imágenes en «Eros». En «Yacer sobre la hierba», con desenvuelto tono coloquial, deja fluir su capacidad de fusión con lo menudo del paisaje. Lo amoroso reaparece en el ámbito autolimitado de «Desde esta elevación» y en la juguetona canción «Si te quiero...». Se trata, en suma, de una feminidad lírica de talante juvenil, que explora las posibilidades de la estampa paisajística y de la canción ágil y llena de gracia.

La poesía de Ottilie von Goethe (n. 1796) es también representativa de la herencia goethiana por su cultivo de la canción popular, reelaborada con fluidez y espontaneidad (y resulta más afín a las dos primeras generaciones románticas que a la tercera, la del irónico Heine, a la que pertenece cronológicamente, pues nació un año antes que él). El supremo prestigio del suegro no inhibió su cultivo de un lirismo de mediana calidad, algo más melancólico que el de Bettina, pero no muy distinto en los aspectos coloquiales y autobiográficos. Predomina el tema amoroso, con incursiones en una contenida crítica social, como en «La mendiga de Weimar». No hemos incluido más ejemplos de poemas apasionados, que quedarían inscritos en el contexto de su figura de mujer emancipada y libre, en conflicto con la sociedad anquilosada del Weimar cortesano. Tampoco nos extenderemos aquí sobre su valiosa actividad como editora del polifacético semanario literario *Chaos*, ni sobre sus traducciones o textos no firmados, que completan su imagen de escritora y dama organizadora del salón de Goethe. Algo de su energía y capacidad de lucha contra la adversidad se refleja en el poema «Senza moccolo».

Adele Schopenhauer (n. 1797, como Heine) desarrolló sus variados talentos como novelista, dibujante, crítica literaria, libretista de ópera y traductora a partir de sus años de juventud en Weimar, apoyada por Goethe. Pero sólo se dedicó a la poesía ante el insistente estímulo de su amiga de Colonia, Sybille Mertens. En su temática destaca la amistad, en poemas a aquélla, a Ottilie y a Wolfgang von Goethe. La trata unas veces con la forma del «Lied» y otras en rigurosos versos clasicistas e imágenes paisajísticas de gran plasticidad. Despliega una tensión vertical entre lo elevado de sus pensamientos y sentimientos y la gravedad del destino adverso que la atrae hacia las simas del mar, en poemas como «Águilas son...». El tema del abismo reaparece en sus «Fragmentos», con una fascinación emparentada con la pintura de C. D. Friedrich; es también recurrente el llanto y la melancolía, en éstos y otros textos, como el triste «A la noche», atraído por la muerte como descanso. Cuando poetiza el amor, expresa sobre todo su ausencia y busca la paz a través de la renuncia. En suma, una poesía que destila sufrimiento y amargura en moldes métricos impecables.

Prosa

Dorothea Schlegel es autora de la única novela plenamente romántica escrita por una mujer, *Florentin*. Paralela a la *Lucinde* escrita por su marido, Friedrich, presenta a una heroína, Juliane, en quien parecen proyectarse rasgos autobiográficos de la autora: ha de luchar contra las normas de la sociedad, pero no lo hace con el atrevimiento de Lucinde; las aventuras amorosas se reservan, en la narración, a personajes masculinos. En la «Dedicatoria al editor» (concebida de modo análogo a una carta a su marido y mentor literario) expresa sus dificultades para plasmar en un estilo satisfactorio su proyecto narrativo. Con todo, logra enlazar acción y descripciones con sensibilidad inconfundible. Comenzó una segunda parte, *Camilla*, pero su evolución ideológica y las dificultades económicas la hicieron distanciarse de su propósito inicial.

Henriette Herz, como hemos visto, no fue una escritora, sino uno de los principales «agentes culturales» de su época. Su prosa es fluida, amena, con una espontaneidad y encanto muy femeninos, y potenciada por la inteligencia y el sentido del humor. *Salón berlinés* resulta un retrato muy vivo y un testimonio histórico interesantísimo. El capítulo *Sobre la historia de la sociedad...* aporta una visión animada y rica de las actividades de aquellas fecundas minorías, tan relacionadas con la herencia de la Ilustración y parte decisiva del nacimiento del Romanticismo alemán, sobre todo en su vertiente femenina.

Sophie Mereau es autora de *La floración del sentimiento* (1794): en el trozo aquí presentado encontramos aspectos temáticos muy orientados a la defensa de la igualdad de la mujer. La búsqueda de la amenidad a partir de situaciones algo folletinescas e ingenuas, así como cierta dependencia aún de los modelos dieciochescos, hace de ella una obra narrativa sólo medianamente lograda, aunque su interés para el desarrollo de la escritura femenina romántica es indudable.

Los textos en prosa de Karoline von Günderrode son muy variados y de alta calidad. El *Fragmento apocalíptico* ha merecido elogios tan entusiastas como los de Marcel Brion. Se trata de uno de los ejemplos más logrados del «fragmento» defendido por los teóricos de Jena. Aspectos esenciales de la cosmovisión romántica, como el panteísmo, la grandiosidad visionaria y la libertad imaginativa ante el transcurso reglado del tiempo, se integran y moldean en una prosa que podríamos llamar poética, anticipadora de la de Aloysius Bertrand y Baudelaire. El Yo romántico protagoniza este acontecer de dimensiones cósmicas, creado por una escritora que, como muchos de sus contemporáneos, seculariza el trance místico, colocándose a sí misma en el centro. Una hermenéutica rigurosa deberá preguntarse cuánto hay de «reconstrucción literaria» y cuánto de una posible experiencia interior: pero lo indudable es que Karoline se comprometía hasta el fondo de su ser con esta exploración de lo real a través de la escritura.

La música para mí es otra fina aportación de la autora a la temática de lo musical en su relación con lo plástico y lo lingüístico; la unidad de las artes en la mente del artista y la inmersión en la libertad infinita de las melodías concuerda con las aportaciones de Wackenroder y E. T. A. Hoffmann, por ejemplo. Como en los paisajes de C. D. Friedrich o de Turner, la luz lívida y contrastada de las borrascas reaparece obsesivamente en la atormentada imaginación de Karoline. *Pensamientos varios* se inscribe en la tendencia al aforismo de su época. Aunque recuerdan a los de nuestra contemporánea Simone Weil por su apasionada concentración y radicalidad, uno de sus modelos más cercanos es, claro está, Novalis, con quien concuerda por la sublimación del amor frustrado en una tensión hacia el infinito, a la vez que en su confianza en la precisión del lenguaje. Encontramos entre ellos, por lo demás, nuevas confirmaciones de su consideración de la muerte como el acto que configura de una vez y para siempre una trayectoria existencial.

La obra de Bettina Brentano se equipara en calidad y originalidad femenina a la de su amiga, pero es mucho más extensa, por haberla sobrevivido cincuenta y tres años. Partiendo de la poderosa corriente dieciochesca de la novela epistolar, con la irradiación, sobre todo, de *La nueva Eloísa* (1762) de J. J. Rousseau hacia el *Werther* (1773) de Goethe y otros muchos, aprovechó su prolongada preparación en el arte de escribir cartas para elaborar a partir de ella tres obras narrativas de base autobiográfica, de entre las que seleccionamos unas páginas de *Correspondencia de Goethe con una niña*. Albert Béguin (1939) estimó mucho su «bella prosa, ágil y flexible», «de cadencias tan particulares». Reconoce en ella la intuición y la capacidad expresiva; su extraordinaria espontaneidad y variedad de tonos y recursos. Bettina representa una dimensión de la escritura femenina distinta a la de la tragicidad y anhelo de fusión cósmica de Karoline: con su atención centrada en personas afectivamente próximas y admiradas (su hermano Clemens, su íntima amiga, el gran Goethe), integra su aptitud para captar todo lo vivo con su tendencia a figurar y referirlo todo a sí misma. Bajo su aparente inconstancia y coquetería reposaba un alma noble, que sentimos en su concentración en los temas más profundos de su época literaria: la naturaleza, en sus niveles simbólicos; el sueño, como reconciliación con la unidad del ser; la conciencia de sus procesos interiores; y, sobre todo, el amor. En el texto antologizado captamos el proceso romántico de la sacralización del amor humano, superando la ausencia e incluso la falta de respuesta del otro a través de una potenciación del yo monologante y de un fervoroso cultivo de la adoración en su propio brotar y fluir.

El amor se espiritualiza, no renunciando a la sensualidad sino sublimándola en los procesos mentales, orientados a una imagen elaborada por el sujeto poético. El cuerpo y la naturaleza se tratan como símbolos de una realidad trascendente. Y la no posesión es vivida en el texto (al contrario que en los de la Günderrode) con talante optimista, puesto que la fuerza emanante de la que contempla y adora se satisface en su propia actividad. En suma, Bettina reelabora todo un humus cultural, con raíces neoplatónicas y corteses, y hace brotar de él hermosas floraciones literarias. ¿Hasta qué punto es sincera y «espontánea»? En frase de Fontane, «das ist ein weites Feld» («es un problema [tan] amplio») que excede de estas páginas.

Su correspondencia y el extracto de la carta al rey Federico Guillermo de Prusia nos pueden confirmar una maduración y compromiso social creciente a lo largo de la vida de la autora. Su entrega a Achim von Arnim y a sus hijos se complementa con su precocidad y valentía en la denuncia de la opresión. Sus escritos en favor de los marginados son muy avanzados para su época e insólitos en una escritora casada con un noble. Completan su rica producción literaria, que sólo es posible esbozar aquí.

Correspondencia

La selección de diez cartas de Caroline Schlegel-Schelling, entre 1781 y 1800, permite interesantísimos atisbos sobre su amplio epistolario. Sus ideas sobre los graves condicionamientos de la mujer culta en su época; su carácter de innata fortaleza y alegría ante las dificultades, incluso en dura e injusta prisión; y su seguimiento de la creación literaria, con un papel activo, reviven en su estilo de nítida concisión, suelto, libre, que concilia saber libresco y agilidad conversacional. Participó como protagonista en la comunidad humana y literaria de Jena, en la edición de la revista *Athenäum* y en la magistral traducción («en versos yámbicos») de Shakespeare realizada por A. W. Schlegel. Algo de su relación con Schelling y su amor con tintes maternales se refleja también en esta breve antología, que invita a un conocimiento más amplio.

Las cartas escogidas de Sophie Mereau nos ilustran sobre su respetuosa relación con Schiller y, sobre todo, con su pretendiente y luego marido Clemens Brentano. Estas últimas, desde Jena en 1799, y después desde Weimar en 1803, muestran la riqueza de su prosa, capaz de expresar tanto ironía como pasión, en frases fluidas y melodiosas. Enriquecen los testimonios sobre la intimidad de las escritoras de la época con su compleja temática, que engloba desde la afirmación de su libertad hasta su sentido práctico y su constancia amorosa ante el voluble Clemens. Junto a las esposas de los Schlegel, es una de las mujeres fuertes y responsables que, en esta generación, contrastan con aspectos de debilidad e inconstancia en algunos escritores.

Rahel Varnhagen permanece en la historia de la literatura gracias a su voluminoso epistolario, tan fielmente conservado por su marido. En él la carta alcanza la máxima variedad de temas, tratados con agilidad y finura intelectual. En la muestra adjunta, entre 1793 y 1830, leemos sobre su de-

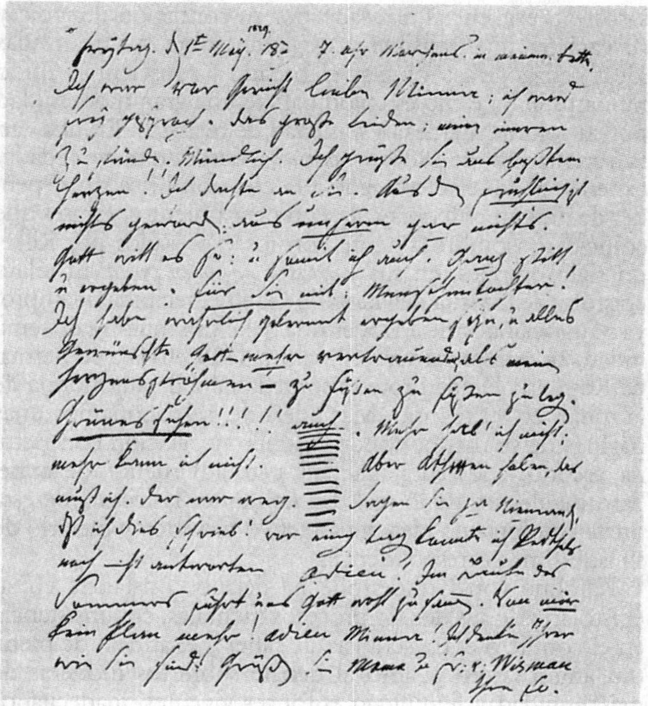

Carta de Rahel a Wilhelmine von Zielinski del 1 de mayo de 1829

sasosiego existencial, causado por su condición de judía y su carácter hipersensible y exigente; sobre sus avanzadas ideas pedagógicas; sobre su elaborado y consciente sentido humanista. Su estilo es coloquial, de una gran modernidad por su soltura, agudeza y variedad de registros. En una carta a su marido, de 1808, le aconseja, desde su mayor edad y experiencia, que se entregue a la creación lírica sin depender de ningún criterio ajeno, con pensamientos y frases que coinciden asombrosamente con los expresados por Rilke, un siglo después, en sus *Cartas a un joven poeta.* El relato epistolar de la visita del adorado Goethe, recibida de improviso una mañana de 1815, es una deliciosa muestra de feminidad, en una prosa vivacísima. En 1819 envía a su hermana Rose una lúcida protesta sobre la falta de autonomía de la mujer en su tiempo. Más adelante, seleccionamos unas páginas de su diario, donde describe su relación con Bettina, reconociendo su genialidad, pero advirtiendo de su peligro de alejarse de lo real. En conjunto, la lectura de esta breve antología da idea del atractivo histórico y literario de su riquísima correspondencia.

Karoline von Günderrode ha dejado constancia en su epistolario de sus densos procesos mentales, con insistencia en el conflicto entre su ansia de saber y el anhelo de plenitud amorosa; en cuanto al debate sobre los modelos de masculinidad y feminidad entonces vigentes, inadecuados para ella, encontramos también un lúcido testimonio. En su estilo destaca la precisión, aunque logra igualmente vivacidad y fluidez. Leyendo sus cartas compartimos su asfixia afectiva en el enrarecido ambiente de la Residencia religiosa, y su empeño en exigirse a sí misma prestaciones quizá inasequibles. A sus amigas y a Savigny les expresa su entrega a la creación literaria como una de las metas de su vida; la otra es el amor, al que se arroja casi con desesperación, con una actitud tan radical que desemboca en su prematuro y trágico fin. Podemos asomarnos a aquellos meses fatales desde sus cartas a Creuzer: la titulada «A Eusebio» trasciende el nivel epistolar para hacerse filosófica y creencial. «Romantiza» (según la expresión de Novalis) el mundo, elaborando una teoría de la evolución progresiva de la materia hacia el Alma única, basada en sus lecturas sobre el hinduismo, entonces muy valorado.

Bettina Brentano fue, como hemos visto, ágil y fecundísima autora de cartas literarias, en una prosa que destaca por su vivacidad y matices emocionales. En nuestra selección aparece una escueta muestra, a lo largo de casi cuarenta años. En ella observamos su atrevida seguridad en sí misma desde la adolescencia («A Goethe») y su posterior dedicación a la maternidad, a la creación de novelas (entonces no muy bien recibidas por los conservadores como su hermano Clemens) y a la defensa de los oprimidos, todavía desde presupuestos de respeto a la monarquía, que aspira a ver funcionar, al menos, como un buen despotismo ilustrado. No era así, y sufrió críticas y amenazas. Pero lo más jugoso a nivel estilístico son sus larguísimas frases torrenciales, ricas en dramatismo y colorido descriptivo.

En la correspondencia de Ottilie von Goethe se encuentra un arsenal de datos para su biografía y para el estudio histórico sobre la Alemania del siglo XIX. Desde sus dudas sobre su destino como «nuera de Goethe» y sus sufrimientos matrimoniales, pasando por su actividad literaria (que comenta, por ejemplo, en una carta a Eckermann) y su valoración de la entonces atrevida novela de Bettina, hasta su caída en desgracia ante la hipócrita sociedad de Weimar (e incluso en la opinión de la excelente poetisa Annette von Droste-Hülshoff). Su independencia y sus esfuerzos por integrarse en el mundo literario establecido vibran aún desde la prosa espontánea y fluida de su epistolario, a lo largo de más de medio siglo.

Por su parte, Adele Schopenhauer aporta textos entrañables sobre sus dos íntimas amigas, Ottilie von Goethe y Sybille Mertens, que la apoyaron y compensaron su soledad y sufrimientos. Sus cartas a su hermano Arthur, el filósofo, completan esta literatura íntima, digna, dolorida, tan orientada al enriquecimiento cultural y a la creación. Las dirigidas a Goethe muestran su confianza con el gran maestro de las letras, iluminando aspectos inéditos de aquella sociedad.

Fanny Mendelssohn aparece aquí como interesante autora de cartas, en un mundo cultural que integra la composición musical y la traducción o reelaboración de los textos destinados al canto. Pocas veces en la historia se ha producido una fusión tan íntima de las artes como en el Romanticismo, sobre todo en lo que se refiere a la música. En la correspondencia con su famoso hermano Felix captamos un alto nivel de amistad y colaboración y un testimonio excepcional de autonomía creativa en la mujer, a través de un estilo natural, fluido, rico en coloquialismos. Con sus textos se completa el complejo panorama del arte epistolar en la Alemania del primer tercio del siglo XIX.

ESTA EDICIÓN

En lo que se refiere a la prosa, hemos considerado prioritaria la fidelidad al original, procurando amoldarnos al ritmo, giros y vocabulario de cada autora. Cuando alguna expresión o construcción gramatical resultaba disonante en español, hemos buscado su equivalencia más natural. La puntuación ha sido retocada y modernizada para adaptarla a los criterios contemporáneos.

Ante la poesía, hemos pretendido un equilibrio entre la exactitud y el esfuerzo por dignificar la versión española en su propia idiosincrasia fónica, rítmica y estilística. La mayoría de los poemas están vertidos en moldes métricos castellanos: alejandrinos, endecasílabos, heptasílabos, octosílabos..., según la longitud de los originales y también según su tono y carácter (por ejemplo, el octosílabo para la canción popular). Sin embargo, nos hemos abstenido de un posible lucimiento personal al no permitirnos, en aras de una recreación poética propia, aumentar el número de versos o suprimir o añadir palabras para pergeñar, por ejemplo, series de alejandrinos, o para lograr la rima asonante. Sólo cuando ésta se hacía posible con fluidez, sin retocar la lengua de partida, hemos logrado poemas parcial o totalmente asonantados; a veces, como se verá, incluso con resonancias becquerianas u otros ecos de nuestro Romanticismo.

Nuestro propósito ha sido presentar a estas diez escritoras alemanas, en su mayoría totalmente desconocidas en el mundo hispánico, respetando al máximo las peculiaridades de su estilo individual y de su época.

NOTICIA BIOGRÁFICA SOBRE CADA UNA DE LAS AUTORAS SELECCIONADAS

Caroline Michaelis Böhmer Schlegel Schelling (Gotinga, 1763 - Maulbronn, 1809)

Caroline Michaelis, conocida como una de las mujeres más independientes de su época y por ello tema de varias novelas, fue también una de las que recibieron más esmerada educación en su tiempo. Hija del famoso catedrático de filosofía y orientalista de la Universidad de Göttingen (miembro de las Academias de Berlín, Londres y París y Caballero de honor de Dinamarca por una expedición al Yemen organizada por él para la corona danesa), tuvo la oportunidad de saciar su ansia de saber. Su padre defendía la opinión de que era una pérdida para la sociedad el no fomentar el potencial intelectual femenino de igual modo que el de sus hermanos e intentó convencer al rey para que fundara una Academia de Mujeres..., sin éxito. En su propia casa, sin embargo, se reunían las cuatro hijas de Profesores de Göttingen..., entre ellas su hija Caroline, la amiga de ésta, Therese Heyne, y Dorothea Schlözer, la primera estudiante en Alemania que hizo el doctorado. Pero Caroline no se entusiasmaba por «el árido saber libresco» y consideraba a Dorothea una persona amaestrada por su ambicioso padre[1]. Prefería dedicarse a los idiomas y ya a los quince años dominaba el inglés, el francés y el italiano y leía a Shakespeare en versión original. En casa de su padre tuvo la oportunidad de conocer a importantes figuras de la vida cultural como Goethe, Lessing, Alexander von Humboldt, etc. En la misma medida en que Caroline admiraba a

[1] Véase la carta de Caroline a Luise Gotter de finales de octubre de 1781.

su padre, su madre era para ella un ejemplo negativo, por llevar la vida típica de una mujer dedicada exclusivamente a la casa y a los hijos (en total dio a luz once hijos, de los que sólo cinco sobrevivieron). Sus biógrafos la describen como muchacha de gran talento, muy apta para cultivarse, ingeniosa y crítica, pero ardorosa y hambrienta de amor[2].

Al igual que Bettina con Clemens Brentano, o Fanny Mendelssohn, tuvo una relación muy intensa con su hermano mayor Fritz (tal que, sin tener en cuenta el estilo romántico y el concepto de amistad vigente en la época, podría parecer casi incestuosa). A instancias de éste se casó a los veintiún años con su amigo y vecino, diez años mayor, médico y también hijo de un profesor, J. W. F. Böhmer; aunque, si no hubiera sido por las convenciones sociales, habría preferido quedarse soltera. Con su marido llevó una vida tranquila y recogida en un pueblecito que para Caroline, acostumbrada a toda clase de distracciones y estímulos, tuvo que resultar un aburrido exilio de la vida intelectual. Su escapatoria era la lectura que le mandaban sus amigos. Cuatro años más tarde, cuando Caroline estaba embarazada de su tercer hijo, murió su marido. Por ello volvió a casa de sus padres y más tarde se trasladó a Marburgo, a casa de su hermano Fritz.

Decepcionada de éste, que se había convertido en un provinciano comodón que se pasaba todos los momentos libres en la taberna, y aburrida en la pequeña ciudad letárgica, Caroline se trasladó a Maguncia y vivió con Therese Heyne y su marido George Forster. Los años en Maguncia fueron para Caroline de los más agitados de su vida, tanto privada como socialmente. Therese, la amiga de su infancia, tenía una relación amorosa con Ferdinand Huber, amigo de Schiller, de quien se supone que tuvo dos hijos durante su matrimonio con Forster. Más tarde huiría de la ciudad con su amante, dejando al marido al cuidado de Caroline que así, después de la muerte de su marido y dos de sus hijos, volvió a tener una misión. George Forster, famoso cosmopolita, que ya en su juventud había participado en una de las expediciones del capitán Cook a los mares del sur, era conocido por su actitud liberal y profrancesa. A través de él Caroline entró en contacto con el Club de jacobinos que apoyaba la Revolución Francesa y la invasión de Alemania por el general Custine. En la casa de Forster se encontraban los personajes más interesantes de la región (poco antes de la invasión francesa, también Goethe pasó dos animadas noches con

---

2 Véase, por ejemplo, Sigrid Damm, *Begegnung mit Caroline.*

los amigos de Forster..., pero sin aludir a temas políticos). Aunque Caroline nunca hubiera sido «revolucionaria» ni hubiera apoyado a los invasores franceses, corrieron rumores que la consideraban «amiga de Forster, amante de Custine y esposa de Böhmer». Dicho Böhmer era su cuñado, Georg Böhmer, secretario del general Custine y uno de los primeros en pasarse a los franceses; Caroline le despreciaba. El hecho de que la consideraran su mujer, por error, le traería a Caroline una de las experiencias más dramáticas de su vida.

Cuando Forster salió de Maguncia para viajar como diputado hacia París, también Caroline dejó la ciudad y emprendió el viaje a Gotha, a casa de Luise Gotter..., pero no pudo llegar a su destino. Fue detenida y encarcelada por supuesta alta traición y como rehén en sustitución de Forster, junto con su hija Auguste, en la prisión de Königstein. Desde allí escribió cartas desesperadas a sus amigos pidiendo ayuda, ya que, aparte de la preocupación por su salud y la de su hija, se sabía embarazada de un oficial francés de diecinueve años. Caroline estaba decidida a suicidarse en la prisión en cuanto no pudiera disimular el embarazo y su deshonor ante su querida hija y ante todo el mundo, temiendo un enorme escándalo y que se creyera que el hijo era de Forster. August Wilhelm ya le había mandado veneno. Pero a instancias de sus amigos, entre ellos Wilhelm von Humboldt, y gracias a una petición de su hermano menor al rey, fue puesta en libertad y dio a luz en secreto, en un pueblecito de Turingia, un hijo. Pensaba darlo en adopción, pero el niño murió poco después de nacer.

De nuevo la había ayudado A. W. Schlegel, apasionado admirador de Caroline desde hacía años y entonces Secretario de Legación en Amsterdam, que le había conseguido los papeles para que pudiera dar a luz con un nombre falso y la dejó al cuidado de su hermano menor Friedrich, más tarde padrino del hijo ilegítimo, estudiante en el cercano Leipzig. El joven quedó profundamente impresionado por la mujer de treinta años que después de tan duras experiencias se le presentaba tan segura de sí misma y combativa. Caroline discutía con él temas políticos y feministas y le transmitió su entusiasmo por las obras de Goethe. El joven y apasionado estudiante se enamoró de Caroline, que representaba para él el ideal femenino (hay críticos que sostienen que ella fue el modelo para la novela *Lucinde*, y no la futura mujer de Friedrich, Dorothea), pero reprimió sus sentimientos porque la consideraba la futura mujer de su hermano mayor.

Por entonces Caroline no aceptó la petición de August Wilhelm, y después de su parto se fue a casa de los Gotter, a Gotha, ya que su amigo Meyer había impedido su traslado a Berlín por temor a los rumores. También los Gotter sufrieron proscripción social mientras hospedaban a la «revolucionaria». Y solamente la ciudad de Braunschweig, donde también vivía la madre de Caroline, la aceptó como ciudadana; en cambio, le fue prohibida la entrada en su ciudad natal, Gotinga, después de una visita a su familia. Caroline luchó sin éxito por su reconocimiento social. La solución más fácil era la unión con A. W. Schlegel, su admirador y protector, que ya después de su encarcelamiento le había propuesto ir a vivir con él a América para huir del escándalo; también su propia madre intentaba convencerla de las ventajas de aquel matrimonio. Finalmente, en julio de 1796, Caroline se casó con August Wilhelm, cuatro años más joven que ella, que le abrió de nuevo el paso a la sociedad y al mundo literario. No fue nunca una unión por amor, sino racional; desde el principio los cónyuges se concedieron mutuamente todas las libertades y también la posibilidad de la separación. Caroline era demasiado diferente del triunfante literato y científico, excesivamente metódico y enamorado de sí mismo como para poder ser más que un amigo muy íntimo.

Una semana después de su boda, la joven pareja se trasladó a Jena, lugar que August Wilhelm había elegido para proseguir sus actividades literarias y donde vivían Humboldt y Schiller, que le había invitado a colaborar en su revista literaria *Die Horen* (Las Horas). Días más tarde se les unió Friedrich Schlegel, que acababa de visitar a Novalis, y así se fue formando lo que años más tarde sería el «Círculo de Jena», de suma importancia para el desarrollo del Romanticismo alemán, como ya vimos. Sin embargo, la amistad de los hermanos Schlegel con Schiller, el famoso poeta, duró poco tiempo. Tanto Wilhelm como Friedrich defendían posiciones más liberales que el maestro. Después de varios ataques del más emotivo y cínico Friedrich a la revista *Die Horen* (en la que su hermano publicaba traducciones), tanto Goethe como Schiller declararon la guerra públicamente a los hermanos Schlegel. También Caroline sufrió por causa de estas rivalidades entre las generaciones; a partir de esta época era llamada «Dama Lucifer» en casa de los Schiller.

En octubre de 1798 el joven y conflictivo profesor de filosofía Schelling dio su primera conferencia en la Universidad de Jena. Pronto entró en contacto con la «familia», y tanto Caroline a sus treinta y cinco años, como su hija Auguste quedaron impresionadas por aquel hombre tan robusto y tan sensible a la vez. Caroline le describía así en una carta a un amigo: «En cuanto a Schelling, nunca ha habido una cáscara más áspera. Pero a pesar de que no estoy ni seis minutos con él sin que discutamos, es lo más interesante que conozco a mi alrededor, y quisiera que lo viéramos más a menudo y con más intimidad. Entonces también cesarían las discusiones.» Schelling, a su vez, encontró en Caroline a la mujer que le podía dar la paz y tranquilidad que necesitaba. A pesar de los conflictos que conllevaba la relación con estos dos hombres, amigos entre ellos, esta fase fue la más productiva, tanto para el grupo (aparece *Lucinde,* Novalis comienza a escribir su *Heinrich von Ofterdingen*, se publica la primera edición del *Athenäum)* como para Caroline personalmente. Amada y apoyada, alcanza más confianza en sí misma y su mayor creatividad, fascinando y chocando a sus amigos de Jena.

En invierno del año siguiente llegó también a Jena Dorothea, la amante de Friedrich Schlegel, completando la «familia». Al principio las dos mujeres tan diferentes armonizan bien, pero pronto se hace notar cierta rivalidad entre ambas. Caroline es sin duda la más atractiva, tanto por su físico como por su carácter abierto. Esta rivalidad se convierte en guerra al percibir Dorothea la relación entre Caroline y Schelling. Sin duda veía en ella un peligro para la paz de la casa; pero también debió de influir el que Caroline dejara de apoyar a Friedrich Schlegel, su adorado marido, para tomar partido por Schelling, con quien Friedrich mantenía a su vez cierta rivalidad. A raíz de estas disputas y de su conflicto interior, Caroline sufre una crisis nerviosa en la primavera de 1800. Aún mantenía en secreto su relación con Schelling, porque creía deberle a su marido lealtad y amistad, ya que no podía darle amor. Pero en mayo Friedrich Schlegel informó a su hermano de esa relación secreta intentando convencerle para que se divorciara. Caroline, restablecida de su crisis, emprendió un viaje al balneario de Bocklet junto con su hija. Su marido la acompañó durante la primera parte del recorrido (y luego siguió a Berlín, donde tenía un puesto en la Universidad), y Schelling la segunda. Allí, en menos de dos meses, murió Auguste de disentería.

Esta muerte tuvo gran influencia en la disolución final del grupo. La niña precoz se había convertido en el «talismán» de la casa Schlegel y en la confidente de su madre. Su padrastro Wilhlem y su tío Friedrich, que la adoraban, le daban clases de griego e italiano; a los doce años leía a Lessing. Tenía una voz melodiosa y cantaba a menudo, para alegría de todos los miembros de la «familia». Las cartas de Caroline a su hija muestran que la consideraba menos una hija que una amiga, coincidiendo así con las ideas del grupo sobre pedagogía: un niño no se considera como un ser imperfecto que hay que formar, sino como un individuo con las cualidades propias de su edad. De la correspondencia de finales de agosto de 1800 se puede deducir la gran pérdida que supone esta muerte para todos los miembros del grupo. Pero también aquí vuelven a aflorar las enemistades. Novalis, igual que Dorothea y Friedrich, mantenía la opinión de que Auguste, la niña inocente, murió porque su madre la había abandonado por su amante; incluso existían rumores de que la muerte había sido provocada por una sobredosis de opio que le había proporcionado Schelling.

Caroline quedó destrozada con la pérdida del único ser que daba continuidad a su vida. Ni siquiera su amante la podía consolar y marchó con su marido a Braunschweig, a casa de su familia. Schelling regresó a la Universidad de Jena, ahora sin el brillo anterior y desierta de todos los amigos: Schiller vivía en Weimar desde hacía un año, los Tieck se trasladaron a Dresde y Novalis se encontraba al borde de la muerte. Deprimido y melancólico por la muerte de Auguste y por la separación de Caroline, pensó en suicidarse. Pero en aquel momento Caroline volvió a luchar por él, escribiéndole numerosas y extensas cartas. Cuando ya no veía otro camino incluso se dirigió a Goethe[3], pidiéndole que cuidara de su amado. A la vez, decidió canalizar sus sentimientos hacia Schelling, declarando que le consideraba «hermano de su hija» y que todo sentimiento no maternal sería un crimen. Esta decisión desesperada muestra su gran conflicto interior. A ella le parecía la única forma de poder superarlo; a menudo, en un mismo día, escribía largas cartas tanto a su marido como a Schelling (y ambos seguían colaborando en el campo literario y mantenían su amistad). En el verano de 1801 August Wilhelm volvió a Jena a instancias de su mujer. Pero ya se había establecido en la capital prusiana, había trabado amistades y relaciones amorosas y consideraba su estancia en Jena sólo como una solución temporal. Un año más tarde Caroline viajó con él a Berlín; la vida ajetreada de la capital no le gustaba ni sentaba bien a su débil salud, mientras que su marido la prefería por ofrecer más libertades. Cuando en mayo llegó también Schelling a Berlín, se decidieron por un divorcio «amistoso».

Conseguido el divorcio con la intervención de Goethe (un proceso bastante difícil en aquella época), un año más tarde Caroline

[3] Desde muy temprano Caroline siente una especial admiración por Goethe. Ya a los veinte años posee un ejemplar de una versión en prosa de *Iphigenie,* que guarda como un tesoro. Era llamada por sus amigos «el Goethe femenino» porque había comprendido la importancia de *Wilhelm Meister* y convencido a Friedrich Schlegel de que publicara una crítica de esta novela en su revista *Athenäum*.

liquidó la casa de Jena para viajar con Schelling a su tierra natal, para que el padre de éste los casara y así comenzar un nuevo capítulo en su vida. La mujer madura de cuarenta años había cambiado mucho en los años de Jena: había perdido su confianza en sí misma y su desbordante energía y entusiasmo; ahora era sensible, enfermiza, y consideraba como único sentido de su vida el sacrificarse por el hombre amado y por su obra. Durante los tres años siguientes la pareja vivió en Würzburg, donde Schelling consiguió una cátedra. Pero la deseada tranquilidad seguía siendo imposible por causa de las rivalidades en la Universidad, fomentadas por intrigas de Friedrich y Dorothea. Entre los enemigos de Schelling se contaba sobre todo el bando católico y conservador de Würzburg, así que dejó la cátedra cuando durante la guerra napoleónica Baviera tuvo que ceder la ciudad a un soberano más conservador.

Después de un periodo de incertidumbre, la pareja se decidió por vivir en Múnich. La capital bávara era también conocida por su pensamiento conservador, pero en el príncipe heredero, el futuro rey Luis I de Baviera, encontró Schelling un poderoso mentor y protector. En Múnich, por fin, Schelling triunfó con sus ideas, y Caroline intentó volver a reunir un círculo de artistas en su casa; aunque nunca volvería a conseguir el brillo de los años de Jena. A menudo pasaban amigos por su casa, haciendo escala en su viaje al sur: así, por ejemplo, Bettina o Clemens Brentano con Gunda y Carl von Savigny, catedrático también en la capital bávara. Asimismo se volvieron a encontrar con August Wilhelm Schlegel, cuando pasó por allí en su viaje con Mme. de Staël. En 1809, Caroline murió de la misma enfermedad que su hija Auguste.

Aunque no se la puede considerar escritora en el sentido estricto de la palabra, fue sin duda una de las mujeres más importantes y representativas de su época. Lo único que nos queda de ella son sus numerosas cartas que, a diferencia de Rahel o Bettina, nunca quiso publicar. Incluso se encuentran muchas lagunas en su epistolario, ya que tanto ella como sus amigos y parientes destruyeron una parte por su contenido «político». Sin embargo, compartía la concepción romántica de la correspondencia como forma artística y le pidió a varias amigas que le permitieran copiar cartas valiosas. Pero lo que más fascina en su biografía es su papel de símbolo de la ideología de un determinado grupo del Romanticismo. Ya para Friedrich Schlegel Caroline era el prototipo de su ideal femenino, descrito en *Lucinde*. Luego, en su función de anfitriona del círculo de Jena, encarnó las ideas y los sueños del grupo, apoyando e inspirando a todos sus miembros y contribuyendo en gran medida a su unidad. Aunque, aparte de algunas críticas literarias en *Athe-*

näum, Caroline apenas haya dejado obras a la posteridad, con su vida rica y agitada representa, como ninguna otra mujer, la ideología romántica.

Dorothea Veit Schlegel (Brendel Mendelssohn)
(Berlín, 1764 - Francfort, 1839)

Brendel Mendelssohn (el nombre de pila de Dorothea) perteneció a una de las familias judías más famosas e importantes de la época. Era la hija mayor de Moses Mendelssohn, un conocido filósofo judío que le sirvió a Lessing como modelo de su *Nathan, der Weise (Natán, el sabio)*. Moses Mendelssohn era el símbolo del judaísmo ilustrado frente a las corrientes tradicionalistas de la época. En su casa se formó el primer salón literario de Berlín, y fue una de las primeras casas judías frecuentadas por todos los personajes importantes de la vida cultural. Mendelssohn también es conocido en la actualidad por sus *Brautbriefe (Cartas a la novia)*. Esta correspondencia con su novia, Fromet Guggenheim, (sólo se han conservado las cartas de Moses) refleja la relación «moderna» de los padres de Brendel. Fue una de las primeras parejas judías que no fue casada por los padres sin apenas conocerse de antemano. El filósofo de treinta años experimentó el amor por primera vez al conocer a su futura mujer y, en contra de la tradición judía, se negó a las negociaciones con su padre, mantuvo correspondencia con su novia dos veces por semana y se esforzó por fomentar su educación.

En consecuencia, también la joven Brendel recibió una educación privilegiada y ya en su juventud conoció a los personajes más brillantes de la vida intelectual. Sin embargo, en contra de su propia experiencia, el adorado padre se atuvo a las tradiciones judías y a los diecinueve años la casó con Simon Veit, un banquero judío descrito como amable hombre de negocios, pero completamente falto de interés intelectual o cultural. Los cónyuges no concordaban ni en el idioma: Simon Veit hablaba yídish, Brendel alemán y francés, motivada por su interés hacia las nuevas tendencias literarias. Sin embargo, Brendel, que ya se hacía llamar Dorothea siguiendo la tendencia a la asimilación de parte de la comunidad judía, mantuvo esta unión, sobre todo por amor a su padre (que murió en 1786, creyendo en la felicidad matrimonial de su hija). Y aunque nunca fuera auténtico, este matrimonio duró quince años y de él nacieron dos hijos, ambos pintores.

Dorothea frecuentaba el salón literario de su amiga de juventud, Henriette Herz. Ella misma nunca tuvo un salón tan importante, debido tanto a su marido como a su propio carácter, muy serio y retraído. Henriette intentó convencer a su amiga de que se liberara de su matrimonio infeliz, e indirectamente colaboró en su separación. En aquel salón conoció Dorothea, a los treinta y tres años, a Friedrich Schlegel, nueve años menor; ella representaba para el joven escritor la encarnación de su ideal femenino: intelectual y seria, con talento y dispuesta a colaborar con el hombre. Para Dorothea, Friedrich representaba la soñada evasión de la vida convencional y burguesa; él le ofreció la posibilidad de vivir y luchar por sus ideales literarios. El aspecto fuerte y masculino en ella y el frágil y femenino en él se atrajeron mutuamente. Dorothea tomó una decisión contraria a la moral vigente: se separó de su marido e hijos y vivió sola en un pequeño piso de un lúgubre barrio de Berlín. Su familia se apartó de ella; tampoco sus amigos intelectuales la apoyaron. En teoría, todos ellos defendían que había que poner fin a los sufrimientos de los matrimonios arreglados, pero en la práctica se distanciaron de su rebelión. Sólo su amiga íntima, Henriette Herz, y Schleiermacher, compañero de piso de Friedrich, le ayudaron a soportar el escándalo que suscitó su actitud y a conseguir el divorcio. Sin embargo, por respeto a su madre, Dorothea no se convirtió al protestantismo hasta después de la muerte de aquélla, cinco años más tarde. Dado que el matrimonio entre cristianos y judíos era ilícito, la relación entre Friedrich y Dorothea no pudo ser legalizada hasta 1804, lo que suponía otro ataque contra la moral establecida. En cambio, Simon Veit no renegó de su ex-mujer y la apoyó: la joven pareja vivió en parte del generoso apoyo económico de Veit a Dorothea.

Aunque en aquella época eran abundantes los divorcios de mujeres judías, el acto de emancipación de Dorothea fue uno de los primeros, y sin duda uno de los más conocidos. Su riesgo y sufrimientos hacen comprensible la posterior lealtad incondicional de Dorothea hacia su segundo marido, descrita como excepcional por todos los biógrafos, como forma de distanciarse y protegerse de las reacciones negativas de sus amigos y de la sociedad.

El escándalo fue reavivado, poco después, por la publicación de la novela de Friedrich Schlegel *Lucinde*, que narraba de forma muy atrevida la relación de una pareja. Todo el mundillo literario se puso a discutir esta novela, a la que Schiller acusó de falta de forma y de ser una combinación extraña de lo nebuloso y lo descriptivo. Hoy se la considera precursora del «estilo abierto», perfeccionado en el siglo XX, pero en su época provocó sobre todo el desconcierto entre sus lectores. También Markus Herz la calificó de indecente y disparatada, y le prohibió a su mujer el contacto con los Schlegel. La mayoría de los lectores no se interesó por el aspecto artístico de la novela, sino que la interpretaron como relato autobiográfico de la vida íntima de Friedrich y Dorothea. La misma Caroline Schlegel, cuñada de la pareja, escribió a un amigo que ella, si hubiera sido Dorothea, no habría permitido la publicación de *Lucinde*. Uno de los pocos que defendió la obra fue precisamente el teólogo Friedrich Schleiermacher, que publicó las *Cartas sobre Lucinde*, ensayo que no gozó del mismo éxito que su fuente.

Ante estas reacciones la pareja abandonó Berlín y se alojó en casa del hermano de F. Schlegel, en Jena. Allí se reunían ambos con Novalis y, bajo la tutela de Goethe, formaron la escuela romántica, también conocida como «Círculo de Jena». Fue la época más constructiva de dichos autores y pensadores; colaboraron en un modelo literario, con su revista *Athenäum*, y en un modelo de vida, con la «familia» no convencional (descrita en la correspondencia de Caroline) que vive, escribe y trabaja bajo un techo común. Aunque Friedrich y Caroline se conocieran bien y ésta se alegrara de que Dorothea se uniera a la «familia», la paz no reinó en aquella casa por mucho tiempo. Las diferencias, observadas en todas las biografías, entre las dos mujeres de carácter y temperamento tan distintos, tanto como la aparición de Joseph Schelling en el círculo y la relación de Caroline con éste, hicieron que aquel modelo tan prometedor y revolucionario se quebrara y que sus miembros se volvieran a dispersar por toda Alemania[4].

En comparación con su cuñada Caroline, el carácter de Dorothea se perfila claramente, debido a su solidaridad incondicional con su marido y su espíritu de sumisión. Por otra parte, aunque en su tiempo no temió el escándalo al separarse de Veit para unirse a Friedrich Schlegel, más tarde condenó tajantemente la separación de Caroline y August Wilhelm y atacó a su cuñada con argumentos morales muy convencionales. En 1804 Dorothea se convirtió al protestantismo y se casó con Schlegel en París, paso con el que finalmente legalizó su relación y consiguió una cierta estabilidad social.

Ya al principio de su relación con Friedrich, Dorothea definió su función principal al apoyar a su amado con todas sus fuerzas y considerarse la «compañera de viaje» del escritor. Y a lo largo de su vida tuvo muchas oportunidades de realizar este propósito, ya que

---

[4] Véase el apartado «El círculo de Jena» de la introducción general.

Friedrich, un artista de carácter conflictivo[5], nunca logró el éxito económico deseado. Así que siempre les faltó la base para llevar una vida tranquila o un salón literario, por ejemplo. Dorothea ayudaba al endeudado Schlegel como secretaria, se ocupaba de su correspondencia comercial, copiaba sus manuscritos, corregía sus artículos, etc., y publicaba traducciones del francés (como *Merlin*[6]) y del inglés, así como ensayos y reseñas, elaboradas por ella pero con el nombre de su marido. Esto se debe principalmente a que, aunque ya existieran las primeras autoras literarias, en general no se consideraba decente para una mujer el ganarse la vida escribiendo, razón por la cual muchas mujeres publicaban sus obras bajo el nombre de algún conocido o con un seudónimo masculino. Por otra parte, no hay que olvidar la motivación de Dorothea: con sus creaciones no pretendía obtener fama literaria, sino sobre todo ganar dinero, y con el nombre de su marido, que ya tenía cierto renombre, era más fácil publicar y vender los textos. Además, Friedrich tenía que corregir los textos de Dorothea, porque le faltaba seguridad en el estilo.

Florentin, la obra mayor de Dorothea, fue la única novela romántica escrita por una mujer. No fue aceptada por la crítica, ya que no se atiene a los moldes de las obras de sus compañeros. Por las mismas razones, sin embargo, refleja mejor la realidad femenina y muestra un carácter personal en su tono autobiográfico: Juliane, la heroína de la novela, tiene que luchar contra la oposición de su familia para unirse a las aventuras y viajes típicamente románticos de sus amigos y la sensualidad propagada por sus compañeros la intimida.

En la dedicatoria al editor, que no fue publicada con la novela, Dorothea describe su proceso de creación: «siempre pensaba que escribía exactamente lo que estaba pensando, pero era sólo fantasía; delante, ante la pluma, flotaba la palabra adecuada; atrás, detrás de ella había luego palabras completamente diferentes, que ya no reconocía, como alguien que quiere coger una bola de mercurio con los dedos..., cuando cree haberla atrapado sólo ha separado bolitas de ella, mientras la bola grande en sí siempre se le escapa, hasta que se ha dividido en muchas partes y ya no puede encontrar el todo»[7].

Aunque en su época Dorothea nunca apareciera en público como autora, fue estimada por muchos de sus contemporáneos:

---

[5] Sobre el conflicto con Schiller véase el apartado «El círculo de Jena».
[6] Dorothea y Friedrich Schlegel, *Die Geschichte des Zauberers Merlin.*
[7] Véase la «Dedicatoria al editor» en el apartado «Prosa».

Clemens Brentano le mandaba manuscritos pidiéndole su opinión; con Ludwig Tieck mantuvo correspondencia sobre literatura; corrigió la primera novela de Joseph von Eichendorff, *Ahnung und Gegenwart* (Intuición y presente), etcétera.

La segunda parte de la novela de Dorothea, *Camilla*[8], nunca fue terminada; años después de la edición de su primera y única novela, la autora misma dijo haberse distanciado tanto del contenido de aquella obra, que preferiría escribir un «anti-*Florentin*». Este cambio de actitud se refleja también en su biografía. Los Schlegel seguían luchando por su reconocimiento social. Sólo después de la conversión al catolicismo de la pareja (considerada por la mayoría de los críticos como expresión de frustración ante su situación), Friedrich consiguió un puesto en Viena y así terminó su peregrinación. Llevaron una vida de católicos creyentes, y Henriette Herz comentó, cuando visitó a la amiga de su juventud: «encontré una relación satisfactoria, ¿pero a dónde se había marchado la poesía?» En 1823 Schlegel murió de un infarto. Dorothea vivió sus últimos años con la familia de su hijo y murió dieciséis años más tarde.

Henriette de Lemos Herz
(Berlín, 1764 - 1874)

Henriette de Lemos, hija de una privilegiada familia judía, es conocida como anfitriona del primer salón literario de Berlín. Su padre, un famoso médico, director del hospital judío de Berlín, de ascendencia portuguesa (sus padres habían emigrado a Alemania huyendo de la Inquisición), proporcionó a su hija mayor una educación muy amplia: la joven Henriette dominaba varios idiomas, bailaba, tocaba el piano, etc. Desde pequeña, la niña fue el centro de atención no sólo por su facilidad de comprensión y su ágil inteligencia, sino, sobre todo, por su excepcional belleza, por la que sería elogiada hasta pasados los setenta años; resultó, como ella misma reconocía, bastante mimada y vanidosa. Adoraba a su padre; a su madre, sin embargo, la describía como constantemente malhumorada y cansada por el trabajo casero y los hijos[9], suerte que compartía con la mayoría de las amas de casa de familias numerosas. Desde su juventud, Henriette sintió predilección por la

---

8 Los fragmentos de *Camilla* están incluidos también en la edición actual de *Florentin*.

9 Henriette describe su juventud en su libro *Berliner Salon*.

lectura, en especial de novelas, compartida con su mejor amiga, Dorothea Mendelssohn.

Aunque Henriette fuera educada siguiendo la tradición del judaísmo liberal iniciada por Moses Mendelssohn, su padre, igual que éste, casó a su hija muy joven. Ya a los doce años Henriette fue prometida en matrimonio al médico Markus Herz, más de quince años mayor que ella. Herz, que según sus padres debería haber sido rabí, había estudiado medicina y filosofía en Königsberg y había sido uno de los alumnos predilectos de Kant, y más tarde fue el primero en propagar las teorías kantianas, con permiso del maestro. Para la joven Henriette, el matrimonio arreglado por su padre fue la oportunidad de conseguir una mayor libertad; por ejemplo, la alegraba no tener que ponerse la cofia tradicional y poder lucir su hermoso pelo suelto. El matrimonio de los Herz es, entre las biografías aquí presentadas, el único duradero de los arreglados por familias judías. Esto se debe, sobre todo, a que Markus Herz fomentó la sed de sabiduría de su joven esposa y le dejó mano libre en sus actividades culturales y sociales. Henriette es un ejemplo de las mujeres jóvenes de su época: ávidas de aprenderlo todo y con una energía excepcional cuando por fin tienen la posibilidad de adquirir los conocimientos deseados. Por primera vez, una mujer no sólo participa en las actividades e ideas de su marido, sino que sigue sus propias inclinaciones; y, sin ser de familia privilegiada, resulta una compañera digna para él. En este matrimonio se refleja el cambio generacional. Markus Herz no se puede comprender sin Kant, su maestro de filosofía; es el representante ideal de la Ilustración. Henriette, a su vez, busca intensidad en los sentimientos y, como toda su generación, lee con pasión el *Werther* de Goethe, llegando a ser una destacada representante del joven Romanticismo.

En casa de los Herz, en Berlín, tenían lugar importantes lecturas filósoficas y el distinguido médico ocupó por algún tiempo el papel del difunto Moses Mendelssohn en la vida cultural de la comunidad judía. Este círculo estrictamente científico en el que, aparte de las discusiones filosóficas, se dedicaban también a experimentos de física, lo formaban médicos y diplomáticos (entre ellos el conde de Mirabeau, que vino a Berlín en 1786, después de la muerte de Federico el Grande), jóvenes nobles como los hermanos Humboldt y el prícipe Louis Ferdinand, filósofos como Schelling y Fichte, banqueros y destacados representantes de la masonería. Poco a poco se fue formando, paralelamente a este círculo puramente científico, un círculo más bien literario, donde la bella y elocuente Henriette reunía a la juventud dorada del mundo cultural para lecturas o discusiones de novelas románticas. Muy pronto aquellas reuniones sobrepasaron en popularidad al círculo de su marido y el salón de Henriette llegó a ser conocido más allá de las fronteras de la capital. Esto se debió sobre todo a la personalidad y fuerza de irradiación de Henriette que, unidas a su excepcional belleza e inteligencia natural y a sus conocimientos humanos, fascinaban a sus invitados. Las posibilidades que ofrecía el salón de Henriette eran entonces únicas en Berlín, porque, como ella misma describe, «ya había aquí hombres de ciencia [...]. Pero éstos, después de dedicar la mayor parte del día a sus estudios y sus asuntos oficiales, o se recogían en el círculo más íntimo de la familia o se encontraban en algún lugar público, donde, con un vaso de cerveza, discutían asuntos eruditos de forma muy seria y pedante»[10]. En este contexto, el salón literario se convirtió en un nuevo punto de encuentro, tanto para judíos y cristianos, como para hombres y mujeres; una absoluta novedad en la vida social de entonces.

Henriette destacaba también por su talento para los idiomas. Ya en su juventud aprendió no sólo hebreo, griego y latín, sino también francés, inglés e italiano; más tarde estudió idiomas como el sánscrito, el turco y el malayo. Wilhelm von Humboldt, el futuro fundador de la Universidad de Berlín, fue alumno suyo de hebreo, y apasionado admirador de Henriette. Desde Tegel[11], el joven noble le escribía cartas en hebreo y comentaba que uno se divierte más en compañía de mujeres judías que en el palacio de los antepasados. Los dos fundaron en 1787 el «Tugendbund» (Alianza de la Virtud), un pacto de amistad cuyos miembros se comprometían a una mutua educación espiritual y moral, se escribían largas cartas, intercambiaban anillos y retratos. Su símbolo era el signo astrológico del sol y sus ideales eran un alto grado de intimidad, subjetividad y sentimentalidad. Entre los «hermanos y hermanas» del pacto se contaban, aparte de Henriette y Wilhelm, Caroline von Dacherröden, la futura esposa de Wilhelm, Dorothea Mendelssohn y Karl LaRoche, el bello hijo de la famosa novelista Sophie LaRoche (abuela de Bettina Brentano). Para muchos contemporáneos, sin embargo, el pacto se limitaba a poses y simple entretenimiento. Rahel Levin, por ejemplo, lo calificó de «jugueteo sentimental» y «mero galanteo». Sin embargo, se pueden comprender muy bien estas actividades como rebelión contra la opresión del sentimiento y como combinación de las ideas de la Ilustración

---

[10] Véase «Sobre la historia de la sociedad...» del apartado «Prosa».
[11] Tegel es ahora un barrio al noroeste de Berlín.

con las fantasías, los sueños y los sentimientos del joven Romanticismo, tan típicos de esta época en la que el culto a la amistad era tan importante. El salón de Henriette refleja la transición del siglo XVIII al XIX.

Su salón es también una ilustración del estatus judío en el Berlín de principios de siglo: fue la época de mayor éxito social y reconocimiento de sus elites científicas y literarias. Los salones de mujeres judías (el de Henriette fue el primero) estaban de moda y gozaban de un público de alto rango. Pero aunque la nobleza disfrutaba de las veladas en los salones, rara vez se veían judíos en sus palacios. Muchos judíos creían haber logrado evadirse del aislamiento a cambio de la asimilación (incluso hasta de la renuncia a su identidad histórico-religiosa); sin embargo, la actitud de los alemanes seguía siendo ambivalente, y el antisemitismo volvió a brotar, junto con el nacionalismo, como reacción a las conquistas napoleónicas. Una excepción a estas tendencias es la amistad entre Henriette y Wilhelm von Humboldt, que perduró a través de todas las evoluciones sociales e incluso de la partida de Wilhelm de Alemania.

Una amistad probablemente más intensa aún unía a Henriette con el teólogo Friedrich Schleiermacher, a quien conoció durante su estancia en Berlín como párroco de la Charité. Con ayuda de Henriette, el «tímido Schleier» (como ella le llamaba) entró en contacto con el círculo de los románticos; a éstos le unían sus intentos de luchar contra el dogmatismo y de fomentar la individualidad del sentimiento religioso. Con Henriette mantuvo una extensa correspondencia y múltiples actividades: juntos leían a Shakespeare y charlaban en italiano; él le ayudó a traducir dos novelas del inglés y ambos discutían sus escritos más recientes, así como sus cartas sobre la *Lucinde* de Friedrich Schlegel. Por cierto, éste también fue asiduo visitante del salón literario de Henriette, y en él conoció a su futura esposa Dorothea Veit, amiga de Henriette desde su infancia. Igualmente se conocieron aquí el diplomático sueco Von Brinkmann y la joven Rahel Levin, que asistía a las tertulias de los Herz, aunque generalmente no participara en la vida social de la época. Mme. de Staël, Jean Paul, Fichte y Schiller se cuentan entre los invitados de Henriette. Durante medio siglo este salón fue el punto de encuentro de sabios, políticos y artistas.

Cuando en 1803 murió Markus Herz, Henriette sólo pudo seguir manteniendo su salón imponiéndose privaciones, porque el matrimonio había gastado casi todos sus recursos en invitaciones y vida cultural. En 1805 recibió la oferta de educar a la hija mayor del rey, la futura Zarina de Rusia..., bajo la condición de que fuera bautizada y renunciara al judaísmo. Henriette rechazó la oferta, igual que la de instruir a una sobrina del rey de Nápoles, cuñado de Napoleón. Pero en 1817, después de la muerte de su madre, judía ortodoxa, se convirtió al protestantismo por convicción propia. Los últimos años de su vida los dedicó Henriette a la formación de jóvenes institutrices, además de alojar a jóvenes estudiantes y a muchachas que buscaban en la capital un empleo como sirvientas. Su situación financiera desde la muerte de su esposo continuó siendo modesta y, aunque seguía en contacto con muchos de sus antiguos visitantes, su vida nunca volvió a recobrar el brillo de sus años de matrimonio. Dos años antes de su muerte, el rey de Prusia, a instancias de Wilhelm von Humboldt, le concedió una pensión anual.

Henriette Herz no destaca por sus obras literarias, que son de poca importancia en comparación con las de algunas de sus contemporáneas. Tampoco se pueden tomar sus memorias como un testimonio totalmente fidedigno. Sin embargo, su *Berliner Salon* (Salón berlinés) es un retrato vivo e ilustrativo de la época y de la vida social y literaria en Berlín. Su obra es el testimonio más importante del apogeo de los salones literarios dirigidos por mujeres judías y describe vívidamente la convivencia pacífica de tradición judía, base sobre la que pudo brotar una de las fases más ricas de la cultura en Berlín.

Henriette no fue nunca revolucionaria, como Rahel o Bettina, por ejemplo; su influencia se limita siempre al ámbito personal, tradicional territorio femenino. Pero, dentro de este papel, consiguió ampliar las actividades de la mujer más allá de los quehaceres domésticos. La importancia histórico-cultural de esta «musa trágica», como se la denominaba en Berlín los últimos años de su vida, se debe sobre todo a que fue la pionera en la fundación de salones literarios. Fue la primera «salonière» judía en Berlín; realizó un significativo papel de mediadora entre épocas culturales diferentes, en parte opuestas, entre tendencias culturales y filosóficas y entre capas sociales que durante largo tiempo se estuvieron ignorando y que en su salón se encontraron por primera vez en una unidad creativa.

Sophie Schubert Mereau-Brentano
(Altenburg, 1770 - Jena, 1806)

Sophie Mereau nació en 1770 en Altenburg. Era hija de Gotthelf Schubert, alto funcionario de Hacienda. Junto con su hermana mayor, Henriette, gozó de la educación típica de las jóvenes burguesas, que incluía la formación en idiomas extranjeros (que más tarde se reflejó en su traducciones del inglés, francés e italiano; también su hermana colaboraría en traducciones para la revista literaria de Sophie). Vivió en aquel pueblo de Turingia hasta 1793, pero ya antes había mantenido intensos contactos con el mundo universitario de Jena. En 1787 había conocido al bibliotecario de la Universidad y más tarde catedrático de derecho, Friedrich Ernst Carl Mereau, que la introdujo en la sociedad de Jena y fomentó sus actividades literarias; se casaron en 1793. Mereau había intentado ganarse la simpatía de la joven, no a través del corazón, sino racionalmente; por ejemplo, presentándosela a Friedrich Schiller, el gran poeta tan admirado por Sophie. Éste quedó impresionado por su talento y su gracia y a partir de entonces estimuló su producción literaria. Esta ayuda no se reducía a consejos y a la revisión de sus poesías; ya en 1791 publicó poesías suyas, y más tarde también fragmentos de su novela *Amanda y Eduard* en sus ediciones. Además, mantenía con ella una correspondencia literaria y apoyó sus planes de trasladarse a Jena, donde formaría parte del círculo formado alrededor del gran escritor. La intensa relación se refleja también, por ejemplo, en la correspondencia de Schiller con Goethe, donde comenta las obras de su joven amiga.

Sophie se dedicaba con mucho entusiasmo a la literatura, pero no era favorable al matrimonio, según documentan varias cartas a sus amigas, en las que presenta como la mayor autonegación el que una mujer al casarse se convierta en un apéndice del hombre, algo así como una «máquina humana». En contra de sus convicciones, en 1793 se decidió por fin a casarse con Mereau, y no precisamente por amor. Para dedicarse a sus actividades literarias y editoriales necesitaba protección masculina y apoyo financiero: para ello Mereau había demostrado ser el candidato idóneo.

En la sociedad de Jena esta mujer amable e ingeniosa tuvo un papel bastante notable. Recibía en su salón a distinguidos personajes de la vida cultural, escritores como Schiller, Goethe, Herder, Jean Paul, los hermanos Schlegel, Tieck, etc., además de profesores y estudiantes. No es de extrañar que en sus propias obras Sophie se inspirara tanto en los textos del Clasicismo como en los del Romanticismo. Era muy sociable y participaba en actividades literarias y teatrales. Hay documentos de la época que muestran hasta qué punto Sophie era admirada en aquellas tertulias por su gracia, elegancia e inteligencia; los testimonios sobre Mereau no son tan entusiastas; se le describe como bastante aburrido y seco, y por tanto muy lejos de ser el compañero adecuado para su apasionada y emotiva esposa, que pronto se sentiría oprimida en su matrimonio. Sus relaciones con estudiantes de Jena, como Heinrich Kipp y H. G. Schmidt, delatan una necesidad de evasión. Con aquellas aventuras Sophie ponía en serio peligro su estabilidad conyugal con el celoso Mereau; pero ella era fiel a su convicción mas íntima: libertad e independencia ante todo.

Con el nacimiento de su primer hijo y las crecientes tareas como madre y ama de casa se le hacía cada vez más difícil seguir su vida social y cultural y también los ideales proclamados en sus textos. En todos ellos y en sus cartas se encuentra un tema principal: la idealización de un amor todopoderoso, el desprecio del matrimonio y un reconocimiento poético de la sensualidad, así como una lucha por la libertad orientada hacia los ideales de la Revolución Francesa (como demuestra su primera poesía, dedicada al 14 de junio[12]). Para Sophie la literatura era una forma de huir de la triste realidad; aquellos fueron sus años más productivos como poetisa.

Con uno de los visitantes de la casa Mereau le unió a Sophie un lazo especial: Friedrich Schlegel. Con él compartía un mismo concepto de la mujer, del amor y de la pasión, como se puede observar comparando las novelas de Sophie (*Blüthenalter der Empfindung* [Floración del sentimiento] y *Amanda y Eduard)* y *Lucinde* de Friedrich Schlegel. Esta relación se intensificó desde que en 1800 Sophie decidió separarse de su marido. Por desgracia, sólo se ha conservado la correspondencia de Friedrich Schlegel, pero parece que Sophie se negó a una relación más intensa y a «perderse en él» (como Friedrich le había propuesto) tan poco tiempo después de haber vuelto a ganar un poco de libertad.

El joven estudiante Clemens Brentano llegó a Jena desde la Universidad de Halle. Pronto fue acogido en los círculos culturales de Jena y, probablemente en casa de Caroline y August Wilhelm Schlegel, conoció a Sophie, ocho años mayor que él, por la que se sintió muy atraído. El muchacho admiraba profundamente a la más madura escritora y editora. A ella le parecía simpático, la alegraba y la distraía de sus problemas. Su matrimonio ya no era feliz y en 1801 llegó al divorcio después de haber vivido años separada. Esto no se debió directamente a su contacto con Clemens. La relación entre ambos fue interrumpida por parte de Sophie en 1799; desde entonces, seguía manteniendo un contacto meramente literario con el joven poeta, cuyos textos incluía en sus revistas..., a la vez que se negaba a cualquier relación sentimental.

---

12 Véase el apartado «Poesía».

También Clemens le quería exigir demasiado a la tan independiente Sophie. Él deseaba que su amada se convirtiera en el principal sentido de su vida; y esto no concordaba con el ideal de Sophie de una relación igualitaria, basada en independencia, libertad y armonía, como demuestran también sus escritos de aquella época. En aquellos años ella fue muy activa, no sólo como autora sino también como colaboradora en revistas y, finalmente, editora de su propia revista literaria *Kalathiskos*..., un proyecto que preparaba desde hacía varios años sin decidirse a llevarlo a cabo, después de que incluso Schiller le aconsejara que abandonara la idea, demasiado ambiciosa para ella, según él.

Más adelante, Brentano volvió a entrar en contacto con la recién divorciada a través de su hermano Christian y luchó intensamente por su simpatía. De esta fase existe una extensa correspondencia entre ambos. En ella Clemens, entre muchas galanterías, describe su ideal femenino e intenta adaptar a la Sophie real a esa concepción, idealizándola. Por otra parte, critica las actividades literarias de Sophie y su (para él) excesiva independencia. Aunque estas cartas demuestren la enorme atracción entre los dos amantes, también se revelan los problemas intrínsecos de su relación. El poeta, que en su novela *Godwi* aun había proclamado un estilo de vida libre y antiburgués e idealizaba la libre existencia poética, ahora pretendía una unión institucionalizada. En 1803 vivieron varios meses juntos en Jena, pero incluso en aquel tiempo la negación de Sophie al matrimonio era clara: «del matrimonio no me hables. Sabes que haría todo lo que desearas y creyeras que te podría hacer más feliz, pero no quieras nada que no te vaya a satisfacer..., ni a mí tampoco»[13].

En noviembre del mismo año la pareja se casó en Marburgo, después de que Sophie le comunicara a Clemens que esperaba un hijo suyo. La familia Brentano, que se había negado a aquella unión durante mucho tiempo (aparentemente por la fama dudosa de Sophie Mereau), al final había cedido, probablemente para salvar el renombre de Clemens mediante una unión oficial. Pero, en contra de su idea de encontrar tranquilidad y fuerza para trabajar en el matrimonio, Clemens entonces sólo parecía ser feliz y productivo cuando estaba lejos de su casa y de su mujer[14]. Vivió durante meses con su amigo Achim von Arnim en Berlín; pero allí tampoco podía escribir tranquilamente, porque la nostalgia le hacía volver a casa. Así que siempre estaba de viaje entre su hogar y otros lu-

[13] Véase la respuesta irónica de Sophie a Clemens de 20 de enero de 1803.

[14] Véase carta de Sophie a Clemens del 17 de octubre de 1804.

gares. Igual de ambivalente era también su concepto de Sophie: soñaba con la mujer ideal, sin la que creía no poder vivir, y criticaba y denigraba a la Sophie real, que no correspondía a sus ideales.

Sophie sufría por la inestabilidad de su marido y los problemas matrimoniales. También le abrumaba la muerte de sus dos hijos (Achim Ariel murió a las cinco semanas, Joachime Elisabetha a las tres). En aquellas circunstancias se sentía sobrecargada física y psíquicamente; esto se percibe en su producción literaria. En la época de su casamiento trabajaba como redactora para la revista *Musenalmanach* (Almanaque de las Musas) de Gotinga; después siguió con sus actividades literarias, pero se orientó más hacia la traducción, entre otras obras: *La princesa de Clèves* y *El príncipe de Condé* del francés, *Safo y Faon* del inglés, la *Fiametta* de Boccacio del italiano y, probablemente en colaboración con Clemens, las *Novelas ejemplares* de María de Zayas. Por una parte, para Sophie era muy importante seguir conservando su independencia y sus actividades culturales a través de esas traducciones; las defendió incluso frente a su marido (éste no quería que apareciera la traducción de la *Fiametta* con el nombre de Sophie, por su tono bastante atrevido; finalmente fue publicada así con el apoyo de Achim von Arnim). Por otra, la dedicación a la traducción significaba un paso atrás en su carrera literaria (ya en 1795 Schiller le había advertido que las traducciones sólo podían «llenar las horas vacías»), y una señal de que en aquella época predominaba la función de esposa y ama de casa; aunque también ayudaba a su marido en sus actividades literarias, como por ejemplo coleccionar poesías populares para *Des Knaben Wunderhorn* (El cuerno maravilloso del muchacho). Desgraciadamente no quedan apenas testimonios de esta fase; aparte de una pequeña antología, lo único que queda de esos años es la correspondencia con su marido, Clemens. En 1806 Sophie murió en el parto de su quinto hijo, el tercero con Clemens.

En la *Revista del lujo y las modas* aparece un artículo necrológico: «Y todo perdido, perdido en una noche, algo que la naturaleza produce tan rara vez. Cualidades del espíritu en armonía con la suave modestia y feminidad. Sus virtudes domésticas no sufrieron por sus trabajos con la pluma. Fue un raro ideal. [...] Tantas obras se había propuesto para después de dar a luz. ¡Ay, alma dulce y suave, te hemos perdido: qué necesario sería tener en nuestra sociedad de mujeres, grande y variada, a algunas parecidas a ti, para convertir la feminidad culta en el mayor ideal de perfección para la mujer!»

Aunque Sophie Mereau es considerada actualmente la primera escritora profesional en Alemania, capaz de vivir independiente gracias a sus actividades literarias (como se puede observar en la correspondencia con sus editores), en la historia de la recepción del Romanticismo comparte un mismo destino con la mayoría de las demás autoras presentadas en esta antología: habría sido olvidada, si no hubiera sido esposa de Clemens Brentano. Pero incluso en relación con él, la imagen que se conserva de ella es difusa. Para la crítica literaria sólo ha sido interesante averiguar si su matrimonio con Brentano fue feliz o no y qué influencia tuvo ella en su obra. El hecho de que ella misma también escribiera novelas, poesías y cuentos y editara traducciones y almanaques apenas se ha valorado (salvo pocas excepciones). La atención se centra preferentemente en su vida poco convencional, y su relación con Brentano se convirtió en el prototipo del «matrimonio romántico». El resto de su vida permanece en la oscuridad y toda su correspondencia y manuscritos inéditos, que hasta finales de la segunda guerra mundial estaban en la colección de Karl August Varnhagen (marido de Rahel Varnhagen e importante cronista de la época) ha desaparecido.

Rahel Levin Varnhagen
(Berlín, 1771 - 1833)

Aunque no fuera la primera en fundar un salón literario en Berlín, Rahel Levin tuvo el más importante de esta ciudad y marcó el tono de toda una época. Al contrario que Henriette, y siendo hija de un notable banquero y joyero (uno de los doscientos judíos más ricos de Berlín), describe su educación como deficiente. Sin embargo, Rahel dominaba desde niña el alemán, el hebreo y el francés y tuvo una buena educación musical y artística. Su padre es descrito por Henriette Herz en sus memorias como uno de los déspotas más ingeniosos y divertidos; el renombrado banquero tuvo mucha influencia sobre su hija, pero le faltaba comprensión para la agilidad mental que ella mostraba. La madre, por otra parte, es presentada como dulce, dependiente, limitada y sumisa al patriarca, así que tampoco podía ser un apoyo para la joven llena de genio e imaginación. Esto explica que Rahel hable de su juventud como de una época infeliz que no quiere recordar. En la correspondencia con su amigo David Veit se perfila como tema principal la importancia suprema de la educación y se hace notar el tremendo afán de Rahel, autodidacta por excelencia, por seguir mejorando su formación[15].

---

15 Véase la carta de Rahel a David Veit del 10 de marzo de 1794.

Cuando, en 1790, murió su padre, ella se ocupó de la educación de sus cuatro hermanos menores (Rahel era la hija mayor, la primera que nació con vida después de numerosos abortos de su madre) y trató de criarlos, según sus convicciones, combinando la razón y la suavidad. Aunque todos, incluso la madre, buscaban los consejos de Rahel, el «padre de familia» oficial era su hermano menor Markus Theodor. Éste se casó ya a los dieciocho años para conseguir su independencia de la familia. Pero, aun así, toda la familia dependía de él, ya que la madre le había transferido la responsabilidad de la fortuna familiar.

En aquellas circunstancias, mucho menos propicias que las de Henriette en su joven matrimonio, a principios de los años 90 Rahel creó su primer salón literario. Éste era muy diferente de la gran «casa abierta» de Henriette. La buhardilla de la Jägerstraße era muy pequeña y humilde, y los medios muy limitados; aun así Rahel tuvo que luchar contra la resistencia de su madre, que consideraba aquellas veladas un derroche. Una anciana sirvienta servía el té, que en los salones franceses había sustituido al chocolate, y a veces también se permitía hacer sus comentarios. Rahel, la revolucionaria e incansable cuestionadora, veía los encuentros en su buhardilla como un espacio libre para discusiones críticas, como un intento de crear en un marco limitado una sociedad más humana e ilustrada, con miembros de las más diversas clases y con los más variados intereses y convicciones. Igual que en términos generales uno de sus mayores valores era la libertad, también contribuye a la evolución hacia un nuevo ideal femenino que se distancia del clásico ideal burgués («Kinder, Küche, Kirche»: hijos, cocina, iglesia) y lucha por su autorrealización, sin preocuparse por los riesgos.

Aquellas reuniones, que tenían como meta, entre otras, la educación mutua, estaban influidas por París, cuya cultura admiraba profundamente la judía berlinesa. Como ejemplo servía el duque de Ligne, autor de libros de historia contemporánea, que representaba idealmente el prototipo del europeo ilustrado. Entre los visitantes de este famoso salón, que pronto revolucionaría el espectro cultural de Berlín, se contaban también Wilhelm von Humboldt, el escultor Friedrich Tieck, hermano del escritor, Friedrich Schleiermacher, Jean Paul, Friedrich Schlegel, Clemens Brentano, el príncipe Louis Ferdinand, sobrino de Federico II, y su amante Pauline Wiesel, una mujer que ignoraba todas las normas sociales y que sería una de las amigas íntimas de Rahel, así como las hijas de Moses Mendelssohn, entre muchos otros.

Aparte de su propio salón, Rahel visitaba regularmente a otros amigos y artistas, entre ellos el grupo de Achim von Arnim, Kleist, Fichte y Tieck.

La veneración por Goethe, su timidez ante la persona del famoso poeta, que casi raya en adoración, es una clave para la comprensión del carácter de Rahel. Goethe era el tema central de sus cartas, aparte de su propia vida. Rahel le había conocido en julio de 1795 en Karlsbad, sin que ella se le acercara ni le hablara. El primer encuentro ocurrió mucho más tarde, en 1815, en Franckfort, cuando Goethe la visitó en su casa; «éste es mi título nobiliario» escribe el mismo día a Varnhagen[16]. Ya en 1812 Varnhagen publica cartas anónimas de Rahel sobre Goethe en el *Morgenblatt für gebildete Stände* (Diario para las clases ilustradas). Goethe, que había leído la correspondencia antes de su publicación, opinó: «ésta no juzga, tiene el tema; y si no lo posee no le concierne»[17]. En los años siguientes seguirían apareciendo cartas de Rahel y sus amigos sobre las obras de Goethe (sobre todo el *Wilhelm Meister,* de 1821), fomentadas y publicadas —siempre bajo seudónimo— por Karl August Varnhagen. En 1824 Goethe lee una colección de extractos de cartas y diarios de Rahel Varnhagen que le deja su nuera Ottilie von Goethe. El maestro califica a la autora y su obra de «novedosa y memorable». El segundo salón de Rahel en los años 20 fue sin duda el centro de los admiradores liberales de Goethe. Rahel y más tarde Varnhagen se convertirían en los más importantes transmisores de la progresividad de la obra de Goethe para la generación de la «Joven Alemania». Para Rahel, personalmente, Goethe fue durante toda la vida su ídolo y la estrella que la guiaba en su camino hacia la emancipación.

Pero el tan solicitado salón de Rahel se disolvió bruscamente con la victoria de Napoleón sobre Prusia en 1806. De pronto se empezó a evitar la relación con los judíos y volvió a crecer el nacionalismo y con él un antisemitismo conservador, como se puede observar, por ejemplo, en la postura de Achim von Arnim, el marido de Bettina, que en una discusión mantuvo la postura de que no se batiría en duelo con un judío porque éste no tenía suficiente honor. Clemens Brentano fundó, junto con Heinrich von Kleist, la «Christlich-deutsche Tischgesellschaft» (Asociación cristiano-alemana), explícitamente antisemita. Toda esta evolución afectó a la vida de Rahel. La antaño tan popular «salonière» se encontraba ahora sola, y la animada vida cultural de Berlín se fue extinguiendo. En esta época se va poniendo de relieve que la identi-

---

16 Véase la carta a Varnhagen del 8 de septiembre de 1815.

17 Sobre la adoración de Goethe: Scurla (1978), págs. 311 y ss.

dad de Rahel no se define principalmente por el desgarro existencial de los románticos, sino por su sentimiento de ser una marginada social. Rahel nunca pudo superar el ser judía; para comprender este hecho hay que tener en cuenta la posición social de los judíos. La familia Levin era la única cuyos miembros tenían los mismos derechos que los ciudadanos cristianos, porque el padre había comprado un salvoconducto pagando una fortuna. Pero aun así, la condición judía se hacía notar a diario; por ejemplo, a los judíos sólo les era permitido entrar y salir de Berlín por dos de las muchas puertas de la ciudad. De todas las mujeres que protagonizaron la emancipación romántica, entre las que destaca Rahel, ella es la que más sufrió por su origen. Le parecía que todas las penas, el sufrimiento, el «desangrarse» de su vida tenía su raíz en ese hecho[18], y la ambivalencia que lo rodeaba oscureció toda su vida. Desde su juventud soñaba con tener cabello rubio y ojos azules e, igual que muchas mujeres judías, trató de librarse de su odiado origen mediante el matrimonio con un aristócrata prusiano..., lo que consiguió finalmente a los cuarenta y cinco años, tras mucho sufrimiento sentimental.

A los veinticuatro años Rahel se prometió con el joven conde Karl de Finckenstein. Cuando éste fue posponiendo aquel matrimonio, no deseado por su familia, se negó a intentar persuadirle con trucos femeninos, como le aconsejaban sus amigas, y le pidió una decisión libre y meditada. Finckenstein, que dependía de su familia, no se decidía y el noviazgo se arrastró durante cinco años hasta romperse. A los treinta y un años conoció al Secretario de Legación español Rafael de Urquijo, y se comprometió por segunda vez, entregándose loca y apasionadamente a aquel amor; la Rahel crítica e inteligente se transformó en una mujer que renunciaba a su personalidad. Diez años más tarde ella misma opinaría sobre esta fase suya: «Hay que ver, qué bajo puede caer el ser humano»[19]. Pero por lo visto no consiguió anularse a sí misma por completo, pues los amigos del conocido vividor Urquijo le advirtieron que el espíritu e inteligencia de Rahel serían demasiado para él. Y finalmente, tras mucho sufrimiento, también este noviazgo se rompió. En estas relaciones se refleja uno de los mayores problemas de Rahel: era respetada como amiga ideal y fascinaba a sus respectivos novios por su falta de convencionalismo, su autonomía y su rebeldía; pero por estos mismos motivos y por su condición de

---

18 Véase la carta a David Veit del 22 de marzo de 1795.
19 Behrens (1981), pág. 169.

judía no lograba ninguna relación duradera. Ésta sólo la aceptaría con alguien que la respetase y admirase tanto como para dejarle llevar su vida con plena libertad: y estas condiciones las reunía Karl August von Varnhagen.

A los treinta y siete años conoció al estudiante de medicina Von Varnhagen, catorce años más joven. No tenía aún profesión ni dinero y representaba la medianía, pero era capaz de respetar su superioridad intelectual sin temerla, y la adoraba con más exclusividad que sus amigos Gentz y Von der Marwitz. En sus numerosas cartas ella le llamaba «hijo mío, mi niño», etc., y sabía muy bien que él no intentaría doblegarla como su tiránico padre; pero esto tampoco la satisfacía por completo. Los primeros años de su relación fueron difíciles. Ella quería estar con él, pertenecer por fin a alguien; él buscaba una posición; luchó primero en el ejército contra Napoleón, luego fue teniente al servicio de Rusia. Toda esta problemática relación a distancia está documentada en la numerosa y extensa correspondencia de August y Rahel.

En 1814 August se hizo miembro del cuerpo diplomático prusiano; Rahel se convirtió al cristianismo y pocos días más tarde se casó, bautizada como Antonie Friederike, con Karl August Varnhagen von Ense. En los primeros años de matrimonio, debido a su profesión de diplomático, la pareja se tuvo que trasladar constantemente. Rahel le siguió primero a Viena, donde vivió la época del Congreso de Viena y conoció a muchos políticos liberales. Luego se trasladó a Francfort y más tarde a Karlsruhe, donde August ocupó un puesto de bastante responsabilidad. Durante esta etapa Rahel participó activamente en la vida política y con sus numerosos contactos ayudó a su marido, el joven y prometedor diplomático y ensayista liberal. Aparentemente, la vida de Rahel convertida en Mme. Varnhagen era mucho más rica y excitante. Siempre había soñado con una posición social reconocida y con la posibilidad de salir de Berlín y ver otras ciudades. Pero aun ahora se encuentran muchas quejas en sus cartas: por una parte, como mujer independiente, le cuesta adaptarse a las obligaciones propias de una esposa (aun con un marido con tanta comprensión para sus necesidades); por otra parte, las enfermades (al parecer, de origen psíquico) de las que tantas veces sufre, como reuma, gota, jaquecas y fuertes resfriados, ya no le permiten nunca más participar en la vida sin limitaciones.

En 1819 Varnhagen fue destituido de su puesto de diplomático por influencia de las fuerzas conservadoras, así que la pareja retornó a Berlín, donde Rahel, tras un difícil periodo de readaptación a la vida de la capital y a la situación general, volvería a tener uno de los más importantes salones de la época. Las veladas en casa de los Varnhagen eran evidentemente más lujosas y costosas que las de la buhardilla, y Rahel disfrutaba de poder mantener una «casa abierta» para todo el mundo. También eran más políticas, debido a los cambios sociales de la Restauración, nada ventajosas ni para el círculo liberal ni para la comunidad judía, de nuevo gravemente discriminada. Este segundo salón se consideraba un centro del pensamiento liberal y progresista. Allí se encontraban Kleist, Börne, Hegel, Von Humboldt y Grillparzer, que se declaró profundamente impresionado y fascinado por el talento y la inteligencia de Rahel («nunca en mi vida he oído hablar mejor y de forma más interesante»[20]). Uno de los visitantes asiduos era el joven Heine, tan admirador de Rahel que expresó en una carta el deseo: «que escriban en mi collar "j'appartiens à Madame Varnhagen"»[21] (pertenezco a la Sra. Varnhagen). Rahel describe también los encuentros con Bettina von Arnim, la única que ella consideraba a su nivel en aquella época. Igual que en el campo de la literatura, también en el de la música los Varnhagen se interesaban por lo nuevo y estimulaban a los jóvenes talentos; participaban en los conciertos dominicales de Fanny y Felix Mendelssohn y mantenían relaciones con Rossini, Von Weber y Paganini.

Con su posición de mujer casada y respetada socialmente cambió la actitud de Rahel hacia sus raíces. Cuando murió en 1833 se había reconciliado con ellas: «Lo que durante tanto tiempo de mi vida fue la mayor deshonra, la más dura pena y desgracia, haber nacido judía, ahora no quisiera privarme de ello por nada del mundo»[22] Después de su muerte, August von Varnhagen hizo todo lo posible por conservar el recuerdo de su admirada esposa. Da la impresión de que dedicó su vida a su recuerdo: poco a poco fue editando gran parte de la correspondencia y del diario de Rahel; muchos de los textos aún habían podido ser preparados por ella misma para la imprenta. Seguramente Rahel debe buena parte de su fama póstuma a los esfuerzos de su marido por darla a conocer.

Rahel no sólo tiene un puesto en la historia cultural de Europa por las actividades de su salón, sino también como extraordinaria autora de cartas. Igual que su salón, su epistolario estaba destinado, sobre todo, a fomentar la comunicación y la comprensión y

---

[20] Strube (1991), pág. 218.
[21] Behrens (1981), pág. 170.
[22] *Ídem.*

destaca por su vivacidad, inmediatez, naturalidad, sensibilidad y hondura de sentimientos. Sus numerosas cartas (¡cerca de diez mil!) tienen un estilo dialogal y se pueden considerar como continuación de las conversaciones en el salón, con una mezcla fascinante de espiritualidad y corporalidad. Nunca se consideró autora; ella misma decía que le faltaba talento para organizar sus pensamientos. Pero justo esta forma tan radicalmente directa de expresarse es su fuerte y una de las razones por las que su correspondencia ha atraído tanto interés dentro de la crítica moderna. Las cartas de Rahel impresionan tanto en el aspecto histórico-cultural como psicológico. Sus «desbordamientos públicos» eran para ella el medio adecuado para poder realizar su vida como «imán de personas». Wilhelm von Humboldt escribió en 1833 sobre sus cartas: «extraordinariamente singular es la vida que reina en ellas. No conozco ningún libro en el que, como en éste, no haya ninguna letra muerta».

KAROLINE VON GÜNDERRODE
(Karlsruhe, 1780 - Winkel am Rhein, 1806)

Karoline Friederike Louise Maximiliane von Günderrode nació el 11 de febrero de 1780. Su padre, un alto funcionario culto e influyente, murió cuando ella tenía seis años, dejándola en una precaria situación económica, junto con sus cinco hermanos, al cuidado de su madre Louise. Ésta, inteligente y bella, se trasladó a Hanau y se relacionó con la corte de la princesa Augusta de Kassel, hermana del rey Federico Guillermo II de Prusia. Karoline pudo visitar la corte y beneficiarse de la cultura de su madre, que leía a Fichte y escribía poemas y ensayos; aunque trataba a sus hijos con severidad, estimulaba sus intereses literarios y les proporcionó amplias relaciones sociales. Pero la muerte sucesiva de tres de sus hermanos, durante su primera juventud, marcó desde muy pronto la actitud vital de Karoline.

Además, el contraste entre su pertenencia a una clase social distinguida y la casi imposibilidad de ejercer una profesión liberal en aquella sociedad estamental, muy cercana aún al feudalismo, la llevaron a ingresar, a los diecisiete años, en una «Institución para damas» (tipo de fundación protestante que tenía entre sus fines «la custodia de la honestidad femenina») en la ciudad de Francfort, algo más parecido a una residencia actual que a un convento católico, con libertad para salir, recibir visitas e incluso viajar, siempre previo permiso. Pero su vida era muy tranquila y retirada, dedicada a la lectura y al estudio. Había asimilado una conducta disciplinada y severa, y su principal modo de contacto con el mundo eran las cartas, así que sus condiciones de vida favorecieron, por una parte, su temprana dedicación a la creación en verso y prosa; por otra, la privaron del estímulo de los círculos literarios y del trato amplio con los escritores de su generación.

Pero, muy cerca de su Residencia en Francfort, estaba la casa de la madre de Goethe y también la de la familia Brentano, con quienes entabló amistad. Desarrolló una intensa correspondencia con Clemens, primero sobre temas literarios y en cierta época más íntimos, como veremos; después con su hermana Gunda y por último con la aún muy joven Bettina. A través de ellos conoció en 1799 al jurista Carl con Savigny, un año mayor que ella, culto y de buena familia, de quien se enamoró. El contraste entre el carácter frío y mente sistematizadora de Savigny y la hipersensible y apasionada Karoline, que le dedicó su poema «El beso en sueños», llevó a un desenlace previsible: el joven se apartó de ella y decidió casarse con Gunda Brentano, de mediana inteligencia y educada para ser ama de casa (la correspondencia entre ella y Karoline muestra los esfuerzos de ésta por superar su despecho y mantener una buena relación).

La amistad con Bettina fue incomparablemente más enriquecedora y duradera, a pesar de ser cinco años mayor. Karoline, más madura y seria, casi una «profesora» que incitaba al estudio a la temperamental y libérrima muchachita, encontró en ella un maravilloso complemento. Su íntima amistad ofrece matices que rozan lo érotico, como en otros casos ya mencionados, característicos del Romanticismo. Juntas planearon un largo viaje a Grecia, reinterpretada por sus contemporáneos, mitificada por Hölderlin (entonces ya enfermo, y por quien Bettina sabría interesarse, con excepcional sensibilidad hacia su tragedia personal); pero la estructura social de su país lo hacía imposible, y tuvieron que contentarse con imaginárselo y escribirlo. Según Marcel Brion, Bettina no comprendió bien la radical seriedad de Karoline, su carácter exaltado y trágico; ésta tampoco le comunicó nunca su enamoramiento de Savigny y luego de Creuzer.

Clemens Brentano había mantenido correspondencia durante años con Karoline. Cuando ella publicó su primer libro, *Poemas y fantasías,* en 1804, le comentó su alegría por poder comunicarse así con el mundo, aunque fuera disfrazada con el seudónimo masculino «Tian». Él (ya casado con Sophie Mereau, embarazada de su segundo hijo), le enviaba cartas intensamente eróticas, literariamente muy sugestivas, pero que Karoline rechazaba, consciente del temperamento inflamable y muy inconstante del poeta. Así que su segunda experiencia amorosa resultó efímera y sin consecuencias.

No así la tercera y última. Al mismo grupo de amigos románticos pertenecía Friedrich Creuzer, catedrático de la Universidad de Heidelberg y más tarde autor de *Simbolismo y mitología de los pueblos antiguos* (1810-12), obra muy estimada en su época. Aunque ya se conocían, iniciaron su relación amorosa en agosto de 1805, en el hermoso bosque que rodea el castillo de Heidelberg. Él era feo y no muy simpático, pero vivía en una Grecia ideal a través de su erudición: a Karoline le pareció fascinante, por el contenido de su mundo mental y porque ella buscaba el amor por el amor mismo (así nos parece hoy al menos, constatando la personalidad de sus amantes); ella le pareció a él la encarnación de una criatura homérica o platónica, con su belleza, juventud e inteligencia. Pero Creuzer estaba casado con Sophie Leske, la viuda de su antecesor en la cátedra, trece años mayor que él; y aunque en el matrimonio no había comunicación íntima, se sentía dependiente de ella en lo económico y doméstico. Durante casi dos años se pudieron ver muy poco, y la distancia incrementó la idealización mutua a través de cartas apasionadas y soñadoras, intercambiadas en secreto. Ella esperaba que él se divorciara o tomara una decisión (como ocurriría en las vidas de varias de las escritoras aquí estudiadas); sin embargo, aunque su esposa Sophie, bondadosa y maternal, consintió en el divorcio, la personalidad insegura del aburguesado erudito le condujo a la opción carente de riesgos[23]. Christa Wolf explica cómo cuanto más destacaba Karoline como autora, más difícil se hacía la relación con un hombre tan «limitado». Ella necesitaba amar, pero no servía para la tradicional vida de esposa. Creuzer la adoraba casi religiosamente, pero no podía vivir con ella, de una forma normal, mundana. El 23 de junio de 1806 le envió una carta fría y razonadora, pidiéndole a su amigo Karl Daub que le confirmara la ruptura, con cuidado, a Karoline. Pero éste envió la nota a casa de Charlotte Servière, donde Karoline se precipitó a abrirla, sin que le pudieran suavizar el brutal impacto.

Allí mismo, en Winkel am Rhein, consumó bruscamente la tendencia al suicidio que acariciaba desde hacía años. Según Mar-

---

[23] El mismo Creuzer reconoce en una carta ser una persona muy limitada. «Cómo podría ser si no, siendo de descendencia alemana, habiéndome criado en un ambiente pobre, y continuando mi vida entre ciudadanos muertos» (véase Christa Wolf, *Der Schatten eines Traumes,* pág. 43).

cel Brion, nada más lejos de ella que la cobardía o la desesperación. Se había nutrido de una filosofía griega que contemplaba la muerte sin horror, como coronación de un destino heroico[24]. Rafael Argullol (1982) insiste en esta interpretación y relaciona su trágico gesto con el del *Empedokles* de Hölderlin, arrojándose al volcán para renacer a una vida más plena. También Marcel Brion la emparenta con Hölderlin, en cuanto a su interpretación de los clásicos griegos: como él, los hace revivir, salir del museo, y los convierte en arquetipos de la humanidad[25]. Ella había asumido la cosmovisión panteísta, donde las destrucciones parciales se reabsorben en la Unidad del Todo divino, y lo visible en lo invisible. Por otra parte, su actitud existencial ante aquel amor era radical: lo había sacralizado y se trataba de su propia entrega a lo trágico, más que de la valoración de Creuzer. Estaba internamente dispuesta; para que su amiga Bettina no pudiera amortiguar la esperable situación límite en caso de que se produjera, se había alejado de ella. No tuvo más que ponerse un largo vestido de color rojo intenso[26], como un ropaje litúrgico, pasear hasta la orilla del Rin y clavarse en el corazón el puñal que había comprado hacía tiempo.

Bettina, que quedó profundamente marcada por aquello, ha dejado un completo testimonio en su novela *Die Günderrode* de la preparación gradual de la tragedia, que incluyó un sueño premonitorio y también una especie de psicodrama, entre bromas y veras, ante ella. Además, Karoline tenía escrito un poema, que resultó epitafio para su tumba, despidiéndose de los elementos de la naturaleza (que la acogieron simbólicamente, en lugar de la plenitud afectiva que nunca disfrutó), quizá inspirado en textos hindúes traducidos por Herder o en la mitología escandinava[27]:

> Oh tierra, madre mía, y aire que me sustentas,
> sagrado fuego, amigo, y tú, torrente, hermano,
> y éter, que eres mi padre, a todos os doy gracias

---

[24] Véase «Pensamientos varios» en el apartado «Prosa».

[25] Véase Brion, pág. 304.

[26] Véase su poema «Rojo encendido».

[27] Marcel Brion insiste en que estos versos (inspirados en los clásicos griegos, Esquilo y Sófocles, no tanto en un poema hindú) permiten interpretar su suicidio como un retorno voluntario a lo divino, que para ella no parece ser trascendente, sino inmanente a la naturaleza. El suicidio sería así un gesto de rebeldía frente a la mediocridad, no una huida; actitud ésta compartida por Christa Wolf en su prólogo a *Der Shatten eines Traumes.*

con afecto y respeto; viví aquí con vosotros
y ahora voy a otro mundo, dejándoos sin pena.
Adiós, hermano, amigo, mi padre y madre, adiós.

Su ansia de lo absoluto y su rebelión ante los conflictos de la existencia concreta, histórica, quedaron plasmados para siempre, como en un relieve de bronce, en el acto final de su vida.

Die Günderrode (1840), la novela de Bettina, contribuyó mucho al recuerdo y a la divulgación de su biografía, aunque se trata de una versión en parte ficticia, y a los veintiún años su autora no pudo comprender plenamente el drama de su amiga de veintiséis. Además, no presenta su creación. Muchas generaciones de germanistas han continuado concentrándose en sus dificultades históricas para vivir la feminidad «con mente varonil», pero su obra no se ha estudiado como se merece. Ha habido que esperar hasta 1993 para que una editorial (suiza; no se encontró ninguna en Alemania) publicara sus obras completas. La autora tuvo que usar el seudónimo masculino «Tian» para publicar su primer libro, *Poemas y fantasías* (1804), que incluía poesías, prosa, narrativa y meditaciones, igual que el segundo, *Fragmentos poéticos* (1805), con textos líricos y dramáticos. Aunque Sophie Mereau ya había hecho historia publicando con su nombre, como escritora profesional, estaba mal visto que una joven hidalga recluida en una Residencia religiosa hiciese carrera literaria. Su tercer libro, *Melete,* firmado con el seudónimo «Ion», estaba en la imprenta cuando murió y fue retirado de ella por Creuzer; sólo una parte de él fue recuperada a fines del siglo XIX y publicada por primera vez en 1906. Aquél y sus amigos, por lo demás, evitaron cualquier referencia a Karoline y ocultaron la correspondencia entre ambos. Creuzer recibió todas las cartas que él había enviado a Karoline (éstas fueron conservadas) a cambio de las que ésta le había escrito a él, que fueron todas quemadas por una amiga de Karoline. Las copias de algunas cartas fueron recuperadas del archivo de la familia Leske, porque la esposa de Creuzer, celosa, las había copiado secretamente[28].

En suma, su aislamiento y su corta vida limitaron el pleno desarrollo de su capacidad creativa, a pesar de lo cual se la considera una de las escritoras más importantes de su tiempo. Destaca su compromiso con la obra, en la que busca el sentido de su vida[29], y contrasta con la ligereza y despreocupación de Bettina o de Otti-

[28] Véase Christa Wolf, *op. cit.,* pág. 37.
[29] Véase la carta de Karoline a Clemens Brentano de agosto de 1804.

lie. Vivió dolorosamente la discrepancia entre su anhelo de entrega amorosa y su voluntad de autonomía profesional. Este conflicto fue descrito por su amante en una carta: «Ay, ya no se tiene el valor de bromear contigo como un niño, de someterte amorosamente (como nosotros, los hombres, queremos hacer), contemplando tal sabiduría. Intimidas a tu Eusebio. La verdad, tienes que hacerte la tonta, cuando yo venga, y darme valor con juegos amorosos... Tienes que despojarte de tu perfección... si no, no puedo ser feliz en tu compañía»[30].

Ninguna de las autoras aquí presentadas experimentó la lucha entre fantasía y realidad de modo tan radical; por ello sus conocidos la consideraban excesivamente seria y difícil[31]. Su amiga Bettina Brentano describió su aspecto en una carta: «era tan suave en toda su fisonomía como una rubia. Tenía el pelo castaño pero los ojos azules, cubiertos de largas pestañas; cuando reía, no era en voz alta, era más bien un arrullo suave y retenido en el que se expresaban gozo y alegría... Era alta de talla y su figura demasiado fluida como para describirla con la palabra delgada; era tímidamente amable y demasiado poco decidida como para llamar la atención en público.»

BETTINA BRENTANO VON ARNIM
(Francfort, 1785 - Berlín, 1859)

Bettina, séptima hija del rico comerciante Peter Anton Brentano (originario de Tremezzo, junto al lago de Como) y de Maximiliane von LaRoche, nació el cuatro de abril de 1785. A los ocho años perdió a su madre, y fue enviada, junto con sus hermanas Gunda, Lulu y Meline, al internado de las monjas ursulinas de Fritzlar. Cuatro años después murió también su padre. Desde entonces vivió la mayor parte del tiempo en Offenbach, con su abuela Sophie von LaRoche (conocida escritora, de quien Goethe había estado enamorado); en su salón se reunían escritores, artistas, emigrantes franceses y jacobinos alemanes, de cuyas conversaciones la precoz Bettina recibía una rica gama de estímulos. Por otro lado, inició desde 1801 una íntima amistad con su hermano Clemens, nacido en 1778, amigo de los escritores del círculo de Jena

[30] Christa Wolf, *op. cit.*, pág. 48.
[31] Véase la carta de Karoline a Gunda Brentano del 24 de noviembre de 1801.

y luego miembro destacado del grupo de Heidelberg. La correspondencia entre ambos, en un lenguaje casi amoroso y pleno de mutuo enriquecimiento intelectual, sería más tarde reelaborada por ella en su obra *Clemens Brentano Frühlingskranz* (Corona primaveral de C.B.), publicada en 1844, dos años después de la muerte de Clemens. De modo que, igual que su futura amiga Karoline von Günderrode, se impregnó desde su infancia del ideario de la Revolución Francesa, así como de la mejor creación literaria, desde Goethe a Hölderlin, Novalis, los Schlegel...

Desarrolló desde los trece años su innata capacidad para la independencia personal, a lo largo de las más diversas circunstancias y etapas de su vida: por ejemplo, cuando su hermano mayor Franz, heredero de la autoridad paterna, le regañaba por su excesiva espontaneidad y su comportamiento poco «femenino», aprendió a burlarle haciendo el papel de «niña caprichosa». Hay numerosos testimonios de lo versátil y polifacético de su personalidad, radicalmente opuesta al convencionalismo de su tiempo. Goethe la consideró «el carácter más extraño del mundo» y Caroline Schlegel escribió sobre ella: «es una personita extraña [...] interiormente sensata, pero exteriormente loca por completo; decente, pero más allá de toda decencia; todo lo que es y lo que hace no resulta natural, pero le es imposible ser de otra forma. Padece del mal familiar de los Brentano: una excentricidad convertida en naturaleza». Un texto de Rahel Varnhagen, seleccionado en esta antología, corrobora la impresión de sus rápidos y cambiantes impulsos, dentro de un fondo de estabilidad y seriedad; el cual, como veremos, llevaría a la atolondrada niña romántica que aparentaba ser a escribir y actuar en su madurez de modo más comprometido y progresista que ninguna de sus contemporáneas. Karl August Varnhagen escribió: «en estos tiempos ella es la verdadera heroína, la única voz realmente libre y fuerte».

Esta evolución personal se inscribe en una serie de etapas, marcadas por sus estancias en diversas ciudades y amistades con destacadas figuras de la literatura o de la política, y sobre todo por su matrimonio y viudedad. Desde 1801 hasta 1806, como hemos visto, la amistad con Karoline von Günderrode, cinco años mayor, contribuyó a su formación literaria; y, sobre todo, a un cultivo de la intimidad que daría fruto más adelante en otra de sus peculiares novelas epistolares, tejidas al modo «bettiniano» sobre la base de una correspondencia, que se concibe como género literario y además es muy libremente remodelada: *Die Günderrode* (La Günderrode), publicada en 1844.

Tras la muerte de Karoline, la madre de Goethe vino a llenar un vacío afectivo, a la vez que le facilitaba el acercamiento al gran creador (quien ese año de 1806 se casaría con su amante Christiane Vulpius). En 1807 le visitó por primera vez y comenzó a expresarle por carta su admiración. Acababa de morir su abuela Sophie von LaRoche, y Goethe estaba interesado por las noticias que Bettina le podía dar sobre su antigua amada, para incorporarlas a sus escritos autobiográficos *(Dichtung und Wahrheit - Poesía y verdad,* 1811). Pero lo importante aquí no es la limitada atención que el anciano y egocéntrico genio otorgó —mientras le resultó estimulante— a la joven, sino una faceta característica de ésta: su capacidad de admiración.

Según ha observado Marcel Brion[32], Bettina tendía a complementar su borbollante surgir de emociones, ocurrencias y pensamientos con la entrega a alguna personalidad madura y prestigiosa, a quien se dedicaba casi hasta la adoración. Su instinto la llevó hacia Goethe, no como hombre concreto sino como portador de fuerzas creadoras y realizador de su propia plenitud. Antes había tendido hacia su hermano mayor Clemens y se había acercado a su idolatrado Hölderlin (a destiempo, pues éste ya declinaba hacia la enfermedad mental); después idealizaría con su admiración al rey Federico Guillermo IV de Prusia y al príncipe Pückler Moskau (que no supo comprenderla).

En 1808 viajó con su hermana Gunda, casada con Savigny, hasta Múnich; era el año del apogeo de Napoleón y también del desarrollo del grupo romántico de Heidelberg, por obra de su hermano y de Achim con Arnim. Con éste se prometió a fines de 1810, al instalarse en Berlín, donde pasaría gran parte de su vida; se casaron en 1811. Visitaron juntos a Goethe en Weimar; pero su instintiva y poco refinada compañera, Christiane Vulpius, tuvo un violento choque con la temperamental Bettina, que causó la ruptura de aquella peculiar relación (con todo, Bettina volvería a intentar la reconciliación años más tarde, e incluso diseñaría un monumento al gran clásico). También se fue distanciando de su hermano Clemens, que evolucionaba hacia un extraño misticismo y un conservadurismo político.

Los veinte años de matrimonio con Achim von Arnim (hasta la muerte de éste en 1831) supusieron la práctica interrupción de su actividad literaria. Albert Béguin ha escrito unas bellas y agudas páginas sobre aquella pareja[33], a las que nos remitimos por falta de es-

[32] Véase *L'Allemagne romantique,* págs. 304-306.
[33] Véase *El alma romántica y el sueño,* págs. 297-306.

pacio para resumir aquí el fecundo contraste (no exento de conflictos) entre el viril y reservado noble prusiano y la chispeante y expansiva muchacha con sangre italiana. Ella se entregó a la maternidad, y sólo cuando él murió y sus siete hijos dejaron de necesitarla volvió a dedicarse a la literatura y a evolucionar, con su apasionamiento de siempre, hacia la lucha contra la injusticia social. También se estableció de modo permanente en Berlín, durante los últimos veintiocho años de su vida (antes, su marido prefería pasar largas temporadas en su gran finca de Wiepersdorf, y ella se sentía aislada).

Durante estas tres décadas, la situación social y política en Prusia se fue endureciendo, con leyes contra la libertad de expresión y asociación. Bettina contaba con buenos amigos: Rahel y August Varnhagen y Friedrich Schleiermacher, por ejemplo, en el mundo literario; el príncipe Pückler Moskau, y años más tarde el estudiante Philipp Natusius, como corresponsales íntimos; e incluso se permitía escribir con respetuosa confianza al rey Federico Guillermo IV (coronado en 1840) a quien tenía por «protector del pueblo», en defensa de los oprimidos. En una época en que se perseguía a escritores del grupo «Joven Alemania» como Heine, y a catedráticos de la Universidad de Gotinga como Grimm, ella se ponía de su parte, y defendía valientemente a algunos sospechosos para el régimen, tales como el director de ópera Spontini y el comerciante Shloeffel; por su libertad de expresión tuvo sentencia de cárcel (aunque la libró de ella su cuñado Savigny, entonces ministro). En 1841 conoció a Michail Bakunin, y en 1842 trató a Karl Marx y Jenny von Westfalen en Bad Kreuznach. Vivió la revolución de 1848 en Alemania y Austria, su fracaso y el reaccionarismo posterior. Su panfleto «A la disuelta Asamblea Nacional de Prusia» tuvo que publicarse sin su nombre. La confianza que había puesto en su rey, expresada en cartas y en su libro *Dies Buch gehört dem König* (Este libro pertenece al rey, 1840) la sintió traicionada, como se ve en el segundo tomo, *Gespräche mit Dämonen* (Conversaciones con demonios), publicado en 1852. También se había comprometido en la defensa del independentista polaco Mieroslawski y del héroe húngaro Petöfi, sobre quien publicó *Pëtofi, der Sonnengott* (Petöfi, el dios del sol) en 1850. En 1844 hizo un llamamiento público recabando información para elaborar su *Armenbuch* (Libro de los pobres), que no fue publicado hasta 1969...

Además de sus libros y actividades al servicio de la sociedad, publicó en esta etapa sus novelas. En 1835, *Goethes Briefwechsel mit einem Kinde* (Correspondencia de Goethe con una joven) del cual presentamos extractos y comentarios en esta antología. En 1840,

Die Günderrode, reelaboración novelada de la correspondencia y el trato con su amiga. En 1844, la ya citada *Clemens Brentanos Frühlingskranz* (Corona primaveral de C.B.). Sobre su relación con el joven Natusius escribió una cuarta narración, *Ilius Pamphilius und die Ambrosia,* publicada, tras una prohibición inicial, en 1848. Organizó su propia editorial, y en ella aparecieron sus *Obras completas,* en once tomos, en 1853.

En conjunto, Bettina vivió con mayor independencia y seguridad en sí misma que ninguna de las escritoras coetáneas. Sólo Karoline von Günderrode coincidió con ella en no poner su talento al servicio de ningún hombre. Se defendió con desenvoltura del autoritarismo de sus hermanos, y puso límites a su marido; aunque supo entregarse a él y a los hijos, renunciando temporalmente a su vocación literaria.

Por otra parte, aportó una original concepción del «amor vivo» al Romanticismo, haciendo compatibles el idealismo y la ensoñación con la experiencia real del matrimonio y la maternidad; supo integrarse en la institución familiar, sin depender de ella como norma externa. A la vez, conservó hasta su muerte, con casi setenta y cuatro años, el espíritu romántico germinal representado por el «Círculo de Jena», pensando y actuando de modo crítico y comprometido. La riqueza de su temperamento y la integración de sus textos con su existencia personal se han solido ocultar bajo estereotipos de excentricidad o considerados como trasfondo de su hermano Clemens o su marido Achim von Arnim. Sólo los estudios más recientes tienden a valorarla como merece.

Ottilie von Pogwisch von Goethe
(Danzig, 1796 - Weimar, 1872)

Ottilie, hija mayor de Henriette, condesa de Henckel-Donnersmarck, y del comandante Wilhelm von Pogwisch, conoció muchas ciudades en su infancia, debido a la profesión de su padre. Cuando en 1804 éste perdió su modesta fortuna en el juego, su madre se separó de él (un procedimiento que se usaba en aquellos años) y se trasladó a Weimar para ocupar un puesto en la corte como dama de compañía.

Allí la joven Ottilie trabó una intensa amistad con Adele Schopenhauer, que duraría toda su vida. Se aconsejaban y apoyaban mutuamente, de modo incondicional. Las cartas que se escribían casi a diario —aunque vivieran muy cerca la una de la otra— parecen desde el punto de vista moderno una auténtica correspondencia amorosa, típica del estilo y del concepto de amistad románticos. Ottilie le escribió a Adele: «Mi vida ha comenzado desde que te quiero»[34]. Pero las dos jóvenes no sólo se dedicaban a redactar cartas y poesías. Cuando empieza la guerra fundan la «Orden de la Esperanza», donde Ottilie es presidente y Adele gerente. Era un pacto contra la opresión napoleónica y un medio para vivir su patriotismo prusiano mediante ayudas a heridos de guerra, damnificados y viudas. Aquella actividad idealista seguramente estaba también motivada por la relación amorosa de Ottilie con un joven teniente prusiano, Ferdinand Heincke, a quien había conocido en el salón de Johanna Schopenhauer, madre de Adele, y que duró hasta que éste se marchó de Weimar en 1814.

Varios años antes Ottilie ya había conocido a la famosa familia Goethe. En 1807 Goethe había fundado un pequeño círculo musical que se dedicaba a ensayar composiciones de artistas contemporáneos y en el que participaban Ottilie y Adele. Ottilie y Goethe simpatizaron desde el principio, él la llamaba «mi pequeña personita» y la mencionaba en su diario a partir de 1811. En aquella época se describía a Ottilie como ingeniosa, vivaz, con interés literario y un sentido artístico excepcional para su edad, un físico agradable y vestida de forma muy original. A nadie le extrañó que August von Goethe, hijo del gran poeta, se enamorase de ella —sentimientos no correspondidos de ningún modo por la joven Ottilie, como prueba la correspondencia con su madre y Adele[35]—; August resultaba muy torpe y reservado, y sólo empezó a luchar por su amada cuando se encontró con Heincke como rival.

Los motivos para la relación con August fueron desde el principio absolutamente racionales y calculados y no tenían nada que ver con sentimientos románticos. A Goethe le gustaba aquella posible unión: por una parte, le parecía oportuno ver a su hijo ilegítimo casado con una aristócrata y, por otra, esperaba una influencia positiva de su futura nuera sobre aquel vástago melancólico y poco elegante. Para la familia Von Pogwisch August no era un pretendiente aceptable para su hija: no habían olvidado el escándalo de la unión extramatrimonial entre Goethe y Christiane Vulpius, fruto de la cual era August. Ottilie se veía obligada a elegir entre una vida similar a la de su madre, como dama de compañía dentro de la corte, y la oportunidad de formar parte de la casa del ma-

---

34 *Ottilie von Goethe,* pág. 181.

35 Véase la carta a Adele del 4 de julio de 1815 y a su madre de julio de 1816.

yor de los poetas alemanes y ministro, su Excelencia Johann Wolfgang von Goethe, de organizar su propio salón y estar en el centro de la vida cultural de Weimar. Y se decidió por la segunda opción: en 1817 se casó con August.

La correspondencia de la pareja refleja la relación entre ambos. August le escribe en un tono tímido, afable, procurando demostrar su autoridad, como si fuera un amigo paternal y no su amante[36]. Muy diferente es el tono de las cartas de Ottilie a su suegro: emocional y natural... Ottilie sabía lo que Goethe esperaba de ella y asumió ese papel. Y éste amonestaba a su hijo para que tratara bien a su nuera. El editor de los diarios de Ottilie llega a esta conclusión, un tanto osada: «Se puede mantener que en un sentido más profundo la ambiciosa Ottilie no se casó nunca realmente con August. En el fondo se casó con el padre y no con el hijo, si se quiere describir el hecho de forma radical. August fue el infeliz tercero entre Ottilie y Goethe»[37].

Aunque esta opinión sea extremada, sí se puede constatar que August y Ottilie eran completamente dispares en cuanto a carácter y ninguno de los dos estaba dispuesto a aceptar al otro, de modo que pudiera surgir una relación armoniosa. Esto se demuestra también en el papel de Ottilie en la casa de los Goethe. Muy pronto se hizo notar que Ottilie no sabía cumplir como ama de casa, así que August se ocupaba de la economía doméstica. Durante toda su vida Ottilie tendría disputas con su marido, debido a su manera despreocupada de gastar el poco dinero del matrimonio.

Sin embargo, aunque no cumpliera las expectativas como mujer casada, no empeoró en absoluto la relación con su suegro, que asumía el papel de padre y de mentor para ella. A Ottilie, por ser la nuera de Goethe, se le abrían todas las puertas, no sólo en Weimar, sino también en Berlín o Dresde. Y, al contrario que su marido y la mayoría de las personas que se sentían aplastadas por la poderosa figura del padre, lo tomaba con absoluta naturalidad. Muy pronto desempeñó el papel de «secretaria particular» de Goethe; organizaba el salón y recibía a todas las personas importantes que venían a ver al poeta de Weimar, pero sin dejarse impresionar por todo aquel esplendor. Siguió escribiendo sus pequeñas poesías y no vacilaba incluso en enseñárselas o regalárselas al famoso suegro. Cuando, en 1823, apareció en Weimar Charles

---

[36] Véase especialmente la correspondencia entre Ottilie, August y Adele del 15/16 de febrero de 1817.

[37] *Ottilie von Goethe,* págs. 187 y ss.

Des Voeux para traducir el *Tasso* al inglés, Goethe insistió en que Ottilie hiciera de cotraductora con los mismos derechos. En 1829 empezó a editar la revista literaria semanal *Chaos*; al principio sólo se repartía entre los autores y colaboradores, pero pronto se llegó a leer en todos los círculos culturales de Weimar. No tenía limitaciones temáticas ni de géneros literarios: incluía lírica, prosa, relaciones de viajes, cartas, epigramas y acertijos. Todos los textos eran anónimos; sólo Ottilie conocía la identidad de los autores y éstos se comprometían a guardar el secreto. Entre ellos figuraban Thomas Carlyle, Johann Peter Eckermann, colaborador de Goethe, el mismo Goethe, Wilhelm Grimm, Felix Mendelssohn, Adele Schopenhauer, Rahel Varnhagen[38] y Karl Friedrich Zelter. La popular revista, que refleja ejemplarmente la variedad de géneros típica del Romanticismo, se publicó regularmente hasta la muerte de August en 1830.

A pesar de la influencia innegable de Ottilie en la vida cultural de Weimar y de sus considerables actividades literarias, es sobre todo conocida como «la nuera de Goethe»; y también por los escándalos que provocó. Esto se debe esencialmente a su actitud liberal y a su seguridad en sí misma para expresar su opinión a cada momento. Así, por ejemplo, escribió una fingida carta al editor de *Chaos* en contra de los matrimonios arreglados y a favor de las relaciones por amor. En ella proclama uno de los principios de su vida: la estimación del amor sobre todos los demás valores, que se refleja también en su poesía «Vater, der Du alles hast» (Padre, que todo lo tienes). Esta actitud se explica también por su experiencia matrimonial, donde nunca encontró correspondidos los intereses y las emociones con las que soñaba. Y a la conocida, atractiva e inteligente Ottilie no le faltaban pretendientes que la cortejaran. Muy pronto empezó a entusiasmarse por otros hombres y a escribirles cartas de amor y poesías casi desesperadamente apasionadas: a Charles Sterling, que llegó a casa de los Goethe por recomendación de Lord Byron; a Des Voeux, su cotraductor del *Tasso*; o a Samuel Naylor, que le propuso el matrimonio poco después de muerto August, para luego casarse con una inglesa pocos meses más tarde. Las relaciones de la conocida nuera de Goethe fueron discutidas y censuradas y provocaron muchos rumores en Weimar (que entonces sólo contaba 8.000 habitantes); su suegro era el único que nunca se las reprochaba. Pero el escándalo llegó a su clímax cuando, ya después de la muerte de August en 1830, Ottilie que-

---

[38] Véase la carta de Rahel a Ottilie del 15 de junio de 1830.

dó embarazada de un capitán inglés. Se marchó a Viena y allí dio a luz una niña, solamente con la ayuda de Sibylle Mertens y la escritora Anna Jameson, dos amigas íntimas que había conocido a través de Adele Schopenhauer. La niña recibió el nombre de Anna Sibylle en honor a sus amigas y fue adoptada por una familia austriaca, aunque murió un año más tarde. A pesar de que Ottilie hizo todo lo posible por guardar el secreto, a partir de aquel momento perdió definitivamente su reputación en Weimar. Y al morir Goethe, a quien ella había cuidado hasta su último día, perdió la posición excepcional que tenía. Le iba a costar bastante aceptar que, a pesar de sus propias actividades y talentos, para la mayoría había sido «la nuera de Goethe» (según se refleja en la poesía «La mendiga de Weimar»[39]); en consecuencia, dejó de publicar su revista *Chaos*. A esto se unieron graves problemas económicos; para salvarlos, intentó encontrar un editor para su prosa y poesías..., sin éxito. Se marchó de Weimar trasladándose a Leipzig, donde mejoró su economía con traducciones de baladas de Schiller, Uhland y Eichendorff al inglés y como colaboradora de la *Revista para el mundo elegante*. Pocos años más tarde salió hacia Viena, donde pasaría casi treinta años. Allí pudo volver a brillar en la alta sociedad, llevando el apellido de Goethe; allí conoció a Grillparzer y a Lenau, entre otros. En Weimar, por lo demás, nunca le perdonaron que no se sometiera a las normas y convenciones burguesas y que no pasara el resto de su vida cuidando el recuerdo de Goethe.

Muerta su hija Alma, Ottilie decidió ocuparse principalmente de sus dos hijos, licenciado en Derecho el uno y compositor el otro, que necesitaban mucho su ayuda. Wolf sufría de una enfermedad nerviosa y Walther padecía por su falta de éxito como compositor (Felix Mendelssohn-Bartholdy, su antiguo profesor, le había rechazado como alumno porque no creía en su talento). Una hermana de Mendelssohn le describía como una persona «con quien nadie hablaría si se apellidara Werner, y de quien se esperan cosas para él inalcanzables, sólo porque se apellida Goethe»[40]. Aparte de la dedicación a su familia, realizó numerosos viajes a Inglaterra e Italia. En 1849 visitó a Adele Schopenhauer, poco antes de la muerte de ésta. Cansada, pasó sus dos últimos años en Weimar, en la antigua casa de los Goethe, donde murió en 1872.

Ottilie von Goethe impresiona por su naturalidad, actividad, valor y franqueza, tanto en el ámbito literario como en su vida pri-

---

[39] Incluida en el apartado «Poesía».
[40] *Ottilie von Goethe,* pág. 202.

vada. Pero su biografía nos demuestra también que, aunque en esta época las mujeres tienen por primera vez la oportunidad de aparecer en público como autoras, en la mayoría de los casos esto sólo es posible bajo la protección de algún mentor, en este caso el poderoso Goethe. Por otra parte, igual que en el caso de Caroline Schlegel-Schelling, su vida ilustra cómo, a pesar de las liberalizaciones de la época, una mujer que opta por tomar sus propias decisiones, contrarias a la moral vigente, tiene graves dificultades en conservar su reputación y llega a ser repudiada por la sociedad.

Adele Schopenhauer
(Hamburgo, 1797 - Bonn, 1849)

Adele Schopenhauer, hermana del famoso filósofo, nació el 12 de junio de 1797 en Hamburgo; pero su verdadera patria fue Weimar, a donde se trasladó su madre, Johanna Schopenhauer, en 1806, después del suicidio de su marido. Allí descubrió, aparte de su talento para el dibujo, sus dotes poéticas y llegó a ser una escritora reconocida. La casa de la señora Schopenhauer pronto se convirtió en uno de los centros de la vida literaria burguesa de Weimar. A los pocos días de llegar a la ciudad recibió una visita de Goethe, que había oído hablar de ella por su valiente reacción frente al saqueo de las tropas francesas. Una semana más tarde el gran poeta la volvió a visitar con su mujer, Christiane, con la que se había casado el día anterior, después de convivir dieciocho años con ella. En la sociedad de Weimar, que había tolerado más o menos la unión extraconyugal con la Vulpius y se negaba ahora a reconocer al matrimonio, una de las pocas personas que aceptaron a los Goethe fue Johanna Schopenhauer. Escribió a su hijo Arthur, que seguía viviendo en Hamburgo: «Si Goethe le da su mano, nosotras podemos darle al menos una taza de té»[41]. Goethe nunca olvidaría esa postura y siempre conservaría su amistad con la familia Schopenhauer. Agradecido, llevaba a todos los personajes importantes del mundo literario, que venían a Weimar a verle, a casa de los Schopenhauer; y en aquellos años el salón de Johanna Schopenhauer fue uno de los centros intelectuales de la ciudad, donde se encontraban Goethe, Wieland, de la Motte-Fouqué, Wilhelm Grimm, los hermanos Schlegel y Ludwig Tieck.

---

[41] Véase introducción de H. Houben a Adele Schopenhauer, *Tagebuch einer Einsamen*, pág. VIII.

Éste es el ambiente en el que crece la joven Adele, junto con la amiga desde su juventud, Ottilie von Pogwisch, futura nuera de Goethe. Existe una amplia correspondencia entre las dos muchachas, que comparten todas sus impresiones y sentimientos. Juntas fundaron en 1803, en tiempos de guerra, la ya mencionada «Orden de la Esperanza». De esa época data también la pasión de ambas amigas por el militar prusiano Ferdinand Heincke, que mantuvo una relación sentimental con Ottilie. Adele tuvo que conformarse con su amistad; los biógrafos señalan sus grandes dotes intelectuales a la vez que su fealdad.

Mientras a Adele se la consideró como una heredera adinerada, no sufrió por su falta de atractivo. Pero cuando su madre perdió en 1819 parte de su fortuna y tuvo que irse de Weimar para salvar todo lo que pudiera de sus posesiones en Danzig, al volver un año más tarde al escenario de sus mejores años, su posición cambió considerablemente. La joven Adele siempre recordaría su juventud como el tiempo más feliz de su vida, seguido de una fase de desprecio y humillación social. Ya a los diecinueve años temía acabar su vida sola y desamparada: «mi destino marca el fracaso, me quedo enferma y sola»[42]. Pensó hasta en casarse con un amigo de su madre u otro de los candidatos por motivos meramente prácticos, para evitar el futuro que tanto temía, pero no tuvo éxito. Así que pronto la alegre muchacha se convirtió en una solterona amargada y mojigata. Esta actitud de institutriz regañona convierte a veces sus diarios, por lo demás muy interesantes, en una lectura poco agradable, por tratar la vida (que a ella se le escapa) como objeto de censura en las demás personas. Por otra parte, quizá esa actitud la salvó de escribir cartas o poesías demasiado amaneradas y sentimentales, como algunas de sus amigas. Según los diarios de Ottilie, Gerstenberg, amigo de su madre y también poeta «dilettante», publicó algunas poesías de Adele con su propio nombre. Además, era conocida como excelente declamadora de papeles como la *Iphigenia* de Goethe, dibujaba (animada también por Goethe, con quien discutía sus obras) y tenía éxito por sus magistrales siluetas recortadas, «verdaderas poesías con las tijeras».

En 1826 varias circunstancias influyeron en que Adele dejara Weimar definitivamente. Terminó su relación de varios años con el científico Osann, a quien había dedicado varias de sus poesías; una vez más las esperanzas de Adele se vieron frustradas. En el verano sufrió una caída que debilitó seriamente su salud, nunca muy

---

42 *Ídem,* pág. XVI.

fuerte. Estas desgracias la hundieron en una depresión, haciéndole volver a pensar en el suicidio, igual que en 1820. También sufría con Ottilie por su matrimonio infeliz con August von Goethe y sus numerosas aventuras amorosas, en las que Adele a veces hacía de mensajera. Después de una fase de recuperación en el campo, madre e hija se decidieron por Renania como futura patria. En Colonia recibió clases de dibujo de un artista parisino y se dedicó con todo entusiasmo a ese arte. Allí también conoció a una mujer que tendría una gran influencia en su vida: Sybille Mertens Schaffhausen, hija de un importante banquero, coleccionista de arte y arqueóloga. Ella sería, debido a su propio matrimonio desgraciado, el apoyo tanto práctico como emocional que Adele nunca encontró en un hombre, y también la que compartiría sus peores momentos y la acompañaría hasta su muerte. Esta intensa amistad durante veinte años hace la vida de la una impensable sin la otra[43].

En 1829 Johanna y Adele Schopenhauer se trasladaron a Unkel, a orillas del Rin, a una casa cedida por Sybille Mertens. Pasaban los veranos allí y los inviernos en Bonn, donde Johanna disfrutaba de la vida cultural en la medida que su salud y su edad se lo permitían. A partir de 1833 vivieron todo el año en Bonn, a donde también Sybille se había trasladado con su familia. Adele se dedicó casi exclusivamente a cuidar de su madre enferma hasta que murió en 1837. El resto de la fortuna que les había quedado se fue en la enfermedad de su madre, y a partir de entonces tenía que encontrar alguna actividad remunerada. Como se puede observar en sus cartas, ya había temido esta situación desde hacía años. Los talentos artísticos de Adele no habían sido fomentados en los años de Bonn; se había considerado siempre una aficionada y sabía cuán deficiente era su formación artística. Ahora se consideraba demasiado mayor para una formación seria, y su salud tampoco se lo permitía. Sybille, que por lo general desaprobaba las actividades literarias de sus amigas, intentaba convencer a Adele de que se dedicara a la poesía. Seguramente sobrestimaba su genio, impresionada por su elegancia al versificar y su inteligente crítica literaria; pero comprendió que la poesía era la única fuente de satisfacción que le quedaría a su amiga. Ésta se negaba rotundamente a seguir el ejemplo de su madre, porque con ella había vivido también la dura fase del descenso de su fama como novelista. Pero Sybille seguía con su propósito, le mandaba ideas para posibles

---

[43] Véanse las descripciones de Sybille por Adele en sus cartas a Ottilie del 30 de abril y del 19 de mayo de 1828.

novelas y poesías italianas para que las tradujera; hasta que, por fin, sus actividades y su confianza en el talento de la amiga tuvieron éxito: cuando cinco años más tarde el médico le prohibió todo esfuerzo, incluso el dibujo, y la escritora había crecido en su interior, poco a poco dejó un arte para dedicarse al otro. Antes de la muerte de su madre, Adele la había acompañado a Jena; allí vivió los años siguientes, y volvió a tomar contacto con su amiga Ottilie y sus hijos en el cercano Weimar. En 1838 publicó las memorias de su madre; poco más tarde escribió un libreto de ópera para Walther von Goethe, *El preso de Bolonia*, publicada años más tarde bajo un seudónimo usado también por su madre años atrás.

En 1840 Adele sufrió otro fuerte golpe al comunicarle su médico que sufría una enfermedad incurable (una úlcera en el vientre), y que sólo podía prolongar su vida haciendo mucho reposo. En aquella fase de desesperación volvió a relacionarse con un hombre, el profesor y político Schueler. Ambos planearon compartir el resto de su vida, con el único fin de disfrutar de un hogar y poder viajar juntos y no estar solos en la edad avanzada. Para salir de sus depresiones, la valiente Adele se dedicó con más energía que nunca a la literatura: en 1842 trabajó con Wolf von Goethe en su texto *Erlinde*. Poco antes había comenzado una novela sobre su propia juventud, *Anna*, y en el mismo año escribió sus cuentos *Haus, Wald und Feldmärchen* (Cuentos de la casa, el bosque y el campo) que publicaría dos años más tarde. Ese año rechazó la propuesta de Sybille de pasar una temporada en Italia porque quería realizar sus planes con Schueler. Pero, cuando éstos se frustraron definitivamente, decidió que «la persona que más amaba era Sybille». Como, además, la estancia en un clima más moderado iba a ser beneficiosa para su salud, cada vez más debilitada, acompañó a Sybille a Italia, después de haber encontrado un editor, tanto para sus cuentos como para su novela *Anna,* dedicada a Ottilie.

Los dos años siguientes convivió con Sybille, y en parte con Ottilie y sus hijos, en Roma y Nápoles, formando parte de la numerosa colonia alemana. En 1848 volvió a Alemania para encontrar un editor para su nueva novela *Una historia danesa,* que quiso dedicar a Sybille, aunque la editorial no cumplió este deseo. El invierno siguiente lo pasó sola en Florencia (mientras Sybille se dedicaba a sus negocios en Alemania), dedicada completamente a sus estudios artísticos. Siempre había temido morir sola y desamparada, y entonces ese destino pareció querer cumplirse: su enfermedad latente volvió a irrumpir. Pasó varias semanas sin poder moverse de la cama de una triste pensión, expuesta a hospederos sin escrúpulos, que la hicieron pagar su odio hacia los alemanes. Sybille, que recibía cartas desesperadas de su amiga, no podía acudir en su ayuda porque el norte de Italia estaba en guerra. Por fin, Adele se recuperó un poco y, sumamente débil, en cortas etapas de viaje, llegó hasta Bonn, pues no tenía otra patria que Sybille. Con el cuidado cariñoso de su amiga se volvió a recuperar y las dos planearon de nuevo volver a Italia, donde Adele había dicho, años antes, que quería morir.

En marzo de 1849 fue con Sybille a Francfort para ver a su hermano Arthur (por primera vez después de casi veinte años, y última). Como Sybille tenía que viajar a Italia, Adele se quedó sola en la solitaria casa de aquélla. Decidió ir por última vez a Berlín, Jena y Weimar para despedirse de sus antiguos amigos y luego pasar sus últimos días con Sybille en Italia (el sueño de ambas amigas). De aquel viaje volvió gravemente enferma a la casa de Bonn, cuya puerta ya no volvería a cruzar. Pocos días después de su llegada, el médico le comunicó que ya no tenía salvación. Después de recibir esta triste noticia, Ottilie marchó inmediatamente a Bonn para ver a su amiga por última vez. Adele se hizo fuerte durante la visita para no hacerla sufrir, pero a su partida la fiebre crónica aumentó implacablemente. Pasó un mes sufriendo fuertes dolores. Sybille ha relatado sus pensamientos: «No temo la muerte, no; pero temo el dolor. ¡Ay, Sybille, no me dejes sufrir demasiado! Pon fin al martirio antes de que me venza la desesperación. Entonces dame algo para que termine. No es maldad, es compasión»[44]. Adele murió el 25 de agosto de 1849 y fue enterrada en Bonn el día del centenario de Goethe, su amigo paternal.

La última carta que escribió a su hermano fue casi sólo de negocios, para pedirle que le cediera a Sybille, su compañera, el derecho de repartir sus posesiones; mucho más no se tenían que decir aquellos hermanos tan diferentes. Sin embargo, durante toda su vida Adele fue la única de la familia Schopenhauer que intentó mantener una relación con el hermano, por difícil que fuera. Adele Schopenhauer es otro ejemplo de una vida infeliz y frustrada por carecer del tradicional apoyo de un marido y una familia, pero también demuestra un excepcional espíritu de lucha, intentando siempre encontrar una alternativa. Para esta mujer, aunque no se considerara una escritora de talento, el arte, y la literatura en especial, fue el medio para realizarse y vencer un destino adverso.

---

[44] Véase *Tagebuch einer Einsamen*, pág. LVIII.

Fanny Mendelssohn-Bartholdy Hensel
(Hamburgo, 1805 - Berlín, 1847)

Fanny Mendelssohn es sobre todo conocida como hermana del compositor Felix Mendelssohn Bartholdy. Perteneció a la famosa familia judía Mendelssohn, fue sobrina de Dorothea y nieta de Moses Mendelssohn. Su padre, Abraham Mendelssohn, importante banquero de Berlín, fomentó desde muy pronto la educación musical de sus hijos. Fanny aprendió a tocar el piano desde muy joven y compuso su primera canción a los catorce años, para el cumpleaños de su padre. Sin embargo, ya en esta época estaba a la sombra de su hermano Felix, cuatro años menor. Se describía así a los hermanos: «la menos guapa y por el momento un poco sabihonda, pero puede llegar a ser muy agradable porque es muy inteligente»; en cambio, Felix «es bello como un ángel y realmente un genio de la música»[45].

El epistolario refleja muy claramente la relación entre los hermanos. Eva Weissweiler, la editora de las cartas de Fanny, destaca que las cartas de Felix, publicadas en numerosas ediciones, siempre aparecen como monólogos, dado que las respuestas de sus hermanas y su madre se omiten. Hay que tener en cuenta que las escritas por el famoso hermano pueden ser consideradas aparentemente de mayor interés, porque Felix es el que viaja por toda Europa y tiene mucho que contar de esas impresiones y de sus éxitos musicales, mientras su familia sigue sus peripecias desde su casa de Berlín. Fanny misma describe esta situación: «Adiós, querido Felix, de buen grado seguiría escribiendo así, pero luego siempre me acuerdo de lo que tú siempre decías y que siempre es falso, que desde casa no se puede escribir; pero yo creo que es así, que los hombres tienen que escribir desde sus viajes, y las mujeres desde la casa, y entonces ellas se explayan sobre cada granito de arena tan bien conocido, y eso alegra en la lejanía»[46].

Aun así, la relación entre los dos hermanos fue muy estrecha, como era típico de las familias judías. Felix siempre se siente responsable de su hermana y la echa de menos cuando no está en Berlín. Fanny, por su parte, aceptaba la genialidad y el éxito extraordinario del hermano. Cuando estaba recién casada con el pintor Wilhelm Hensel, su hermano seguía siendo su «alpha y omega», a cuyo arte, carácter e inteligencia ella se sometía incondicio-

---

[45] Véase *Fanny Mendelssohn. Ein Porträt*, pág. 10.
[46] Véase la carta de Fanny a Felix del 5 de julio de 1829.

nalmente. Leyendo la correspondencia entre ellos hay que tener en cuenta, sin embargo, que el estilo y el vocabulario para describir las emociones es típicamente romántico y no se debe entender desde nuestra perspectiva actual, para no llegar a la extraña conclusión de un biógrafo de Felix, que sostiene que Fanny estaba enamorada de su hermano y la relación estaba influida por «instintos oscuros, a veces rayando lo anormal».

Como miembro de una de las más famosas familias judías, en la biografía de Fanny Mendelssohn se puede observar el cambio de actitud frente a los judíos en esta época. Fanny pertenece a una generación posterior a la de su tía Brendel/Dorothea o las famosas anfitrionas de salones literarios, Henriette Herz y Rahel Varnhagen. Ya en 1816, Fanny y sus hermanos son bautizados y se convierten al cristianismo por orden de su padre. Esta importante decisión no significa que la familia reniegue de sus tradiciones (el mismo padre espera seis años más hasta ser bautizado él mismo), sino que es una respuesta práctica y política a las tendencias antisemitas de la época. Ese mismo año el Ministerio de Finanzas declara que «sería deseable que no tuviéramos judíos en nuestro país», y ya cinco años antes se había fundado la «Christlich-deutsche Tischgesellschaft» (Asociación cristiano-alemana) para hacer competencia a los exitosos salones judíos.

La conversión más o menos forzosa no es, sin embargo, completamente aceptada por la familia Mendelssohn. La abuela de Felix, por ejemplo (de la generación de Moses), no tenía que enterarse del noviazgo de Fanny con Wilhelm Hensel, un cristiano, y menos de que Fanny ya era cristiana..., hecho que le habían silenciado porque había renegado de su hijo Jakob el día de su bautismo. La problemática de los conversos seguramente fue un tema extensamente tratado por la pareja Hensel-Mendelssohn y no facilitaría aquel largo noviazgo. Pero la discusión llegó a su clímax con la adopción del nombre «Bartholdy». El primero en adoptar este nombre fue Jakob Salomon, un tío de Fanny y Felix. Abraham lo adoptó para toda su familia en 1822, al convertirse él y su mujer Lea al cristianismo. Los hijos no comprendieron ni aceptaron ese cambio, impuesto por el padre. Rebecka, hermana de Fanny y amiga de Rahel Varnhagen, firmó una carta con «Rebecka Mendelssohn, *medén* (en griego: nunca) Bartholdy» y Felix pensó en volver a renunciar al nombre poco deseado[47]. También el padre

[47] Toda esta problemática está descrita en el epílogo de la citada edición de cartas de Fanny Mendelsohn por Eva Weissweiler.

sufrió por tener que renegar de su identidad judía y era descrito por la familia como melancólico y malhumorado. Pero intentó justificar su decisión ante el hijo: «Mendelssohn es y será siempre el judaísmo del periodo de transición... No puedes ni debes llamarte Felix Mendelssohn, porque el nombre es un vestido que tiene que corresponder a la época, a las necesidades y condiciones para no ser molesto o ridículo... Te repito, no puede existir un Mendelssohn cristiano, igual que no existe un Confucio judío. Si te llamas Mendelssohn eres judío "eo ipso", y eso no te sirve, porque tampoco es verdad»[48]. Y aunque incluso Heinrich Heine criticara la decisión de Abraham en su famoso *Deutschland, ein Wintermärchen* (Alemania, un cuento de invierno), se puede comprender su motivación teniendo en cuenta que también Fanny y Felix eran insultados en plena calle por ser judíos y en esa época el mismo Clemens Brentano llamaba a los judíos, excluidos de su «Christlich-deutsche Tischgesellschaft», «esas moscas que quedaron de las plagas egipcias». Pero a pesar de la actualidad de este tema en la familia Mendelssohn y el espanto de toda la familia ante las cartas antisemitas de Zelter, el antiguo profesor de Fanny y Felix, a Goethe, existía un mutuo acuerdo de no mencionar palabras clave como «judío», «conversión», etcétera[49].

Pero Fanny Mendelssohn no sólo es interesante para esta selección por su condición de judía, sino también porque en su biografía se reflejan claramente los problemas de la mujer que penetra en campos hasta entonces sobre todo masculinos: en este caso la música, especialmente la composición. Fanny era consciente del papel convencional de la mujer y de las dificultades de ser tomada en serio como artista. Y aunque al parecer su marido respetaba su autonomía y sus actividades musicales, al hacerse oficial su noviazgo, Fanny reflexionaba así sobre este tema en una carta a un amigo: «Casi se me hubiese olvidado agradecerle que sólo por mi anuncio de noviazgo haya deducido que soy una mujer como todas; yo, por mi parte, ya lo tengo claro desde hace mucho, ya que mi novio es un hombre como todos... El hecho de que los señores dueños del universo me recuerden mi mísera condición de mujer cada día, a cada paso que doy, es un punto que me podría provocar furia y hacerme perder mi feminidad, si con eso no empeorara el mal»[50]. La imagen de Fanny presentada en las biografías es ambi-

---

[48] Véase epílogo de Eva Weissweiler, pág. 217.
[49] Véase la carta de Fanny a Felix del 1 de diciembre de 1833.
[50] Véase *Fanny Mendelssohn. Ein Porträt*, pág. 52.

gua: por una parte es descrita como «una personita dúctil, modesta, tan inteligente como redondita»; por otra, aparece como artista en busca de reconocimiento profesional (este aspecto es subrayado sobre todo por musicólogas feministas). Y aunque nunca alcanzara la gloria de su hermano, Fanny tuvo éxitos considerables y merece ser mencionada como parte del mundo de la música y la cultura de la primera mitad del siglo XIX: en 1821 Goethe elogió la musicalización por Fanny de su poesía «Erster Verlust» (Primera pérdida) ante Zelter, director de la Academia de Canto y profesor de composición de los hermanos Mendelssohn, y escribió para ella más versos. Un año más tarde Fanny conocería a Goethe personalmente y seguiría componiendo la música para otros poemas suyos. Continuó con sus creaciones musicales: piezas para piano, cantatas y un oratorio. Pensó en poner música a la saga de los Nibelungos, idea que retomaría su hermano. En sus saraos musicales se encontraban músicos como Clara Schumann y Hector Berlioz, y literatos como Heine y Rahel Varnhagen.

La problemática de su reconocimiento como pianista y compositora se puede observar muy bien a través de la relación con su hermano. Hasta 1970, Fanny siempre fue mencionada exclusivamente como «la hermana de Felix», que nunca habría querido tener otro papel ni brillar con obras propias. Y en sus cartas se puede ver que ella admiraba el talento de su hermano. Por otra parte, Felix la aceptaba como colaboradora silenciosa y crítica de sus obras, «alguien a quien pudiera decir todo muy abiertamente, que leyera mi música al ser creada y me la hiciera doblemente querida, con quien me pudiera recrear por completo y aprender con sinceridad»[51]. Fanny demuestra su capacidad musical en estas cartas, y a partir de 1827 aparecen canciones suyas en ediciones de canciones del hermano. Sin embargo, Felix siempre se opuso a que ella publicara sus obras. Sólo a partir de 1843, después de su viaje a Italia, en el que Fanny se sintió aceptada como artista, y a instancias de Robert von Keudell, se decidió a publicar sus obras con su nombre y Felix se resignó.

Fanny era consciente de las deficiencias de sus obras, representativas de las escasas compositoras del siglo XIX[52]. Dominaba la armonía y las técnicas de composición por completo, y también en parte la instrumentación; sin embargo, como a la mayoría de las compositoras, le faltaba experiencia práctica con la partitura y la

---

[51] Véase Sutermeister (1958), pág. 80.
[52] Véase carta del 17 de febrero de 1835.

orquesta. No era compositora y directora de orquesta en una sola persona —como Wagner o su hermano— ¡y a veces pasaba más de un año hasta tener la posibilidad de escuchar una pieza suya compuesta al piano en versión orquestada! En sus cartas a Felix describe sus esfuerzos para asegurar debidamente las ideas y darles la consistencia necesaria, como principal defecto, hecho que también se explica por la dificultad para una mujer de crear «obras mayores». Los biógrafos de la familia Mendelssohn normalmente sólo mencionan sus canciones y piezas para piano —formas que se consideran adecuadas para una mujer— y raras veces sus cuartetos, oratorios o corales.

Los problemas de Fanny en el mundo de la música y su actitud son comparables con los de las autoras del mundo de las letras, por lo que también esta artista puede contribuir a completar el cuadro del mundo cultural femenino de esta época. No hay que olvidar tampoco el excelente estilo de Fanny como autora de cartas, excepcionalmente vivaz y original.

BIBLIOGRAFÍA

GENERAL

BRION, Marcel, *L'Allemagne romantique*, I y II, París, Albin Michel, 1962.

— *La peinture romantique*, París, Albin Michel, 1967.

CHRISTIANSEN, Rupert, *Romantic affinities*, Londres, Bodley Head, 1988.

DREWITZ, Ingeborg, *Berliner Salons. Gesellschaft und Literatur zwischen Aufklärung und Industriezeitalter*, Berlín, Verlag Klaus Wagenbach, 1979.

EINSTEIN, Alfred, *Le romantisme dans la musique européene*, París, 1955.

FABRE, Jean, *Lumières et Romantisme*, París, Klinsieck, 1963.

FORST, E. *Romanticism*, Londres, Methuen, 1969.

FRÜHWALD, Wolfgang (ed.), *Gedichte der Romantik*, Stuttgart, Reclam, 1984.

GUSDORF, Georges, *Naissance de la conscience romantique au siècle des Lumières*, París, Payot, 1976.

HEILBRONN, Ernst, *Die gute Stube. Berliner Geselligkeit im 19 Jahrhundert*, Berlín, Edition Sirene, 1988.

PEYRE, Henri M., *¿Qu'est ce que le romantisme?*, París, Presses Universitaires de France, 2.ª ed., 1979.

PRAZ, Mario, *The romantic agony*, Oxford University Preses, 1970.

RAYMOND, Marcel, *Romantisme et rêverie*, París, Librairie Jose Corti, 1978.

RÖSCH, Hoffmann, *Grundlagen, Stile, Gestalten der deutschen Literatur*, Francfort, Hirschgraben, 1984.

SCHENK, Hans Georg, *Geist der europäischen Romantik*, Francfort, Minerva, 1976.
SCHULZ, Gerhard, *Die deutsche Literatur zwischen Französischer Revolution und Restauration*, Múnich, Beck, 1983.
TAYLOR, Ronald, *The romantic tradition in Germany*, Londres, Methuen, 1970.
TIEGHEM, Paul van, *Le romantisme dans la littérature européene*, París, Albin Michel, 1948 y 1969.
VIETTA, Silvio (ed.), *Die literarische Frühromantik*, Göttingen, Vandenhoeck & Rupprecht, 1983.
WELLEK, René, *Confrontations. Studies in the intellectual and literary relations between Germany and England and the United States during the nineteenth century*, Princeton University Press, 1965.

En español

ARNALDO, Javier, *Fragmentos para una teoría romántica del arte*, Madrid, Tecnos, 1987.
BÉGUIN, Albert, *El alma romántica y el sueño*, F.C.E., 1954.
BEUTIN, Wolfgang, *et al., Historia de la literatura alemana*, Madrid, Cátedra, 1991.
BOWRA, C. M., *La imaginación romántica*, Madrid, Taurus, 1972.
PAZ, Alfredo de, *La revolución romántica*, Madrid, Tecnos, 1992.
GARRIDO PALLARDÓ, F., *Los orígenes del romanticismo*, Barcelona, Labor, 1968.
GRAS BALAGUER, M., *El romanticismo*, Barcelona, Montesinos, 1983.
HONOUR, Hugh, *El romanticismo*, Madrid, Alianza, 1981.
MARÍ, Antoni, *El entusiasmo y la quietud. Antología del Romanticismo alemán*, Barcelona, Tusquets, 1979.
SIGUÁN BOEHMER, Marisa, *Romanticismo/Romanticismos*, Barcelona, P.P.U., 1ª ed. 1988.
TRÍAS, Eugenio, *Tratado de la pasión*, Madrid, Taurus, 1979.
VALVERDE, José María, *Vida y muerte de las ideas*, Barcelona, Planeta, 1980.

LA MUJER

AREND, Helga, *Von süßen Rausch zur stillen Neigung: zur Entwicklung der romantischen Liebeskonzeption*, Pfaffenweiler, Centaurus Verlagsgesellschaft, 1993.

BECKER CANTARINO, Barbara, *Der lange Weg zur Mündigkeit. Frau und Literatur (1500-1800)*, Stuttgart, Metzler, 1987.

BEHRENDS, Katja (ed.), *Frauenbriefe der Romantik*, Francfort, Insel, 1981.

BRINKER-GABLER, Gisela (ed.), *Lexikon deutschsprachiger Schriftstellerinnen 1800-1945*, Múnich, Beck, 1986.

— *Deutsche Literatur von Frauen*, 2 tomos, Múnich, Beck, 1988.

BRONFEN, Elisabeth (ed.), *Die schöne Seele. Entdeckung der Weiblichkeit um 1800*, Goldmann, 1992.

DÜHNEN, Andrea van, *Frauenleben im 18. Jahrhundert*, Múnich, Kiepenheuer, 1992.

HERTZ, Deborah, *Die Salons um 1800. Jüdische High Society im alten Berlin*, Francfort Main, 1991.

HETMANN, Frederik, *Drei Frauen zum Beispiel*, Weinheim, Beltz & Gelberg, 1980.

HEYDEN-RUYSCH, Verena van der, *Europäische Salons. Höhepunkte einer versunkenen weiblichen Kultur*, Múnich, Artemis & Winkler, 1992.

HOOK-DEMARLE, Marie-Claire, *Die Frauen der Goethezeit*, Múnich, Fink, 1990.

MATTENKLOTT, Gert, «Romantische Frauenkultur», en *Frauen Literatur Geschichte*, Hiltrud Gnüg *et al.* (eds.), Stuttgart, Metzler, 1985.

MEISE, Helga, *Die Unschuld und die Schrift. Deutsche Frauenromane im 18. Jhdt.*, Francfort, Helmer (Aktuelle Frauenforschung), 1992.

SCHMÖLDERS, Claudia (ed.), *Briefe berühmter Frauen. Von Lieselotte von der Pfalz bis Rosa Luxemburg*, Francfort y Leipzig, Insel, 1993.

SCHWARZ, Gisela, *Literarisches Leben und Sozialstrukturen um 1800: zur Situation von Schriftstellerinnen am Beispiel von Sophie Brentano-Mereau geb. Schubart*, Francfort, Lang (Europäische Hochschulschriften/01; 1284), 1991.

WALTER, Eva, *Schrieb oft von Mägde Arbeit müde Dissertation*, Düsseldorf, Schwann, 1985.

En español

BRAVO VILLASANTE, Carmen, *Veinticinco mujeres a través de sus cartas*, Madrid, Almena, 1975.

KIRKPATRICK, Susan, *Las románticas (Escritura y subjetividad en España)*, Madrid, Cátedra, 1991.
— *Antología poética de escritoras del siglo XIX*, Madrid, Castalia, 1992.

LAS AUTORAS

Caroline Schlegel Schelling

DAMM, Sigrid, *Begegnung mit Caroline*, Leipzig, Reclam, 1984.
— *Caroline Schlegel-Schelling in ihren Briefen*, Darmstadt, 1980.
DISCHNER, Gisela, *Caroline und der Jenaer Kreis. Ein Leben zwischen bürgerlicher Vereinzelung und romantischer Geselligkeit*, Berlín, 1979.
KLESSMANN, Erich, «*Ich war kühn, aber nicht frevelhaft*» *- Das Leben der Caroline Schlegel Schelling 1763-1809*, Bergisch Gladbach, Lübbe, 1992.
MANGOLD, Elisabeth, *Caroline. Ihr Leben, ihre Zeit, ihre Briefe*, Kassel, 1973.
SCHMIDT, Erich, *Caroline. Briefe aus der Frühromantik*, Berna, 1970.

Dorothea Veit Schlegel

Athenäum, ed. Gerda Heinrich, Leipzig, 1984.
BECKER CANTARINO, Barbara, «Schlegels Lucinde. Zum Frauenbild der Frühromantik», *Colloquia Germanica*, 10/1977.
MENDELSSOHN, Moses, *Brautbriefe*, Königstein, 1985.
SCHLEGEL, Dorothea, *Florentin*.
SCHLEGEL, Friedrich, *Lucinde*, Francfort, Insel it 817.
— *Geschichte des Zauberers Merlin*.
— *Theorie der Weiblichkeit*, Francfort, 1983.
— *Europa. Eine Zeitschrift*, 2 vols., Stuttgart, 1963.
SCHLEIERMACHER, Friedrich, *Vertraute Briefe über Schlegels Lucinde*, Francfort, 1964.
STAËL, Germaine de, *Corinna oder Italien*, traducido del francés por Dorothea Schlegel, Múnich, 1985.
STERN, Carola, *Ich möchte mir Flügel wünschen*, Reinbek b. Hamburgo, Rowohlt, 1990.

— «Der Mensch soll seinem innersten Herzen leben - Dorothea Veit und Friedrich Schlegel», en Hans Jürgen Schulz (ed.), *Liebespaare*, Stuttgart, 1989.

Henriette Herz

HERZ, Henriette, *Berliner Salon. Erinnerungen und Porträts*, ed. Ulrich Janetzki, Berlín, Ullstein, 1984.
SCHMITZ, Rainer (ed.), *Bis nächstes Jahr auf Rügen: Briefe von F.D.E. Schleiermacher und Henriette Herz an Ehrenfried von Willich, 1801 bis 1807*, Berlín, Evang. Verlags-Anstalt, 1984.
— *Henriette Herz in Erinnerungen, Briefen und Zeugnissen*, Francfort, 1984.

Sophie Mereau Brentano

FLEISCHMANN, Uta, *Zwischen Anpassung und Aufbruch*, Europäische Hochschulstudien, Francfort, 1990.
GERSDORFF, Dagmar von, *Dich zu lieben kann ich nicht vergessen. Das Leben der Sophie Mereau Brentano*, Francfort, 1984.
MEREAU, Sophie (ed.), *Kalathiskos*, Heidelberg, Schneider, 1968.
— *Der Sophie Mereau Gedichte*, Berlín, 1800.
— *Amanda und Eduard*, Francfort, 1803.
— *Lebe der Liebe und liebe das Leben*, ed. Dagmar von Gersdorff, Francfort, Insel, 1981.
— *Das Blüthenalter der Empfindung*, Stuttgart, Heinz Akad. Verlag, 1982.

Rahel Levin Varnhagen

ARENDT, Hannah, *Rahel Varnhagen. Lebensgeschichte einer deutschen Jüdin aus der Romantik*, Múnich, Piper, 1992.
BREYSACH, Barbara, *«Die Persönlichkeit ist uns nur geliehen»: zu Briefwechseln Rahel Levin Varnhagens*, Würzburg, Königshausen & Neumann, 1989.
HAHN, Barbara, *Von Berlin nach Krakau: Zur Wiederentdeckung Rahel*

Levin Varnhagens (Berliner Wissenschaftlerinnen stellen sich vor; 4), Berlín, 1989.
— «*Antworten Sie mir!*»: *Rahel Levin Varnhagens Briefwechsel*, Basilea *et al.*, Stroemfeld/Roter Stern, 1990.
— *Rahel Levin Varnhagen: die Wiederentdeckung einer Schriftstellerin*, Göttingen, Vandenhoeck & Ruprecht (Zeitschrift für Literatur und Linguistik / Beiheft; 14), 1987.
HERZ, Deborah, *Briefe an eine Freundin. Rahel Varnhagen an Rebecca Friedländer*, Colonia, Kiepenheuer & Witsch, 1988.
LASCHKE, Jutta, «*Wir sind eigentlich, wie wir sein möchten und nicht so wie wir sind*»: *zum dialogischen Charakter von Frauenbriefen Anfang des 19. Jahrhunderts; gezeigt an Briefen von Rahel Varnhagen und Fanny Mendelsohn* (Europäische Hochschulschriften/01; 1072), Francfort *et al.*, 1988.
SCURLA, Herbert, *Rahel Varnhagen. Die große Frauengestalt der deutschen Romantik*, Düsseldorf, 1978.
STRUBE, Rolf, *Sie saßen und tranken am Teetisch*, Múnich, Piper, 1991.
THOMANN TEWARSON, Heidi, *Rahel Varnhagen*, Reinbek b. Hamburgo, Rowohlt, 1988.
VARNHAGEN, Rahel, *Ein jeder machte seine Frau aus mir*, Darmstadt, Luchterhand, 1987.
— *Jeder Wunsch wird Frivolität genannt*, Darmstadt, Luchterhand, 1983.
— *Gesammelte Werke*, 10 tomos, Múnich, 1983.
ZIMMERMANN, Karin, *Die polyfunktionale Bedeutung dialogischer Sprechformen um 1800: exemplarische Analysen: Rahel Varnhagen, Bettina von Arnim, Karoline von Günderrode* (Europäische Hochschulschriften/01; 1302), Francfort, Lang, 1992.

Karoline von Günderrode

ARNIM, Bettina von, *Die Günderrode*, ed. Christa Wolf, Francfort, Suhrkamp, 1982.
BÖCKER, Juliane, *Starb Karoline von Günderrode durch eigene Hand den Liebestod?*, Múnich, Selbstverlag, 1986.
GÜNDERRODE, Karoline von, *Sämtliche Werke und ausgewählte Studien* (historisch-kritische Ausgabe, ed. Morgenthaler, Walter),

3 Bde. (Texte/Varianten, Studien/Kommentar) Basilea *et al.*, 1990/91.
— *Der Schatten eines Traumes*, ed. Christa Wolf, Berlín, Luchterhand, 1981.
— *Dichtungen*, ed. Ludwig Pigenot, Múnich 1922.
LAZAROWICZ, Margarethe, *Karoline von Günderrode: Portrait einer Fremden*, Francfort, Lang (Europäische Hochschulschriften/01; 923), 1986.
WEISSENBORN, Birgit, *«Ich sende Dir ein zärtliches Pfand»: Die Briefe der Karoline von Günderrode*, Francfort, 1992.
WOLF, Christa, *Kein Ort. Nirgends* und *Der Schatten eines Traumes. Karoline von Günderrode*, Stuttgart, Múnich *et al.*, Dt. Bücherbund, 1982.

Bettina Brentano

ARNIM, Bettina von, *Goethes Briefwechsel mit einem Kinde*, Francfort, Insel, 1985.
— *Die Sehnsucht hat allemal Recht*, Francfort, Fischer, 1985.
— *Dieses Buch gehört dem König*, Francfort, Insel, 1982.
— *Ein Lesebuch*, Stuttgart, Reclam o.J.
— *Meine Seele ist eine leidenschaftliche Tänzerin*, Herder, 1987.
— *Die Frau Rat erzählt*, Libri, 1965.
— *Lieben, das allein ist meine Kunst*, Berlín, Ullstein, 1989.
— *Clemens Brentanos Frühlingskranz*, Francfort, Insel, 1985.
— *Aus meinem Leben*, ed. Dieter Kühn, Francfort, Insel, 1982.
— *Die Günderrode*, ed. Christa Wolf, Francfort, Suhrkamp, 1982.
— *Armenbuch*, Francfort, Insel, 1981.
— *Das Leben der Hochgräfin von Rattenzuhausbeiuns. Märchen*, Francfort, Insel, 1986.
BÄUMER, Konstanze C., *Goethes Briefwechsel mit einem Kinde: ein weiblicher Bildungsroman des 19. Jahrhunderts*, Davis, University of California, Diss. 1983.
— *Bettina, Psyche, Mignon: Bettina von Arnim und Goethe*, Stuttgart, Heinz (Stuttgarter Arbeiten zur Germanistik; 139), 1986.
BETZ, Otto (ed.), *Bettine und Arnim. Briefe der Freundschaft und Liebe*, 2 tomos, Francfort, Knecht, 1986/87.
BÖTTGER, Fritz, *Bettina von Arnim*, Berna, Múnich *et al.*, Scherz, 1990.

DISCHNER, Gisela, *Bettine - Bettina von Arnim: Eine weibliche Sozialbiographie aus dem 19. Jhdt*, Berlín, 1978.
DREWITZ, Ingeborg, *Bettine von Arnim - Romantik Revolution Utopie*, Múnich, Heyne, 1989.
HÄRTL, Heinz (ed.), *Bettina von Arnim, Werke*, 2 vols., Berlín *et al.*, Aufbau-Verlag 1986.
HETMANN, Frederik, *Bettina und Achim: die Geschichte einer Liebe*, Múnich, dtv, 1986.
LIEBERTZ-GRÜN, Ursula, *Ordnung im Chaos: Studien zur Poetik der Bettina Brentano von Arnim*, Heidelberg, invierno de 1989.
OCKENFUSS, Solveig, *Bettina von Arnims Briefromane: literarische Erinnerungsarbeit zwischen Anspruch und Wirklichkeit*, Opladen, Westdeutscher Verlag, 1992.
SCHULZ, Hartwig, *Der Briefwechsel Bettine von Arnims mit den Brüdern Grimm*, Francfort, Deutscher Klassiker Verlag, 1986/1992.
VORTRIEDE, Werner, *Achim und Bettina in ihren Briefen*, 2 tomos, Francfort, Insel.
WEISSENBORN, Birgit, *Bettina von Arnim und Goethe: Topographie einer Beziehung als Beispiel weiblicher Emanzipation zu Beginn des 19. Jahrhunderts*, Francfort, Lang (Europäische Hochschulschriften/01; 1004), 1987.
ZIMMERMANN, Karin, *Die polyfunktionale Bedeutung dialogischer Sprechformen um 1800: exemplarische Analysen: Rahel Varnhagen, Bettina von Arnim, Karoline von Günderrode* (Europäische Hochschulschriften/01; 1302), Francfort, Lang, 1992.

Ottilie von Goethe

BLUHM, Heinz (ed.), *Tagebücher und Briefe von und an Ottilie von Goethe*, 5 tomos, Viena, 1962-1968.
DAMM, Sigrid, *Ich bin nicht Ottilie*, Francfort, Insel, 1992.
GOETHE, Ottilie von, *Goethes Schwiegertochter. Ein Porträt*, ed. Ulrich Janetzki, Francfort, Ullstein, 1982.
— *Chaos* (Weimar, 1829-31), reimpreso, Berna, 1968.
MANGOLD, Elisabeth, *Ottilie von Goethe*, Colonia, 1965.
RAHMEYER, Ruth, *Ottilie von Goethe: das Leben einer ungewöhnlichen Frau*, Múnich, Heyne, 1993.

Adele Schopenhauer

SCHOPENHAUER, Adele, *Gedichte*, H. Houben.
— *Haus-, Wald- und Wiesenmärchen*, ed. K.W. Becker, Hanau, Dausien, 1987.
— *Tagebuch einer Einsamen*, ed. H. Houben, Leipzig, 1921, reimpreso, Múnich, Matthes u. Seitz, 1985.

Fanny Mendelssohn

LASCHKE, Jutta J., *«Wir sind eigentlich, wie wir sein möchten und nicht so wie wir sind»: zum dialogischen Charakter von Frauenbriefen Anfang des 19. Jahrhunderts; gezeigt an Briefen von Rahel Varnhagen und Fanny Mendelsohn* (Europäische Hochschulschriften/01; 1072), Francfort *et al.*, 1988.
MENDELSSOHN, Fanny, *Ein Porträt in Briefen*, ed. Eva Weissweiler. Francfort, Ullstein, 1985.
— *Italienisches Tagebuch*, ed. Eva Weissweiler, Francfort, Societäts-Verlag, 1982.

POESÍA

DOROTHEA SCHLEGEL

DRAUSSEN SO HELLER SONNENSCHEIN*

Draußen so heller Sonnenschein,
Alter Mann, laß mich hinaus!
Ich kann jetzt nicht geduldig sein,
Lernen und bleiben zu Haus.

Mit lustigem Trompetenklang
Ziehet die Reuterschar dort,
Mir ist im Zimmer hier so bang,
Alter Mann, laß mich doch fort!

Er bleibt ungerührt,
Er hört mich nicht:
«Erlaubt wird, was dir gebührt,
Tust du erst deine Pflicht!»

Pflicht ist des Alten streng Gebot;
Ach armes Kind! du kennst sie nicht,
Du fühlst nur ungerechte Not,
Und Tränen netzen dein Gesicht.

Wenn es dann längst vorüber ist,
Wonach du trugst Verlangen,
Dann gönnt man dir zu spät die Frist,
Wenn Klang und Schein vergangen!

Was du gewähnt,
Wonach dich gesehnt,
Das findest du nicht:
Doch bleibt betränt
Noch lang dein Gesicht.

---

* *Florentin,* págs. 41-42.

DOROTHEA SCHLEGEL

Hace un sol tan claro

Fuera hace un sol tan claro,
¡anciano, déjame salir!
Ahora no puedo ser paciente,
quedarme en casa y estudiar.

Con son alegre de trompetas
pasa allí el grupo de jinetes
y estoy tan sin sosiego aquí en el cuarto
¡anciano, deja que me vaya!

Permanece impasible,
no me hace ningún caso:
«¡Se te permitirá lo que te corresponda,
haz tu deber, primero!»

Deber es el mandato riguroso del viejo;
¡Ay, pobre niño! Tú no lo conoces
y percibes tan sólo esta aflicción injusta;
las lágrimas salpican tu carita.

¡Cuando hace mucho que ha pasado
aquello que anhelabas tú,
se te concede el tiempo con retraso excesivo,
después de haber pasado la impresión y el sonido!

Lo que te imaginabas,
aquello que añorabas,
es lo que tú no encuentras,
mas se queda con lágrimas
tu cara aún largo tiempo.

Mein Lied, was kann es Neues euch verkünden?*

Mein Lied, was kann es Neues euch verkünden?
Und welche Weisheit, Freunde, fordert ihr?
Der Hohen meine Jugend zu verbünden,
Dies, wie ihr wißt, gelang noch niemals mir.
Noch Neu, noch Alt wußt' ich je zu ergründen;
Das Schicksal gönn' im Alter Weisheit mir.
Wir irren alle, denn wir müssen irren,
Gelassen mag die Zeit den Knäul entwirren.

Der Waldstrom braust im tiefen Felsengrund,
Gar schroffe Klippen führen drüber hin,
Die furchtbar hängen über'm finstern Schlund;
Wer strauchelt, dem ist sichrer Tod Gewinn!
Ein Müder wankt an Geist und Gliedern wund
Daher, schaut bang hinab, kalt graust der Sinn:
Am Felsen spielt ein Kind, sorglos bemühet
Ein Blümchen pflückend, das am Abgrund blühet.

Oft mühten sinnreich Dichter sich und Weise,
Das Leben mit dem Leben zu vergleichen.
Am glücklichsten geschah's im Bild der Reise!
Ein Tor eröffnet Armen sich, wie Reichen;
Früh ausgewandert auf gewohntem Gleise
Sieht er die Dämmrung kaum dem Licht entweichen,
So treibt der Wahn, ihm dürf's allein gelingen,
Rastlos in nie erreichte Fern' zu dringen.

Es türmen Felsen sich in seinen Wegen,
Des Mittags Strahlen glühn auf seinem Haupt,
In Wüsten Sands muß sich der Fuß bewegen,
Ein Ungewitter naht, der Sturmwind schnaubt,

* *Florentin,* págs. 103 y ss.

¿Qué puede mi canción anunciaros de nuevo?

¿Qué puede mi canción anunciaros de nuevo?
¿Y qué sabiduría, amigos, exigís?
Aliar mi juventud a la más elevada,
eso, como sabéis, nunca lo conseguí.
No sabría indagar lo nuevo ni lo viejo;
que el destino me otorgue, con la edad, el saber.
Todos hacemos yerros, pues tenemos que errar;
pues que, sereno, el tiempo deshaga la madeja.

El torrente del bosque brama en profunda roca,
abruptos farallones se asoman por encima,
espantosos, colgando sobre oscura garganta;
¡quien tropieza, ése es pasto de una muerte segura!
Un cansado vacila, herido en mente y miembros,
mira abajo con miedo, sus sentidos se hielan:
juega un niño en la roca; descuidado procura
coger la florecita que está junto al abismo.

A menudo intentaron los poetas y sabios
comparar con gran tino la vida con la vida.
¡El de mayor fortuna fue el símbolo del viaje!
Se abre la misma puerta a los pobres y ricos;
partiendo muy temprano por la vía acostumbrada,
apenas ve el crepúsculo dejar paso a la luz,
le arrastra la obsesión de conseguir él solo,
sin descanso, alcanzar lejanías nunca vistas.

Se amontonan las rocas en su camino, y rayos
del mediodía abrasan su cabeza,
tiene el pie que moverse en desiertos de arena,
la tempestad se acerca, el huracán resopla.

Wo kommt ein sichres Dach dem Blick entgegen?
Es seufzt nach Ruh', wem stolzer Mut geraubt;
In später Nacht, doch tausendfält'ger Not
Kömmt er ans Ziel - und dieses ist - der Tod!

Der Jüngling tritt, von Ahndung fortgezogen,
Zur Schwelle hin, die in das Leben führt.
An seiner Schulter tönt der goldne Bogen
Der Göttin, so die Welt ihm hold verziert,
Der Phantasie, die ihn auf kühnen Wogen
Sanft fortreißt, ihn mit bunten Bildern rührt.
Wenn er dann so nach schönen Träumen hascht,
Wird unbewußt vom Glück er überrascht.

Gebt acht, gebt acht, Gelegenheit ist flüchtig,
Nicht leicht ihr Stirnenhaar im Flug zu fassen.
Obgleich zu nützen sie ein jeder tüchtig,
Dem's klug gelang, sie nicht entfliehn zu lassen,
So ist dem Würdigen sie nie so wichtig,
Daß er von ihr sich mag bestimmen lassen.
Doch was hilft Mut, was mächtiges Bestreben
Dem Schiff, das tollen Stürmen preisgegeben?

So mancher hat gefunden, was zu suchen
Er gleichwohl nicht verstand, was zu gewinnen
Vergebens er, und mühvoll wird versuchen;
Mißlingen droht dem treulichsten Beginnen.
Wie viele hört man dann ihr Los verfluchen
Und klagen: «Glück! o mußtest du zerrinnen?»
Was traut ihr müßig auf des Glückes Gunst?
Natur sei Vorbild, Leben eine Kunst!

Wer hebt des Künstlers Mut in Kampf und Leiden
Als ferne Ahndung hoher heil'ger Liebe?
Was lehrt ihn schellenlaute Torheit zu meiden
Als eignes Glück der süßen zarten Liebe?
Wo ist ein Port für Hohn und böses Neiden,
Als in den Armen frommer, treuer Liebe?
Und wird des Helden Stirn in Myrtenkränzen
Der Nachwelt schöner nicht, als Lorbeer glänzen?

¿Dónde hay a la vista un techado seguro?
Suspira por descanso quien perdió su coraje;
avanzada la noche, tras incontables penas,
alcanza al fin la meta... y ésta es... ¡la muerte!

Sale el joven, movido por su presentimiento
hacia el umbral que lleva hasta la vida.
Sobre su hombro resuena el arco de oro
de la diosa que así le adorna, hermoso, el mundo
de la imaginación, que suave le arrastra
sobre atrevidas olas, e imágenes polícromas.
Y cuando él, después, persigue bellos sueños,
le sorprende la dicha de manera inconsciente.

¡Tened mucho cuidado! La ocasión es huidiza,
y no es fácil de asir al vuelo su melena.
Aunque de aprovecharla es bien capaz cualquiera,
que, ingenioso, lograra no dejarla escapar,
para el digno ella no es nunca tan importante
que deje que sea ella quien decida por él.
¿Mas, qué ayuda el coraje o esfuerzo poderoso
al navío entregado a tormentas furiosas?

Así alguno encontró lo que no supo,
sin embargo, buscar y lo que intentará
en vano conseguir, y con esfuerzo;
el fracaso amenaza el más fiel comenzar.
A cuántos se oye entonces maldecir su destino,
y lamentarse: ¡oh dicha!, ¿tuviste que esfumarte?
¿Por qué, ociosos, confiáis en el favor de la suerte?
¡Sea la naturaleza modelo, arte la vida!

¿Quién del artista el ánimo levanta en lucha y penas
sino intuición lejana de amor santo, elevado?
¿Qué le enseña a evitar la estupidez ruidosa
sino la propia dicha del amor dulce y tierno?
¿Dónde se encuentra asilo de burla y mala envidia
sino en brazos de un pío, fiel amor?
¿Y la frente del héroe, no lucirá después
más bella con corona de mirto, y no laurel?

Unter Myrtenzweigen*

Unter Myrtenzweigen
Beim Rieseln der Quelle,
Und der Nachtigall Lied,
Auf sanftem Rasen
Durchwirkt mit Blumen,
Im duftenden Hain,
Gebogen die Äste
Von goldener Frucht
Und silberner Blüte,
Wo ewig blau der Himmel,
Ewig lau die Lüfte
Dich umwehen -

Das Mädchen im leichten Gewand
Tanzet den bunten Reigen,
Bricht die labende Frucht,
Schöpfet vom Quell.
Am Felsen ein Hüttchen
Mit weniger Habe,
Dort ruht es die Glieder
Auf reinlichem Lager.

Du blickst dein Verlangen
Ihr tief in das Herz,
Sie hat dich verstanden,
Und teilet die Glut.
Nichts wehrt dir die Küsse
Auf Lippen und Wangen;
Lilien und Rosen,
Blüten und Knospen,
Alles ist dein.

---

* *Florentin,* págs. 23 y ss.

Bajo ramas de mirto

Bajo ramas de mirto,
junto al murmullo de la fuente,
y la canción del ruiseñor,
sobre césped suave
salpicado de flores,
en el soto oloroso,
con las ramas combadas
por el dorado fruto
y las flores de plata,
do el cielo siempre azul
y el aire siempre tibio
soplan en torno a ti...

Con un tenue vestido, la muchacha
baila danza polícroma,
coge la fruta fresca,
saca agua de la fuente.
En la roca una choza
con pocas pertenencias;
reposa allí sus miembros
en un limpio camastro.

Tú expresas con miradas tu deseo
al corazón de ella, con hondura;
ella te ha comprendido
y la pasión comparte.
Nada impide los besos
en labios y mejillas;
azucenas y rosas,
capullitos y flores,
todo te pertenece.

Leicht wie der Westwind,
Scherzend wie er,
Berührst du die Blumen,
Und fliehest vorüber,
Schonend der zarten.

Wer fürchtet da Neid?
Wen lockt der Ruhm?
Zürnet die Mutter?
Das Lächeln kann sie
Doch nicht verbergen;
Denn eigne süße Schuld
Ruft die Tochter
Zurück ihr ins Herz.

Sei still, mein Sinn! ein andres Land empfängt dich;
Es hebt sich das Gebirge zwischen dir
Und jenen Spielen.

Ernst umgeben diese Mauern dich,
Gesetze ernst und ernste Sitten;
Gelübde, Priester, Zeugen,
Verein der Wappen.

Zahllose Dinge,
Auf ewig fremd dem Scherz;
Fremd auf ewig dir,
Gehn der Liebe voran,
Legen die Freie
In ernste Bande.

So gefesselt geht sie dir vorüber.
Tröstend reicht sie dir die Hand,
Blickt mit Sehnsucht in die Ferne.
«Hier kann ich niemals dein Gefährte sein»,
Ruft sie dir zu:
«Unter jenen Blumen
Hast du gespielt mit mir,
Auf und ab
Wandert' ich im Scherz mit dir.

Ligero como el viento del oeste
y, como él, juguetón,
toqueteas las flores
y pasas fugitivo
respetando a las tiernas.

¿Quién teme allí la envidia?
¿A quién tienta la gloria?
¿Se va a enfadar la madre?
Pero ella no es capaz
de ocultar la sonrisa;
pues la hija recuerda
su propia dulce culpa,
de nuevo, al corazón.

¡Mente mía, silencio! Otro país te acoge;
La montaña se eleva
entre tú y aquellos juegos...

Y te circundan, serios, estos muros,
serios preceptos y costumbres serias;
votos, testigos, clérigos,
y unión de los escudos de familia.

Innumerables cosas,
siempre extrañas al juego;
siempre extrañas a ti,
preceden al amor,
atan a la que es libre
con serias ataduras.

Así atada, ella pasa por delante de ti,
y te tiende la mano, consolándote,
y mira con nostalgia a lo lejano.
«Aquí nunca podré yo ser tu compañera»,
te dice ella a ti:
«Entre aquellas flores
jugaste conmigo,
arriba y abajo
anduve, jugando, contigo.

Du sollst auch ernst
Mich wieder finden,
Ernst und treu;
Und wieder mein sein:
Nur laß mich frei!»

Sie ist mir fern, wie soll ich Freude finden!*

Sie ist mir fern, wie soll ich Freude finden!
Ich kann dem Kummer nur mein Leben weihn.
Wie um den Baum sich üppig Ranken winden,
Die Nahrung raubend seiner Krone dräun,

So, fern von dir, mich Sorg' und Unmut binden,
Daß keine Erdenlust mich kann erfreun.
Fragt nicht, warum mein Sinn so rastlos eilt;
Für mich ist nirgends Ruh', als wo sie weilt.

Ich bin dir nah, wie soll die Wonn' ich fassen**

Ich bin dir nah, wie soll die Wonn' ich fassen,
Die mir aus deinen lieben Augen winkt!
Als sollt' ich nimmermehr dich wieder lassen.
Wann voll Verlangen Herz an Herz nun sinkt,
So soll mein Arm dein holden Leib umfassen,
Indes mein Mund der Liebe Tränen trinkt.
O Glück der Liebe, seliges Entzücken!
Geschenk der Götter, Menschen zu beglücken!

---

* *Florentin,* pág. 38.
** *Florentin,* pág. 38.

Mas debes encontrarme
de nuevo, seriamente,
serio y fiel;
y volver a ser mío:
¡pero déjame libre!»

¡Ella está lejos, cómo encontraré alegría!

¡Ella está lejos, cómo encontraré alegría!
Sólo a la pena puedo mi vida consagrar.
Como abrazan al árbol, frondosos, los sarmientos
y amenazan quitarle el sustento a su copa,

tan lejos de ti me atan las cuitas y la pena,
que no hay placer terreno que pueda contentarme.
No preguntéis por qué mi mente corre, inquieta;
para mí no hay descanso más que donde ella está.

Estoy cerca de ti, cómo captaré el gozo

¡Estoy cerca de ti, cómo captaré el gozo
que desde tus amados ojos me hace señales!
Como si nunca fuera a volverte a soltar,
cuando, inflamado, se hunde mi corazón en otro;
mi brazo rodeará tu hermoso cuerpo, entonces,
mientras mi boca bebe el amoroso llanto.
¡Oh dicha del amor, oh feliz deleitarse!
¡Regalo de los dioses, dar la dicha a los hombres!

So sank die Sonne meines Lebens unter!*

So sank die Sonne meines Lebens unter!
Bald lieget schwarz umhüllet,
Die jetzt noch Lichtstrom füllet,
Die Welt im lauten Chorgesange munter.
Dann blinkt kein Stern den ungewissen Tritten
Und keine Gottheit neigt sich unsern Bitten.

Von schönen Engeln war ich einst umgeben;
Von Lieb und Lust umsponnen
Im goldnen Glanz der Sonnen;
Mein Herz zu eigen ihnen hingegeben.
Der süße Traum ist ewig nun entflogen!
War ich im Traume bin ich jetzt betrogen?

* *Florentin,* pág. 171.

Así se puso el sol de mi vida

¡Así se puso el sol de mi vida! Y bien pronto
ha de yacer, envuelto en la negrura,
el mundo, que aún está inundado de luz,
jubiloso, en un fuerte cántico de corales.
Ninguna estrella alumbra la insegura pisada,
y ninguna deidad se inclina hacia nosotros.

Hubo un tiempo en que tuve en torno ángeles bellos;
y de amor y placer estuve rodeada
bajo el fulgor dorado de los soles;
mi corazón estuvo a ellos entregado.
¡Ahora el dulce sueño ha huido para siempre!
¿Ha sido todo un sueño, y he sufrido un engaño?

SOPHIE MEREAU

Das Bildniss*

Wer hellt mit sanftem Tagesschein
des Lebens düstre Wüsteney'n?
Wem dank' ich's, dass nach trüber Nacht
der Freude Blick mir wieder lacht?

Dir, Götterfunken! dir, Genie!
dir beug' ich dankend meine Knie.
Ein Strahl von dir in Wüsteney'n
streut Blumen hin auf Fels und Stein.

Dein kühner Flug strebt himmelauf;
durch Sphären windet sich dein Lauf:
die Welten sinken unter dir,
du winkst - und neue gehn herfür.

Du füllst mit Glut des Dichters Herz,
hebst seine Seele sonnenwärts;
voll Ahndung fliegt der trunkne Geist
die Bahnen, die dein Wink ihm weis't.

Du riefst aus todtem Holz hervor
den Zauberton, der durch das Ohr
mit Harmonie die Seele füllt,
Entzücken schafft, und Wunden stillt.

Das, was der vollen Brust entfließt,
dem fernen Freund verständlich ist;
dass wir, getrennt, doch nah' uns sind:
dies lehrtest du uns, Götterkind!

---

* *Der Sophie Mereau Gedichte*, págs. 24 y ss.

SOPHIE MEREAU

El retrato

¿Quién alumbra con suave luz diurna
los oscuros desiertos de la vida?
¿A quién debo dar gracias de que, tras triste noche,
me sonrían de nuevo miradas de alegría?

¡A ti, chispa divina! ¡Genio, a ti!
Ante ti me arrodillo agradecida.
Un rayo tuyo en lo que está desierto
esparce flores sobre roca y piedra.

Tu vuelo, audaz, asciende cielo arriba;
tu curso serpentea por entre las esferas:
por debajo de ti los mundos se sumergen;
haces una señal... y nacen otros mundos.

Tú llenas con tu ardor el corazón del poeta
y alzas al sol su alma;
y lleno de esperanza vuela el espíritu ebrio
a lo largo del curso que tus señas le muestran.

Hiciste que brotara de la madera muerta
el mágico sonido, que a través del oído
inunda el alma de armonía,
crea deleite y calma las heridas.

Aquello que del pleno pecho mana
para el lejano amigo es comprensible;
que estamos separados, mas cercanos:
¡esto nos enseñaste, oh hijo de los dioses!

Mir zauberte, von dir belebt,
so wahr - des Urbilds Seele schwebt
um Auge, Stirne, Mund und Kinn-
der Künstler dieses Urbild hin.

Das ist im unwirthbaren Hain
dem Wandrer irrend und allein,
der erste Lichtstrahl, der erscheint,
was mir der liebe stumme Freund!

Mir schafft der Phantasieen Spiel,
beym Blick auf ihn, der Freuden viel:
in dämmernder Vergangenheit
glänzt sanft verblühte Seligkeit.

Es weicht die leise Dämmerung
beym Schimmer der Erinnerung:
- so sinkt, bestrahlt von Luna's Blick,
von Blumenau'n die Nacht zurück.

Verschwiegen, wie im Schattenreich,
stets liebevoll, sich immer gleich,
voll Reiz, der keinem Winter weicht:
- wer ist, der diesem Freunde gleicht.

SCHWERMUTH*

Abenddämm'rung liegt auf meinen Garten -
und ich blicke mit bewölktem Sinn,
meinen müden Kopf gelehnt am harten
Fensterrahmen, wie auf Gräber hin.

* *Der Sophie Mereau Gedichte,* págs. 31 y ss.

El artista creó, cual por arte de magia,
la imagen primigenia, animada por ti,
tan real (flota en torno al ojo y a la frente,
a la boca y barbilla, el alma de la imagen).

¡Éste es, en el inhóspito boscaje,
para el viandante solo y errabundo,
el primer luminoso rayo que se aparece,
lo que a mí el mudo amigo, tan querido!

El jugueteo de las fantasías
me produce, al mirarlo, alegrías frecuentes:
en el pasado que anochece
la felicidad brilla, suavemente, marchita.

Retrocede el crepúsculo en silencio
al brillo del recuerdo:
... y se aleja, alumbrada por miradas de luna,
la noche de los prados florecidos.

Callado, como el reino de las sombras,
con constancia amoroso, e igual siempre a sí mismo,
tan repleto de encanto que no cede al invierno:
¿Quién hay que se parezca a este amigo?

Melancolía

Pesa el atardecer en mi jardín...
y miro con la mente anubarrada,
y apoyo con cansancio la cabeza
en el alféizar duro, cual si fuera hacia tumbas.

Und die Geister meiner schönen Stunden
gehn vorüber, mit gesenktem Blick.
Ach! schon sind sie fern dahin geschwunden -
ich allein blieb sehnsuchtsvoll zurück!

Mondenschimmer, deine Strahlen kränzen
meine Stirn nicht mit Beruhigung! -
Alle meine Freuden, alle, glänzen
nur im Schimmer der Erinnerung.

Glück des Lebens! - wer dich fand, der lerne
dich entbehren: denn so schnell entweicht
nicht im Sturm die Wolke, die jetzt ferne
scheint, jetzt da ist, jetzt dem Aug' entfleucht!

Wo, wo ist Genuss? - in Phantasieen
künft'ger Freuden? - Kalte Wirklichkeit
zwingt des Herzens holden Wahn zu fliehen,
und verhüllt die ferne Seligkeit.

Gegenwart! - ach, meine Blicke finden
keine Blüthen! Nimm die Huldigung,
Du - ich will nur welke Kränze winden -
Himmelstochter, o Erinnerung!

Licht und Schatten*

Wenn sich der Aether erhebt in hoher heiliger Klarheit,
wenn sich ein fließendes Gold über die Erde ergießt,
und vor dem strahlenden Gott die Schatten leise zerrin-
[nen,
freu't sich der blendende Glanz und das allmächtige Licht.
Aber bezaubernder, Freund, erscheint dir die liebliche Ge-
[gend -

* *Der Sophie Mereau Gedichte,* págs. 42 y ss.

Y de mis horas bellas los espíritus
pasan y pasan con mirada hundida.
Ya desaparecieron, ¡ay! muy lejos...
¡Sólo yo me quedé, con mi nostalgia!

¡Brillo lunar, tus rayos no coronan
mi frente con sosiego!...
Todas mis dichas, todas, brillan sólo
de la memoria en el reflejo.

¡Oh dicha de la vida! Quien te encontró, que aprenda
a prescindir de ti: tan deprisa no escapa
la nube en la tormenta, que ahora lejos
parece, ahora está aquí, ahora desaparece!

¿Dónde, dónde el placer?... ¿En fantasías
de alegrías futuras? Helada realidad
obliga a escaparse a la bella locura
del corazón y oculta felicidad lejana.

¡Presente!... ¡Ay, mis miradas ya no encuentran
ninguna flor!... El homenaje tómalo,
(sólo quiero tejer coronas marchitadas).
¡Oh memoria, oh hija de los cielos!

Luz y sombra

Cuando el éter se eleva en alta y santa claridad,
cuando se vierte sobre la tierra un oro fluyente
y las sombras se derriten en silencio ante el dios radiante,
se alegra el brillo deslumbrante y la luz todopoderosa.
Pero más encantador, amigo, te parece el amable paisaje...

denn dich freut der Contrast und der gemäßigte Glanz -
wenn die Wolke sich hebt und wechselnd auf Thäler und [Dörfchen,
Tannenwälder und Seen dunkle Schattirungen streut,
Oder der silberne Mond am Berge freundlich hervorsteigt,
und der Schatten des Berg's tief in die Thäler sich senkt.

O, wie die Höhen sich dann in heiligem Schimmer verklä-[ren;
wie das erfreuliche Licht heller den Schatten besäumt! -
Und doch klagtest du jüngst, dein trauriges Schicksal be-[weinend,
wie des Lebens Gefild' oft, ach! so dunkel dir sey;
wie auf der Stellen geliebtester dämmernd ein Schatten [sich lagre,
oft, nach dem lieblichsten Tag, schwarz dich umgebe die [Nacht.
Wechsel vergnügt dein Gemüt; es freuet der Wechsel uns [alle:
freue dich, Glücklicher, doch, daß du nicht glücklicher [bist.

Erinnerung und Phantasie*

Warum ergießt sich nur der Schwermuth Schauer
aus deiner Schale mir, Erinnerung?
Warum bewölkt der Sehnsucht stille Trauer
der Seele Blick mit trüber Dämmerung?

Sie flattert ängstlich mit gelähmtem Flügel
um Blüthen der Vergangenheit, enteilt
auf ewig, wie bey seinem Grabeshügel
ein armer unversöhnter Schatten weilt.

---

* *Der Sophie Mereau Gedichte,* págs. 70 y ss.

porque a ti te alegra el contraste y el fulgor mesurado...
cuando la nube se eleva y, cambiante, sobre valles y pe-
[queñas aldeas,
bosques de abetos y lagos, esparce oscuros matices,
o la plateada luna asciende, amistosa, junto al monte,
y la sombra del monte se hunde profundamente en los va-
[lles.

¡Oh, cómo se iluminan entonces las alturas en el sagrado
[fulgor;
cómo orla de claridad a las sombras la alegre luz!
Y sin embargo hace poco te quejaste, llorando tu triste
[destino,
de que los campos de la vida, a menudo, ¡ay! eran tan
[oscuros para ti;
cómo se colocaba una sombra crepuscular en el lugar más
[amado,
y a menudo, tras el día más delicioso, te rodea, negra, la
[noche.
El cambio divierte tu ánimo, a todos nos alegra el cambio:
alégrate, afortunado, de no ser más feliz.

Recuerdo y fantasía

¿Por qué sólo se vierte el estremecimiento de la melancolía
desde tu vaso hacia mí, recuerdo?
¿Por qué cubre de nubes el callado luto de la nostalgia
la mirada del alma, con turbio oscurecer?

Aletea miedosa, con alas mutiladas,
en torno a flores del pasado; escapa
para siempre, cuando junto a su tumba
permanece una pobre sombra no reconciliada.

Und wie nach Edens seligen Gefilden
zu späte Reu' mit nassem Blicke dringt,
schaut sie zurück nach luftigen Gebilden,
die keine Hoffnung je ihr wiederbringt.

Ist dies dein Glück, o du, im Mondenglanze,
Erinnerung? dies deine Seligkeit?
O, fleuch von mir mit deinem welken Kranze,
und überlaß mich der Vergessenheit.

Entführe du auf deinen muntern Schwingen,
o Phantasie, mich diesem finstern Harm!
Schon fühl' ich Kraft durch jeden Nerven dringen,
und fliehe leichter aus der Schwermuth Arm.

Du, Göttliche, du schwelgst im Wesenkranze,
nicht ängstlich an die Gegenwart gebannt,
entzückt umher; dir strahlt im Sonnenglanze
die Unermeßlichkeit, dein Vaterland.

Der armen Nothdurft kärglichem Gebiete
entschwingst du, Allumfassende, dich kühn,
und stürzest dich, berauscht vom Sphärenliede,
ins Flammenmeer der Ideale hin.

Dich fesselt nicht das ird'sche Maaß der Zeiten,
des Raumes nicht; mit Himmlischen verwandt,
genießest du im Reich der Möglichkeiten
ein Glück, das keine Wirklichkeit umspannt.

Vergebens hüllt ein unauflösbar Siegel
den Sterblichen die ferne Zukunft ein;
zurückgestrahlt aus deinem Zauberspiegel,
geht sie hervor in schönem Dämmerschein.

Als Mitgenossin theilest du die Schätze,
die tief im Schooß der fernen Nachwelt blühn,
und lösest kühn der Endlichkeit Gesetze,
daß von Unsterblichkeit die Seelen glühn.

Y como en las felices campiñas del Edén
penetra tardío arrepentimiento, con húmeda mirada,
mira hacia atrás, hacia aéreos cuadros
que nunca ninguna esperanza le devolverá.

¿Es ésta tu dicha, oh tú, a la luz de la luna,
recuerdo? ¿Es ésta tu felicidad?
Oh, huye de mí con tu marchita corona,
y abandóname al olvido.

¡Ráptame tú sobre tus alegres alas,
oh fantasía, lejos de este oscuro daño!
Ya siento empujar una energía por todos mis nervios,
y escapo más fácilmente del brazo de la melancolía.

Tú, divina, tú gozas en la corona de los seres,
no retenida por miedo al presente,
encantada; para ti reluce, en el brillo del sol,
la infinitud, tu patria.

Tú te escapas del árido territorio de la pobre necesidad,
tú que lo abarcas todo, osadamente,
y te precipitas, ebria del canto de las esferas,
en el mar de fuego de los ideales.

No te ata la terrena medida de los tiempos
ni del espacio; emparentada con lo celestial,
disfrutas en el reino de lo posible
una dicha que no abarca ninguna realidad.

En vano oculta un sello imborrable
el lejano futuro a los mortales;
reflejado en tu espejo mágico,
éste aparece en hermoso brillo crepuscular.

Cual compañera compartes los tesoros
que florecen profundos en el seno de la lejana posteridad,
y osada disuelves las leyes de la finitud,
para que ardan de inmortalidad las almas.

Beflügle mich! schon bricht aus schwarzer Hülle
der Hoffnung lichtes Morgenroth hervor.
Die Welt ist schön, und schön're Lebensfülle
schäumt mir aus deinem Zauberkelch hervor.

Schwarzburg*

In sich gehüllt, umkränzt von grünen Hügeln,
Leis angeweht von milder Schwermuth Flügeln,
Ruht dort das Thal in stiller Dämmerung.
Ein kühler Luftstrom wallt mir sanft entgegen,
Und der Begeistrung süße Schauer regen
Des Herzens Saitenspiel mit leisem Schwung.

Hier lege, was ihm Menschen aufgedrungen,
Des Vorurtheils erträumte Forderungen,
Der frohe Wandrer ehrerbietig ab!
Und geh allein, sich selbst zurückgegeben;
Der Wahrheit und Natur mit reinem Sinn zu leben,
Ein freyer Mensch mit seinem Pilgerstab.

O du Natur! wie strebt in deinem Reiche,
Voll ew'ger Harmonie der Grashalm und die Eiche,
In ihrer Kraft in gleichem Recht empor.
Und alles lebt und wirkt mit fröhlichem Beginnen,
Und aus der Freyheit Götterschaale rinnen,
Glückseligkeit und Ruhe mild hervor!

Und nur der Mensch von aussen und von innen,
Bestürmt, geengt, wünscht mit entflammten Sinnen,
Was ihn aus deinem stillen Kreise zieht,
Und giebt des Herzens süße Trunkenheiten,
Des Selbstgefühls, der Freyheit Seeligkeiten,
Für ein erkünstelt Glück, das bald ihn liebt!

---

* *Zwischen Aufbruch und Aufpassung*, págs. 188 y ss.

¡Dame alas! Ya emerge una clara aurora
del negro envoltorio de la esperanza.
El mundo es bello, y más bella plenitud vital
surge espumosa de tu cáliz mágico.

SCHWARZBURG

Envuelto en sí, y de verdes colinas coronado,
dulce melancolía con sus alas aireándole,
allí descansa el valle, en tranquilo crepúsculo.
Fresca corriente de aire hacia mí ondea, suave,
y dulces vibraciones de entusiasmo conmueven
los violines del alma, con ímpetu callado.

¡Deje aquí, con respeto, el caminante alegre,
irreales exigencias, debidas a prejuicios,
impuestas por los hombres! Y marche solitario,
entregado a sí mismo, con una mente pura,
a vivir la verdad y la naturaleza,
libre, con su cayado, igual que un peregrino.

¡Oh, tú, naturaleza! ¡Cómo crecen la hierba
y el roble, en tus dominios, con eterna armonía,
repletos de su fuerza, iguales en derechos!
¡Y todo vive y obra con un comienzo alegre,
mientras de las divinas copas de libertad
rebosan suavemente felicidad y paz!

¡Sólo el hombre, asediado desde fuera y por dentro,
presionado desea, con sentidos en llamas,
lo que le saca fuera de tu tranquilo círculo
y entrega la ebriedad dulce del corazón,
del sentirse a sí mismo y gozar la libertad,
por una dicha falsa, que le ama sin reposo!

Wie schwebt der Blick die Höhen auf und nieder,
Und kehrt, getränkt mit süßen Bildern wieder,
Und neue Ahnung schwellt das trunkne Herz.
Es fühlt den hohen Reiz mit leisem Beben,
So still und groß, so voll von Glut und Leben,
Und ringt mit Lust und wunderbarem Schmerz.

Was für ein süßer, weicher Wohllaut säuselt
Zu mir empor! Sich über Kiesel kräuselt
Ein Bach sich hin mit sanfter Melodie,
Halb rauscht er fort gewaltig, wie auf Flügeln
Des Sturmes, bald, geküßt von grünen Hügeln,
Klagt er der Sehnsucht leise Harmonie.

Wie ist mit einem Mal von einem rauhen
Gebürg, das sich vermessen in die blauen
Gewölke drängt, der Eingang mir, entrückt!
Und durch den grünen waldigten Kolossen,
Scheint, wie durch Feenhand der Ausweg mir verschlossen,
Der leise sich um einen Felsen drückt.

Dort schwimmen, wie mit Flammen übergossen,
Im Sonneschein, von Azurblau umflossen,
Den süßen Düften freundlich überwallt,
Die jungen Büsche sanft den Hügel nieder,
Und Fels und Hayn tönt vom Gesange wieder,
Der lieblich durch die zarten Zweige hallt.

Dicht nebenan, gehüllt in finstre Trauer,
Stürzt, leicht durchwebt vom kühlen Abendschauer,
Ein Fichtenwald den steilen Berg hinab,
Und seitwärts blickt, umweht von Ulm und Flieder
Ein dunkler Fels aus jäher Höh' hernieder,
Bedeutungsvoll und schweigend wie das Grab.

Bald wo der Blick an hohen Wänden scheitert,
Von keinem Blümchen, keinem Baum erheitert,
Drängt eine Klippe unsern Pfad hinweg,
Wir klimmen fort an schroffen Felsenwänden,
Der Abendsonne letzte Stralen senden
Noch mildes Licht auf den zerrißnen Steg.

¡Cómo flota la vista en torno de las cumbres
y retorna, empapada de tan dulces imágenes,
y una nueva intuición hinche el corazón ebrio!
El, con suave temblor, percibe el alto estímulo,
tan quieto y tan enorme, lleno de ardor y vida,
y lucha con placer y asombroso dolor.

¡Qué sonido tan dulce y tan blando murmura
hacia mí! Y se desliza por guijarros, con suave
melodía, un arroyo, que a veces rumorea
con potencia, como en alas de la tormenta,
y otras, abrazado por las verdes colinas,
se queja en armonía suave, de nostalgia.

¡Cómo se me arrebata, de repente, la entrada,
por un áspero monte, que en desmesura empuja
a las azules nubes! Y a través de colosos
con bosques y verdor, como cerrando el paso
por mano de las hadas, el camino se aprieta
en torno de una roca, silencioso.

Cual bañados por llamas bajo el fulgor solar
nadan allí, rodeados de un fluido de azur
y envueltos por las ondas de amorosos perfumes,
los jóvenes arbustos, a lo largo del monte,
y roca y bosque vibran con el canto
que blandamente suena por las ramas.

Muy cercano, y envuelto en negra pesadumbre,
oreado por un fresco chaparrón vespertino,
se precipita un bosque de pinos monte abajo,
y una roca negruzca, desde una áspera altura,
observa, refrescada por olmos y saúcos,
preñada de sentido, muda como una tumba.

Después, donde la vista choca con las paredes
altas y no alegradas por árboles ni flores,
se acerca un farallón hacia nuestro camino;
continuamos trepando junto a despeñaderos:
y del sol vespertino los postreros fulgores
aún envían luz suave sobre el roto sendero.

Und immer tiefer taucht in graue Düfte
Der Himmel sich und über stille Klüfte
Webt leise sich der Dämmerung trüber Flor.
Verworren schweben jetzt Erinnerungen
Der Seele vor, von Schwermuth sanft bezwungen
Und leise steigt der Ahnung Flug empor.

Hier unbemerkt, allein mit Moos und Steinen
Sich jedes Weh vom Herzen zu entweinen,
Im tiefsten Hayn, vor jedem Blick versteckt,
Und eingewiegt in süße Träumereyen,
Sich jedes ahnenden Gefühls zu freuen,
Von seiner kalten Wahrheit aufgeschreckt,

Biß endlich sich die dunklen Farben mildern,
Und mit der Hoffnung sanft verklärten Bildern
Die rasche Zeit den stillen Schmerz ereilt,
Dann einst von Harmonie herbey gewinket,
Ein holdes Wesen stumm an unsern Busen sinket
Das unsre Menschenflucht versteht und theilt!

Das gleicher Drang auf ewig an uns bindet,
Das unser Herz in unserm Auge findet,
Durch kalte Weißheit nicht den edeln Schmerz entehrt,
Biß losgewunden nun zu neuem Leben
Die trunknen Seelen wieder aufwärts schweben:
Ist dann die Welt noch eine Sehnsucht werth?

Der Schimmer stirbt, die Sterne blicken nieder,
Der Nachtwind weht mit thauigtem Gefieder,
Und tiefe Ruhe wohnt im Fichtenhayn:
Verworren quellen nun aus leichten Schatten
Der Bäume Formen weich hervor, und gatten
Sich lieblicher im bleichen Mondenschein.

Wir sind am Ziel! Dem müden Wandrer winkt
Ein mondbeglänztes Dörfchen, und er sinket
Mit leichterm Muth auf weichen Rasen hin,
Und um ihn duften lieblicher die Linden,
Singt lieblicher der Quell, und unvermerkt entschwinden
Der Schwermuth Bilder dem befreyten Sinn.

Y, cada vez más hondo, el cielo se sumerge
en perfumes grisáceos; sobre barrancos quietos
sopla, suave, la turbia floración del crepúsculo.
Confusos, ante el alma oscilan los recuerdos,
con el ímpetu dulce de la melancolía;
callado, asciende el vuelo de los presentimientos.

Aquí, sin ser notada, sola con musgo y piedras,
llorando, desahogar del corazón las penas,
en el bosque más hondo, oculta a las miradas,
y acunada por dulces ensueños, alegrarse
de cada sentimiento que, intuitivo, presiente,
sobresaltada por su fría realidad.

Hasta que los oscuros colores se suavizan,
y en la espera de imágenes iluminadas, suaves,
da prisa el veloz tiempo al dolor silencioso;
¡sólo entonces es cuando, por la armonía atraído,
un bello ser se entrega callado a nuestro pecho,
y comprende y comparte nuestra humana fuga!

Un ser al que nos une un ímpetu común,
que encuentra nuestro corazón en nuestros ojos,
a quien un saber gélido no priva del dolor,
hasta que, liberadas hacia nueva vida,
ebrias, las almas vuelven hacia arriba a flotar;
¿será entonces digno el mundo de nostalgia?

Fenece el resplandor, las estrellas observan,
sopla el viento en la noche con rocío en sus plumas,
y en el pinar habita honda tranquilidad:
ahora brotan confusas, de la ligera sombra
de los árboles, formas, blandamente, y se unen,
con amor, a la pálida claridad de la luna.

¡Llegamos a la meta! Una aldea hace señas,
brillando con la luna, al andarín cansado
que, aliviado en su ánimo, se echa en la blanda hierba,
y en torno suyo aroman con más dulzor los tilos,
canta tierna la fuente y se van, sin sentirlo,
del liberado ánimo las imágenes tristes.

Tief athmet er die Luft, den stillen Frieden,
Der hier ihm winkt, er fühlt sich abgeschieden
Von jedem Weh, der Blumen Hauch, die Luft
Wehn freundlicher; er sieht in muntern Reihen,
Ein glücklich Volk sich lautem Jubel weyhen,
Und folgt dem Trieb, der ihn zur Freude ruft.

Verhältnisse sind hinter ihm versunken,
Wie schlägt sein Herz von neuem Leben trunken!
Wie fließt sein Blut so heiter wie der Quell!
Er glaubt beherzt mit heiligem Vertrauen
An Lieb' und Freundschaft, wallt auf Blumenauen
Und o! wie wird die Zukunft ihm so hell!

Und immer leiser schwebt in lusterfüllten Räumen
Die Phantasie und unter leichten Träumen
Verweht die kurze mondbegränzte Nacht.
Schon schauert durch den Hayn ein neues Feuer,
Schon spielt die Luft im jungen Laube freyer
Schon ist mit mildem Glanz der Tag erwacht.

Hinauf! dort wo der jungen Sonne Stralen
Mit Himmelsglanz des Vogels Schwingen mahlen,
Erwacht die Phantasie mit neuem Schwung.
Wir steigen fröhlich durch bethaute Matten
Den Tannenwald hinan, wo Sonnenlicht mit Schatten
Zusammenschmilzt in süße Dämmerung.

Wie schwimmt in seinem lichten Farbenkranze
Von Sonnenschein umspielt, im Aetherglanze
Der schöne Grund vor meinem trunknem Blick!
Mit der Natur in hohem Einklang fühlet
Das rege Herz, von neuer Lust durchwühlet,
Und ahnet der Begeistrung nahes Glück.

Die reinste Luft, geschöpft aus Aetherquellen,
Umsäuselt mich, auf ihren leichten Wellen
Wallt die entzückte Seele himmelan.
Wie wogt im Glanz der Morgensonne
Ein Meer von neuer Lebenskraft und Wonne,
Durch meine Brust ein Freudenocean!

Respira él, hondo, el aire y la callada paz
que aquí le hace señas, y se siente apartado
de toda pena: el aura y el vaho de las flores
soplan más amistosos; ve, en animados grupos,
una gente feliz, dada a un sonoro júbilo,
y responde al impulso que a la alegría le llama.

Han desaparecido tras él las circunstancias.
¡Su corazón palpita, ebrio de nueva vida!
¡Cómo fluye su sangre, alegre cual la fuente!
Y cree, reconfortado por sagrada confianza,
en amor y amistad, va por prados floridos
y ¡oh, qué luminoso le parece el futuro!

Cada vez más callada, la fantasía flota
en ámbitos gozosos, y entre ligeros sueños
se disipa la noche, coronada de luna.
Y vibra por el bosque un fuego renovado,
ya juega el aire, más libre, por frondas jóvenes,
ya con dulce fulgor se ha despertado el día.

¡Arriba! Do rocían las rayos de un sol joven
con la luz de los cielos las alas de los pájaros,
la fantasía despierta con renovado ímpetu.
Ascendemos, alegres, por prados con rocío
hacia dentro del bosque, donde el sol con la sombra
se mezcla y se disuelve en el dulce crepúsculo.

¡Cómo nada, en su clara corona de colores,
el bello territorio, ante mi ebria mirada,
entre juegos de luz, bajo el fulgor del éter!
El corazón ardiente, revuelto por un nuevo
placer, se sintoniza con la naturaleza
e intuye la cercana felicidad del éxtasis.

El más límpido aire, desde fuentes del éter,
susurra en torno mío, y en sus olas ligeras
palpita hacia los cielos el alma arrebatada.
¡Cómo ondea, en el fulgor del matinal sol joven,
un mar de nueva fuerza vital y de placer
a través de mi pecho, océano de alegría!

Hinab! ich will mir selbst die Banden kürzen,
In diesen Himmel mich hinab zu stürzen,
In dieser Glut zu sterben, Götterglück!
Ich seh die leichten Schranken niederfallen,
Mich ausgelößt in reinen Aether wallen
Und Gottheit ligt in diesem Augenblick!

Bey Frankreichs Feier. Den 14. Junius 1790*

Genius der Freiheit! Du, der glühend
sich ins Herz der Nationen taucht,
wo ein Strahl von Menschenwürde schimmert
schnell den Strahl in lohe Flammen haucht,

Wo, an welchem Himmelsfeuer zündest
du die Fackel? - Welche Sonne leiht
ihren Strahl dir, daß von ihm erwärmet
jede Zone die Altäre weiht?

Mächtig zwar rührt auch der Liebe Zauber
Menschenseelen, adelt Herz und Muth,
aber selbst der Flammenhauch der Liebe
wird verschlungen von der Freiheit Gluth.

Wo dein hoher, kühner Flügel rauschet,
stehn entschlossene Nationen auf,
fühlen ihre Kräfte, richten muthig
zu des Ruhmes Tempel ihren Lauf.

Freiheit adelt! und nach ihr zu ringen
ist der Kräfte jedes Edlen werth,
ist auch jedem nicht die Siegespalme
von des Schicksals hoher Hand beschert.

---

* *Zwischen Aufbruch und Anpassung*, pág. 1.

¡Abajo! Cortaré los vínculos yo misma,
para precipitarme cayendo en este cielo,
muriendo en este ardor, oh dicha de los dioses!
¡Contemplo cómo caen, livianas, las barreras,
y a mí misma, disuelta, nadando en éter puro;
y la divinidad está aquí, en este instante!

En la fiesta de Francia. A 14 de junio de 1790

¡Genio de libertad! Tú, que ardiente te hundes
dentro del corazón de las naciones,
y donde brilla un rayo de dignidad humana
sopla veloz el rayo de tus llamas ardientes,

¿dónde, en qué celestial fogata enciendes tú
la antorcha? ¿Qué sol te concede rayos
para que cada zona calentada por ellos
consagre tus altares?

Pero también conmueve la magia del amor
las almas de los hombres, ennobleciendo el ánimo;
mas incluso el aliento de llamas del amor
será absorbido por ansias de libertad.

Donde tus alas altas y atrevidas susurran,
las naciones se yerguen, decididas,
sienten su poderío, dirigen animosas
su carrera hacia el templo de la fama.

¡La libertad ennoblece! y combatir por ella
es digno de las fuerzas de todo noble ser;
aunque tampoco se concede a todos
la palma vencedora, de manos del destino.

Sinkt ihr rückwärts vor erstiegnem Gipfel
in der Knechtschaft fürchterlichem Schoß,
jeder Edle wird euch Tränen weihen!
- Doch auch dann bleibt, was ihr thatet, groß!

KALATHISKOS[1]

Bildlich bezeichnete man durch Kalathisken die Woh-
nung, welche mit freundlichem Arm griechische Frauen
[umschloß*:
Also deute das Bild dem Inhalt mit leiser Beziehung,
selber von weiblicher Hand, sey er den Frauen geweiht! -
Auch das schöne Geflecht des leichten harmonischen Tan-
[zes **
deutete ehmals des Worts lieblich tönender Laut:
Also schlinge auch hier der Rhythmus in freundlicher
[Schwebung,
und in melodischen Reih'n leicht durch das Ganze sich
[hin! -
Doch am gefälligsten wurden die Körbchen, der Artemis
[heilig,
ein vielsagend Geschenk, das man den Freundinnen
[bot***,
mit dem Worte benannt: - o sey es ein günstiges Zeichen
diesem, mit Blumen gefüllt, niemals erscheine es leer!

---

[1] *Kalathiskos,* págs. 111 y ss.

* Weil man die Spinn- und Arbeits-Körbchen (Kalathisken) bei den Griechen zu dem unentbehrlichsten Hausrath der weiblichen Wohnung rechnete, so gebrauchten sie die Künstler oft als Symbol des Gynäceums.

** Verschiedene griechische Schriftsteller bezeichnen mit dem Namen *Kalathiskos* einen der beliebtesten Tänze nach Flöten.

*** Die Arbeitskörbchen der Griechinnen waren der Artemis und Ceres geweiht, und spielten an den heiligen Festen dieser Göttinnen eine bedeutende Rolle. Sie waren ein gewöhnliches Geschenk an Mädchen, Neuverlobte und junge Frauen.

¡Y si caéis atrás, ante la conquistada
cumbre, al seno terrible de vuestra servidumbre,
todos los seres os honrarán con lágrimas!
¡E incluso entonces sigue vuestra acción siendo grande!

Kalathiskos

Se designaba plásticamente con «Kalathiskos» la vivienda
que envolvía con brazo amistoso a las mujeres griegas*:
¡Así, signifique esta imagen el contenido con discreta rela-
[ción,
él mismo de mano femenina, sea consagrado a las muje-
[res!
También el bello trenzado de la ligera y armónica danza**
significaba antiguamente el sonido dulcemente entona-
[do de la palabra:
¡Así se enlace también aquí el ritmo en amable balanceo,
y en filas melodiosas, ligeramente, con el conjunto!
Pero los más preferidos fueron los cestillos, sagrados para
[Artemisa,
un regalo que expresaba mucho, que se ofrecía a las
[amigas***,
inscritos con las palabras: ¡oh, sea un signo propicio, para
[que éste,
lleno de flores, nunca aparezca vacío!

---

* Como los cestillos para hilar y trabajar (Kalathisken) eran considerados entre los griegos como enseres domésticos imprescindibles en la vivienda femenina, los artistas los usaron con frecuencia como símbolo del gineceo.

** Diversos escritores griegos designan con el nombre *Kalathiskos* una de las danzas al son de las flautas más apreciadas.

*** Los cestillos de trabajo de las griegas estaban consagrados a Artemisa y a Ceres, y jugaban un papel importante en las fiestas sagradas de estas diosas. Eran un regalo habitual para las muchachas, las recién prometidas y las mujeres jóvenes...

An die Leserinnen*

Es trägt beherzt in hohe frische Lüfte
der stolze Baum sein königliches Haupt,
es streut die Lilie die milden Düfte,
weit durch den hellen Garten, zart belaubt,
und weiße Blüthen säuseln durch die Klüfte,
vom Zephyr leicht des holden Schmucks beraubt,
indeß die Alpenros' in Glut getaucht,
in Einsamkeit den süßen Geist verhaucht.

Und alle wecken, wie's ihr Sinn gebeut,
verschiedne Regung in des Sehers Brust,
Bewundrung die, die sanfte Fröhlichkeit,
und die der Sehnsucht still bethränte Lust,
und alle wirken, friedlich, ohne Streit,
des eignen innern Werths sich tief bewußt,
und sind zufrieden mit dem schönen Leben,
das sie für sich empfahn und wieder geben.

So bilden auch viel wallende Gestalten,
die, wie der Geist der Zeiten sie beschwört,
sich aus dem Reich der Phantasie entfalten,
in Wort und Schrift ihr Leben unverwehrt;
nur strebe keiner alle fest zu halten,
er wird sonst leicht im eignen Gang gestört.
Doch alle kündigen den muntern Sinnen,
von innerm Drang das fröhliche Beginnen.

---

* *Kalathiskos,* págs. 2 y ss.

A las lectoras

Lleva, atrevido, al aire fresco y alto
el árbol orgulloso su cabeza real,
y esparce sus suaves aromas aquel lirio
por el claro jardín de tierna fronda, lejos,
y blancas floraciones susurran por las rocas,
privadas de su adorno por el ligero céfiro,
mientras la alpestre rosa, en ardor sumergida,
exhala en soledad su dulce espíritu.

Y ya todas despiertan, cual place a su sentido,
distinta excitación, dentro del que contempla,
ésta la admiración, suave alegría aquélla,
y ésa el deseo con lágrimas calladas de nostalgia;
en paz parecen todas, sin pelea,
hondamente conscientes del propio valor íntimo,
y están contentas con la hermosa vida
que para sí tuvieron, y la vuelven a dar.

Así forman también figuras ondulantes
que, al conjurarlas el espíritu del tiempo,
se despliegan desde un reino de fantasía,
en palabras y escritos, con vida, ilimitadas;
sólo que nadie intente sujetarlas a todas,
o será perturbado en su propio camino.
Pero todas anuncian el sentir animoso,
de su empuje interior el gozoso comienzo.

Denn jeder, der in jenem sel'gen Raum,
ein einzigsmal den kühnen Flug gewagt,
giebt gern zurück, was ihm wie ferner Traum,
ein leiser Nachhall in die Seele sagt.
So sey auch hier manch stiller Blüthen Saum
euch aus dem Reich der Phantasie gebracht.
Ein Wiesenblumenstraus im bunten Kranze,
bald ausgefallen in der Horen Tanze.

Doch eh die Blätter welkend nieder beben,
so mögen sie in eures Lebens Gang,
euch eine freundliche Bedeutung weben,
in der Verhältnisse verworrnen Drang.
Ein süßes Wähnen eilt mich zu erheben,
und flüstert mir mit ferner Ahnung Klang:
daß ich die Blüthen, die ich für euch winde,
an eurer Brust verschönert wieder finde.

Pues todo el que en aquel dichoso espacio
ha osado alguna vez el atrevido vuelo,
devuelve muy gustoso lo que le dice, como
lejano sueño, un eco silencioso, en el alma.
Así os es traída alguna orla callada
de flores, desde el reino aquel de fantasía.
De flor del prado un ramo, multicolor corona
que pronto caerá con la danza de las Horas.

Pero antes que las hojas, temblando, se marchiten,
que consigan tejer dentro de vuestras vidas
un sentido amistoso, dentro de la presión
embrollada y confusa de los aconteceres.
Una dulce intuición me apremia a que me eleve
y me susurra como un lejano presagio:
que las flores que yo para vosotras tejo
más bellas las reencuentre en vuestro pecho.

KAROLINE VON GÜNDERRODE

Liebe*

O reiche Armuth! Gebend, seliges Empfangen!
In Zagheit Muth! In Freiheit doch gefangen.
In Stummheit Sprache,
schüchtern bei Tage,
siegend mit zaghaftem Bangen.

Lebendiger Tod, im Einen sel'ges Leben
schwelgend in Noth, im Widerstand ergeben,
genießend schmachten,
nie satt betrachten
Leben im Traum und doppelt Leben.

Der Kuss im Traume**

Es hat ein Kuß mir Leben eingehaucht,
gestillet meines Busens tiefstes Schmachten.
Komm, Dunkelheit! mich traulich zu umnachten,
daß neue Wonne meine Lippe saugt.

In Träume war solch Leben eingetaucht,
drum leb' ich, ewig Träume zu betrachten,
kann aller andern Freuden Glanz verachten,
weil nur die Nacht so süßen Balsam haucht.

---

* *Der Schatten eines Traumes,* pág. 54.
** *Der Schatten eines Traumes,* pág. 68.

KAROLINE VON GÜNDERRODE

Amor

¡Rica pobreza! ¡Dando, dichoso recibir!
¡En timidez, buen ánimo! Libre, pero en prisión.
En la mudez lenguaje,
durante el día tímida,
venciendo aun con temor y timidez.

Muerte en la que se vive, vida, en la unión, dichosa,
disfrutando el penar, resistiendo rendida,
languidecer gozando,
contemplar, insaciable,
vida en el sueño y vida redoblada.

El beso en sueños

Un beso me ha animado, inspirándome vida,
y ha saciado el más hondo anhelo de mi pecho;
¡ven a mí, oscuridad! a envolverme en tinieblas
dulcemente; que absorban mis labios nuevo goce.

Y los sueños estaban tan repletos de vida
que por eso yo vivo mirando siempre sueños,
y puedo despreciar brillos de otros placeres,
porque sólo la noche sopla tan dulce bálsamo.

Der Tag ist karg an liebesüßen Wonnen,
es schmerzt mich seines Lichtes eitles Prangen
und mich verzehren seiner Sonne Gluthen.

Drum birg dich Aug' dem Glanze irrd'scher Sonnen!
Hüll' dich in Nacht, sie stillet dein Verlangen
und heilt den Schmerz, wie Lethes kühle Fluthen.

Ariadne auf Naxos*

Auf Naxos Felsen weint verlassen Minos Tochter.
Der Schönheit heisses Flehn erreicht der Götter Ohr.
Von seinem Thron herab senkt, Kronos Sohn, die Blitze,
sie zur Unsterblichkeit in Wettern aufzuziehn.

Poseidon, Lieb entbrannt, eröffnet schon die Arme,
umschlingen will er sie, mit seiner Fluthen Nacht.
Soll zur Unsterblichkeit nun Minos Tochter steigen?
Soll Sie, den Schatten gleich, zum dunklen Orkus gehn?

Ariadne zögert nicht, sie stürzt sich in die Fluthen:
Betrogner Liebe Schmerz soll nicht unsterblich seyn!
Zum Götterloos hinauf mag sich der Gram nicht drängen,
des Herzens Wunde hüllt sich gern in Gräbernacht.

Die eine Klage**

Wer die tiefste aller Wunden
hat in Geist und Sinn empfunden
bittrer Trennung Schmerz;
wer geliebt was er verlohren,
lassen muß was er erkohren,
das geliebte Herz,

---

* *Der Schatten eines Traumes,* págs. 56 y ss.
** *Der Schatten eines Traumes,* págs. 89 y ss.

Carece el día de dulces placeres de amor,
me duele el vanidoso relumbre de su luz
y el ardor de sus soles me consume.

¡Ocúltate, ojo mío, de los soles terrestres!
Envuélvete en la noche, que tu deseo sacia
y cura tu dolor, cual agua del Leteo.

Ariadna en Naxos

Sobre las rocas llora, abandonada, la hija de Minos.
El ardiente suplicar de la bella alcanza el oído de los dio-
[ses.
Desde su trono baja los rayos el hijo de Cronos,
para alzarla a la inmortalidad entre tempestades.

Poseidón, enardecido por el amor, abre ya los brazos,
y la quiere abrazar con la noche de sus olas.
¿Debe ascender ahora la hija de Minos a la inmortalidad?
¿Debe ir al Orco oscuro, al igual que las sombras?

Ariadna no vacila y se arroja en las ondas:
¡el dolor de un amor traicionado no debe ser eterno!
No debe abrirse paso el pesar hasta la suerte de los dioses,
la herida del corazón se envuelve gustosa en la noche de
[las tumbas.

La única queja

Quien ha sentido la más honda
de todas las heridas, en sensación y espíritu,
el amargo dolor de una separación;
quien amó lo que ha perdido
y tiene que dejar lo que ha elegido,
el corazón amado;

der versteht in Lust die Thränen
und der Liebe ewig Sehnen
eins in Zwei zu sein,
eins im Andern sich zu finden,
daß der Zweiheit Gränzen schwinden
und des Daseins Pein.

Wer so ganz in Herz und Sinnen
konnt' ein Wesen liebgewinnen
o! den tröstet's nicht
daß für Freuden, die verlohren,
neue werden neu gebohren:
Jene sind's doch nicht.

Das geliebte, süße Leben,
dieses Nehmen und dies Geben,
Wort und Sinn und Blick,
dieses Suchen und dies Finden,
dieses Denken und Empfinden
giebt kein Gott zurück.

Vorzeit, und neue Zeit*

Ein schmahler rauher Pfad schien sonst die Erde.
Und auf den Bergen glänzt der Himmel über ihr,
Ein Abgrund ihr zur Seite war die Hölle,
Und Pfade führten in den Himmel und zur Hölle.

Doch alles ist ganz anders nun geworden,
Der Himmel ist gestürzt, der Abgrund ausgefüllt,
Und mit Vernunft bedeckt, und sehr bequem zum gehen.

Des Glaubens Höhen sind nun demolieret.
Und auf der flachen Erde schreitet der Verstand,
Und misset alles aus, nach Klafter und nach Schuen.

---

* *Der Schatten eines Traumes,* pág. 56.

ése comprende en el placer las lágrimas
y el anhelo perpetuo del amor
de ser uno los dos,
de encontrarse uno en otro,
y de que las fronteras del dualismo
y el dolor de existir desaparezcan.

Quien así, en el sentir y el corazón,
pudo llegar a amar a un ser,
¡ay! no le puede consolar
que en lugar de alegrías ya perdidas
volverán a nacer otras distintas:
porque no son aquéllas.

La amada y dulce vida,
este tomar y este entregar
palabras, sentimientos y miradas,
este buscar y este encontrar,
este pensar y este sentir,
no lo devuelve dios alguno.

TIEMPOS ANTIGUOS Y MODERNOS

Sendero estrecho y áspero parecía la tierra.
Resplandecía el cielo encima de los montes,
se encontraba a su lado, como abismo, el infierno,
y senderos llevaban al infierno y al cielo.

Pero todo se ha vuelto ahora muy distinto,
el cielo ha sucumbido, el abismo, colmado,
por la razón cubierto, y cómodo de andar.

De la fe las alturas ahora están derribadas.
Sobre la llana tierra pasea la razón
y va midiendo todo por brazas y por pies.

Liebst du das Dunkel*

Liebst du das Dunkel
Thauigter Nächte
Graut dir der Morgen
Starst du ins Spatroth
Seufzest beym Mahle
Stösest den Becher
Weg von den Lippen
Liebst du nicht Jagdlust
Reizet dich Ruhm nicht
Schlachtengetümmel
Welken dir Blumen
Schneller am Busen
Als sie sonst welkten
Drängt sich das Blut dir
Pochend zum Herzen.

Hochroth**

Du innig Roth,
Bis an den Tod
Soll meine Lieb Dir gleichen,
Soll nimmer bleichen,
Bis an den Tod,
Du glühend Roth,
Soll sie Dir gleichen.

* *Der Schatten eines Traumes,* pág. 94.
** *Der Schatten eines Traumes,* pág. 54.

Si amas la oscuridad

Si amas la oscuridad
de noches con rocío,
te espanta la mañana,
miras, fijo, al crepúsculo,
suspiras mientras comes,
lanzas lejos el vaso
de los labios, no amas
el placer de la caza,
ni te excitan la gloria,
tumultos de batallas;
se marchitan las flores
más deprisa en tu seno
que antes se marchitaban;
se atropella la sangre,
latiendo, al corazón.

Rojo encendido

Oh, tú, rojo encendido:
mi amor, hasta la muerte,
se te parecerá;
no empalidecerá
mi amor, hasta la muerte;
oh tú, rojo encendido,
se te parecerá.

ÜBERALL LIEBE*

Kann ich im Herzen heiße Wünsche tragen?
Dabei des Lebens Blüthenkränze sehn,
Und unbekränzt daran vorüber gehn
Und muß ich traurend nicht in mir verzagen?

Soll frevelnd ich dem liebsten Wunsch entsagen?
Soll muthig ich zum Schattenreiche gehn?
Um andre Freuden andre Götter flehn,
Nach neuen Wonnen bei den Todten fragen?

Ich stieg hinab, doch auch in Plutons Reichen,
Im Schooß der Nächte, brennt der Liebe Glut
Daß sehnend Schatten sich zu Schatten neigen.

Verlohren ist wen Liebe nicht beglücket,
Und stieg er auch hinab zur styg'schen Flut,
Im Glanz der Himmel blieb er unentzücket.

DIE EINZIGE**

Wie ist ganz mein Sinn befangen,
Einer, Einer anzuhangen;
Diese Eine zu umpfangen
Treibt mich einzig nur Verlangen;
Freude kann mir nur gewähren,
Heimlich diesen Wunsch zu nähren,
Mich in Träumen zu bethören,
Mich in Sehnen zu verzehren,
Was mich tödtet zu gebähren.

---

* *Der Schatten eines Traumes,* pág. 92.
** *Der Schatten eines Traumes,* págs. 88 y ss.

Amor por todas partes

¿Puedo en el corazón llevar deseos cálidos?
A la vez, contemplar las coronas floridas
de la vida y pasar junto a ellas sin corona;
¿y no debo, además, triste, desesperar?

¿Renunciaré, pecando, al deseo más querido?
¿Debo, valiente, entrar al reino de las sombras,
suplicar a otros dioses otros gozos,
pedir nuevos placeres a los muertos?

Descendí, pero incluso en reinos de Plutón,
de la noche en el seno, la pasión arde tal
que, anhelantes, las sombras se inclinan a otras sombras.

Pues perdido está aquel sin fortuna en amor,
e incluso aunque bajara a la laguna Estigia,
en el fulgor del cielo, seguiría sin éxtasis.

La única

Está confuso mi sentir entero
por entregarme a una, una sola;
sólo me impulsa el ansia
de abrazar a esa única;
sólo me puede dar felicidad
el nutrir en secreto este deseo,
el sentirme entre sueños encantado,
el consumirme en añoranzas
y el engendrar lo que me mata.

Widerstand will mir nicht frommen,
Fliehen muß ich neu zu kommen,
Zürnen nur, mich zu versöhnen,
Kann mich Ihrer nicht entwöhnen,
Muß im lauten Jubel stöhnen;
In den Becher fallen Thränen,
Ich versink in träumrisch Wähnen;
Höre nicht der Töne Reigen,
Wie sie auf und nieder steigen.

Wogend schwellen Well' in Welle;
Sehe nicht der Farben Helle
Strömen aus des Lichtes Quelle.
Mich begrüßen Frühlingslüfte,
Küssen leise Blumendüfte,
Doch das all ist mir verlohren,
Ist für mich wie nicht gebohren,
Denn mein Geist ist eng umpfangen
Von dem einzigen Verlangen
Eine, Eine zu erlangen.

Hungrig in der Zahl der Gäste
Siz ich bei dem Freudenfeste,
Das Natur der Erde spendet;

Frage heimlich ob's bald endet?
Ob ich aus der Gäste Reigen
Dürf' dem eklen Mahl entweichen,
Das verschwendrisch Andre nähret:
Mir nicht einen Wunsch gewähret?
Eines nur mein Sinn begehret,
Eine Sehnsucht mich verzehret;
Eng ist meine Welt befangen,
Nur vom einzigen Verlangen
Was ich liebe zu erlangen.

La resistencia no me gusta,
tengo que huir para volver de nuevo,
y si me enfado, es para hacer las paces;
no puedo desacostumbrarme de ella,
y tengo que gemir en pleno júbilo;
caen las lágrimas en el vaso
y me hundo en fantasías soñadoras:
y no escucho el danzar de los sonidos,
en sus ascensos y descensos,

que ondulando se acrecen de ola en ola;
no veo la claridad de los colores
manando de la fuente de la luz.
Aires de primavera me saludan,
me besa el suave aroma de las flores,
mas todo está perdido para mí
y es igual para mí que no nacido,
pues mi mente se encuentra dominada
por el único anhelo
de poseer a una, y sólo una.

Hambriento entre los muchos invitados,
estoy en el festín de regocijo
que la naturaleza a la tierra regala;

y pregunto en secreto cuándo terminará;
¿podré evadirme yo del baile de invitados,
bien lejos del banquete repugnante
que alimenta a los otros con excesos,
y a mí no me concede ni un deseo?
Sólo una cosa anhela mi sentir,
una nostalgia me devora;
mi mundo se limita estrechamente,
movido por el único deseo
de conseguir lo que yo quiero.

IST ALLES STUMM UND LEER*

Ist alles stumm und leer;
Nichts macht mir Freude mehr;
Düfte, sie düften nicht,
Lüfte, sie lüften nicht;
Mein Herz so schwer!

Ist Alles öd' und hin;
Bange mein Herz und Sinn;
Möchte, nicht weiß ich, was;
Treibt mich ohn' Unterlaß,
Weiß nicht, wohin!

Ein Bild von Meisterhand
Hat mir den Sinn gebannt;
Seit ich das holde sah,
Ist's fern und ewig nah,
Mir anverwandt.

Ein Klang im Herzen ruht,
Der noch erquickt den Muth,
Wie Flötenhauch ein Wort,
Tönet noch leise fort,
Stillt Thränenfluth.

Frühlinges Blumen treu
Kommen zurück auf's Neu;
Nicht so der Liebe Glück,
Ach, es kommt nicht zurück -
Schön, doch nicht treu!

* *Der Schatten eines Traumes*, págs. 66 y ss.

Todo vacío, todo mudo está

Todo vacío, todo mudo está,
ya nada me contenta;
ni aroman los perfumes
ni los aires refrescan;
¡mi corazón está tan melancólico!

Todo está abandonado, disipado,
llenos de miedo corazón, cabeza;
deseo algo, qué será, no sé;
¡no sé dónde me lleva,
me arrastra sin cesar!

Un cuadro, hecho por mano magistral,
me ha hechizado el sentido;
desde que vi lo hermoso
está lejos y siempre cerca,
y ya conmigo emparentado.

Un acorde reposa, dentro de
mi corazón, que aún alivia el ánima;
como aliento de flauta, está sonando
suave y sostenida, una palabra,
que el fluir de las lágrimas aquieta.

En primavera, fieles, ya las flores
vuelven a retoñar;
mas del amor la dicha
ay, ya no volverá...
¡Tan bella, pero infiel!

Kann Lieb' so unlieb sein,
Von mir so fern, was mein?
Kann Lust so schmerzlich sein,
Untreu so herzlich sein?
O Wonn', o Pein!

Phönix der Lieblichkeit,
Dich trägt dein Fittig weit
Hin zu der Sonne Strahl,
Ach was ist dir zumal
Mein einsam Leid!

Einer nur und Einer dienen*

Einer nur und Einer dienen
Das ermüdet meine Seele.
Rosen nur und immer Rosen -
Andere Blumen blühen noch bunter;
Wie die Bienen will ich schwärmen
Mich in Trauben Gluth berauschen,
In der Lilie Weiß mich kühlen,
Ruhen in der Nacht der Büsche.

Wehe, wer mit engem Sinne
Einem, nur sich Einem weihet;
Schmachvoll rächt sich an dem Armen
Alles was er streng verschmähet!
Nicht zur Heimath wird die Weite,
Ungestaltet in die Ferne,
Aufgelöst in leeres Sehnen
Wird der Inhalt so des Lebens
Schön ist was sich grenzt und g'nüget,
Treu um eines sich beweget
An dem Einen sich erneuet,
Wie des Pulses rege Schläge

* *Der Schatten eines Traumes,* págs. 80 y ss.

¿Puede ser el amor tan descortés,
lo que era mío, no volver jamás?
¿Puede el deseo ser tan doloroso
y tan amable la infidelidad?
¡Oh delicias, oh penas!

Fénix de la hermosura,
tu ala te llevará
hasta el rayo de sol.
¡Ay, para ti qué es ya,
tan solo, mi dolor!

Servir a una, sólo a una

Servir a una, sólo a una,
a mi alma da fatiga.
Sólo rosas y siempre rosas... otras
flores florecen, más multicolores;
yo quiero, como abeja, revolar,
en las cálidas uvas embriagarme,
refrescarme en lo blanco de los lirios,
descansar en nocturnos matorrales.

Ay de quien, con estrecho pensamiento,
se consagra a uno solo, sólo uno:
¡lo que él, estricto, despreció, se venga,
ignominioso, de este infortunado!
La inmensidad no se hace patria,
informe, en lo lejano;
disuelta en añoranza sin sentido
quedará la sustancia de la vida.
Bello es lo que limita y se contenta,
y en torno de una cosa queda, fiel;
junto a un único ser va a renovarse,
como los vivos golpes de los pulsos

Stets sich um das Herz bewegen,
Stets zum Herzen wiederkehren
Stets am Herzen sich erneuen
Sich an seiner Gluth entzünden...

Tendenz des Künstlers*

Sage! Was treibt doch den Künstler, sein Ideal aus dem
[Lande
Der Ideen zu ziehn, und es dem Stoff zu vertraun?
Schöner wird ihm sein Bilden gelingen im Reich der Ge-
[danken,
Wäre es flüchtiger zwar, dennoch auch freier dafür,
Und sein Eigenthum mehr, und nicht dem Stoff unter-
[thänig.

Frager! Der du so fragst, du verstehst nicht des Geistes Be-
[ginnen
Siehst nicht was er erstrebt, nicht was der Künstler ersehnt.
Alle! sie wollen unsterbliches thun, die sterblichen Men-
[schen.
Leben im Himmel die Frommen, in guten Thaten die Gu-
[ten,
Bleibend will sein der Künstler im Reiche der Schönheit,
Darum in dauernder Form stellt den Gedanken er dar.

* *Der Schatten eines Traumes*, pág. 71.

retornan con constancia al corazón,
se mueven sin cesar en torno suyo
y en él constantemente se renuevan
y en su pasión se encienden...

Tendencia del artista

¡Di! ¿Qué impulsa al artista a sacar a su ideal

de la región de las ideas, para confiarlo a la materia?
Más hermosa le resultará su creación en el reino de los
[pensamientos,
pero sería más fugitiva, aunque más libre,
y más su propiedad, y no sometida a la materia.

¡Interrogador! Tú, el que así preguntas, no entiendes los
[comienzos del espíritu,

no ves por lo que lucha, no lo que añora el artista.
¡Todos! quieren realizar algo inmortal, los hombres morta-
[les.
Viven en el cielo los piadosos, en las buenas acciones los
[buenos,
el artista quiere permanecer en el reino de la belleza,
y por ello representa los pensamientos en formas perdura-
[bles.

Die malabarischen Witwen*

Zum Flammentode gehn an Indusstranden
Mit dem Gemahl, in Jugendherrlichkeit,
Die Frauen, ohne Zagen, ohne Leid,
Geschmücket festlich, wie in Brautgewanden.

Die Sitte hat der Liebe Sinn verstanden,
Sie von der Trennung harter Schmach befreit
Zu ihrem Priester selbst den Tod geweiht,
Unsterblichkeit gegeben ihren Banden.

Nicht Trennung ferner solchem Bunde droht,
Denn die vorhin entzweiten Liebesflammen
In einer schlagen brünstig sie zusammen.

Zur süßen Liebesfeyer wird der Tod,
Vereinet die getrennten Elemente,
Zum Lebensgipfel wird des Daseins Ende.

* *Der Schatten eines Traumes,* pág. 88.

Las viudas malabares

Del Indo en las orillas, se van hacia la muerte
con el esposo, en plena belleza juvenil,
las esposas, sin pena y sin vacilaciones,
festivas y enjoyadas, como en traje de novia.

Comprendió la costumbre del amor el sentido;
de la dura deshonra de la separación
lo libró, consagrando sacerdote a la muerte,
que otorgara a sus vínculos una inmortalidad.

Ya la separación no amenaza tal vínculo,
pues las llamas de amor, hasta ahora divididas,
se vuelven una sola, unidas con pasión.

Se transforma la muerte en amorosa fiesta,
y reunifica los distintos elementos;
el fin de la existencia se hace cumbre de vida.

BETTINA BRENTANO

Seelied*

Es schien der Mond gar helle,
Die Sterne blinkten klar,
Es schliefen tief die Wellen,
Das Meer ganz stille war.

Ein Schifflein lag vor Anker,
Ein Schiffer trat herfür:
Ach wenn doch all mein Leiden
Hier tief versunken wär.

Mein Schifflein liegt vor Anker,
Hat keine Ladung drin,
Ich lad ihm auf mein Leiden
Und laß es fahren hin.

Und als er sich entrissen
Die Schmerzen mit Gewalt,
Da war sein Herz zerrissen,
Sein Leben war erkalt'.

Die Leiden all schon schwimmen
Auf hohem Meere frei,
Da heben sie an zu singen
Eine finstre Melodei.

Wir haben festgesessen
In eines Mannes Brust,
Wo tapfer wir gestritten
Mit seines Lebens Lust.

---

* *Die Sehnsucht hat allemal Recht,* págs. 9 y ss.

BETTINA BRENTANO

Canción marina

Relucía la luna, luminosa,
y las estrellas fulguraban, puras,
dormitaban las olas hondamente,
y el mar estaba por completo en calma.

Una barquilla estaba fondeada,
apareció un barquero:
¡ay, si de un golpe todo mi penar
se hubiera hundido aquí, profundamente!

Mi barquilla está anclada,
no tengo carga en ella;
la cargo con mis penas,
la abandono a su suerte.

Cuando había arrancado
las penas con violencia,
desgarrado quedó su corazón
y su vida muy fría.

Ya navegan las penas,
libres, en alta mar,
y a cantar ya comienzan
su triste melodía.

«Encalladas estábamos
en el pecho de un hombre,
combatiendo, valientes,
con su ansia de vivir.

Nun müssen wir hier irren
Im Schifflein hin und her:
Ein Sturm wird uns verschlingen,
Ein Ungeheuer im Meer.

Da mußten die Wellen erwachen
Bei diesem trüben Sang;
Verschlangen still den Nachen
Mit allen Leiden bang.

Wer sich der Einsamkeit ergibt*

«Wer sich der Einsamkeit ergibt,
Ach der ist bald allein;
Ein jeder lebt, ein jeder liebt
Und läßt ihn seiner Pein.»

Wer sich dem Weltgewühl ergibt,
Der ist zwar nie allein.
Doch was er lebt und was er liebt,
Es wird wohl nimmer sein.

Nur wer der Muse hin sich gibt,
Der weilet gern allein,
Er ahnt, daß sie ihn wieder liebt,
Von ihm geliebt will sein.

Sie kränzt den Becher und Altar,
Vergöttlicht Lust und Pein
Was sie ihm gibt, es ist so wahr,
Gewährt ein ewig Sein.

* *Die Sehnsucht hat allemal Recht,* págs. 15 y ss.

Ahora hemos de vagar a la deriva
en la barquilla, acá y allá:
nos hundirán tormentas
y monstruos en el mar.»

Despertaron las olas
con tan triste canción;
devoraron el bote
con su carga de penas.

Quien a la soledad se entrega

«Quien a la soledad
se entrega, ay, enseguida estará solo;
todos viven y aman, y le dejan
abandonado a su dolor.»

Quien se entrega a la vida
mundana no se queda nunca solo.
Mas lo que él vive y ama
nunca jamás existirá.

Sólo quien a la musa se consagra
permanece gustoso en soledad.
Intuye que ella le ama y corresponde
y quiere ser amada.

Ella le adorna el vaso y el altar
y el placer y el dolor le diviniza.
Lo que ella le da a él es tan real
que otorga eterna vida.

Es blühet hell in seiner Brust
Der Lebensflamme Schein.
Im Himmlischen ist ihm bewußt
Das reine irdsche Sein.

Das Abendrot am Strand hinzieht*

Das Abendrot am Strand hinzieht,
Ergibt den Wellen sich mit Lust,
Da schwellet die beklemmte Brust
Der unbewußten Sehnsucht Lied,
So kühn gewaltig zwingt das Lied,
Die Trauer der beklemmten Brust,
In Lebensmut erstrebt sie Lust,
In Liebesflut sie Wolken zieht,
Und weckt in der beklemmten Brust
Der hohen Freiheit kühnes Lied.
Sein voller Klang
Das Herz durchdrang,
Das Lied sich schwang
In Liebesdrang.
Zu ihm, zu dem ich hin verlang,
Dort über die Berge mit der Lerche,
Ihm nach der Hymne zu singen dem Volk,
Dem von seinen Lippen sie sollte erklingen.

Eros**

Im Bett der Rose lag er eingeschlossen,
Im Wechselschimmer ihrer zarten Seiten,
Die taugebrochnen Strahlen schmeichelnd gleiten
Hinein zu ihm, von Geisterhauch umflossen,

* *Die Sehnsucht hat allemal Recht,* pág. 10.
** *Die Sehnsucht hat allemal Recht,* pág. 12.

En su pecho florece, clara y pura,
la lumbre de la llama de la vida.
Se le abre la conciencia, en lo divino,
a la pura existencia terrenal.

La tarde se pasea por la playa

La tarde se pasea por la playa
y a las olas se entrega con placer;
al oprimido pecho inflama entonces,
de inconsciente nostalgia, la canción;
canción que empuja, con violencia osada,
del oprimido pecho, su dolor;
aspirando el placer, por su ánimo vital,
en torrente de amor hace pasar las nubes
y en el pecho oprimido hace brotar
la intrépida canción de libertad suprema.
Su canto, en plenitud,
traspasó el corazón,
la canción se elevó
con amoroso impulso.
Hacia él, a quien anhelo,
junto con las alondras, más allá de los montes,
a cantarle a él, al pueblo, de acuerdo con el himno,
puesto que entre sus labios resonar debería.

Eros

Él yacía encerrado, como en lecho, en la rosa,
en el brillo cambiante de sus pétalos tiernos;
por el rocío, los rayos resbalan con caricias
hacia él, rodeado del hálito espectral;

Mich dünkt, im Schlummer waren hingegossen
Die reinen Glieder, durch des Dufts Verbreiten
Und durch der Biene Summen, die zuzeiten
Vorüberstreift an zitternden Geschossen.

Doch da beginnt mit einemmal zu schwellen
Der Blume Kelch! Ins Freie nun gehoben,
Erkenn ich ihn im Tagesglanz, dem hellen.

Es ist mein Auge vor ihm zugesunken,
Der mich so seltsam mit dem Blick umwoben,
In seinem Lichte lieg ich traume-trunken.

Im Grase liegen*

Im Grase liegen!
Im Regengeträufel
Den Busen kühlen,
Den heißen!
Den du bewegst, Liebe,
Träumende;
Mich Träumer schiltst,
Der *dich* nur träumt, Liebe.
Nicht stören
Emse, Käfer, goldne Biene,
Eurer finstern Vesten,
Eurer sonnigen grünen Reiche
Verständig Gewimmel;
Nicht mich erhebend,
Euch bewegen, weiche Halme.
Den rollenden Sand unter der Sohle,
Dein Schweigen, Natur, nicht brechen.
Nicht auf raschelndem Blatt

---

* *Die Sehnsucht hat allemal Recht,* págs. 12 y ss.

me pareció que estaban, dormitando, tendidos
los puros miembros, por la extensión del aroma
y el susurro de abejas, que algunas veces pasa
por delante, rozando los temblantes tallitos.

¡Pero entonces empieza a henchirse de repente
el cáliz de la flor! Alzado al aire libre,
lo reconozco al brillo del día, claro día.

Mis ojos se han cerrado ante aquel que, de forma
tan extraña, me había rodeado de miradas;
bajo su luz estoy tendida, ebria de sueños.

Yacer sobre la hierba

¡Yacer sobre la hierba!
¡En gotear de lluvia
el pecho refrescarse,
el ardoroso pecho!
Al que tú, amor, conmueves,
tú, amor, que estás soñando;
y a mí, soñador, riñes,
que sólo *a ti* te sueña, amor.
Y yo no quiero perturbar,
dorada abeja, escarabajo, hormiga,
de vuestra oscura fortaleza
y vuestros reinos verdes soleados,
el hormigueo discretísimo;
al levantarme no moveos,
blandos tallos. Naturaleza,
no romper tu silencio, con la arena
que rueda bajo el pie.
No despertarte con el lápiz

Mit dem Griffel dich wecken,
Genius! - Träumender!
Schön ruhender!
Dein Hauchen Abendwind! Überm Wasser!
Traube! - Herbstbereifte! - Dein Feuer!
Zu hauchen, mit schüchternen Lippen
In *ihren* Hauch,
Die meine Brust bewegt -
Die Liebe!

Auf diesem Hügel überseh ich meine Welt*

Auf diesem Hügel überseh ich meine Welt!
Hinab in's Thal, mit Rasen sanft begleitet,
Vom Weg durchzogen, der hinüber leitet,
Das weiße Haus inmitten aufgestellt,
Was ist's worin sich hier der Sinn gefällt? -

Auf diesem Hügel überseh ich meine Welt!
Erstieg ich auch der Länder steilste Höhen,
Von wo ich könnt' die Schiffe fahren sehen
Und Städte fern und nah von Bergen stolz umstellt,
Nichts ist's was mir den Blick gefesselt hält.

Auf diesem Hügel überseh ich meine Welt!
Und könnt' ich Paradiese überschauen,
Ich sehnte mich zurück nach jenen Auen
Wo Deines Daches Zinne meinem Aug' sich stellt,
Denn der allein umgrenzet meine Welt.

---

* *Die Sehnsucht hat allemal Recht*, pág. 19.

sobre la hoja que cruje,
¡oh genio! ¡Oh soñador!
¡Tú que descansas bellamente!
¡Tu aliento es brisa de la tarde! ¡Sobre el agua!
¡Escarchada de otoño la uva está!
¡Fuego tuyo! Y con labios tímidos
respirar en *su* viento
que mi pecho conmueve...
¡El amor!

Desde esta elevación yo domino mi mundo

Desde esta elevación yo domino mi mundo.
Hacia abajo, hacia el valle, junto al césped suave
que atraviesa la senda que allí lleva,
con una casa blanca, colocada en el medio,
¿qué es aquello en lo que se complace el sentido?

Desde esta elevación yo domino mi mundo.
Mas aunque yo trepara a las más arduas cimas,
desde donde podría ver navegar los barcos,
ciudades, cerca y lejos, cercadas por los montes,
nada hay que me mantenga atada la mirada.

Desde esta elevación yo domino mi mundo.
Mas aunque yo pudiera contemplar paraísos,
sentiría nostalgia de aquellos praderíos
donde tu alto tejado se ofrece a mi mirada,
porque sólo él limita mi mundo en derredor.

Ob ich dich liebe, weiss ich nicht*

Ob ich dich liebe, weiß ich nicht,
Seh ich nur einmal dir ins Gesicht,
Kann ich nicht sagen, wie mir geschieht.
Ob ich dich liebe, weiß ich nicht.

Ob ich dir traue, weiß ich nicht,
Entgeht mir deine Lehre nicht,
Tue ich auf eignen Geist Verzicht.
Ob ich dir traue, weiß ich nicht.

Ob ich dich kenne, weiß ich nicht,
Ich glaub, was deine Lippe spricht,
Dein Geist ist mir das höchste Licht.
Ob ich dich kenne, weiß ich nicht.

Ob treu dein Kind bleibt, weiß ich nicht,
Daß nie ihm deine Lieb gebricht,
Ist, was sein Flehn zum Himmel spricht.
Ob es dir treu bleibt, weiß ich nicht.

---

* *Die Sehnsucht hat allemal Recht,* págs. 13 y ss.

Si te quiero, no lo sé

Si te quiero... no lo sé.
Mas si contemplo tu rostro
no sé decir qué me ocurre.
Si te quiero... no lo sé.

Si en ti confío... no sé.
Mas guardo tus enseñanzas
y a mi criterio renuncio.
Si en ti confío... no sé.

Si te conozco... no sé.
Mas doy crédito a tus labios
y me alumbro con tu mente.
Si te conozco... no sé.

Si es fiel tu niña... no sé.
Pero que nunca le falte
tu amor, suplica a los cielos.
Si es fiel tu niña... no sé.

OTTILIE VON GOETHE

EIN GEDICHT OTTILIES (15. FEB. 1817)*

Die Augen sind mir tränentrüb,
Das Herz so bang und schwer -
Gekränket hat mich treue Lieb', -
Nun scheint die Welt mir leer.

Ich gab mit innigem Vertrauen,
Mein Herz, - mein Alles hin, -
Auf ihn, - so dacht ich, - kannst Du bauen,
Kein' Sorg' kam mir in Sinn. -

Wohl lag der Liebe erstes Glück
Mir im Erinnrungstraum,
Doch wandt' ich ernst davor den Blick,
Gab nicht dem Bild mehr Raum.

Nein! - Stimmen, - werdet nimmer laut,
Schlaft sanft und leise ein, -
Bedenkt, ich bin verlobte Braut, -
Darf keinem andern sein. -

Und wann ich strebe Nacht und Tag,
zu g'nügen meiner Pflicht, -
Und nun getan, was ich vermag,
Versteht er's dennoch nicht.

Geht stumm an meinem Weh vorbei,
Begreift nicht, was ich will, -
Doch bleiben will ich mir getreu,
Und tragen alles still.

---

* *Ottilie von Goethe*, págs. 31 y ss.

OTTILIE VON GOETHE

Una poesía de Ottilie (15. Feb. 1817)

Mis ojos están turbios por las lágrimas
y el corazón tan temeroso y triste...
padezco las ofensas de amor fiel...
el mundo me parece ahora vacío.

Yo di, con íntima confianza,
mi corazón... todo mi ser...
en él... así pensaba yo... podrás
confiar, pensé sin preocuparme...

Aunque la dicha del amor primero
me quedara en un sueño del recuerdo,
aparté la mirada, con seriedad, de él,
sin dejarle un lugar a aquella evocación.

No... voces... no volváis a decir nunca nada
más... dormíos suave y silenciosamente...
Pensad que yo soy novia prometida...
no debo ser de nadie más...

Cuando me esfuerzo noche y día
para cumplir con mi deber...
habiendo hecho lo que puedo,
él, sin embargo, no lo entiende.

Pasa, mudo, ante mi dolor,
y no comprende lo que quiero...
Mas yo quiero seguir fiel a mí misma
y soportar todo en silencio.

EIN JAHR AUS DEM TAGEBUCH EINER W... DAME

*Juni. Volkslied**

Ob der Schnee die Flur bedeckt,
Ob der Mai die Knospe weckt,
Alles zieht an mir vorbei,
Als dasselbe Einerlei.
Der Blume Duft, der Sonne Schein,
Dringt nicht ins öde Herz hinein,
Kein Morgenstrahl für mich erwacht,
Hier ist und bleibt es Nacht.

*Juli. An eine Blume im Wasser***

Du Blume in der Wellen Schoß,
Wir haben ein gleiches, trübes Los;
Bald von der Leidenschaft gehoben und getragen,
Bald an öde Ufer verschlagen,
Vom Strome aufs neue dort weggespült,
Fragt niemand, was Herz und Blume gefühlt.
Und sinken wir durch die Macht der Zeit,
Auf den tiefsten Grund der Vergessenheit,
So ziehen die Wellen über uns fort,
Weiß niemand, wer begraben dort;
Denn andre Blumen gibt's, den Fluß zu schmücken
Und andre Herzen darniederzudrücken.

(Jahrgang 1, Heft 3)

* *Ottilie von Goethe,* pág. 77.
** *Ottilie von Goethe,* pág. 78.

Junio. Canción popular

Si la nieve cubre el suelo
o al capullo despierta mayo,
todo ante mí pasa de largo
con igual monotonía.
Aroma de la flor, brillar del sol,
no penetran en el desierto corazón,
ni un rayo matutino despierta para mí;
aquí es de noche, y noche permanece.

Julio. A una flor en el agua

Oh tú, flor en el seno de las olas,
tenemos una suerte igual, atribulada:
o bien por la pasión alzadas y llevadas
o empujadas a orillas que desiertas están,
y de nuevo arrastradas allí por la corriente;
y ninguno pregunta qué han sentido
la flor y el corazón.
Y si por el poder del tiempo nos hundimos
en el más hondo seno del olvido,
las olas pasarán sobre nosotras
y ya nadie sabrá quién está allí enterrada;
porque hay otras flores para adornar el río
y hay otros corazones que oprimir hacia el fondo.

(Año 1, Cuaderno 3)

*November**

Ob ich Dich liebe, fragt mich oft Dein Blick?
Gibt Dir mein Aug' die Antwort nicht zurück?
O wär' es ausdruckslos bis jetzt gewesen,
Der erste Du, der Liebe drin gelesen! -
Ich möchte jung und unerfahren sein,
Damit das erste Wort der Neigung Dein allein.

Ich war der Welt und jeder Regung tot,
Dein Anblick mir zu leben neu gebot;
Geschlossen zählt' ich meines Herzens Tage,
Und nur für Dich ich mich ins Dasein wage;
Im neuen Leben sollst Du ganz allein
Die erste und die letzte Liebe sein.

(Jahrgang 1, Heft 17)

Eine Liebesgeschichte**

Hört nur, was von Wind und Welle
Ich euch jüngstens abgelauscht,
Dort wo jene kleine Quelle
Still und rein vorüberrauscht.

Jungfräulich kam sie gezogen,
Halb verschämt und nicht erschreckt
Hat sie ihre kleinen Wogen
Unter Bäumen fast versteckt.

---

* *Ottilie von Goethe*, pág. 81.
** *Ottilie von Goethe*, págs. 23 y ss.

Noviembre

¿Me quieres?, me preguntan tus ojos a menudo...
¿no te da una respuesta mi mirada?
¡Ojalá inexpresiva hasta ahora hubiera estado,
y tú en ella el primero leyeras el amor!
Yo quisiera ser joven e inexperta, y que fuera
del amor la primera palabra sólo tuya.

Muerta yo para el mundo y para todo estímulo
estaba, y me ha obligado tu vista a nueva vida:
Contaba, retraída, los días del corazón,
y sólo para ti me atrevo a la existencia;
en una nueva vida solamente
tú serás mi primer y último amor.

(Año 1, Cuaderno 17)

Una historia de amor

Oídme lo que he escuchado
a los vientos y a las olas,
donde aquella fuentecilla
va murmurando al pasar.

Virginal, vino fluyendo,
medio tímida y sin miedo
casi ocultando sus ondas
pequeñas bajo los árboles.

Tanzend, wirbelnd in den Lüften,
Jauchzend fast und sturmgeschwind
Über Berge, Felsenklüfte
Kam nun an Herr Sausewind.

Doch sein Brausen ward nun milder,
Stiller ward er, - mehr und mehr;
Lächelnd sprach die Quelle: «Wilder!
Ja, fast zürnt' ich dir vorher.» -

Und das Plaudern ward stets leiser,
Schmeichelnder er Treue schwur.
Kleine Quelle, sei doch weiser,
Leihst zu leicht ihm Herz und Ohr.

Bäume, die verheißend glühten,
Schont' diesmal sein Mutwill nicht,
Neckend warf er alle Blüten
Ihr ins holde Angesicht.

Und aufs neue stets erneute
Sich das kindisch süße Spiel,
Stets war gestern wieder heute,
Nur der Augenblick das Ziel.

Doch im Walde hört' ich sagen
Zur Frau Lerch' - Frau Nachtigall,
Daß schon seit den Frühlingstagen
's immer sei dasselbe all'.

Zwei Gedichte*

Niemals wende in die Ferne
Sich mit Sehnsucht mir der Blick,
Ewig treu dem einen Sterne
Blick zu ihm ich stets zurück.

---

* *Ottilie von Goethe,* págs. 25 y ss.

Danzando, arremolinándose,
con júbilo y rapidez,
por montes y acantilados
llegó el viento saltarín.

Su soplo se hizo más suave
y cada vez más callado;
dijo la fuente: «¡salvaje!
Casi me enfadé contigo.»

La charla se hizo más tierna,
ser fiel juró, lisonjero.
Fuentecilla, sé más sabia,
le haces demasiado caso.

Flor y promesa, a los árboles
terco esta vez no respeta;
jugando lanzó las flores
al hermoso rostro de ella.

Sin cesar se renovaba
el dulce juego infantil,
sin cesar era ayer hoy,
y sólo el instante el fin.

Mas en el bosque decía
a la alondra, el ruiseñor,
que desde la primavera
todo igual se repitió.

Dos poemas

Que nunca se me escape la mirada
hacia la lejanía, con nostalgia;
a una única estrella siempre fiel,
me vuelvo a contemplar con gran constancia.

Niemals in der Zukunft Grauen,
Sucht' ich Freunde mir und Heil,
Die Vergangenheit zu schauen,
Dünkte mir der bessre Teil.
Niemals kann ich doch vergessen, -
Was dem Leben, - Leben gab, -
Zukunft will ich nicht ermessen,
Rückerinnerung bleib mein Stab. -

Wieder sitz ich auf der Bank,
Wo ich sonst oft stundenlang
In des Hofes kleinem Raum,
Gegenüber jenen Bäumen,
Die des Berges Rand umsäumen,
Oft geträumt manch schönen Traum.
Dann dacht' ich der Hausfrau Glück,
Kehrt der Gatte ihr zurück,
Wann des Tages Sonne sinkt;
Tritt er dort aus jenem Tor, -
Freundlich lächelnd dann hervor
Sie in seine Arme winkt. -
Und von hier aus ging entgegen,
Ich des Glückes reichstem Segen, -
Aber schweig armselig Wort, -
Liebe hat ja keine Laute,
Träne nur, - ist ihr Vertraute
Und Gefühl - weist Denken fort. -

En el amanecer futuro, nunca
busqué yo salvación o mis amigos,
sino me pareció más provechosa
la consideración de lo pasado.
Porque jamás podré olvidar
lo que a la vida dio la vida...
Calcular el futuro no deseo,
mi apoyo siguen siendo los recuerdos.

De nuevo estoy sentada en este banco
donde antaño soñaba, horas y horas,
en el ámbito estrecho de este patio,
frente a árboles que forman una orla
al borde de los montes; y a menudo
más de un hermoso sueño había soñado.
Pensaba entonces en la dicha
del ama de la casa, cuando vuelve
el esposo hacia ella, a la puesta del sol;
de aquella puerta sale entonces sonriendo
amablemente; y hace señas para que venga
a estrecharla en sus brazos.
De aquí salí al encuentro de la más
hermosa bendición de la felicidad...
pero callad, palabras miserables...
porque el amor carece de expresión,
las lágrimas tan sólo... tiene por confidentes;
y el sentimiento a la razón rechaza.

Die Bettlerin von Weimar*

Ihr Herrn und Damen, hört mein Wort:
Die Bettlerin bin ich hier vom Ort.
Ich hab' einst bessere Tage gekannt,
Sie haben mich unter den Ersten genannt!
Nun bin ich ein armes Weib
Und klage Euch mein tiefes Leid.
Nicht verlang' ich die früheren Güter zurück -
Fern bleib mir Lieb', fern sei mir Glück -
Doch wenn von Eurem frohen Mut
Ein Wörtchen Ihr übrig haben tut,
So wendet es mir Armen zu -
Es bringt vielleicht das Herz zur Ruh',
Ich verlange nicht Liebe, ich verlange nicht Lob:
Schlagt nur mit Worten die Gedanken tot,
Laßt mich nimmer mit ihnen allein,
Es heißt auf der Erde in der Hölle schon sein!
Übertönt mein armes krankes Herz
Mit Spott, mit Lachen, mit frohem Scherz,
So schweigt der Schmerz mir in der Brust.
Übertäubt den Kopf mit wilder Lust!
O Ihr Reichen an Gut und Mut
Wißt nicht, wie weh die Armut tut.
Erbarmt Euch meiner tiefen Not,
Schlagt mir die Erinnerung tot!
Denkt, daß Euch wie mir auf Erden
Leicht das gleiche Leid kann werden -
Und Gottes Segen belohne Euch
Für jede Minute an Zerstreuung reich.

---

* *Ottilie von Goethe,* pág. 115.

La mendiga de Weimar

Señores y señoras, escuchad mi palabra:
soy aquí la mendiga del lugar.
¡Conocí en otros tiempos días mejores,
en que entre las primeras era considerada!
Ahora soy solamente una pobre mujer
y mi dolor profundo lamento ante vosotros.
No es que reclame yo los bienes anteriores...
Lejos quede el amor; lejos esté la dicha...
Pero si de vuestro ánimo contento
alguna palabrita os quedara sobrante,
dedicádmela a mí, que soy una mendiga...,
devolverá quizá la paz al corazón.
Yo no exijo el amor, yo no exijo alabanza:
mas sólo, con palabras, matad mis pensamientos,
no me dejéis ya nunca estar sola con ellos,
¡es igual que en la tierra estar en el infierno!
A mi pobre y enfermo corazón acalladlo
con risas y con burlas, y con bromas alegres,
para que así el dolor se silencie en mi pecho.
¡Acallad mi cabeza con júbilo salvaje!
Oh, vosotros, los ricos en ánimo y en bienes,
no sabéis cuánto duele la pobreza.
¡Oh, tened compasión de mi honda miseria
y matad mis recuerdos!
Pensad que, igual que a mí, sobre la tierra,
fácilmente la misma pena puede llegaros...
Y que la bendición de Dios os recompense
por todos los minutos que logré distraerme.

Ottilie an Adele Schopenhauer

November, 30ten 1833

Ich schreibe Dir in großer Aufregung, denn eben erhielt ich einen Brief von der Frau von Des Voeux. Ich glaubte, ich wäre arm genug, ich glaubte, sie hätte mir alles genommen, aber nein, es findet sich doch noch etwas, sie nahm ihn, sein Selbst, aber mir blieb ja sein Schatten, sein Bild - sie hat nur eines, was sie kurz nach seiner Heirat selbst malte und ihr nicht genügt, sie vermutet, ich besitze vielleicht eines und bittet um eine Kopie...

*Die Paria an die Raja**

2. Dezember. 1833

Was willst Du, Raja, in der Paria Hütte?
Was willst Du, Reiche, wo die Armut wohnt?
Wie, hör' ich recht? Du hättest eine Bitte?
-- Du willst, womit Er meine Treu' gelohnt!

Sein Bild? Wie, Raja? - Du hast ihn besessen,
Und mir blieb nichts als dieses Schattenglück,
Und selbst dies Traumglück soll ich jetzt vergessen, -
Schaudert Dein Herz nicht vor dem Raub zurück?

Ich soll es mit Dir teilen? Abdruck geben,
Von dem, was nur bestimmt für mich allein?
Der einz'ge Trost in einer Paria Leben
Ist: einmal doch allein geliebt zu sein!

---

* *Ottilie von Goethe,* págs. 118 y ss.

Ottilie a Adele Schopenhauer

30 de noviembre de 1833

Te escribo muy excitada, pues acabo de recibir una carta de la mujer de Des Voeux. Pensaba que ya era yo bastante pobre, pensaba que ella me había quitado todo, pero no, aún hay algo: ella se apoderó de él, de su ser, pero a mí me quedó su retrato; sólo tiene uno que ella misma hizo poco después de su boda y que no le basta, ella supone que yo pueda quizá tener uno y me pide una copia [...]

La paria ante la Rajá

2 de diciembre de 1833

¿Qué quieres tú, Rajá, en la choza de una paria?
¿Qué quieres, rica, donde habita la pobreza?
¿Cómo es esto, oigo bien? ¿Vas a pedirme algo?
... ¡Estás queriendo el premio a mi fidelidad!

¿Su retrato, Rajá?... Tú a él lo has poseído
y no me quedó más que esta sombra de dicha,
y aun la dicha soñada debo olvidar ahora...
¿Acaso no estremece tu corazón el robo?

¿Contigo compartirlo? ¿Dar una copia de algo
que sólo para mí fue destinado?
¡El único consuelo en vida de una paria
es: por una vez al menos yo sola ser amada!

Hast Du denn je mit mir geteilt die Wonne;
Des Liebenden rechtmäß'ges Weib zu sein?
Dein eigen war er bei dem Gruß der Sonne,
Dein eigen bei der Sterne mildem Schein.

Ich rechte nicht mit Bramas hohem Willen,
Der Dich erhob und mich zum Staub' bestimmt;
Du magst wohl besser sein Gebot erfüllen
Als es der Paria wildes Herz vernimmt.

Ich rechte nicht, daß er Dir gab im Leben,
Was einer Paria schuf die Seligkeit,
Daß er Dir ihn,der mein einst war, gegeben;
Dich als die Bessre nenne ich bereit.

Du darfst der Welt den Kummer laut bekennen,
Dein Schmerz, er wird zur hohen Tugend Dir, -
In mir wird man es nur Verbrechen nennen,
Den des Gesetzes Spruch gab ihn ja Dir.

Was willst Du denn? Dich ehren Deine Tränen,
Das Recht zu weinen Dir der Brame gab, -
Doch ich muß bergen dies verzehrend Sehnen,
Weil er Dein Eigentum selbst ist im Grab.

Du glaubst, daß du mich Arme nicht gekränket,
Da mild Dein Auge, mild der Stimme Ton?
Du weißt es nicht, wie eine Paria denket:
Dein Name, - seiner ist's! - verletzt mich schon!

Dein Name, und der Raja Farb und Zeichen,
Erinnert mich, daß ich die Paria bin;
Daß Deine Züge seiner Handschrift gleichen,
Verwirrt mir fast den armen dunklen Sinn.

Die Liebe lerntest Du nur glücklich kennen,
Darum verstehst Du nicht den Dolchesstich,
Wenn ich Dich höre ihn als Gatten nennen,
Der Heißgeliebter war einst nur für mich!

¿Acaso tú conmigo compartiste el placer
de ser mujer legítima de aquel que la está amando?
Él era cosa tuya cuando saluda el sol,
cosa tuya al fulgor suave de las estrellas.

Yo no pongo en cuestión la voluntad de Brahma,
que te elevó y a mí me ha destinado al polvo;
quizá puedas cumplir mejor sus mandamientos
que el corazón salvaje del paria puede hacerlo.

No cuestiono que él a ti te dio en la vida
lo que constituyó la dicha de una paria,
ni que él a ti te dio al que una vez fue mío;
sin dudarlo yo acepto que eres la mejor.

Tú puedes admitir tu dolor ante el mundo;
tu dolor, para ti, se hace alta virtud...
En mí tan sólo crimen va a ser considerado,
pues sentencia legal a ti lo adjudicó.

¿Qué pretendes tú entonces? A ti te honran tus lágrimas,
Brahma te concedió el derecho a llorar...,
mas yo debo ocultar este voraz anhelo,
pues él hasta en la tumba será tu propiedad.

¿Crees tú no haberme nunca ofendido a mí, pobre,
con tu mirada suave, suave tono de voz?
Tú no tienes ni idea, cómo una paria piensa:
¡tu nombre —¡que es el suyo!— ya me está haciendo daño!

Tu nombre y el color y señas de Rajá,
me recuerdan, constantes, que la paria soy yo;
y que a su escritura tus rasgos se asemejen
casi hace extraviar mi oscura y pobre mente.

Tú has conocido sólo lo feliz del amor;
por eso no comprendes qué puñalada siento
cuando oigo que le llamas tu esposo, ¡porque antes
él, para mí tan sólo, fue amado con pasión!

Ich hatte alles ja an Dich verloren -
Das Bild allein blieb ungeteiltes Gut...
Die Paria zum Verlieren ist geboren,
Und was sie fühlt, heißt nur unheil'ge Glut...

Aus Ottilies Tagebuch

13. Dezember 1853

Dann benutzten wir die stille Zeit, um daß Walther meine Gedichte in Ordnung brachte, damit sie doch ein ordentliches Versmaß bekamen, immer konnte ich mich aber nicht zu der Änderung verstehen.
Ich schreibe sie also nun hier in ihrer veränderten und verbesserten Gestalt, wie sie Walther gemacht hat, ein.

*Senza Moccolo**

--- Senza Moccolo? Heut ohne Licht?
Entzünde es eilig, verlösche es nicht!
Das Leben so reich erst an Glanz und an Schein,
Sargt bald sich ins Dunkel des Alters hinein.
Die Lieb' trägt die Fackel so stolz und so hoch,
Die Zeit mit dem Löscher erreichet sie doch,
Und ach! senza Moccolo ruft man erschreckt,
Sobald man die leblose Kerze entdeckt,
Und ach, senza Moccolo lichtlos der Pfad,
Auf dem jüngst die Liebe uns strahlend genaht.

---

* *Ottilie von Goethe*, págs. 144 y ss.

Yo lo tenía perdido ya todo por tu causa,
y sólo su retrato era no compartido...
Para perder, la paria vino al mundo,
y todo lo que siente, se llama ardor culpable...

Del diario de Ottilie

13 de diciembre de 1853

Luego aprovechamos el rato de tranquilidad para que Walther pusiera en orden mis poesías, para que tuvieran una versificación correcta, pero no siempre podía yo consentir las enmiendas.
Por eso las apunto ahora aquí en su versión modificada y mejorada, tal como la hizo Walther.

Senza moccolo

¿Senza moccolo? ¿Estamos hoy sin luz?
¡Enciéndela deprisa, y ya no la apagues!
La vida, que al principio tan rica es en brillos,
llega pronto a enterrarse en la oscura vejez.
Amor lleva la antorcha tan orgullosa y alta,
mas el tiempo la alcanza con el apagador,
y, ¡ay! «senza moccolo» se grita con pavor
en cuanto se descubre la vela ya sin vida
y ¡ay! «senza moccolo» el sendero sin luz
donde ha poco el amor, radiante, se acercó.

Die stürmende Jugend begnüget sich nicht,
Mit dürftiger Leuchte, sie dürstet nach Licht,
Sie greift in die Flammen begierig hinein,
Ein Kranz nur von Kerzen genügt ihr allein.
Sie hält ihn empor keck über sich,
«Wie schön ich bin, - bewundert mich.»
Doch alle brennen nach und nach aus,
Und oft im Verlöschen zerstören das Haus.
Der Ruhm senkt die Flügel, die aufwärts er trug,
Die flackernde Freude hat Ekel zum Fluch,
So faßt senza Moccolo rasch uns der Feind,
Der nimmer bejaht und der ewig verneint.
Der Neid führt die Hand zum Verlöschen bereit,
Wenn fröhlich der Nachbar des Lichts noch sich freut;
Und Du willst vernichten Dein ewiges Licht,
Das Licht, das ins Dunkel der Erden-Qual bricht?
Entzünde die Flamme, wenn fremd auch der Herd,
Wenn Dir nicht sein Wärmen, sein Leuchten gewährt,
Das Dunkel verscheuche, und sinkt Dir der Mut,
Dann zünde die Kerzen an ewiger Glut.

Vater, der Du alles hast*,

Gib mir Liebe!
Spende andern Ruhm und Gold,
Spende andern Ehrensold,
Gieß auf andrer hellen Wegen
Aus den allervollsten Segen!
Vater, der Du alles hast,
Gib mir Liebe!

---

* *Ottilie von Goethe*, pág. 179.

La loca juventud no se contenta así
con alumbrado escaso, tiene sed de más luz,
extiende ansiosamente a las llamas sus manos,
sólo la satisface la corona de velas.
La eleva sobre sí con atrevido gesto...
«Qué belleza la mía... admiradme.»
Mas todas se consumen, la una tras la otra,
y destruyen la casa, al apagarse, a veces.
La fama hunde las alas que antes llevaba en alto,
la ondeante dicha tiene por maldición el asco,
nos coge «senza moccolo», aprisa, el enemigo
que nunca dice sí y siempre dice no.
La envidia guía la mano, ya dispuesta a apagar,
cuando, alegre, el vecino se alegra aún de la luz;
¿y tú, tu eterna luz quieres aniquilar,
la que irrumpe en lo oscuro del tormento terrestre?
Enciende tú la llama, aun en hogar extraño;
si no se te concede su calor y su luz
ahuyenta tú lo oscuro, y si te baja el ánimo
prende entonces las velas en el eterno ardor.

¡PADRE, QUE LO TIENES TODO,

dame amor!
¡Dales a otros oro y gloria,
a otros galardón de honor,
en las claras sendas de otros
derrama tu bendición!
¡Padre, que lo tienes todo,
dame amor!

ADELE SCHOPENHAUER

No, no, no, no ne vo più*

Viele Blüthen bot das Leben,
Beut es farbig wechselnd Glück;
Was es flüchtig mir gegeben,
Was ein schöner Augenblick
Blumenarthig schnell entfaltet,
Hat sich blumig auch gestaltet
Und ist in des Lebens Wogen
Mit dem Frühling - fortgezogen.

Ohne Klage sah ich schwinden
Mancher Blüthe freundlich Licht;
Neue hoffte ich zu finden,
Und der Glaube - täuschte nicht.
Mannichfaltigkeit der Zeiten
Brachte neue Blumenbeuten,
Brachte neue Lebenswonnen
Mit dem Nah'n der neuen Sonnen.

Aber nie hab' hingegeben
Thöricht spielend ich ein Glück;
Hielt die Blüthen all im Leben
Gerne ewig mir zurück! -
Heute erst mit leisen Schmerzen
Will ich selbst mit kühnem Herzen
Aus des Lebens buntem Strauß
Eine Blüthe ziehen aus.

Wunderseltsam sich entfalten
Sah ich sie durch Zufalls Spiel,
Hätte gern sie mir erhalten -

---

* *A. Schopenhauer Gedichte,* pág. 75.

ADELE SCHOPENHAUER

No, no, no, no ne vo più

La vida me ha ofrecido muchas flores,
multicolor, mudable dicha ofrece;
lo que me ha dado con fugacidad,
lo que un hermoso instante desplegó
al modo de las flores, fugazmente,
se ha formado también, como una flor,
y con la primavera se ha marchado
entre las turbulencias de la vida.

Vi desaparecer, sin una queja,
la amable luz de muchas flores;
otras nuevas pensaba yo encontrar,
y la creencia no me engañó.
Pues la diversidad de tantos tiempos
trajo ofertas de flores, renovadas,
trajo nuevas delicias de la vida,
al acercarse nuevos soles.

Mas yo, jugando tontamente
nunca he entregado dicha alguna;
¡con gusto retendría eternamente
todas las flores de la vida!
Hoy, por primera vez, con dolor suave,
sacar quiero una flor,
con corazón osado,
del ramo de colores de la vida.

Desplegarse la vi, maravillosa
y extrañamente, por azar...
y la hubiera guardado, con gusto, para mí...

Doch der Farben sind zu viel.
Bunt verwirren sie die Sinne;
Daß ich Frieden mir gewinne,
Geb' ich heut' mit stolzem Blick
Bunte Blüthe, dich zurück!

An meinen Freund*

Täglich durft' ich sonst dich schauen,
Deiner lieben Nähe mich erfreun,
Jedem Tag das stille Glück vertrauen,
morgen, wußt' ich, mußt' es sich erneu'n!

Keinen Gruß bringt nun die weite Ferne,
Keinen Blick die todte Nähe mir,
Und kein Himmel trägt die alten Sterne,
Die mir einst so hell gestrahlet hier!

Jede Stelle scheint Euch noch wie immer,
Jeder Tag wie eh'mals hinzugehn,
Keinem mangelt jener Farbenschimmer,
Keiner will den stummen Wink verstehn.

Keiner nennt die alten heilgen Namen, -
Keiner stört der leisen Thränen Lauf -
Alte Bilder steigen aus dem Rahmen,
Alte Träume wachen wieder auf! -

Was ich mühsam, kraftvoll mir errungen,
Nimmt dies ewig starre Schweigen mir -
Alle Lebenstöne sind verklungen,
Denn, ach! Keiner redet mehr von Dir!

---

* *A. Schopenhauer Gedichte,* pág. 69.

pero son demasiados los colores,
multicolores, desconciertan los sentidos;
¡para ganarme hoy la paz,
con mirada orgullosa, te devuelvo,
flor de muchos colores!

A mi amigo

A diario podía antes verte,
gozarme con tu amada cercanía,
confiar a cada día la dicha silenciosa,
¡sabía que mañana se habría de renovar!

¡Mas ahora ni un saludo me trae la ilimitada
lejanía, ni la muerta cercanía una mirada,
y no hay cielo que lleve las antiguas estrellas,
que para mí brillaban, antes, tan luminosas!

Cada sitio os parece aún ser el de siempre,
cada día pasar igual que en otro tiempo,
a ninguno le falta aquel brillo polícromo,
ni quiere comprender la callada señal.

¡Nadie dice los nombres antiguos y sagrados...
nadie interrumpe el curso callado de las lágrimas...
imágenes antiguas se salen de su marco,
antiguos sueños vuelven de nuevo a despertar!

Lo que yo conseguí con esfuerzo y con pena,
me lo quita este eterno y rígido silencio...
Toda nota de vida cesó de resonar,
porque, ¡ay!, ¡ya nadie habla de ti!

An Ottilie*

Ich habe gelebt! ich habe geliebt!
Ich habe mich innig gefreut und betrübt,
Mir manchen Kranz keck auf die Stirne gedrückt
Und der Lebensblüthen gar viele gepflückt -
Und am Ende erwacht' ich - wie Alle erwachen!

Und es war Sturm, und es war Nacht!
Und die Jugend zu Ende, noch eh' ich's gedacht!
Mancher Rose Dorn war im Herzen geblieben
Von zu kühner Wagniß im Brechen getrieben -
Und ich mußte mich selber im Weinen belachen.

Und nun stand ich allein auf des Lebens Höh',
Überblickte des Lebens Gaben
Und betrachtete kalt das eigene Weh -
Wollte nichts hier mehr wünschen, noch haben.
- Da brach durch die Nebel ein Sonnenstrahl,
Und mein Blick traf auf Deine Gestalt!
Und Leben und Lieben war wieder mir Wahl,
Rasch vernichtet des Bösen Gewalt.

Ich habe geliebt! am meisten Dich!
Gelebt und gelitten - in Dir und für Dich!
Und in Dir umgiebt noch die Jugend mich,
Kühn gewonnen hab' ich des Lebens Spiel:
Du standest am Anfang, Dich find' ich am Ziel

---

* *A. Schopenhauer Gedichte*, pág. 88.

A Ottilie

¡He vivido! ¡He amado!
He sentido alegría y pena, con hondura,
me he apretado coronas, con audacia, en la frente,
y cogido, abundantes, las flores de la vida...
y al final desperté... ¡como todos despiertan!

¡Y la tormenta vino, y era por la noche!
¡La juventud, acabada antes de darme cuenta!
Mucha espina de rosa quedó en mi corazón
debido a mi excesiva osadía al cogerla...
y tuve que reírme de mí misma, llorando.

Y ahora estaba yo sola en las cumbres de la vida
contemplando sus dones;
miraba con frialdad el propio sufrimiento...
No quería desear ni tener nada aquí.
¡Y el sol se abrió camino entonces por la niebla,
y encontró mi mirada tu figura!
Vivir, amar de nuevo eran posibles,
aniquilada, rápida, la potencia del mal.

¡Yo he amado, y a ti como a ninguna!
¡Yo vivido y sufrido... en ti y para ti!
Y en ti me está rodeando aún la juventud
y, osada, ha dominado el juego de la vida:
Tú estabas al principio, y te encuentro en el fin.

*Wenn ich in Karlsbad am Morgen im Brunnengewühl mich umhertrieb, fielen mir immer diese Worte ein. Abend kam ihnen mit einem Male ein Schluß, und endlich schrieb ich sie nieder**.

Fremde Gesichter, fremderer Blick
Scheucht mich oft schreckend in mich zurück.
Find' ich im Herzen bekannte Gestalt,
Treibt mich's zu suchen mit alter Gewalt.
Liebe und Sehnen im wechselnden Spiel
Zeigen verlockend von ferne das Ziel.

Und nun glaub' ich sie zu hören
Die geliebten leisen Töne -
In dem Klagelaut der Föhren
Flüstern sie! - und jene schöne
Stille Heiterkeit der Seele,
Wie nur er sie konnte geben,

Sie durchschimmert all mein Leben,
Löset alle Schuld und Fehle,
Nimmt die Last mir leis vom Herzen,
Sänftigt alle wilden Schmerzen.
Und ein Abendsonnenblick
Bringt mein Morgenroth zurück.

Ist mir nicht, als wär's errungen?
Ist es nicht, als wär's erreicht?
Ist ein Zauberwort erklungen,
Hat mein Flehen Euch erweicht?
Hat mir Gott zurückgegeben
Meiner ersten Liebe Glück?
Steht am Wendepunkt mein Leben?
Führt mich dieser Pfad zurück?

---

* *A. Schopenhauer Gedichte,* págs. 92 y ss.

Cuando paseaba en Karlsbad por la mañana, junto al ajetreo del balneario, se me ocurrieron estas palabras. Por la tarde, de un golpe, les llegó la conclusión, y finalmente las puse por escrito.

Rostros extraños, más extrañas las miradas;
me repliego en mí misma, asustada, a menudo.
Si encuentro una figura que el corazón conoce,
algo empuja a buscarla, con antigua violencia.
El amor y el anhelo, en un mudable juego,
muestran desde lo lejos, atrayentes, la meta.

Y ahora me parece que los oigo,
los amados sonidos, tan suaves...
¡En el rumor de queja de los pinos
ellos murmuran!... y la bella
serenidad del alma, silenciosa,
como tan sólo él podía dársela,

atraviesa, brillando, por toda mi existencia,
disuelve toda culpa y todo error,
del corazón me quita todo peso,
calma todo salvaje sufrimiento.
Y una mirada al sol poniente
me devuelve mi aurora matinal.

¿No es como si lo hubiera conseguido?
¿No es como si lo hubiera ya alcanzado?
¿Ha resonado una palabra mágica,
os ha ablandado tanto suplicar?
¿Acaso me ha devuelto Dios la dicha
de mi primer amor?
¿Está mi vida en una encrucijada?
¿Me lleva esta vereda hacia atrás?

Ach! der Menschen fremde Menge
Gab nur tief'res Sehnen mir!
'Und entfliehend dem Gedränge
Flüchtet' ich, Natur, zu dir!
Was mir Niemand konnte geben,
Gab die teure Mutter mir;
Und ihr reiches, volles Leben
Ward zum treuen Bild von Dir.

AN DIE NACHT*

O stille Freundin Du! O wortlos ernste Nacht!
Nimm meinen lauten Schmerz in Deine Mutterarme!
Verhüll' mein müdes Haupt in Deiner Schleier Pracht,
Daß dieses starre Herz in Thränenthau erwarme.
Zeig' mir Ihn fern im Traum, erwecke heiß'res Sehnen -
Die harte Wirklichkeit nahm mir den Trost der Thränen.

Des Tages Forderung und seiner Fragen Qual,
Sie bleiben, fern gebannt, in weitem Kreise stehen -
Und frei von fremdem Zwang erhebt zum erstenmal
Die Seele sich empor, will weithin rückwärts sehen
Dorthin - wo sie geglaubt, dem Tod sich hinzugeben,
Und ach! so tief geirrt! sie gab sich hin - dem Leben!

Als ich eines Abends traurig nach Hause kehrend allerlei wunderliche Vergleiche angestellt hatte
*Bruchstücke***

Mir ist, als hab' eine frevelnde Lippe
Das allerheiligste Wort mir genannt -
Oder als ständ' ich hoch auf der Klippe

* *A. Schopenhauer Gedichte,* pág. 99.
** *A. Schopenhauer Gedichte,* pág. 106.

La multitud extraña de los hombres,
¡ay, tan sólo me dio un anhelo más hondo!
¡Para escapar del ajetreo
huí, naturaleza, a ti!
Lo que nadie me pudo dar,
la madre tan querida me lo dio;
y su repleta y rica vida
se convirtió en un fiel retrato tuyo.

A LA NOCHE

¡Oh amiga silenciosa! ¡Oh seria y muda noche!
¡Acoge mi gran dolor en tus brazos de madre!
Oculta mi cansada cabeza en el esplendor de tu velo,
para que este yerto corazón se caliente con el rocío de las
[lágrimas.
Muéstramelo a él en sueños, a lo lejos, suscita anhelo más
[cálido...
La dura realidad me quitó el consuelo de las lágrimas.

Las exigencias del día y el tormento de sus preguntas,
se detienen, desterradas lejos, en amplio círculo...
y, libre de presión ajena, se eleva por primera vez
el alma, quiere ver hacia atrás, muy lejos,
allí... donde creyó entregarse a la muerte,
y ¡ay! ¡Tan hondamente erró! ¡Se entregó... a la vida!

Cuando una tarde, volviendo, triste, a casa, había puesto varias extrañas comparaciones
Fragmentos

Me siento igual que si malvados labios
me hubieran dicho la palabra más sagrada...
¡O como si estuviera en alto acantilado,

Und schaut' in den Abgrund hinab, unverwandt!
  Und lieblich rief mich leis eine Stimme: Zurücke!
Doch fest sei mein Blick in die Tiefe gebannt!
Und mit dem Bewußtsein, als schied ich vom Glücke,
Verharrt' ich gefesselt am schwindelnden Rand!
  Und mit unendlich tiefem Sehnen
  Blick' ich hinab in den tiefen Schacht,
  Es fließen heiß hinab meine Thränen,
  All' mein Bewußtsein umfangen in Nacht.

Mir ist als sei ich ein Kreuzes-Ritter
Und zöge zum Siege wohl in den Streit,
Und über mir rollten Ungewitter,
Und unter mir rollten die Wellen der Zeit!
Und um mich grünten des Lorbeers Zweige
Und rosige Knospen, zum Blühen bereit -
Und wie ich nach diesem, nach jenem mich neige,
So schwänden in Duft sie, mir bliebe nur Leid.
  Und mit unendlich tiefem Sehnen
  Blick' ich herab auf das Kreuz meiner Brust:
  Ein Rosenkranz von hellen Thränen
  Sei einziger Preis des Kampfes Lust!

Adler sind meine Gedanken!*

Flattern hoch in der Lüfte blaulichem Meer.
Adler der Lüfte sind meine Gedanken,
Fassen die Beute so hoch und hehr.
Aber das Opfer, so grausam zerrissen,
Fliehendes Leben verkündend im Schmerz -
Mußt' es verhehlend am Ende doch wissen:
Daß es das eigne verblutende Herz.

* *A. Schopenhauer Gedichte,* pág. 131.

y mirase al abismo, impasible!
  Y una voz, cariñosa, suave, llamara: ¡atrás!
¡Mas siguiera, hechizada, mi mirada en lo hondo
y consciente de estar aparte de la dicha,
me crispase, sujeta al borde turbador!
  Y con un hondo, ilimitado anhelo,
  hacia abajo mirase, a hondo desfiladero;
  se precipitan, cálidas, hacia abajo mis lágrimas,
  con toda mi conciencia envuelta en noche.

¡Igual que un caballero yo me siento,
que fuera a la victoria en medio de batallas,
y sobre mí rodaran tempestades,
y debajo rodaran las olas de los tiempos!
Y alrededor verdearan las ramas del laurel
y rosados capullos, a florecer dispuestos...
Y al inclinarme sobre éste o aquél
se volvieran aromas; para mí sólo pena.
  Y con hondo, infinito anhelo
  mirase yo la cruz que está en mi pecho:
  ¡y un rosario de lágrimas muy claras
  fuera el único premio del placer de la lucha!

¡ÁGUILAS SON MIS PENSAMIENTOS!

Se ciernen en el mar azulado del aire.
Águilas de los aires mis pensamientos son,
atrapan el botín tan alto y tan augusto.
Pero la presa, tan cruelmente desgarrada,
con dolor anunciando la vida que se escapa...
disimulando, al fin tenía que saberlo,
que era el sangrante, el propio corazón.

Schwäne sind meine Gefühle!
Theilen still jener Tiefe wogende Nacht!
Singende Schwäne sind meine Gefühle,
Singen der Sonne verheerende Pracht.
Aber die Gluthen, die sie beweinen,
Lieblich umhüllend in Tönen ihr Grab,
Ziehen verglimmend in zögerndem Scheinen
Schwäne und Töne zur Tiefe hinab.

AN SIBYLLE MERTENS*

Wie der Himmel sich im Meere spiegelt,
Seinen Glanz ihm leiht, sein Lichtbewegen,
Seine Wogen farbenhell beflügelt,
Daß sie grundentfliehend leicht sich regen:
Also ist mein Außensein und Leben
Reges Bild der Kraft, die Du gegeben.

In der Tiefe - wo die Wasser quellen,
Raset stumm die Macht, noch ungezügelt,
Grimme Feinde lauern unter Wellen -
Hat das Schweigen auch mein Wort besiegelt,
Tief im Innern, wo sich Schmerzen regen,
Ist im Herzen stets die Qual zugegen.

AN WOLFGANG VON GOETHE**

Wenn der Schnee von jenen Höhen
Niederschmilzt in's stille Thal,
Laß mich Dich noch einmal sehen,
Küße mich zum Letztenmal.

---

* *A. Schopenhauer Gedichte,* pág. 134.
** *A. Schopenhauer Gedichte,* pág. 149.

¡Mis sentimientos cisnes son! ¡Dividen
en silencio la ondeante noche de la hondura!
Cisnes cantores son mis sentimientos,
cantan el esplendor voraz del sol.
Pero las brasas que ellos lloran,
envolviendo su tumba dulcemente en sonidos,
arrastran, en dudosos brillos que se extenúan
a cisnes y sonidos a la hondura.

A Sibylle Mertens

Igual que sobre el mar el cielo se refleja
y le presta su brillo, su luz en movimiento,
y de claros colores pone alas a sus olas
para que, huyendo el fondo, se agiten fácilmente:
así es mi vida externa y mi existencia, viva
imagen de la fuerza que me has dado.

En la profundidad (donde las aguas manan,
brama, mudo, un poder aún indomeñado
y acechan enemigos malos bajo las olas)
el silencio ha sellado también a mi palabra;
hondo, en el interior, donde el dolor se agita,
el tormento, constante, está en el corazón.

A Wolfgang von Goethe

Cuando la nieve se derrite y cae,
desde aquellas alturas, sobre el valle tranquilo,
déjame que te vea una vez más,
bésame por última vez.

Wenn der Blüthenstaub der Weiden
Dich umfliegt mit zartem Duft,
Werd' ich mit dem Winter scheiden,
Weil der Frühlingshauch mich ruft!

Denn mich locken die Verwandten,
Mich der Elemente Kind;
Was sie zur Gestalt hier bannten,
Lösen leise sie und lind.

Dann umschmeichl' ich Dich als Welle,
Spiel' als Zephyr Dir im Haar,
Flattre vor Dir als Libelle,
Jung mit jedem jungen Jahr.

Lieg' als Ranke Dir zu Füßen,
Blick' als Blume Dir ins Herz:
Grüße Dich in tausend süßen
Lenzgebilden - ohne Schmerz!

(Diese Verse sind nicht an Wolf gemacht, sondern ihm dediciert, als Geschenk.)

Das sanfte Wort*

Wenn dich das Leben wund gedrückt,
Und Kummer ruht auf deinen Tagen,
Kein frischer Reiz den Sinn entzückt,
Dich stößt des Überdrusses Zagen,
Gewähr' dir Gott ein sanftes Wort,
Es trägt dich durch die Erde fort.

Wenn man dir stumm vorübergeht,
Und Freund' und Feinde dein vergessen,

* *A. Schopenhauer Gedichte,* pág. 157.

Cuando el polen de las praderas
vuele a tu alrededor con tierno aroma,
me apartaré con el invierno,
¡porque el soplo de la primavera me llama!

Porque me atraen los semejantes,
a mí, hija de los elementos;
lo que aquí cautivaron en figuras,
lo liberan suave y tiernamente.

Después, como una ola te acaricio,
y juego con tu pelo como céfiro,
aleteo ante ti como libélula,
joven con cada joven año.

Yazgo a tus pies como sarmiento,
igual que una flor miro, dentro, en tu corazón:
¡y te saludo en mil dulces figuras
de primavera... sin dolor!

(Estos versos no están hechos para Wolf, sino dedicados a él como regalo)

La palabra suave

Cuando la vida te haya lastimado
y descanse en tus días la aflicción,
no deleite a la mente ningún encanto fresco,
te choque el desaliento de la hartura,
Dios te conceda una palabra suave,
que te lleve adelante por el mundo.

Cuando pasen de largo y en silencio,
y te olviden amigos y enemigos;

Wenn niemand deinen Geist versteht,
Sie mit gemeinem Maß dich messen,
Gewähr' dir Gott ein sanftes Wort,
Es trägt dich noch am Abgrund fort.

Das sanfte Wort, als Schöpfungshauch
Für die Oase in der Wüste,
Wird dir zum heiligenden Brauch,
Der rein den Paria selbst büßte!
Wie jener Regenbogen dort
Reicht's über Welt und Sünde fort.

WELLE SPÜHLE FORT MEINEN KUMMER!*

O wahr' mir Gott den Schiffersmann!
Die Woge lechzt zu ihm heran,
Das Schaumroß steigt ihm in den Kahn -
Der Brandung zu höhnendem Spiele.

«Welle spühle fort meinen Kummer!»
Erleuchte Blitz den Felsenrand!
Die losen Blätter treibt's zu Land,
Die Fluthen schlägt des Schwimmers Hand:
Fort wirbeln den Knaben die Wogen!

«Welle spühle fort meinen Kummer!»
Der Fischer faßt des Knaben Haar!
Als schwer erreicht das Ufer war,
Weh', hat er für die Todtenbahr'
Die Leiche des Sohns sich errettet!

«Welle spühle fort meinen Kummer!»
Die Seele fliegt als Möve fort
Und warnt die Schifferschaar im Port! -
Im Morgengold der Unglücksort
Glüht überstreut mit Korallen!

«Welle spühle fort meinen Kummer!»

---

* *A. Schopenhauer Gedichte,* pág. 159.

cuando nadie comprenda tu sentir,
y con vulgar medida a ti te midan,
Dios te conceda una palabra suave,
que te lleve adelante, al filo del abismo.

¡La palabra suave, cual soplo de creación
para el oasis del desierto,
se te convertirá en hábito sagrado
que hasta a un paria haría puro, expiando sus culpas!
Igual que el arco iris a lo lejos,
alcanza más allá del mundo y de la culpa.

¡Ola, lava mi pena!

¡Que Dios me guarde al navegante!
La ola está sedienta de él,
el caballo de espuma se le sube a la barca...
para que juegue el oleaje.

«¡Ola, lava mi pena!»
¡Alumbra, rayo, el borde de las rocas!
Las hojas sueltas son arrastradas a tierra,
y las olas golpean la mano del que nada:
¡y las olas arrastran al chico, en remolinos!

«¡Ola, lava mi pena!»
¡El pescador agarra el pelo del muchacho!
Cuando, con gran esfuerzo, logró alcanzar la orilla,
¡ay, salvó para el féretro
el cadáver del hijo!

«¡Ola, lava mi pena!»
¡Cual una gaviota, el alma vuela lejos,
y avisa a pescadores, en el puerto agrupados!
¡El lugar de infortunio, al oro matutino
brilla cubierto de corales!

«¡Ola, lava mi pena!»

PROSA

DOROTHEA SCHLEGEL

Florentin

*Extracto**

Era una muchacha muy guapa, una romana que nos había servido de modelo largo tiempo. Se comportaba de forma inteligente y modesta, así que era estimada por todos nosotros y muy admirada por su gran belleza. Algunos días la encontramos más decaída de lo normal; le pedí que nos cantara algo, para que se animara ella misma. Nos cantó una canción cuyo tema era, más o menos: si tuviera un marido que la amara y la cuidara, viviría únicamente para él y sus deseos, eso sería entonces su mayor felicidad. Cantó la canción con una inocencia tan dulce, una intimidad tan tímida y resultaba tan encantadoramente bella, que yo (ya que durante el canto ella había fijado su mirada sobre todo en mí) tuve que cumplir su deseo. Se quedó conmigo en el acto... La niña me dio mucha alegría, lo bien que se portaba y con qué gracia llevaba las tareas domésticas. Pero tengo que confesar que podría haberlo hecho mucho peor y no me hubiera gustado menos por eso, pues todo lo que hacía le quedaba bien; no se puede imaginar nada más encantador que aquel pequeño ser lleno de gracia. Era mi mayor placer ponerle joyas y vestirla cada día

* *Florentin,* págs. 73-76.

con trajes siempre nuevos y variaciones inesperadas, del modo más exquisito, para nuestro círculo; y gastaba en ello una gran parte de mis ingresos. La pinté en todos los aspectos posibles, en todas las posturas imaginables, de diosa, de santa, de sacerdotisa, de ninfa: estos retratos dicen que me salieron muy bien. Llevábamos la vida más sencilla pero más loca que se pueda imaginar. Yo era el mejor marido del mundo, y dejaba que me dominara todo lo que supiera y pudiera; lo aprendió cada vez mejor. Cuanto más conoció su poder sobre mí, más impertinente y caprichosa se hizo; pero como por entonces a mí tampoco me faltaba nada de eso, y, en caso de necesidad, podía ser diez veces más caprichoso y loco que ella, no pocas veces surgía un alboroto y tumulto divertido entre nosotros.

En nuestras veladas usuales, que tenían lugar en mi casa, se hablaba o de la obra de un gran maestro que habíamos visto ese día o alguno de nosotros presentaba una obra que había terminado, para que opinaran sobre ella, o se leía en voz alta a alguno de los poetas antiguos. En medio de las ocupaciones más serias surgía a menudo, para gran sorpresa de todos los presentes, un gran alboroto y discusión entre mi mujer y yo, y nadie podía adivinar la razón. Pero normalmente no era otra que el haberme hecho una mueca, sin que los demás lo notaran, cosa que detestaba en ella, como bien sabía; yo le contestaba con un gesto impertinente, que a ella no le gustaba, y así seguíamos un tiempo sin que los demás se dieran cuenta, hasta que nos lanzábamos el uno sobre el otro ruidosamente. Naturalmente, la guerra terminaba igual de divertida que había empezado. Pero nuestra vida doméstica era formidable, para edificación y diversión de todos los participantes. [...]

Con razón podría haber pasado largos años con las mismas ocupaciones y las mismas alegrías, pero una inquietud en mi más hondo interior, un afán por un bien desconocido, rara vez me dejaba disfrutar en plenitud lo bien que me iba. Deseaba un radio de acción más amplio, a menudo me parecía totalmente érroneo haber sacrificado mi energía y mi juventud a una formación parcial; se me hacía ridículo haber puesto tanto esfuerzo en liberarme y ahora no hacer uso de esta libertad en su totalidad. Mi empeño me parecía infantil e inútil, porque cada vez reconocía más que no tenía ningún talento para la pintura; sin embargo, no me era posible en absoluto el separarme, tanto de mi forma de vida, como de la contemplación y el estudio de los grandes milagros del arte. En algunos momentos me volvía a inquietar no llegar a saber nada de mi nacimiento ni de mis padres; y a cada paso que quería dar tenía miedo de estarme oponiendo a mi verdadero destino. Muchas veces me sentía inclinado a estas inquietas consideraciones, pero no podía entregarme mucho tiempo a un estado de ánimo melancólico; mis amigos y mis actividades pronto me hacían olvidar todas las penas.

Finalmente, mi pequeña me anunció el cercano honor de la paternidad. ¡Cómo describiros cómo me sentí al recibir esta noticia! Hubo una revolución súbita en mi interior. Todo lo que hasta entonces había creído, pensado, temido, esperado, amado y odiado, adoptó una forma distinta y más fulgurante en mi interior. Ahora sabía lo que quería; ya no pensaba en una felicidad lejana, había encontrado mi destino. Pero me perdí a mí mismo de vista por completo, y todo lo relacioné con el niño: pensaba sin cesar en cómo lo educaría, cómo cuidaría su felicidad y cómo a través de este niño disfrutaría mi infancia, que para mí había sido tan sombría. Lo que poseía de conocimientos intentaba ordenarlo y retenerlo, para poder utilizarlo luego, y me esforzaba más que nunca por alcanzar otros nuevos. Mis ingresos, por los que hasta entonces nunca me había preocupado, los calculaba ahora con gran exactitud; cada moneda de oro que podía ahorrar de antemano encontraba su destino en el bien del hijo venidero. Dirigía largos discursos a la madre cuando se mostró insatisfecha con algunas restricciones que yo quería introducir, intentando proporcionarle un sentido de su nueva gran honra. En mi entusiasmo no sentí que ella los tomaba con mucha frivolidad. Algunas veces me enfadé seriamente con mis amigos, que no podían evitar el sonreír y se mofaban de mi entusiasmo bienintencionado: se callaron y me observaron impasibles. Ningún aire frío podía tocar a la madre, me ocupaba de cada regla de su régimen, sólo pensaba en mantenerla en el mejor y más tranquilo estado de ánimo, y con mi temerosidad aumentaba su impaciencia, así que sufría sus caprichos sin cesar. ¡Qué no hice para que desistiera del baile, al que se dedicaba con gran pasión! Creo que nunca la había amado realmente, pero ahora sentía verdadero cariño por ella; era sagrada para mí. ¡Pero qué lejos estaba ella de los sentimientos que me entusiasmaban!

Fui forzado a hacer un viaje a Florencia para terminar un trabajo comenzado allí. Trabajé con tanto entusiasmo, que acabé en dos meses lo que normalmente me hubiese llevado el doble de tiempo. Recibí una cantidad considerable y volví con mis amigos, presuroso.

Encontré a mi pequeña un poco pálida a la vuelta, pregunté temeroso por su salud; su respuesta no me satisfizo, pero en mi alegría la atribuí a su estado, pues estaba bien y más alegre y petulante que cuando la había dejado. Estábamos sentados a la mesa, yo contaba, preguntaba, entregaba mi corazón a las más bellas impresiones de la alegría. Finalmente pregunté, lo más cautelosamente posible, cómo era posible que su silueta siguiera tan inalterada; no hubiera creído encontrarla tan esbelta. Mis cariñosas y modestas preguntas tuvieron como respuesta una sonora carcajada: no desistí, ella se enojó, algunas palabras pronunciadas con vehemencia aumentaron mi preocupación, se lo pedí con urgencia, finalmente..., había aprovechado mi ausencia... se había deshecho de su estado por medios artificiales. —La larga incomodidad... el cuidado continuo se le hacía demasiado pesado a la liviana criatura... ¡temía por su belleza!... ¡Dios mío!, incluso ahora se me turban los sentidos cada vez que lo pienso... Perdí toda compostura, todo control sobre mí mismo... se me cortó la respiración y casi me desmayé... sin poder dominarme, le lancé un cuchillo que tenía en la mano con tanta fuerza... tendría que haberla matado en el mismo instante, si la ira no me hubiera cegado; se quedó clavado en la pared por encima de su cabeza. Asustada por mi impetuosidad, lanzó un grito y salió de la habitación en seguida, yo fui incapaz de seguirla.

«¡Ay, Florentin», dijo Juliane, «qué horrible me parece!

¡Podría haber cometido un asesinato!...» «¡Cómo! No era ella una asesina cruel, infiel y perversa? ¡A mí, a mí me había matado de la forma más despiadada! Dejémoslo ahora, y permitid que termine...»

La infiel había abandonado la casa en el acto, no la vi nunca más. Cierto cardenal se había interesado por ella. Como he sabido ahora, Su Eminencia, que por cierto es un modelo de piedad para toda Roma, la había estado rondando desde hacía mucho y probablemente hubiera logrado su objetivo durante mi ausencia.

*Dedicatoria al editor**

Con alegría sublime me acuerdo aún de la mañana amable y despejada en que volví a recordar por primera vez las pequeñas historias de este libro. Yacían dormidas en mi alma como violetas durante el invierno; una nueva primavera, el sol que retornaba, las despertó a todas. Ardiente y con alegre impaciencia, escribí las primeras páginas y luego las guardé en mi escritorio, tan satisfecha e ingenua como si hubiera terminado una obra completa; pues lo que yo añadía en secreto, soñando e imaginando, a estas pocas páginas era para mí, que no tenía intención ninguna, tan bueno como si estuviera completo, ya apuntado en el papel. No tenía ánimos para contarte los juegos de mi imaginación, y tampoco tiempo; eras tan rico, tenías tanto que comunicarle a la que te esperaba desde hacía tanto; yo misma lo olvidé, y esto no te extrañará. Finalmente, cuando un día tú te alegraste de que yo comenzara a encontrar un lenguaje para la expresión de mis sentimientos, reuní todo mi valor y viste las hojitas. Como una información moderada, económica, nunca fue mi fuerte, y como muchas veces exagero en esto, igual que en mi actitud reservada, así ahora tenía que salir todo a la vez, ya que había guardado silencio tanto tiempo; y antes de que pudieras darte cuenta, te lo había

---

* *Florentin,* págs. 156-159.

contado todo revuelto y sin orden. Quien no me dejó tranquila entonces, hasta que no lo hubiera terminado detalladamente de forma asequible al mundo, fuiste tú, y yo te obedecí, humilde; pues no era en absoluto mi voluntad. Para mí, a mi manera, estaba más completo cuando aún lo llevaba en mi interior y, en silencio, una vez lo formaba de un modo, otra vez de otro, cuando mi fantasía, sin ser cohibida por nada real, sin ser turbada por nada de lo que en el mundo normalmente nos contraría, añadía cositas encantadoras y maravillosamente multicolores (tú mismo me comparaste a menudo con el pequeño Philipp, cuya poesía comienza de forma muy sentimental con la descripción de una rumorosa catarata y luego termina muy ingenuamente con un bizcocho que un caminante moja en la cascada); más que ahora, que de todo lo que tenía intención de hacer he logrado tan poco, y a mí misma mis dibujitos me resultan tan extraños. Nada en ello es tan alegre, tan melancólico, tan conmovido y deleitado como yo lo estaba cuando aún yacía en mi interior. Siempre creía escribir exactamente lo que estaba pensando, pero era un engaño; hacia delante, ante la pluma, flotaba ante mí la palabra acertada; hacia atrás, tras la pluma, había palabras completamente diferentes que yo no reconocía, como alguien que quiere coger una bola de mercurio con los dedos..., justo cuando cree haberla atrapado, sólo ha separado pequeñas bolitas de ella, mientras la verdadera bola grande siempre se le vuelve a resbalar hasta que se ha convertido toda en pequeñas partes y no vuelve a encontrar la totalidad.

«¿Pero quién puede tener un fantasía como de mercurio?», te oigo preguntar... Yo la tengo, desgraciadamente, y me sorprende y avergüenza bastante que yo ahora deba ser responsable de ella. Sí, tú tienes la culpa de todo esto, y por eso es lícito y seguramente me permitirás que te dedique a ti personalmente lo que sin ti con seguridad no existiría.

«¿Y así va a terminar?», *tú* seguramente no preguntarás esto, pero prevés que lo preguntará mucha gente, que no quiere prescindir de un final satisfactorio y como es debido. *¡Final satisfactorio!* Mira, amigo mío, con esta expresión tuve que detenerme, y no pude seguir escribiendo durante mucho tiempo. Me parecía que tenía que meditar sobre qué sería un *final satisfactorio*. Lo que a la mayoría se lo parece, para mí no lo es. Ay, para mí, justamente en la realidad, en la certeza, es posible toda melancolía e insatisfacción. Mi realidad y mi satisfacción están en el deseo y el presentimiento... Había alzado la vista, y ¡fíjate!, el sol se había puesto; y enfrente, en el aroma otoñal y azulado, estaban las bellas montañas; el pico más alto relucía y ardía en las llamas de los rayos en despedida, mientras el resto se hundía en las profundas sombras; y cuando aún seguía mirando, entusiasmada y conmovida, y cuando vi convertirse las blancas franjas del cielo en figuras maravillosas, etéreas y transparentes y volver a destruirse y, como un niño, quería reconocer en ellas, una vez una figura conocida de la vida, otra vez una aparición sobrenatural o un producto arbitrario de una imaginación temeraria..., entonces, de pronto, me miró desde el otro lado de las montañas el resplandor plateado de la luna, como si hubiera sido enviada por el sol que nos abandona, para consolarnos de la separación. ¡Imagínate todo el cuadro! Había calma, movimiento y anunciación..., presagio del eterno presente, de una nueva existencia en la aparente finitud.

Cómo sonríes ahora por este ditirambo y no comprendes cómo me puede sobrevenir este entusiasmo en medio de la tranquilidad meditativa. Ay, te pido que no te parezca inconveniente, y aceptes aquí como de costumbre que lo mezcle todo y sea siempre *enteramente* como soy; lo he comprendido ahora, y no puedo inventar ninguna otra manera de explicarte lo que comprendí; es decir, que un poema no necesita tener un final, igual que un día bello.

Pero normalmente el final de una novela no resulta satisfactorio, a no ser que aquel que más nos interesa se case o sea enterrado; y se quejarán de que no se alcanza plena tranquilidad de ninguna de estas dos formas. Deseo saber qué opinas tú a este respecto; pero en cuanto a mí, tengo que confesarte que nunca estoy del todo satisfecha si el poeta no me deja añadir algo, en pensamientos o fantasías. Así, puedo ocuparme mucho tiempo con una única historia y disfrutar de ella, dándole cada vez un final distinto. Me pasa como a las niñas que prefieren jugar con un cuerpo de muñeca desnudo, que pueden vestir de formas diferentes cada hora y así darle una apariencia completamente distinta que con la muñeca más espléndida, vestida de la forma más perfecta, a la que se le ha cosido la ropa al cuerpo, y con ello su destino final para siempre.

Vuelvo a preguntar: ¿Qué debería haber sido del hombre a quien vosotros llaméis el héroe?... «Claro, el héroe de una novela tiene que casarse o ser enterrado.» ¿Casado? ¿Puede eso satisfacernos? ¿No vemos a través de Eduard y Juliane que es cuando empieza muchas veces toda pena y toda confusión?... ¡La muerte! Sí, ése realmente sería un final con el que tendríamos que darnos por satisfechos. Pero aquí tengo que repetir mi queja y mi arrepentimiento de que este libro haya sido llamado una novela y no una historia real, como lo que es. [...]

HENRIETTE HERZ

SALÓN BERLINÉS

*Extracto**

Yo era feliz, amaba con un amor de quince años a un hombre de treinta. Había leído muchas novelas y las había asimilado. Herz se reía de mí cuando me entusiasmaba: cuando bailaba a su alrededor, me colgaba de su cuello, él me hacía volver a la razón. Dorothea y yo ahora nos veíamos casi a diario, y si no nos podíamos ver nos escribíamos. H. era el médico de la casa de su padre, nuestros maridos eran buenos amigos, y si no nos veíamos más, cosa que sucedía, era por lo diferente de nuestras relaciones. H. se hizo cada vez más conocido como buen médico y leía cursos filosóficos. Por eso mucha gente, también famosa, venía a nuestra casa y a veces eran invitados a cenar, pero la mayoría eran hombres. Aunque fuera tan joven e inculta, charlaban mucho conmigo porque me hacían creer y creían que era lista porque era bonita; pero estas conversaciones no carecían de valor para mí, porque la mayoría de la gente que conversaba conmigo era culta y aunque no pudieran hablar siempre conmigo, el hecho era que me hablaban.

Mi amor hacia la lectura crecía y ahora podía satisfacerlo con toda tranquilidad. El primer libro que leí bajo la tutela

* *Berliner Salon,* págs. 19 y ss.

de mi marido fue *Carta de Euler a una princesa alemana*[1]. Aunque H. estuviera demasiado ocupado como para poder darme clases, podía explicarme algunas cosas que no entendía. Lo que le preocupaba entonces, aparte de su consulta, era la traducción de un pequeño folleto inglés. Abrí el libro muchas veces y lo miré con el deseo de comprenderlo; éste se satisfizo pronto, porque mi marido contrató a un escocés como profesor para mí. Yo progresaba rápido, pero el progreso fue interrumpido, porque tuve que despedir al profesor, ya que... se enamoró de mí.

[...] Se lo dije muchas veces a Dorothea, a quien veía una vez a la semana, con motivo de un círculo de lectura en su casa. H., Friedländer, Moritz, D., su hermana M. y yo éramos los lectores; normalmente se leían cosas dramáticas y puedo decir que se leían muy bien, y entre la audiencia Mendelssohn era la figura más preclara. Nosotras, las mujeres, éramos felices si alababa nuestra lectura. ¡Cómo dábamos vueltas a su alrededor, sólo para escuchar de su boca una palabra amable a este respecto! Era tan bueno e indulgente en su sabiduría, y si a veces me censuraba, lo que normalmente sólo sucedía si yo me ponía susceptible por alguna broma insignificante, decía: «Pero debería poder tolerarla.»

Este hombre vivía estrictamente según las leyes mosaicas, y la gente pensaba que este amigo íntimo de Lessing era demasiado ilustrado y racional como para tomarlas en serio; creían que tenía la función de ilustrar a su pueblo y que, temiendo que perdería su confianza si se alejaba de sus costumbres, se atenía a ellas. Mi opinión acerca de él es otra, y la tolerancia e indulgencia con la que aceptaba a todos los que eran librepensadores me demostró que no me equivoco si digo convencida que este hombre sabio e indulgente llevaba a Dios en su corazón y esperaba encontrar el camino hacia él a través del judaísmo. No creía poder llegar a él sin bastón ni apoyo; educado en el judaísmo, sin conocer el cristianismo, vivía en el primero y cuidaba de que su casa fuera dirigida en el mismo sentido y también sus hijos fue-

---

[1] L. Euler, *Cartas a una princesa alemana sobre física*, Berlín, 1773-1784.

ran educados así. Claro que en tiempos tan ilustrados como los que vivó Mendelssohn, no siguieron siendo judíos de todo corazón por mucho tiempo, y los amigos de la casa, también así llamados judíos y cristianos ilustrados, es decir en el fondo deístas, no contribuían a educar a los niños en un mejor sentido, ya que los amigos estaban todos convencidos de que el padre no tomaba en serio el judaísmo.

Sin que fuera consciente de ello, el trato con esta casa fue de muy buena influencia para mí y el formidable Mendelssohn soportó mi alegría juvenil y verdaderamente desenfrenada con gran indulgencia.

Prosigo ahora con el relato de mi juventud. Poco después del tiempo, transcurrido felizmente, en el que vi a E., dejamos el piso y nos mudamos a uno mayor, muy cerca de la casa de unos amigos, cuya hija mayor[2], un par de años más joven que yo, era una persona excelente; pronto nos hicimos amigas y nos veíamos a menudo. El padre, que era vendedor de joyas, concurría a la feria de Leipzig, y yo no cabía en mí de gozo, cuando él y su mujer me dijeron que me querían llevar a la próxima feria de Semana Santa. Era el primer viaje que iba a hacer, y pensaba para mí que más allá de Potsdam la gente tendría que tener otro aspecto que por aquí; y emprendí el viaje con alegría y curiosidad. El marido, la mujer y la hija fueron mis compañeros de viaje. El primero había llevado, según decían, una vida muy mala, y estaba estigmatizado por haber estado con una banda de ladrones; era imensamente listo, pero no bueno, sentía un verdadero placer por el desagrado; era rico, veía a mucha gente en su casa, sobre todo actores. La mujer era sencilla y buena, sumisa al marido en todos los sentidos. La hija estaba llena de inteligencia y genio, aunque muy joven..., yo tenía diecisiete años más o menos, ella catorce o quince[3]. Viajábamos en correo especial, y por eso nos hospedábamos siempre en las posadas donde estaba la alta sociedad, y así sucedió también en Belitz. Al entrar al comedor, me llamó la atención el

2 Rahel Varnhagen, hija mayor de la familia Levin.

3 Rahel nació en 1771, así que tenía siete años menos.

rostro y la figura de un joven[4] que debe de ser uno de los más guapos de todos los tiempos. Un hombre entrado en años estaba con él y poco a poco entablamos una conversación y supe que iban a Berlín donde el joven iba a detenerse una temporada. Cuando nos fuimos, estaba delante de la puerta y me hizo un gesto amable de despedida.

Mi estancia en Leipzig, que duró cuatro semanas, es uno de los recuerdos agradables de mi juventud. Todas las mañanas en el patio de Auerbach, entonces el punto de encuentro del mundo elegante, y por la noche al teatro, a uno muy bueno, porque era una compañía de ópera bufa italiana que tenía cantantes excelentes y un bufo admirable, que me hacía reír tantas veces de todo corazón, que lo notó y cuando estaba entre bastidores, desde donde podía ver nuestro palco, me hacía gestos y mímica, lo que no dejaba de surtir efecto. Después del teatro —fue una primavera muy bonita— generalmente íbamos a dar un paseo, y un joven inglés, al que le había llamado la atención en el teatro, nos seguía normalmente, así como otras personas jóvenes que tampoco conocía. Tengo ahora sesenta y cinco años, estamos en 1829, y por eso puedo hablar de mi reconocida belleza de entonces, de la que ya no se ve ni la más pequeña huella. Los ojos oscuros y brillantes se me han puesto más claros y opacos, el cabello color de ébano se ha puesto blanco, los dientes blancos como perlas negros y estropeados, el bello óvalo del rostro demacrado y alargado, etc. [Aquí faltan dos páginas del manuscrito.]

En verano estábamos en el jardín de los Bauer, en invierno en el palacio. Nosotros, los más jóvenes, jugábamos a diversos juegos al aire libre, a los que a menudo se unían también los mayores, pero siempre se leían ensayos, pequeños y mayores, cosas teatrales, etc.; también las mujeres leíamos, y como yo era bella, decían que mi lectura era bella. En invierno bailábamos después de cenar y Alex Humboldt me enseñó el minueto «à la reine». Así vivimos un año entero juntos de forma muy divertida, y con algún provecho intelectual para todos. La impresión que había causado a

---

[4] Carl LaRoche, hijo de Sophie LaRoche.

Wilhelm no escapó a mi atención; también nos escribíamos, yo de forma muy tranquila, pues lo estaba; él menos, pero no hubiera surgido la pasión por su parte, si yo hubiera sido más recatada, así como generalmente no puede tener lugar ninguna forma de relación ni tampoco lo que se llama cortejar, si la mujer no corresponde ni deja suceder lo que no debería permitir que suceda. Toda mujer tiene en su poder el mantener alejado al hombre que se le acerca, por muy sutil y platónicamente que lo haga, pues si él ve que es su verdadera voluntad que se mantenga alejado, lo hace, y la simpatía o también la pasión naciente se disuelven; y con esto he formulado mi propia sentencia, pues fue por causa de mi vanidad por lo que tantos hombres de todos los tipos y todas las condiciones me hicieron la corte y ardieron en pasión violenta.

A 27 de agosto de 1829. Termino estas líneas, que quería seguir desarrollando; doy gracias solamente a Dios por lo que la vida hizo de mí mediante el trato con personas excelentes. Una larga serie de años viví en relación social con todas las personas distingidas de Berlín; quiero nombrar a algunos: Gentz, Brinkmann, Leuchsenring, Graf Bernstoff, Ancillon, eran invitados permanentes a nuestro pequeño té. Los dos Humboldt, Dohm, Klein, Engel, Zöllner, en el arriba mencionado círculo de lectura, que igual que el té era ampliado por extraños que se juntaban con nosotros, como sucedía con LaRoche y C. Dohm. Más tarde se fundó el círculo de lectura de Feßler, en el que participaban artistas y hombres de estado, sabios y mujeres. Muchos de ellos venían a nuestra casa; igual que casi todos los extranjeros intelectualmente importantes la visitaban. Una de las antiguas grandes reuniones era también la que teníamos con Nicolai, Klein, Görke y algunos más y a la que invitábamos a todos los extranjeros que tenían entrada en nuestra casa.

La publicación del *Götz* y el *Werther* de Goethe marcó un punto crítico en la vida literaria. Es comprensible que esto tuviera a la vez forzosamente como consecuencia una división general en lo literario. Ésta no faltaba incluso en nuestro matrimonio. A mí, una mujer joven, dotada de una fantasía vivaz, todo me atraía hacia el sol naciente, Goethe. Mi marido, amigo personal de Lessing, que lo consideraba no sólo el mayor crítico de Alemania sino —en contra de la opinión del propio Lessing— también un gran poeta, rechazaba, incluso en la literatura de creación, todo lo que no estaba escrito con la claridad y transparencia lessingianas. Compartía esta postura con varios de sus amigos, entre ellos David Friedländer. Éste acudió a él un día con el deseo de que le explicara un pasaje poco claro en uno de los poemas de Goethe, con la muda esperanza en el corazón de que, siendo incapaz de ello, él le remitiría a mí con las palabras: «Vaya a ver a mi mujer; ¡ella domina el arte de explicar disparates!»

Una vez, cuando Karl Philip Moritz estaba conmigo, entró Herz con el poema de Goethe *El pescador* en la mano: «¡Fresco hasta el fondo del corazón!», exclamó. «¡Que alguien me explique lo que quiere decir esto aquí!» «¡Pero quién va a comprender este poema aquí!», respondió Moritz señalando su frente con el índice... Herz le miró con asombro. Seguramente hay mucho de la poesía que sólo es comprensible para aquel que ha sentido lo mismo o algo parecido; y puedo decir que Herz no había sentido muchas veces algo de ese tipo.

Con la aparición de la escuela romántica se intensificaron por completo mis penas estéticas. Para Herz todo aquí era falso o incomprensible. Pero alcanzaron su clímax con Novalis. Claro que la ciencia no tiene ningún órgano para el misticismo. Y a esto se unió que también para mí algunas partes de los escritos de este poeta seguían siendo incomprensibles, aunque sí comprendía su espíritu y su ambición en conjunto. Herz, que sólo hojeaba los escritos de Novalis para entrenar su ingenio con ellos, sabía encontrar estos pasajes magistralmente. Un día me volvió a leer uno de éstos y quería que se lo explicara. Después de algunos vanos intentos, tuve que reconocer que no lo comprendía. «¿Pero tú crees —dijo Herz con una sonrisa sarcástica— que el hombrecillo ha comprendido sus propias palabras?»

[...] El recogimiento de sus primeros años no pudo suprimir la inclinación de Wilhelm von Humboldt por el trato con las mujeres. Buscaba mi compañía desde muy poco después de conocernos. Él tenía entonces más o menos diecisiete años y, aunque yo sólo tenía un par de años más, era mujer y casada y por eso mucho mayor que él. Hoy podrá parecer arrogante si lo digo, pero entonces, sin quererlo, tenía una cierta superioridad sobre él. Yo en cierto modo le introduje en el mundo, y pronto era amigo de todas mis amigas, la mayoría de ellas excepcionales en espíritu y corazón.

En el círculo de amigos establecimos un pacto poco después, en el que poco a poco incluimos también a desconocidos, cuyas serias intenciones e importancia nos habían sido confirmadas por amigos comunes. La finalidad de este pacto, una especie de pacto de virtud, era la educación mutua, moral y espiritual, así como la práctica del amor activo. Era un pacto formal, pues también teníamos estatutos e incluso cifras propias y yo poseía, años más tarde, textos escritos a mano por Wilhelm von Humboldt con estas cifras. Eran miembros, entre otros, Carl von LaRoche, hijo de la admirable Sophie von LaRoche —con la que tomé contacto por carta a causa de su hijo, de lo que surgió una correspondencia de muchos años—, Dorothea Veit y su hermana, Henriette Mendelssohn [ella se ocupó más tarde en París de la educación de los hijos del Conde Sebastiani y, después de su muerte, de la dirección de la casa]; pero también algunos a los que no conocíamos personalmente: Caroline von Wohlzogen, Therese Heyne, hija del conocido filólogo y más tarde esposa del infeliz Georg Forster y luego de L. Fr. Huber, y Caroline von Dacheröden, con los que intercambiábamos ideas y sentimientos por carta. Mi corta relación con Therese Heyne fue inducida por Wilhelm von Humboldt desde Gotinga, donde el joven de diecisiete años había conocido a la muchacha, tres años mayor, y se había convertido en admirador suyo en tal grado que entonces yo estaba absolutamente convencida de que nunca consideraría suya a otra mujer. Puedo contar que cuando la vi personalmente, treinta años más tarde, en compañía de la posterior esposa de Wilhelm y de sus hijos en Stuttgart, todavía me parecía extraño verme a su lado con otra señora de Humboldt... Quisiera mencionar aquí, como otro encuentro especial, que días más tarde conocí en Francfort a otra de las antiguas hermanas del pacto que hasta entonces no conocía personalmente, Caroline von Wohlzogen. Me gustó, puedo decirlo, más que Therese Huber, en la que habrían vuelto a revivir, por causa de nuestra visita, algunos recuerdos de antiguos destinos amargos.

Nuestro pacto debía realmente de imponer mucho respeto. Queríamos admitir también a Wilhelm von Humboldt, pero éste vino un sábado por la mañana a buscarme a casa de mi madre —me acuerdo exactamente del día, porque siempre pasaba las mañanas del sábado en su casa— y me explicó con ánimo muy compungido ¡que no se sentía digno de formar parte de nuestro círculo! Pero valoramos el arrepentimiento y la seriedad del joven, y quizá también el respeto a nuestra grandeza moral, tanto como para admitirlo, a pesar de todo. Este pacto también dio lugar a su matrimonio, más tarde. La correspondencia con Caroline von Dacheröden, en la que nos descubrió su corazón y su espíritu de la forma más tierna e ingeniosa, nos la había presentado como absolutamente digna de él. Therese Heyne ya se había casado con Forster, así que le podíamos aconsejar que llegara a conocer a esta mujer intelectualmente igual a él. Siguió nuestro consejo; consideró que ella superaba con creces nuestra descripción y se hicieron pareja.

Los miembros del pacto nos tuteábamos. Pero con respecto a algunos las posteriores circunstancias tuvieron sus efectos. Cuando Wilhelm von Humboldt llegó a Berlín con su joven esposa y la vi por primera vez, ella me decía «usted» y, como consecuencia casi necesaria, más tarde se terminó el «tú» entre su esposo y yo.

Mi marido contemplaba las actividades del pacto con una cierta sonrisa, pero sin inmiscuirse de ninguna forma. Pero cuando, con virtuosa actividad, acogí a una niña bellísima, hija de mendigos judíos, que había encontrado en la así llamada *Landwehr* (una casa en las afueras de la ciudad, que servía de albergue para judíos de las clases más pobres, a los que entonces no les era permitido pasar la noche en la ciudad), para acostumbrarla a la virtud, aunque fuera para la clase de los sirvientes, él no estaba nada de acuerdo, pero al final lo consintió. Pero de mi educación, desgraciadamente, nació una tunante absoluta. La muchacha fue un fruto amargo del «pacto de la virtud» mucho más allá de la duración de éste. Me dio muchos quebraderos de cabeza, y la alumna de la virtud murió finalmente, siendo sirvienta, de sobreparto en la Charité[5].

[...]

Desde entonces la vi más a menudo en mi casa [Mme. de Staël]. En cuanto conoció a August Wilhelm Schlegel surgió vivamente el deseo de que se uniera a ella y la acompañara, y como Schlegel al principio no quería corresponder a este deseo, me pidió que le convenciera. —«Vous avez quelque ascendant sur lui!», me dijo. «¡Si sólo quiero que enseñe alemán a mi hijo y a mi hija, todo el resto del tiempo es suyo!»... Alegó la traducción del Shakespeare. «¡Pero yo no veo la necesidad», exclamó ella con gran vivacidad, «de traducir al poeta inglés justo en la capital de Prusia!».

Pero no podía tardar en descubrir que realmente no era el poeta inglés, sino una dama berlinesa, lo que le ataba a Berlín. Schlegel sentía una tierna amistad por Sophie Bernhardi, nacida Tieck, futura señora de Knorring. En cuanto Madame de Staël supo esto, me instó a que invitara a Schlegel y su amiga a mi casa, para que la conociera. En vano alegué que la señora Bernhardi no hablaba francés y que ella no comprendía el alemán hablado. «Je la verrai parler!», exclamó, con su avasalladora vivacidad. Tuve que preparar una gran velada para enmascarar lo mejor posible el propósito de Madame de Staël.

Pero hubiera sido un milagro si la señora Bernhardi no se hubiera dado cuenta del motivo de la visita. Pues en cuanto ella decía algo, Madame de Staël preguntaba a Schlegel con intensidad: «Que'est ce-qu'elle dit?»..., y éste, que estaba detrás de su silla, tenía que traducir lo dicho. Pero por fidelidad a ella lo hizo de la forma más infiel posible. Si la señora Bernhardi había dicho algo que posiblemente no iba a agradar a Madame de Staël, le contaba otra cosa. Esto provocaba una sonrisa de parte de los invitados, por lo que temí que a Ma-

[5] Aún hoy, importante hospital en Berlín.

dame de Staël le pudiera resultar inquietante, por no poder interpretarla. Para prevenir una contrariedad mayor, aproveché la ocasión para impedir, de forma graciosa, que el traductor siguiera con su engañosa tarea. Cuando la señora Bernhardi declaró que la lengua francesa no era nada melodiosa y poquísimo apta para el canto, y Schlegel, en respuesta al «Qu'est ce-qu'elle dit» de Madame de Staël, le atribuyó una opinión que parecía una alabanza del aspecto melódico del idioma francés, yo corregí al traductor y terminé así con las preguntas de la señora de Staël, que a partir de entonces, respecto a la señora Bernhardi, se conformó con el «voir parler».

Sobre la historia de la sociedad y el tono de conversación en Berlín *

Con Moses Mendelssohn había despertado en los judíos de Berlín el afán de adquirir la cultura y los modales alemanes, sobre todo entre la generación más joven. Los hombres se dedicaban, inspirados por él, a estudios filosóficos. De este empeño surgieron tanto hombres cultos en el campo de la filosofía, como por ejemplo David Friedländer, valiosos filósofos especializados, por ejemplo, Salomon Maimon, Bendavid y otros. Pero como la filosofía exige a sus discípulos instrucción científica, profundidad espiritual y una cantidad importante de tiempo, y sin embargo la mayoría de los judíos de entonces eran mercaderes y se dedicaban a sus negocios con fervor, es comprensible que una parte de ellos pronto abandonara estos estudios completamente, y otra parte los siguiera de forma muy superficial. Las mujeres se dedicaban, en parte motivadas por Mendelssohn personalmente, en parte por sus ensayos en las *Cartas sobre la literatura actual* y en la *Biblioteca general alemana*, a la literatura, con ese fuego con que las naturalezas vivaces acogen lo hasta entonces totalmente desconocido. Naturalmente, a estos empeños se oponían muchos menos obstáculos que a los filosóficos de los hombres. Los mayores eran aquellos que les oponían los padres a

* *Berliner Salon*, págs. 46-53.

algunas de ellas. Pues no sólo veían en la cultura alemana una cultura que reposaba sobre una base cristiana, sino que también eran opuestos a cualquier ocupación de sus hijos que, sin ser de provecho para una profesión externa, los pudiera distanciar del círculo y de los intereses de la familia, hasta entonces de estructura patriarcal. Pero la oposición sólo se convirtió en un nuevo aliciente. Los judíos más ricos, por sus contactos con cristianos a través de sus extensas relaciones comerciales, eran los más laxos a este respecto.

En primer lugar, con lo que se ocupaban preferentemente, era con la poesía de efecto más inmediato, la poesía dramática. En las casas de los judíos más ricos se representaban obras de teatro ya en mi juventud. Ya a los nueve años, más o menos, es decir hacia 1773, asistí, como conté anteriormente, en casa de un banquero judío, a la representación de una tragedia. Fue *Ricardo III* —ya no recuerdo de qué autor[6]— y las hijas de la casa tenían en ella los principales papeles femeninos. La impresión de esta primera representación dramática que vi en mi vida fue indeleble. Más tarde la lectura con papeles repartidos fue muy usual y lo siguió siendo hasta entrada la primera década de este siglo. Pero pronto ya no se quedaron sólo con la literatura dramática. Intentaban familiarizarse con la literatura alemana en toda su extensión, y la gracia del destino quiso que el apogeo de ésta comenzara justo entonces. Sus obras maestras surgieron con nosotros, y es otra cosa vivir una gran época literaria —en cuanto al interés por sus producciones y a su comprensión— y colaborar en el primer juicio sobre éstas, que cuando son legadas a la posteridad como algo terminado, junto con los juicios ya hechos sobre sus obras.

La influencia, aún vigente, de la literatura francesa sobre parte de la alemana pronto nos dirigió también hacia ésta. Al principio de la época de la que estoy hablando, aún vivía Voltaire, incluso escribía todavía, y ningún nombre sonaba como el suyo. El idioma francés ya había sido practicado por las hijas de los judíos adinerados un poco antes,

[6] Probablemente de C. S. Weibe. Su *Ricardo III* era entonces una obra muy popular, incluso muy alabada por Lessing en su *Dramaturgia de Hamburgo.*

aunque fuera muy superficialmente. Los viejos no tenían inconvenientes por razones de utilidad; era un idioma con el que uno se podía comunicar en todos los países civilizados. Las hijas, sin embargo, a menudo tenían motivos completamente diferentes. Pretendían sobre todo conversar libremente en el idioma de moda con los caballeros de la corte y los jóvenes oficiales, que a menudo devolvían el dinero que les prestaban los padres sólo en finezas para con las hijas. Pero ahora lo estudiaban con fervor por mejores razones, querían ser capaces de leer a los escritores más antiguos y más modernos de Francia en su idioma original.

Sin embargo, ya entonces Lessing había ilustrado la poesía dramática de los franceses con su luz clara y crítica y llamado la atención sobre Shakespeare. Las traducciones de los dramas de este último, anteriores a las de Schelling, no eran aptas para satisfacer sino para remitir al original, y para poder seguir esta indicación se intentaba obtener nociones de la lengua inglesa. Ésta abría a la vez el paso a algunas novelas de la época, que ofrecían dulce alimento a la pasión de los corazones adolescentes de las muchachas. Y, lo confieso, todas teníamos ganas de convertirnos en heroínas de novela. No había ni una de nosotras que entonces no se muriera por algún héroe o heroína de las novelas de la época, y al frente figuraba la hija de Moses Mendelssohn, ingeniosa y dotada de una fantasía ardiente, Dorothea. Pero también sobresalía en cuanto a sabiduría y facultades mentales.

Algunas de nuestro círculo también adquirían nociones de los poetas italianos en el idioma original. Círculo al que entonces poco a poco se unían ya muchas jóvenes casadas, ya que las muchachas judías en aquellos tiempos se casaban muy pronto. Como algunos de los jóvenes matrimonios ofrecían su casa a sus respectivos conocidos, esto fue la oportunidad para que el espíritu que se había formado por la ocupación de las mujeres con la literatura, sus conversaciones sobre ésta y las ideas que les surgieron a través de ambas, se transmitiera a círculos más amplios. Y este espíritu de hecho era peculiar. Había surgido, por una parte, de la literatura de los pueblos más modernos, pero la simiente había caído en un suelo muy genuino y virgen. Aquí faltaba toda mediación a través de una tradición, a través de una cultura que se reproduce de generación en generación y que está a la altura del espíritu y el saber de la época; pero también estaba libre de todo prejuicio surgido de tal proceso de cultura.

A la naturaleza de este espíritu y a la conciencia de ésta por parte de sus portadoras se debe la exuberancia, la alegría desbordante, el sobrepasar las formas tradicionales en sus manifestaciones; pero era sin duda muy original, muy fuerte, muy gracioso, muy excitante y de una gran profundidad, junto con una agilidad admirable. La flor de este espíritu se presentó un poco más tarde en la persona de Rahel Levin. Tenía cerca de seis años menos que yo y que la mayoría de mis amigas, pero el calor de su espíritu y de su corazón, en unión con el infortunio, la habían hecho madurar rápidamente. La conocía desde su primera infancia y sé que pronto suscitó las altas esperanzas que cumpliría más tarde.

Por otra parte, las casas cristianas no ofrecían nada que igualara o se pareciera a lo que ofrecían las judías en cuanto a vida social intelectual. Sin embargo, ya había aquí hombres de ciencia, aunque Berlín lograra su Universidad sólo treinta o cuarenta años más tarde. Pero éstos, después de dedicar la mayor parte del día a sus estudios y sus asuntos oficiales, o se recogían en el círculo más íntimo de la familia o se encontraban en algún lugar público, donde, con un vaso de cerveza, discutían asuntos eruditos de forma muy seria y pedante; y el así llamado «club de los lunes», cuyos miembros eran los intelectuales más notables de la ciudad, entonces pocas veces llegaba a diez participantes. Sus esposas hubiesen creído perjudicar su condición de buenas y respetables amas de casa, si hubiesen dado lugar a sus intereses intelectuales, y además a sus maridos su presencia en las conversaciones eruditas les hubiese parecido una perturbación, si no una profanación de su santuario de la ciencia. Entre los pocos que de vez en cuando veían invitados en su casa estaba Nicolai. También acogía como huéspedes a hombres de letras forasteros; igualmente participó más tarde en una tertulia que se reunía por turno en casa del abogado Klein, del cirujano general Görcke, en nuestra casa o en la de algunos amigos, a la que también eran invitados los forasteros que habían sido presentados al respectivo anfitrión y que no carecía de importancia para la alta sociedad de Berlín en aquellos tiempos; pero Nicolai tampoco mantenía un salón en el sentido estricto de la palabra, aunque poseyera los medios para hacerlo.

Sólo de uno de los hombres de letras de Berlín se podía decir que mantenía un salón, si se toma como indicio de ello que amigos y conocidos pueden estar seguros de ser bien recibidos aunque no estén invitados, y éste era comerciante de profesión. Se trataba de Moses Mendelssohn. La casa de este hombre excelente, aunque sus ingresos como gerente de una sedería, junto con los ingresos de sus obras como escritor, eran poco importantes y aunque estuviera al cuidado de seis hijos, estaba abierta a todo el mundo. Rara vez un hombre de letras venía a Berlín sin hacerse presentar en su casa. Sus amigos y los amigos de los suyos venían sin ser invitados, eso se debía también a las ingeniosas amigas de las hijas de la casa. Y aunque no faltaran tampoco los viejos judíos ortodoxos, con los cuales Mendelssohn se mostraba como correligionario simpático, eran, sin embargo, los más inteligentes de la ciudad. Y Mendelssohn practicaba esta amplia hospitalidad a pesar de que su familia tuviera que imponerse por ello grandes sacrificios, aunque los placeres materiales que su casa ofrecía a los invitados no podían sobrepasar los límites de la frugalidad más estricta. Como amiga de las hijas, sabía que la honorable ama de casa contaba las pasas y las nueces, entonces una golosina *de rigueur,* en las bandejas según el número de invitados y en una cierta relación, antes de llevarlos al salón. Pero la casa de Mendelssohn era sólo una y no podía satisfacer la necesidad intelectual de muchos.

Entonces no se podía hablar aquí todavía de una burguesía cristiana que tuviera intereses intelectuales diferentes de los de aquellos a quienes les estimulaba su profesión. Había muchas virtudes familiares respetables, pero de todos modos más limitaciones intelectuales e incultura. La clase de los altos comerciantes cristianos contaba ya pocos miembros, y en cuanto a la cultura la situación no era diferente. En sus casas se daban grandes cenas y fiestas espléndidas, las hijas eran educadas en el lujo más enervante, pero en cuanto a la cultura sólo buscaban un barniz exterior. De los funcionarios, los más humildes estaban sobrecargados de trabajo, con pocos ingresos; la pobreza en las oficinas y en las casas, causada por las familias a menudo numerosas, oprimía en seguida todo propósito de edificación cultural. Los altos funcionarios civiles y militares compartían la suerte de la corte, a la que la mayoría pertenecía por su descendencia aristocrática, y a la que faltaba por completo una vida social ingeniosa e inspiradora.

Esto era fácil de explicar. En un estado monárquico sólo el círculo del soberano puede formar el centro de la vida social de la corte. Y éste faltaba bajo el gobierno de Federico el Grande y de su sucesor. La compañía del primero la formaba un pequeño número de amigos, la mayoría franceses. Pocas personas más, ni siquiera de la corte, tenían acceso, y de una sociedad mixta de hombres y mujeres no se podía ni hablar. La reina, sin embargo, vivía separada de él, casi totalmente recogida en el palacio de Schönhausen y sólo de vez en cuando venía a Berlín para las grandes festividades nacionales. Bajo su sucesor, las relaciones del rey no daban margen para que la reina venciera su deseo de comodidad y tranquilidad. Los círculos del rey, sin embargo, justo por estas relaciones, no podían figurar como centro de la alta sociedad. Había grandes fiestas tradicionales de la corte, cortejos, asambleas reglamentarias con altos funcionarios civiles y militares en tiempos de carnaval, y un aburrimiento mortal, sobre todo para los jóvenes cortesanos.

Éstos ya notaban el aire revolucionario que soplaba desde Francia y que habían levantado los enciclopedistas; en Alemania Goethe les había descubierto la noción de un nuevo futuro cultural; ¿qué les podía ofrecer esta sociedad, qué el hogar, aunque no faltaran los intereses culturales? Aquí Haller, Hagedorn, Gellert, Ewald von Kleist y los escritores dramáticos *à la* Gottsched y Bodmer seguían siendo los héroes de las letras alemanas. Lessing ya era allí un renovador libertino. Y también en los círculos familiares, ¡trivialidad y aburrimiento! Cuando Alexander von Humboldt nos escribía a una amiga común y a mí en aquellos años desde el palacio de Tegel, que pertenecía a su familia, solía fechar la carta con: palacio del aburrimiento. Claro que sólo solía hacerlo en las cartas que escribía en letra hebraica, pues yo les había dado las primeras clases a él y a su hermano Wilhelm, que luego otro continuó con mucho éxito, y escribían muy bien. ¡Confesar en una carta cuyo contenido fuera accesible para todo el mundo que uno se divertía más en compañía de mujeres judías que en el palacio de los padres, no carecía de peligro entonces para un joven noble!

Pero, ¿era de extrañar que, cuando se presentaba una vida social inspiradora en medio de estas condiciones, o mejor dicho de estos inconvenientes sociales, fuera aprovechada ansiosamente por aquellos que buscaban estímulo intelectual a través del intercambio oral de ideas, a pesar de los prejuicios contra los judíos vigentes en aquellos tiempos? Y no es menos comprensible que, entre los hombres, los más jóvenes fueran los primeros en acercarse a estos círculos. Pues el espíritu, vigente en ellos, era el de una nueva era, y además, entre las portadoras de éste, por una gracia del azar, había muchas muchachas y mujeres bellas. Y asimismo fue por estas circunstancias por lo que el grupo de jóvenes aristócratas prometedores fuera el primero en unírseles, pues la aristocracia estaba tan lejos de los judíos en la sociedad burguesa, que no corría peligro de parecer semejante si se mezclaba con ellos.

Por supuesto que las condiciones cambiaron muy pronto en nuestro círculo. El ingenio es un poderoso igualador y el amor, que de vez en cuando tampoco dejaba de inmiscuirse, a menudo convertía el orgullo en humildad. Además los modales cortesanos aquí, donde la franqueza era una de las condiciones esenciales, hubiesen provocado la sátira muy pronto. De todos modos ya se dirigía contra toda la clase de la nobleza cortesana con sus modales fríos y rígidos. Como la corte entonces guardaba luto por varios príncipes y principitos que nadie conocía, ni ellos mismos, y por eso siempre se les veía con las llamadas «pleureuses», en nuestro círculo la nobleza de la corte tenía el mote «gente pleureuse».

Como por un embrujo, poco a poco se unían a nuestro círculo todos los muchachos y hombres jóvenes que había en Berlín o que sólo lo visitaban. Pues el orgullo y el placer de vivir no permitían que los méritos, una vez obtenidos, fueran callados y por eso relucían a mucha distancia. También amigas y parientes afines a estos jóvenes se nos unieron pronto. Luego siguieron los más liberales entre los hombres maduros, cuando la noticia de tal vida social llegó a sus círculos. Creo que *pour comble* al final hasta estábamos de moda, pues los diplomáticos extranjeros tampoco nos despreciaban.

Y así creo no pretender demasiado, si digo que entonces no había en Berlín ningún hombre ni ninguna mujer, que se fuera a distinguir de alguna forma en el futuro, que no hubiera pertenecido a estos círculos más o menos tiempo, según se lo permitían sus condiciones de vida. Tampoco se puede excluir la corte, pues incluso el genial príncipe Luis Fernando[7] se movía a menudo en este círculo. La correspondencia de Rahel, parcialmente publicada, hasta cierto punto puede servir de prueba a mis afirmaciones. Digo hasta cierto punto, porque aunque los amigos y amigas a quienes las cartas estaban dirigidas y los que son mencionados en ellas eran más o menos los miembros de este grupo, la publicación completa de la correspondencia seguramente presentaría muchos más personajes importantes; y además no mantenía relaciones con varios que pertenecían a una época un poco anterior. Tampoco temo exagerar si digo que el espíritu nacido de estos círculos penetró la sociedad, incluso de las más altas esferas de Berlín, pues ya la posición social de muchos de sus miembros explica esto. Sin embargo, este espíritu sólo encontró espacios vacíos en casi todas partes.

---

7 El príncipe tenía una relación amorosa con Pauline Wiesel, íntima amiga de Rahel Varnhagen.

SOPHIE MEREAU

La floración del sentimiento*

Extracto

Nanette había nacido en Génova, y había perdido tan pronto a sus padres que su mente apenas podía captar una imagen duradera de ellos. Dos hermanos, el uno casi de su edad, el otro muy superior en edad a ambos, compartían este triste destino. Sin embargo, esta pérdida personal era entonces lo único de que tenían que lamentarse. Con las riquezas de ellos heredadas estaban de sobra cubiertas todas sus necesidades, y aún en vida habían nombrado a su hijo mayor protector de los derechos de sus dos hermanos menores. Así, murieron con la feliz convicción de haberlo hecho todo por su seguridad. Entonces la tía, que había estado casada en Suiza y ahora vivía con unos ingresos modestos, sin hijos, se enteró de la preocupante situación de sus jóvenes parientes, y enseguida tomó la firme decisión de ocuparse ella misma de su educación. Viajó a Génova y se los pidió a su fraternal protector. Éste, conocedor de todos los placeres de su edad y su situación, lleno de un ansia indomable de todas las satisfacciones de los sentidos, ya había considerado demasiado importunas todas las preocupaciones, que no le afectaban a él personalmente, y

* *Das Blüthenalter der Empfindung*, págs. 82-94 y 95 y ss.

se los dejó con muchísimo gusto. Mucho más encantada por el más noble beneficio que esperaba en el futuro, también la tía volvió a su lugar de residencia. Allí su único oficio era la educación de estos niños. Su educación no tenía nada de artificial. La naturaleza, creía ella, siempre era buena. Sólo se ocupó de que ni los ejemplos ni las personas estropearan nada en sus frágiles corazones. Evitando lo malo creía haberlo hecho todo; lo bueno, creía ella, vendría automáticamente. Les enseñó ideas, no palabras, desarrolló su sentido de la justicia y de la injusticia, y sólo trató de formar lo que encontraba en ellos; no quería cambiarlos en nada con su educación... Su esperanza de haber acabado su obra del todo sólo se cumplió parcialmente. El niño le fue arrebatado demasiado pronto, pero con Nanette gozó del placer de haber presentado a sus contemporáneos una noble mujer en su alta dignidad innata, pura y sin profanar.

Mientras tanto, el hermano mayor había gozado de distracciones de todo tipo. Era natural que al final le faltaran los medios para satisfacer sus necesidades cada vez mayores, natural que con la fuerza para gozar también perdiera la fuerza para prescindir de algo, y ahora tramaba planes ilícitos, dado que ya no le quedaban medios lícitos. ¿En qué podía pensar primero sino en la fortuna de sus hermanos, que le fuera confiada?; con la legislación de su país ¿qué podía ser más fácil que adueñarse él mismo de una parte de la misma, si los pudiera convencer de que adoptaran la vida monástica?... La evidente brutalidad asustaba a su espíritu enervado, pero no había ningún truco secreto que fuera para él demasiado negro e innoble. Quería emprender el primer intento con su hermano, e hizo venir al joven de catorce años. Encontró en él a un ser de una honestidad inflexible, una formalidad tenaz, todas las pasiones aún en un sueño profundo, dispuesto a todo tipo de resignación por su gran idealismo... y su plan estaba hecho. La perspicacia que poseía, cuando se trataba de encontrar sus propias ventajas, le ayudó a tramar un propósito que le salió demasiado bien. Supo encarecer al joven lo que había hecho por él, supo describirle sus relaciones como tan indestructibles, su situación como tan complicada, sus necesidades como tan urgentes, que a aquél apenas le pareció digno de agradecimiento sacrificar por él, definitivamente, todos sus derechos, sus perspectivas de gozar la vida, y sólo lamentó que no le costara más esfuerzo. Con la mayor alegría tomó el hábito. Pero pronto su espíritu evolucionó a pasos gigantescos. Su clara razón, que despertaba, presentaba ante sus ojos lo inadecuado y antinatural de su vida presente bajo una luz terrible. Se estremecía ante las ataduras con las que unos prejuicios anticuados y sagrados estaban a punto de debilitar su entendimiento. Su orden no era tan estricta como para retirarle completamente del mundo; llegó a conocerlo suficientemente como para saber lo que había perdido en él; veía a su hermano vivir en la lujuria, mientras él había sacrificado para su supuesta salvación el don más alto del hombre, su libertad. Sus dudas se convirtieron en certeza, su vacilar en decisión. Huyó y escapó a la venganza de su irreconciliable hermano y de una orden ofendida.

Este intento frustrado no podía impedir que el insaciable emprendiera el segundo. Y en el fondo ¿qué tenía él que perder?... Su infeliz hermano había frustrado para siempre la posibilidad de reclamar sus derechos innatos, si no quería arriesgar su libertad, su vida misma con este precario intento. Pero formaba parte de su carácter el evitar toda maldad evidente; temía a la opinión pública, y no desconocía el juicio desfavorable ya emitido sobre él. Sin embargo, sus necesidades hablaban más alto que su temor. Creía que embaucar a una mujer ingenua sería además un negocio más provechoso y seguro. Con todos los argumentos del amor llevó entonces a la inocente Nanette a su casa; sólo prohibió, bajo algún pretexto, la compañía de su tía, cuya mirada aguda y experta temía. Pero igual que un serafín protector, ésta se juró no dejar a su pupila y velar por su seguridad de modo invisible. Disimuladamente viajó a Génova al mismo tiempo que Nanette, donde vivió manteniéndose absolutamente oculta y, sin ser descubierta, vigiló cada paso de su sobrino con ojos de lince.

El egoísta y entorpecido hombre de mundo creía, confundido por las palabras puras y ardientes de un corazón sensible, a quien no entendía, que trataba con una idealista bonachona, y pensaba haber llegado a su meta en cuanto hubiera conseguido presentarle la vida en el monasterio bajo su aspecto romántico y alegre. Incluso esperaba que le sería de gran provecho la ilusión de que su querido hermano menor había elegido esta forma de vida por propio impulso y había encontrado su felicidad en ella, ilusión que él trataba de mantener en ella durante el mayor tiempo posible. Pero descubrió muy pronto que no le saldrían las cuentas. Las frías, irrefutables razones que Nanette sabía oponer a sus exageradas descripciones, deliberadamente idealizadas; los consejos dulces, razonables, sólo para él imposibles de seguir, que ella afectuosamente le daba, cuando él le hablaba de su situación precaria..., todo esto le era incomprensible y le precipitaba a la desesperación. Ni persuasión, ni ruegos, ni razones, ni las más fervorosas descripciones podían despertar en ella la más mínima simpatía por un estado del que la separaban por igual la razón fría y tranquila y el sentimiento cálido y tierno. Con sorpresa, su hermano veía frustrarse aquí todos los trucos que había tenido por infalibles, y ya pensaba con secreta repugnancia en la violencia, cuando una agradable casualidad acudió en su ayuda desde otra parte. El cardenal** vio a Nanette y toda su personalidad le pareció tan indeciblemente encantadora, que prometió al hermano ventajas inmensas si lograba inducirla a vivir con él como su dama de compañía. Su hermano lo esperaba todo; las pruebas que tenía de la clara inteligencia de Nanette parecían asegurar que aquí tendría que luchar contra pocos prejuicios. Pero también entonces olvidó considerar la intensa armonía entre el modo de pensar y el de sentir de Nanette, y a él, que ya no sabía creer en la perfección humana, lo más natural le parecía incomprensible. La misma muchacha que había rechazado con tranquila dignidad las degradantes limitaciones del convento, rechazó ahora, igual de decidida, la propuesta de una dependencia de una persona equivalente, que ella no había elegido y que le hubiera causado la triste necesidad de ser dominada o de dominar mediante trucos... y aborrecía ambas posibilidades. Pedía iguales derechos que el hombre a quien quería amar, y la personalidad del cardenal era, mucho más que las demás circunstancias, una razón inalterable de su negación. No quería amar sin respeto, y éste no lo merecía. Así que su respuesta fue decidida, deliberada y excluía para siempre toda esperanza. Pero a ella, con toda confianza en sí misma, siempre en conformidad consigo misma, no se le ocurrió huir del trato con su pretendiente. Fue él con quien la vi por primera vez, y cuya ira de entonces se esfumó muy pronto. Sólo su hermano no era tan fácil de reconciliar. Sin cesar urdía en secreto nuevos planes, que amenazaban convertirse en acciones. A la atenta tía no se le escaparon sus oscuras tramas; le pareció haber llegado el momento de no dejar sola a su angelito, y por vías secretas Nanette tuvo noticia de su presencia y de su plan para que huyera con ella. Todo estaba arreglado y se acercaba la hora de la realización. Fue entonces cuando la vi por segunda vez en la iglesia, donde la conciencia de que su tía le prohibiera estrictamente tener ningún confidente de su secreto y el miedo de ser delatada por mí sin querer, le hacían mi presencia tan agobiante y la obligaban a recurrir a ese ardid que me había causado tan infinitas penas. Mi fervorosa impaciencia impidió aquí que ella terminara su historia. El comentario de que su huida era la razón más noble por la que Nanette no podía dar un paso que atrajera demasiado el curioso interés de la gente era para mí demasiado importante como para interesarme por otra cosa en ese momento. Les prometí defenderlas de todas las injurias; las remití a la protección de las leyes, pero no las convencí. Los derechos que el hermano de Nanette tenía sobre su hermana se basaban en las leyes de la ciudad, ¿quién se los podía quitar?..., temían por su seguridad... y yo podía comprenderlo muy bien. ¿Dónde tendrían las mujeres el derecho a gozar directamente de la protección de las leyes?..., ¿no están en casi todas partes más bien sometidas a la arbitrariedad del hombre? ¡Qué poco se consideran aún ahora sus derechos naturales, el libre gozo de su libertad y de sus fuerzas! ¿No son más bien toleradas que protegidas?...

KAROLINE VON GÜNDERRODE

LA SOMBRA DE UN SUEÑO

Un fragmento apocalíptico *

1. Yo me encontraba sobre una alta roca en el Mediterráneo, y ante mí estaba el este, detrás de mí el oeste, y el viento descansaba sobre el mar.

2. Entonces se puso el sol, y apenas estuvo oculto volvió a ascender en su salida la aurora; y mañana, mediodía, tarde y noche se perseguían con rapidez vertiginosa alrededor del arco del cielo.

3. Asombrada, los veía girar en círculos salvajes; mi sangre no corría más deprisa, mis pensamientos no se movían con mayor rapidez, y el tiempo andaba en mi interior según su marcha acostumbrada; mientras, fuera de mí, se movía de acuerdo con una nueva ley.

4. Yo me quería arrojar a la aurora o sumergirme en las sombras de la noche, para ser arrastrada también en su apresuramiento y no vivir tan lentamente; pero como las contemplaba sin cesar, me cansé mucho y me dormí.

5. Entonces vi ante mí un inmenso mar, no rodeado por orilla alguna, ni al este ni al sur ni al oeste ni al norte: ni un soplo de viento movía las olas; y sin embargo el mar inconmensurable se movía en sus profundidades, como movido por fermentaciones interiores.

* *Der Schatten eines Traumes*, págs. 107 y ss.

6. Y varias figuras ascendían desde el seno del hondo mar, y ascendían nieblas y se convertían en nubes, y las nubes bajaban y rozaban, en convulsos relámpagos, a las olas parturientas.

7. Y surgían figuras cada vez más diversas de las profundidades, pero a mí me sobrevinieron vértigos y un extraño temor; mis pensamientos eran arrastrados de acá para allá, como una antorcha por el huracán, hasta que mi recuerdo se extinguió.

8. Pero cuando me desperté y empecé a saber de mí, no sabía cuánto tiempo había dormido, si siglos o minutos; porque aunque había tenido oscuros y confusos sueños, no me había ocurrido nada que me pudiera dar idea del tiempo.

9. Pero había en mí una oscura sensación, como si yo hubiera reposado en el seno de aquel mar y hubiera surgido de él igual que las otras figuras. Y me parecía ser una gota de rocío y me movía alegremente de acá para allá en el aire, y me alegraba de que el sol se reflejara en mí, y de que las estrellas me contemplaran.

10. Me dejaba arrastrar por los aires en raudos vuelos, me unía al crepúsculo vespertino y a las gotas de siete colores del arco iris, me alineaba con mis compañeros de juego en torno a la luna cuando se quería ocultar, y acompañaba su trayectoria.

11. ¡El pasado se me había esfumado! Yo sólo pertenecía al presente. Pero en mí había un anhelo que no conocía su objeto; yo buscaba siempre, pero nada de lo que encontraba era lo que buscaba, y así vagaba, añorante, por lo infinito.

12. Una vez me di cuenta de que todos los seres que habían salido del mar volvían a él, y se reproducían de nuevo en formas cambiantes. Aquel fenómeno me extrañaba; porque yo no había sabido de ningún final. Entonces pensé que mi anhelo sería también el de retornar a la fuente de la vida.

13. Y pensando esto y sintiéndolo casi más vivamente que toda mi consciencia, mi ánimo se encontró de pronto como rodeado de aturdidoras nieblas. Pero desaparecieron

pronto; a mí no me parecía ya ser yo misma, sino más que yo misma, ya no podía encontrar mis límites, mi conciencia los había sobrepasado, era mayor, diferente; y sin embargo yo me encontraba a mí misma en ella.

14. Yo estaba liberada de los estrechos límites de mi ser, y ya no era una gota aislada, estaba devuelta a todo, y todo me pertenecía; pensaba, sentía, ondeaba por el mar, brillaba en el sol, giraba con las estrellas; me sentía a mí misma en todo, y gozaba todo en mí.

15. ¡Por tanto, quien tenga oídos para oír, que oiga! No existen dos, ni tres, ni miles; existe Uno y todo; no hay cuerpo y espíritu separados, para que uno pertenezca al tiempo y otro a la eternidad; hay Uno, se pertenece a sí mismo, y es tiempo y eternidad a la vez, y visible e invisible, permaneciendo en el cambio; una vida infinita.

*A Eusebio**

¡Una de las épocas más grandes de mi pequeña vida ha pasado! He estado en la divisoria entre la vida y la muerte. ¿Para qué se resiste el ser humano?, me dije en aquellos momentos, ante la muerte. Me alegro de cada noche, dado que prefiero el estar inconsciente y los sueños oscuros a la más clara vida; ¿por qué me espanto de la larga noche y el profundo sopor? ¿Qué hechos me esperan aún, o qué mejor reconocimiento sobre la tierra de que yo debería vivir más tiempo? Una sola necesidad engendra a todos para hacernos personas, una noche común nos enlaza a todos. Los años no me darán una mejor sabiduría, y cuando aprender, hacer y padecer en la tierra sea aún necesario, un dios me dará lo que necesito. Así me hablé a mí misma, pero los pensamientos que amo vinieron a mí, y los héroes que había adorado desde la juventud: «¿Para qué quieres añorar la noche en pleno mediodía?», me gritaron. «¿Por qué sumergirte en el antiguo mar, y allí fluir con todo lo que amas?»

---

* *Der Schatten eines Traumes,* págs. 115-118.

Así cambiaban las ideas en mí, y pensé en ti, y siempre en ti, y casi todo lo demás sólo en relación a ti, y si de otro modo se concede a los mortales el salvar aún uno de sus bienes del naufragio de la vida terrena, seguro que yo me habría llevado tu recuerdo al reino de las sombras. En cambio el pensamiento más doloroso era que tú te perdieras para mí. Yo decía que tu yo y el mío deberían ser disueltos en las antiguas materias primigenias del mundo, y entonces me volvía a consolar con que nuestros elementos, hechos amigos, obedeciendo a la ley de la atracción se buscarían en el espacio infinito y se unirían. Así ondulaban esperanza y duda arriba y abajo en mi alma, y ánimo y temor. Pero el destino lo quería..., sigo viviendo... ¿Pero qué es la vida? ¿Ese bien ya entregado y de nuevo obtenido? Así que a menudo me pregunto: ¿qué significa que un ser se aparte con tal conciencia de la totalidad de la naturaleza, y se sienta desgarrado de ella?, ¿por qué se aferra el ser humano a pensamientos y opiniones con tal fuerza, como si fueran lo eterno?, ¿por qué, si igualmente esos pensamientos y conceptos se mueren con el individuo, por qué se vuelven a producir siempre de nuevo por él mismo y se empujan así por las filas de las generaciones sucesivas hacia una inmortalidad en el tiempo? Durante mucho tiempo no supe una respuesta a estas preguntas, y me confundían; de pronto todo se me hizo claro en una revelación y así permanecerá siempre. Sin embargo yo sé que la vida es sólo el producto del más íntimo toque y atracción de los elementos; sé que todas sus flores y hojas, a las que llamamos pensamientos y sensaciones, tienen que marchitarse, cuando aquel toque se deshaga; y que la vida de cada individuo está sometida a la ley de la mortalidad; pero tan seguro como es esto para mí, igualmente lo es, sobre toda duda, también lo otro, la inmortalidad de la vida en conjunto; porque este conjunto es precisamente la vida y ondula arriba y abajo en sus miembros, los elementos, y sea esto lo que sea, que por disolución (lo que nosotros a veces llamamos muerte) ha vuelto a lo mismo, eso se mezcla con ellos según leyes de parentesco, es decir, lo similar con lo similar. Pero esos elementos se han vuelto distintos después de haber sido empujados hacia arriba, hacia la vida, en el organismo, se han hecho más vivos, como dos seres que se han ejercitado en una larga lucha son más fuertes cuando ésta ha terminado que antes de que lucharan; así sucede con los elementos, porque están vivos, y toda fuerza viva se fortalece con el ejercicio. Así que cuando retornan a la tierra aumentan la vida terrestre. Pero la tierra engendra la materia vital a ella devuelta en otras formas, de nuevo, hasta que, por medio de transformaciones siempre nuevas, todo lo apto para la vida en ella se haya hecho vivo. Esto sería así si todas las materias fueran orgánicas...

Así que cada uno que muere devuelve a la tierra una vida elemental más elevada y desarrollada, que se sigue formando en formas que se mejoran; y el organismo, en tanto que recibe en sí elementos cada vez más desarrollados, tiene por ello que hacerse cada vez más perfecto y de mayor valor genérico. Así se hace viva la totalidad, por medio de la decadencia de lo individual, y la individualidad sigue viviendo inmortal, en la totalidad, cuya vida desarrolló al vivir, y tras la muerte incluso está elevada y aumentada, y así ayuda a realizarse a la idea de la tierra a través del vivir y el morir. Por muy dispersos que estén mis elementos y cuando se unan a aquello cuya vida aún se parece a la muerte, le darán alma.

Y según me parece, Eusebio, la concepción hindú de la transmigración de las almas corresponde a esta opinión; sólo podrán los elementos dejar de moverse y buscar, cuando la tierra haya alcanzado la existencia a su medida, la orgánica, completamente. Pero todas las formas producidas hasta ahora no tienen que bastar al espíritu de la tierra, porque éste siempre las vuelve a deshacer y busca otras nuevas; las que son del todo iguales a él no las podría deshacer, precisamente porque son iguales a él y serían inseparables de él. Esta perfecta igualdad de la esencia interior con la forma no puede ser alcanzada, me parece, de ningún modo en la multiplicidad de las formas; la esencia de la tierra es sólo una, así que su forma también sólo podría ser una, no diferente; y la tierra alcanzaría su existencia realmente verdadera, cuando todas sus manifestaciones se disolvieran en un organismo común; cuando espíritu y cuerpo se interpenetraran de tal manera que todos los cuerpos, toda forma, fueran a la vez pensamiento y alma y un cuerpo verdaderamente transfigurado, sin defecto ni enfermedad e inmortal; por tanto muy diferente de lo que llamamos cuerpo o materia, en la medida en que le adjudicamos carácter pasajero, enfermedad, pesadez y carencias; porque esta clase de cuerpo es igualmente sólo un intento desafortunado de hacer surgir aquel cuerpo inmortal y divino. Yo no sé si la tierra logrará organizarse así, inmortal. Puede haber en sus elementos primigenios un desequilibrio entre esencia y forma que constituya un impedimento para ello; y quizá corresponde a la totalidad de nuestro sistema solar el conseguir este equilibrio; quizá incluso esto no baste, y sea tarea de todo el universo.

Desde esta perspectiva, ¡Eusebio!, se me ha hecho también claro lo que quieren los grandes pensamientos de verdad, justicia, virtud, amor y belleza, aquellos que brotan en el fondo de la personalidad y, sobrepasándolo en seguida, se impulsan hacia arriba, hacia el cielo libre; una planta que no decae junto con el suelo sobre el que se desarrolló, sino que se produce siempre de nuevo en el nuevo individuo, porque es lo permanente, eterno; en cambio el individuo es el frágil recipiente de la bebida de la inmortalidad... Porque, mirémoslo con más exactitud, Eusebio, todas las virtudes y las cualidades, ¿no son aproximaciones a aquel estado de la más alta perfección, en la medida en que la individualidad se puede aproximar a él? Porque la verdad es sólo la expresión del ser igual a sí mismo, así que sólo lo eterno es del todo verdadero, que no está sometido a ningún cambio de los tiempos o estados. El sentido de la justicia es la lucha de los individuos separados por ser iguales entre ellos. La belleza es la expresión externa del equilibrio que se alcanza consigo mismo. El amor es la reconciliación de la personalidad con la totalidad, y toda clase de virtud se reduce sólo a una, es decir, un olvidar la personalidad y la individualidad en aras de la totalidad. Así, por medio del amor y la virtud se prepara ya aquí, de manera espiritual, el estado de disolución de lo múltiple en la unidad, porque donde hay amor, sólo hay un sentido, y donde hay virtud hay un único esfuerzo hacia hechos de equidad, bondad y concordia. Pero lo que es igual a sí mismo y lleva en sí, exterior e interiormente, la expresión de este ser armonioso, e incluso es esta expresión, lo que es uno y no está desgarrado en la multiplicidad, es precisamente lo perfecto, inmortal e inalterable, es aquel organismo que yo considero meta de la naturaleza, de la historia y de los tiempos, en suma, del universo. Por cada acto de no veracidad, injusticia y egoísmo se aleja aquel estado bienaventurado, y se somete al dios de la tierra a nuevas cadenas; el cual expresa su anhelo de una vida mejor en el alma de cada persona por medio de la disponibilidad para lo elevado, y en cambio se queja, en la conciencia herida, de que su vida divina y bienaventurada aún esté lejos.

*La música para mí**

No puedo entender la esencia y el tejido de la música, sus leyes interiores permanecen ocultas para mí; también es vacilante y engañoso mi juicio sobre todo lo que en ella es o no es excelente. Mi capacidad de atención no puede acompañar en su curso a una bella música; escucho durante un rato, pero pronto se pierde mi espíritu en una sucesión de imágenes que van y vienen, que equivalen a las cambiantes representaciones de los sueños de colores; ya veo oscuras nubes empujadas velozmente por rugientes tormentas, ya un oscuro mar iluminado por el pálido brillo de la luna, que rompe, espumeante, contra negras rocas. Éstas y muchas otras representaciones, en parte, de mi vida pasan deprisa ante mi alma, ondeando hacia arriba y hacia abajo; y esta vida que la música despierta en mí se me hace tan poderosa que ya no la percibo; y una música que no obra en mí de modo análogo me da poca alegría. La tormenta es para mí un verdadero despertador de entre los muertos. Porque cuando percibo su rugir me surgen de sus tumbas las imágenes del pasado, y camino de nuevo entre ellas.

---

* *Der Schatten eines Traumes,* págs. 128 y ss.

*Pensamientos varios**

La perfección es un conjunto, no la poseemos, es igual que el azul del cielo sobre nosotros, y nuestra perfección es sólo un esfuerzo hacia ella, una perspectiva de ella; por ello un amor no es personal, es sólo amor a lo excelente.

Déjate vivir como eres, sin ensayar proezas contigo, es decir, sin querer obligarte a amar cosas que no puedes amar; tu queja de que no has amado es una nostalgia de amor, y esta nostalgia es un pensamiento que (dado que no tiene ningún objeto sobre el que descansar), clava la vista en lo infinito; ahora encuentra mi pensamiento tu mirada informe hacia arriba, y la modela, y le da su forma, su razón y finalidad en la conciencia; cuando haya confrontado todos tus pensamientos, que aún no tienen forma, con los míos, y los haya formado, entonces tomaré otra dirección con mis pensamientos; tú crees entonces que te he abandonado, pero yo tendría que ser arrogante si quisiera importunar a los afortunados que no me necesitan.

Todo lo que digo lo he experimentado, yo he estado en esa situación, pero en más alto grado. Me he abierto camino a través de la superstición y de la duda, y he retornado a la creencia; también usted debe creer, puesto que todo es creencia, incluso la más novedosa y digna filosofía vuelve a la creencia.

Sólo hay dos vidas, la vulgar (que es peor que nosotros) y la más elevada; muchas personas flotan entre las dos; el verdadero artista está completamente en la última, es la dicha verdadera y quien haya entrado en ella una vez está perdido sin remedio para el mundo.

Sólo hay dos maneras de vivir rectamente, la terrena y la celestial; se puede servir al mundo y ser útil, llevar un despacho, poner en marcha negocios, educar hijos; entonces se

* *Der Schatten eines Traumes,* págs. 129-131.

vive de modo terrenal. Pero se vive de modo celestial en la contemplación de lo eterno, infinito, en el esfuerzo hacia ello (una forma de estado religioso). Quien quiere vivir de otro modo que de estas dos maneras, se echa a perder.

Usted crece aún en el mundo como la manzana en el árbol, pero cuando el fruto está maduro se cae de la rama, tiene entonces su forma propia, está completo. También usted debe desgajarse del mundo, y ser usted mismo del todo; entonces será perfecto. Una sola ley impera en toda la naturaleza.

Ha destrozado una imagen de santo, y por eso no le apetece rezar, así es su situación. Se demora en la contemplación de sus faltas y desperdicia lo más elevado.

Me recuerda a alguien que, con una bella voz, canta mal; vive mal con buenas disposiciones.

La gente dice que soy inútil porque no llevo ningún negocio, y sin embargo yo trabajo, a través del influjo que tengo en algunos estados de ánimo, para lo eterno. Quien quiere ser sacerdote entre los hombres no debe engañar, por lo tanto no puedo tratarme con los fariseos, ni callar la verdad. No me importa que mis contemporáneos no me respeten; quien sigue una enseñanza superior tiene que experimentar esto siempre, yo no voy a sucumbir por eso; los apóstoles dejaron mujer e hijos y todo y siguieron a Cristo.

El verdadero y auténtico amor es casi siempre una experiencia desgraciada, se atormenta una misma y es maltratada por el mundo. La coquetería siempre me resultó interesante; es a la vez el juego más rico intelectualmente y el mayor ejercicio para el espíritu; se pertenece una a sí misma sin perderse. Hay una mezcla extraordinaria en usted que tiene que aprender a compartir, no por medio de pensamientos (pues sus pensamientos son precisamente la mezcla) sino por medio de una ocupación que distribuya. Haga poesía con la imaginación, trabaje con los brazos, baile con los pies, lea a Goethe y a Homero, y estúdielos, es decir, léalos con disfrute y hasta que los personajes se le hayan disuelto en los pensamientos, es decir, hasta que Áyax no sea sólo el héroe, sino hasta que reconozca en él el pensamiento infinito (que se ha representado en forma humana por medio del arte). Hasta ahora todas sus necesidades se han referido y concentrado en la del amor; por ello el amor de usted ya no es libre, necesario, ni digno de estimación; pero cuando haya hecho usted todo esto se sentirá elevado y dichoso. Por lo demás, sea usted más decidido en su manera de ser, no tolere nada malo, no trate mucho con personas vulgares, porque esto significa pisotear lo excelente.

Mi actitud frente a la muerte es la más tranquila. Un amigo es para mí, durante su vida, como la gramática; si muere, se me convierte en poesía. Preferiría no saber nada de mi mejor amigo antes que no conocer una bella obra de arte.

BETTINA BRENTANO

Correspondencia de Goethe con una niña*

Libro del amor (extractos)

¡Queridísimo! Ayer estuve hondamente conmovida y sentí nostalgia; porque se habló mucho sobre ti que no era cierto; puesto que yo te conozco mejor. A través del tejido de tus días se extiende un hilo que los une con lo sobrenatural. Un hilo tal no serpentea a través de cada existencia; pero toda existencia se desmorona sin él.

Que tu existencia nunca se destruya, sino que todo sea eterna realidad, eso es lo que deseo; tú que eres hermoso y cuyos gestos son igualmente bellos, porque expresan inteligencia: comprender la belleza ¿no significa amarte?..., ¿y no tiene el amor el anhelo de que tú fueses eterno?... ¡Qué puedo yo recibir de ti, sino tu imagen mental en mí!... Pues sí, ésta es mi tarea diaria, y todo lo demás que comienzo..., todo tiene que ceder ante ti. Servirte a escondidas en mi pensar, en mi actuar, vivir para ti y estar igualmente cerca de ti, en plena muchedumbre o en la soledad; tener una sagrada orientación hacia ti, imperturbable, me recibas o reniegues de mí.

La naturaleza entera es sólo símbolo del espíritu; es sagrada, porque lo expresa; el hombre aprende a conocer a través de ella su propio espíritu y que también él necesita el

* *Goethes Briefwechsel mit einem Kinde*, págs. 474-476, 557-561 y 589-592.

amor; que desea pegarse al espíritu, como sus labios a la boca del amado. Aunque te tuviera a ti, si no tuviera a tu espíritu para que *él* me sintiera, seguro que ello no me llevaría nunca a la anhelada meta de mis deseos.

¿Hasta dónde llega el amor? Despliega sus banderas, conquista sus imperios; en el gritar de júbilo, en el delirio de la victoria se apresura hacia su eterno creador. Tan lejos llega el amor, que entra allí de donde salió.

Y donde dos seres se funden el uno con el otro, desaparece la frontera de la finitud entre ellos. Pero ¿debo quejarme, si tú no me correspondes?... ¿No está este fuego dentro de mí y me calienta?... ¿Y no es este íntimo ardor una dicha que lo abarca todo?

Y bosque y montaña y riberas del río, iluminadas por el sol, me sonríen, porque mi corazón, porque mi espíritu exhalan eterna primavera hacia ellos. [...]

¡Amigo! No es inventado este mundo interior, se basa en el conocimiento y el secreto, se apoya en una fe superior; el amor es el espíritu reinante de este interior, es el alma de la naturaleza.

Los pensamientos son, en el mundo intelectual, lo que la sensación en el mundo de los sentidos; es sensualidad de mi espíritu lo que me ata a ti, para que te piense; me conmueve hondamente que existas, que hayas nacido en este mundo de los sentidos. Y que tu aparición sensible dé testimonio de la intuición, de la revelación que tengo de ti.

El amor es reconocimiento; yo sólo te puedo disfrutar en el pensamiento, que aprende a comprenderte, a sentirte; pero si alguna vez llego a comprenderte del todo, ¿me pertenecerás entonces?, ¿podrías pertenecer a alguien que no te comprendiera?, ¿no es el comprender un dulce y sensual confluir en el amado?... Una sola barrera existe; separa lo finito de lo infinito; el comprender la supera; dos que se comprenden son infinitos el uno en el otro...; comprender es amar; lo que no amamos, no lo comprendemos, no existe para nosotros.

Puesto que yo quisiera tenerte, pienso en ti, porque pensar me enseña a comprenderte.

Ayer era muy temprano por la mañana, cuando te escribí; llevaba un libro y recado de escribir y anduve antes del amanecer a lo largo del valle, que está encajonado estrechamente, por ambos lados, entre paredes montañosas; allí caen murmurando los arroyos por la hierba suave, y balbucean como niños en la cuna. ¿Qué podía hacer yo? Me llenaba el corazón, los labios, los ojos inundados de lágrimas; tenía que desahogarme contigo, tenía que reprocharte, melancólicamente, que no te poseo; y entonces estaba el sol tan amable; algo susurró y se movió detrás de mí; ¿era un animal salvaje?, ¿era una resonancia lejana? Trepé con rapidez, quería alcanzarte corriendo y en la altura; allí se abrió a la mirada la amplia lejanía, las nieblas se disiparon; me pareció como si vinieras al encuentro de mis peticiones, misteriosamente, y me miraras, y me acogieras en tu pecho, para mí aún desconocido.

Cada impulso eterno logra y alcanza, está fuera del tiempo... ¿Qué tengo que temer? Si este anhelo es pasajero, tú desaparecerás con él; si no lo es, alcanzará aquello por lo que lucha; y ya ahora tengo que agradecerle un mundo interior, polivalente y original; percepciones y pensamientos me alimentan, y yo me siento en un acuerdo íntimamente vivo con tu espíritu.

La naturaleza es infantil, quiere ser comprendida, y en eso consiste su sabiduría, en pintar cuadros tales, que son el espejo de nuestro mundo interior; y quien los contempla y penetra en sus profundidades, a aquél se le solucionarán las preguntas de sus enigmas interiores; quien se arrima a ella se sentirá comprendido dentro de ella; la naturaleza dice a cada uno la verdad, igual a los desesperados que a los felices. Ilumina el alma y ofrece sus riquezas al necesitado; estimula los sentidos y deleita al espíritu a través de una significación armoniosa.

También de ti creo que habrás sentido esto a veces, cuando caminas solitario, al azar, por bosques y valles, o cuando contemplas en su conjunto la amplia llanura, al mediodía, desde un lugar en sombra; entonces creo que entiendes el lenguaje del *silencio* en la naturaleza; yo creo que ella intercambia pensamientos contigo, y que tú sientes reflejada en ella tu naturaleza más alta; y aunque con frecuencia seas conmovido dolorosamente por ella, no creo, sin embargo, que la temas, como otras personas.

Mientras somos infantiles, la naturaleza ejerce un cuidado maternal con nosotros; nos instila un alimento del que crece el espíritu, y después se desarrolla hasta ser genio ella misma; incita a lo más elevado, a la conciencia de nosotros mismos, quiere que penetremos en las honduras interiores; y por mucha escisión que pueda haber en ellas, y por mucha aniquilación a la que fuera expuesta..., la confianza en la naturaleza más alta, así como en nuestro genio, recuperará la belleza originaria. Esto te lo digo hoy antes de acostarme; a ti te hablo aquí, separada por tierras y ríos, separada, porque no piensas en mí; y todo el que lo supiera lo llamaría demencia; y yo te hablo desde las profundidades de mi alma, y aunque tú no me percibas con tus sentidos, mi espíritu se empeña en decírtelo todo; aquí, desde la lejanía, hablo contigo, y toda mi vida sensible no es nada en comparación con este lenguaje encantado. Tú estás en el centro de mi interior, ya no es uno, se ha convertido en doble dentro de mí. [...]

Cuando me encaro conmigo misma y con mi hacer y actuar, me vienen enseguida pensamientos de los que siento que tienen una determinada relación con un determinado fenómeno en mí, del mismo modo, sin duda, que también en las distintas etapas de la vida de las plantas el alimento toma una orientación espiritual distinta; que, por ejemplo, al florecer la materia alimenticia, que desde luego consta de los mismos elementos, emprende una transformación espiritual elevada en sí misma; porque ya no se exterioriza sólo, vegetando, en la vida de la planta, sino perfumando, consciente en su espíritu.

Pensamientos de este tipo me hacen feliz, cuando hago las paces conmigo misma y acepto el sueño como reconciliación conmigo misma; así, ayer por la tarde sentí, antes de dormirme, como si mi interior me hubiera acogido con amor, y entonces dormí mi paz hasta lo más hondo de mi alma y desperté de vez en cuando, y tuve pensamientos. Los escribí a lápiz, sin desarrollarlos más, o considerar su contenido, incluso algunos de ellos sin comprenderlos del todo..., y me volví a dormir enseguida; pero pronto algo me despertó de nuevo; aquellos pensamientos eran las exclamaciones de mi alma en la experiencia del placer. Los quiero copiar aquí, tal como los experimenté, uno tras otro. Si tienen valor y contenido, lo dejo en suspenso, pero siempre serán una prueba de que el espíritu también está activo durante el sueño. Yo creo que toda acción tiene sus consecuencias infinitas; que la verdad nos otorga placer, que por tanto cada placer tiene una verdad como más hondo fundamento, y que por lo tanto todo placer está legitimado por su verdad.

Yo creo que todas las intuiciones son reflejos de la verdad.

El espíritu es ojo, y cuanto más agudamente ve, más clara se hace la intuición, más puro aparece el reflejo de la verdad en la percepción. La multiplicidad debe conducir a la unidad, el espejo resume todo en un rayo.

La luz engendra la múltiple vida y esfuerzo hacia la unidad, hacia el reino de lo divino.

La filosofía es símbolo de la pasión que existe entre Dios y los hombres.

El amor es una metamorfosis de la divinidad.

Cada pensamiento es la floración de una planta, ¿cuál es entonces su fruto?... Su fruto es el efecto sobre nuestro interior.

La inocencia es propia del pensar del verdadero espíritu. El espíritu sólo se habla con un alma inocente.

El espíritu restablece la inocencia enferma. El gozo del fruto del espíritu hace inocente, ése es el efecto del fruto.

Lo sensible es símbolo de lo espiritual, es reflejo de una verdad que aún no ha llegado a la experiencia espiritual.

La experiencia espiritual es vida que acaba de nacer. Cuando poseemos la verdad espiritual lo sensible se disuelve.

Todo lo sensible está por comprender; al comprenderlo se hace espiritual.

El desarrollo espiritual produce grandes dolores; ésa es la prueba de hasta qué punto el espíritu está relacionado con lo físico.

El espíritu que no produce dolores es vida tras el nacimiento.

A menudo muere el espíritu; su muerte es pecado. Pero

resurge de nuevo a la vida; la resurrección de entre los muertos produce dolores.

¡El espíritu es un mago, lo puede todo! Si yo me presento ante ti, con el pleno sentimiento del amor, en ese momento tú estás aquí.

¿Qué es magia entonces? Hacer válida la verdad del sentimiento...

El anhelo tiene razón en todo caso, pero el hombre lo ignora con frecuencia.

El hombre ha adoptado un cuerpo sensible, para llegar en él a la verdad; lo terrenal existe para que se manifieste en ello lo divino.

La actividad entera de la naturaleza es sólo un impulso de perseguir la verdad.

La verdad no tiene cuerpo, pero la vida sensible es la huella de su camino.

A veces tengo el impulso de apartarme de ti, tal como te reconozco con los sentidos, y apelar al divino secreto de tu existencia; entonces percibo que todas las diversas tendencias se disuelven en *una.*

Ciertamente, el amor es el instinto de una comunidad más alta, de naturaleza divina, con el amado. Por ello el amor excluye todas las tendencias distintas.

Cuando llegamos a saber que todos los ojos exteriores son un ojo interior que nos ve, entonces lo hacemos todo por amor del ojo interior, porque queremos ser vistos en nuestra acción secreta de belleza.

Nuestro impulso de actuar de modo bello es el impulso de aparecer con buen aspecto ante el ojo interior. Por ello el deseo de reconocimiento, de fama, es una satisfacción equivocada de esta tendencia innata, indestructible, porque su origen es divino... ¡Qué obtenemos de todo el brillo exterior, de la comedia del aplauso de una multitud ignorante, si no «aprobamos» ante el ojo del genio interior, si nuestra belleza está desquiciada ante él! Yo quiero vivir sólo para mi belleza, sólo quiero rendirle homenaje *a ella,* porque ella es el amado mismo.

Si nosotros describimos la mirada del ojo interior, poseemos el arte y el saber.

Todo saber debe elevarse a arte, debe reproducir la verdad tan inocentemente como el arte, y así se hará un reflejo de la verdad, una imagen en la que la reconocemos.

Pensar es una imitación inmediata de la verdad; no es ella misma, ella no tiene cuerpo, sólo tiene apariencia.

Busca sólo la verdad en tu interior; así tendrás la ventaja de encontrarla y a la vez de disolverte en ella.

En tu interior percibirás un movimiento vivo, como el movimiento del agua; no es más que un movimiento para disolverse en la verdad.

Toda vida se disuelve en una verdad más alta, pasa a una verdad superior; si fuera de otra manera, sería la muerte.

La belleza es un disolverse de la contemplación sensible en una verdad más alta; la belleza no muere, es espíritu.

Toda desarmonía es carencia de verdad.

Si quieres dormir, entrégate a tu luna interior. ¡Duerme a la luz lunar de tu naturaleza! Yo creo que esto educa y alimenta a tu ser humano interior, como la luz de la luna alimenta y estimula al espíritu de la planta.

Para quien, por propia iniciativa, somete su espíritu a la naturaleza, no existe la muerte.

El espíritu tiene que hacerse tan poderoso que no sienta la muerte del cuerpo.

El espíritu no necesita pensar, y sin embargo puede ser poderoso, simplemente por la pureza de la voluntad.

Verse sólo a sí mismo en todo, y tener hacia sí mismo la voluntad más pura: entonces es poderoso el espíritu.

También el sueño de los sentidos debe ser disfrutado, de tal manera que sea un bálsamo para el espíritu.

¡Quizá se heredan las riquezas espirituales igual que las terrenales, quizá distribuyen los espíritus sus capacidades entre sus descendientes! «Reconozco en ese pensamiento de qué espíritu eres hijo.» Este refrán prueba mi observación.

Despertar es el sentimiento de que lo más primigenio avanza hacia su origen en la eternidad.

Sólo el genio puede restablecer la inocencia vulnerada. ¡Oh genio, ven y satisfácete conmigo!

Aquí me sobrevino un profundo sueño... Por la mañana encontré mi papel escrito, apenas me acordaba de él, pero sí, muy claramente, del placer durante la noche, y de que era una sensación como la que debe de ser para el niño el mecerse en la cuna, y pensé que me gustaría soñar así con frecuencia. [...]

El sol se pone, su velo de púrpura se extiende sobre tu jardín; estoy sentada aquí, sola, y miro los caminos que tú anduviste por estos prados, todos están abandonados, nadie pasea por ninguno de ellos... Tan solitario está todo, tan por completo hasta la lejanía, y ya hace tanto tiempo que he esperado a que todo se callara; entonces he querido concentrarme y hablar contigo... y ahora me siento tan intimidada en el todopoderoso silencio. He ahuyentado al pájaro del arbusto, las campanillas duermen. La luna y el lucero de la tarde se hacen señas; ¿a dónde debo dirigirme? He dejado el árbol en cuya corteza marcaste con el cuchillo algunos nombres y he bajado a la puerta de la casa y apoyado la frente en el pestillo que tu mano abrió tantas veces, y te sentabas allí tan contento y también pasabas horas solitarias. Sólo tú, con tu genialidad, no sentías lo estremecedor de la soledad; aquellas tardes silenciosas transcurrieron compitiendo la sensibilidad y el entusiasmo. Oh Goethe, ¿qué piensas de mi amor?..., que rompe contra ti tan eternamente como la marea contra la orilla, y que quisiera hablar contigo y no es capaz de decir nada, más que de suspirar. ¡Sí!, dime: ¿qué crees tú que quiere este amor? Yo misma me asombro a menudo, como despertándome de un sueño, de que este sueño me domine. Pero enseguida me vuelvo a inclinar bajo el toldo de sus bóvedas y me amoldo a su susurrar y dejo dominar mis sentidos por el rumor de alas de espíritus desconocidos... ¡Quiero ser divina!, divina y grande como tú, estando, libre, sobre los seres sólo bajo tu luz; comprendida sólo por ti. Quiero lanzar dardos: pensamientos, sólo a ti deben alcanzar y a nadie más, tú debes poner a prueba su punta y en este secreto trato mis sentidos deben desarrollarse, deben ser cordiales, sanos, veloces, alegres, siempre ascendentes, no hundiendo los espíritus vitales, precipitándose hacia su creador.

Es de noche, escribo a la luz de las estrellas...

La sabiduría es como un árbol que extiende sus ramas por todo el firmamento; los dorados frutos que adornan su ramaje son estrellas. ¿Y si ahora se despierta un ansia que quisiera saborear los frutos del árbol de la sabiduría? ¿Cómo conseguiré alcanzar esos dorados frutos?... Se dice que las estrellas son mundos: ¿no es el beso también un mundo?..., ¿y es la estrella mayor a tus ojos que la dimensión de un beso?..., ¿y es el beso más insignificante para tu sentir que el abarcar un mundo?... Por lo tanto: ¡la sabiduría es amor!, y sus frutos son mundos, y no se equivoca aquel que siente en el beso un mundo; a él se le ha hundido en el pecho un fruto maduro, una estrella madurada a la luz de la sabiduría... ¡Pero, amigo, aquél!..., que se alimenta de tal manjar divino, ¿se cuenta aún de pleno derecho entre los hombres?...

Ahora me voy a dormir: el silencio de la noche, el tiempo oculto lo emplea Psique para llegar hasta ti. A menudo la lleva el sueño hasta ti, y quizá te encuentra, atravesado por mil pensamientos, de los cuales ninguno la menciona. Pero ella baja las alas y besa el polvo de tus pies hasta que tu mirada se inclina hacia ella.

Desde esta elevación yo domino mi mundo.
Hacia abajo, hacia el valle, junto al césped suave
que atraviesa la senda, que allí lleva,
con una casa blanca, colocada en el medio,
¿qué es aquello en lo que se complace el sentido?

Desde esta elevación yo domino mi mundo.
Mas aunque yo trepara a las más arduas cimas,
desde donde podría ver navegar los barcos,
ciudades, cerca y lejos, cercadas por los montes,
nada hay que me mantenga atada la mirada.

Desde esta elevación yo domino mi mundo.
Mas aunque yo pudiera contemplar paraísos,

sentiría nostalgia de aquellos praderíos
donde tu alto tejado se ofrece a mi mirada,
porque sólo él limita mi mundo en derredor.

Con rima y sin rima te digo lo mismo y tú no te cansas de escucharme. Estoy sentada aquí en el banco, en el crepúsculo, cuando el día que fenece aún toma prestada la luz de la luna que asciende; y disfruto de contemplar mi mundo a media luz. Hace pocos minutos todo estaba a la luz del sol, y yo estaba inquieta sobre si debía irme o quedarme. Ahora, desde que la luna ha salido, sé que me quedo, en *su luz reconozco mi mundo,* sus rayos me atraen a su círculo mágico, y lo que yo considero real, aunque sea increíble, ella no lo niega como la luz del sol. Se adhiere, acariciante, al seno de los valles, y yo siento con claridad cómo ella, la naturaleza, la ama, y cómo ésta, la luna, le tiene cariño a su vez.

Si yo fuera para ti lo que la naturaleza entera es para la luna, que juega excitando vida en sus venas, que envía aires suaves como mensajeros, que hace bajar el impulso cuajado de simientes del viento de la tarde a la hierba cubierta de rocío, y que suscita su fuerza con su luz fructificadora: entonces sería todo mi ser la acogida de tu belleza. Tantas flores se le abren, tantas palabras acariciadoras fluyen hacia ti desde mis labios, tantas gotas de rocío brillan en su luz, tantas lágrimas del aire se reúnen bajo el influjo de tu espíritu...

ADELE SCHOPENHAUER

A JULIA KLEEFELD, ESCRITO EN SU CUMPLEAÑOS*

ESTA noche me ha llevado el sueño por los reinos maravillosos del tiempo; mil extrañas imágenes con prisa de persecución, en cambio constantemente renovado, me arrastraban..., por la mañana sólo me había quedado una cosa en el alma... Vi las estaciones del año en sus eternos salones reales. El invierno tenía los signos del poder en las manos y estaba sentado sobre el alto trono reluciente. Una figura de niebla flotaba oscilante, en contornos indefinidos, junto a los escalones del trono. Innumerables voces cantaban la fuerza del invierno y su riqueza. Él mismo las acallaba con truenos, dando al oscuro ser que estaba ante él sus mandatos. Vi que era a un día que anochecía en ese momento a quien confiaba, durante un lapso de tiempo, las riendas de toda vida. «Ve», dijo el rey, «y llévate contigo mi coraza de hielo, que reluce con esplendor, y adórnala con nuestros helados diamantes; deja que las tormentas soplen el alegre corro, y que las nubes, con las estrellas como portaantorchas, bailen la alegre danza en fantástica confusión cuando tú partas, porque ellas aman el cambiante atavío..., ¡que la tierra lo mire asustada e incline con humildad hacia mí todas sus ramas y flores, porque yo soy el *señor*! ¡Que el júbilo indómito se desencadene por el bosque y someta a lo

---

* *A. Schopenhauer Gedichte*, págs. 82 y ss.

que se le resista, pues yo soy el *señor*, y el mundo es *mío*! Pero al corazón humano que lata por primera vez en esta hora, cíñele la coraza reluciente, para que su espíritu audaz juegue juegos mayores, que la avalancha rodante sea para él una pelota, y que su vía de hielo esté adornada sólo con flores de diamantes. Y que tu huracán sea su canción de cuna, y lleve mis cuentos contigo, y mis maravillas y estremecimientos sean tu séquito; que esta vida esté por encima del caos vulgar y mida con otra medida los pequeños engaños, y que sólo se fortalezca a su vista, consciente de su poder gigantesco»... Y el rey pronunció las palabras de consagración, en las que se produce la vida; pero los poderosos sonidos alcanzaron mi oído, extraños, incomprendidos, y sin embargo, antes de que terminara, un soplo melódico atravesó el aire, y las dos primaveras de la vida miraron por encima del hombro del anciano hacia el círculo maravilloso. «Tú no desterraste el *amor*, soberano poderoso, y la *primavera* viene con él a escondidas.» ¡Y mira!, el encanto de todos los sueños rodeaba de pronto la cabeza del anciano, y a su lado aparecieron *primavera* y *amor*... «Así que voy con vosotros a ver aquel capullo de la vida», dijo el *anhelo* y agarró la resplandeciente antorcha de estrellas, siempre alumbrando el camino, y todos los sueños de aquellos dos le seguían. Alto en los aires desapareció su desfile, flotando. Con ira terrible el rey destruyó su trono y se cubrió con el tupido velo de la noche... Y yo desperté y oí un suave sonido por los aires, donde el desfile de las dos primaveras vencedoras había desaparecido; pero era el campaneo de la torre del Ayuntamiento y amaneció... Y recordé cuando, en la noche de Año Nuevo, la vieja guardesa me habló de la guerra de las estaciones y de cómo la primavera y el invierno, matándose entre sí eternamente, eternamente resucitando en odio invencible, se persiguen. La niñera dijo: quien ha nacido en tal momento difícilmente estará *de acuerdo consigo mismo*; estará sometido a ambos poderes, y el *anhelo* le arrastrará sin descanso...

Pero hoy era tu cumpleaños, el cuento maravilloso se me había disuelto conviertiéndose en rara realidad; tú, corazón, que oscilas entre primavera e invierno, a quien el anhelo le ilumina el curso de la vida con la eterna antorcha de estrellas; ¿por qué te atribuyes *a ti* la culpa que sólo ellos llevan? Tú has heredado el fuerte y rígido pensamiento del maestro; pero los sueños juegan alrededor de él, y las primaveras miran siempre, por encima de los hombros del anciano, hacia dentro de tu vida.

1820, a 19 de enero

DIARIO DE UNA SOLITARIA *(fragmento)**

Sobre una flor de bellos colores estaba posado un pajarillo cantor y acompañaba la alegre canción batiendo las alas de gusto. ¡Y mira! El arroyuelo corría más animoso, en olas saltarinas, las hojas del árbol jugaban entre sí, y las flores se mecían sobre los esbeltos tallos, y a todos les alegraba el dulce canto. Pero entonces salió el sol, y también a él le gustó la canción; inclinó todos sus brillantes rayos hacia el pajarillo, atrayendo con todas sus fuerzas hacia sí los melodiosos sonidos. Pero el pobre pajarillo no soportó el insólito rayo, que le quemó profundamente el pequeño cerebro, y se hundió en el oscilante cáliz de la flor, al que arrastró hacia abajo y fue su ataúd. Truncada quedó la vida de la flor y del cantor. Dolorido el sol, veló su rostro y pasó por delante con pesar... Pero otros días nacieron, y el sol sí que volvió a lucir: pero el pajarillo ya no canta, la flor ya no puede erguir su cabeza, y el bosque y la ola tienen honda pena.

---

* *A. Schopenhauer Gedichte,* págs. 80 y ss.

CARTAS

CAROLINE SCHLEGEL SCHELLING

*A Luise Gotter**

Gotinga, finales de octubre de 1781

[...] Has conocido a Schlözer y a su hija[1]. ¿Qué dices de este viaje y de la extraña educación? Me asombra que un hombre con un juicio tan fino, agudo y amplio, actúe a veces con tan poca razón. Es verdad, Dortchen tiene muchísimo talento e ingenio, y sin embargo es desgraciada, pues con estas facultades y los proyectos tan extravagantes del padre, que la llevarán a la más alta vanidad, no puede esperar ni felicidad verdadera ni respeto. A una mujer sólo se la valora por lo que es como mujer. Un ejemplo elocuente de esto es la princesa de Gallizin, que estuvo aquí; era una princesa, poseía mucha erudición y conocimientos, y a pesar de todo eso era objeto de burlas y nada estimada. Y Dortchen será otra Gallizin. Más, porque el padre es muy rico y puede conseguir todos sus propósitos. [...]

El extracto de la obra de Goethe, que te agradezco mucho, me da ganas de ver la representación. Sin embargo, tiene que ser más interesante que el simple esquema si quiere tener el honor de gustarme. ¿No te sería posible mandarme algo?, pues supongo que tendrás tu papel. Es una pena que

* *Caroline Schlegel Schelling in ihren Briefen,* págs. 77 y ss.

[1] Se trata de Dorothea Schlözer, la primera mujer en Alemania que hizo el doctorado (véase la biografía de Caroline).

Göthe *[sic]*, que escribe de forma tan espléndida, tan deliciosamente bella, elija temas tan extraños; y sin embargo, no puedo llamar afectado ni su a Werther, ni a Stella, ni a los hermanos; son tan novelescos pero también tan totalmente naturales, si una se los imagina con un poco de fantasía.

*A Friedrich Ludwig Wilhelm Meyer**

Maguncia, 29 de julio de [17]92

[...] Su traducción no la he encontrado todavía... por más que leo. ¿No sabe usted por qué publica sus poesías? Pienso que el público preguntará tan poco el porqué como yo pienso hacerlo, pues encontraré una razón bien bonita para ello.

La segunda parte de los comentarios de Forster es mejor que la primera —no anda tanto sobre coturnos— e ilustra. A veces escribe cosas encantadoras.

A mí también me haría falta traducir para ganarme el pan..., pero todavía no lo he conseguido, a pesar de algunos intentos. No sabe con cuánta paciencia aguanto todos *estos* planes fracasados y confío firmemente en los designios divinos. —*Todo* me sale mal—. Si no fuera por Nebucadnezar ahora podría ser bastante feliz. Ya verá como nunca lo seré. ¿Será culpa mía? Y, sin embargo, mi alma indulgente no se enoja con la suerte..., y sólo intenta que incluso lo más duro se dulcifique. No se puede negar que me faltan muchas cosas..., y sintiéndolo profundamente en el corazón, al final, me culpo a *mí* de ello. No hay nada que me perdone menos que no ser alegre..., y nunca llegará el momento en que no disfrute de todo corazón una alegría que se me presente. Es lo natural para mí —siempre frenará mi inquietud, hará enmudecer mis deseos— y aunque aún esté muy lejos de ser impasible, nunca puedo ser vencida. Es que estoy tan con-

* *Caroline Schlegel Schelling in ihren Briefen,* págs. 140 y ss.

vencida de que toda carencia, toda inquietud surge de nosotros mismos —si no puedes conseguir lo que deseas, logra otra cosa— y si no puedes no te quejes..., cállate toda queja, no por humildad, sino por orgullo. No he inventado esta moral por severidad; nunca pude con otra. A la suerte nunca le exigí nada y no le debo nada, excepto lo que no me podía negar. Permítame interrumpir esto.

[...]

¿Ahora estará otra vez enteramente al tanto de la literatura alemana? Hay un August Lafontaine que escribe cuentos alemanes como no los habíamos tenido aún... es un cura castrense, dicen, y está cerca de aquí ahora —¡Dios le guarde!— en caso de que los franceses se defiendan, tema sobre el que ya se hacen apuestas. El *Gros-Cophta* de Goethe está hecho en sueños..., su genio, por lo menos, no ha hecho guardia al escribirlo.

¿Sabe que el buen Herder está tan enfermo y que ahora se encuentra en Spaa? Usted lo sabrá todo, ya que conoce a todo el mundo.

*A Friedrich Wilhelm Gotter**

Kronenberg, 15 [-16] de junio de [17]93

Ésta es una respuesta tardía, pero es una respuesta... Desde hace tres semanas he podido levantarme de la cama pocas veces, pues el espíritu está pronto, pero la carne es débil. Mientras tanto me habéis parecido muy ridículos... Louise se imagina que si su condado dispara todos sus cañones, esto igualaría la salva de Maguncia, ¡y a mí, presa, acosada, maltratada, me despachan con una galantería! ¡Bonitas obras del espíritu y de las manos! ¡Memoriales, súplicas y medias y camisas para mi hija! Vaya, querido Gotter, y vea el horrible paradero que dejé ayer..., respire el aire cortante

* *Caroline Schlegel Schelling in ihren Briefen*, págs. 163 y ss.

que hay allí..., que le soplen las corrientes emponzoñadas por las emanaciones más nocivas..., vea las tristes figuras que son echadas al aire libre por horas para que se sacudan los bichos, de los que luego le costará protegerse..., imagínese usted mismo en un cuarto con siete personas, sin un momento de tranquilidad y silencio, y forzado a dedicarse cada hora a la limpieza de lo que le rodea para no hundirse en el polvo..., y luego el corazón lleno de la más profunda indignación contra la tan loada justicia, que crece cada día con las quejas de los infelices que se consumen allí sin instrucción del proceso, tal como fueron detenidos al azar... ¿no tengo que reírme de vosotros? Parece que tomáis la estancia en Königstein por un refrescante sueño de verano, y yo he vivido allí días donde los horrores, el miedo y las penas de una sola persona bastarían para encolerizar un temperamento vivaz. Y sin embargo, las incomodidades del presente no son nada comparadas con las restantes consecuencias de mi bárbara prisión.

Mi salud está muy debilitada..., en cambio, para decir la verdad, la alegría interior de mi alma tan poco, que hoy tengo el valor de sentirme feliz en un cuarto propio donde hay sillas (desde el 8 de abril sólo he visto bancos altos de madera) y en un lugar donde ya no tengo que ver guardas de prisión, por más que me duela la cabeza y me atormente una tos interminable, que se me ha hecho crónica.

Quizá ya haya oído que el príncipe elector (a raíz de solicitudes urgentes que tuvieron su peso) nos dio a elegir entre dos pequeñas ciudades, para allí seguir arrestadas sin vigilancia. Elegimos este lugar, que está a sólo una hora de Königstein y a dos de Francfort.

La decisión de tratarnos como rehenes está tomada firmemente y no se habla de culpa personal. Nos hemos dirigido finalmente al gobierno y pedido su protección, y también al rey de Prusia. Esta libertad condicional no me puede bastar..., tengo que poder retirarme de la escena. Este alivio, que es lo mínimo que podían hacer para que Königstein no fuera mi sepultura, ¿es liberación? ¿Quién me indemniza por estos meses horribles, por los insultos públicos, que nunca pude merecer, por la pérdida de mis esperanzas más queridas? Hablan de formalismos que presuponen una demanda, defensa e investigación..., ¿dónde se ha visto cosa igual? Nos tratan con modales de bandidos..., y no hacen bien, en su celo patriótico alemán, en asignar a una nación el oficio de bandidos. A mí por lo menos no me lo tiene que decir, que he visto a ciento sesenta prisioneros que pasaron por manos alemanas, saqueados, apaleados hasta la muerte y que, sin tener en cuenta que la mayoría no eran partidarios de Franconia realmente, entoces tuvieron que maldecir la magnanimidad alemana. Königstein crea diligentes hijos de la libertad..., todo lo que queda de fuerza en aquellos brazos se rebela contra este procedimiento. Puedo comprender que castiguen severamente, pero que personas completamente inocentes tengan que sufrir tanto tiempo, sin ningún interrogatorio, ya que el gobierno de Maguncia no vuelve a tomar la ciudad si no tiene el tiempo suficiente para ejercer justicia..., esto es algo irresponsable y muy poco político.

Perdone mi vivacidad, querido G., tanto más porque tiene que ser una prueba para vuestra amistad de que la dureza del destino no me ha enterrado en el polvo.

[...] Abrazo a Louise y Wilhelmine —no os enfadéis conmigo, queridos— me río de los grandes y los desprecio cuando suplico ante ellos, pero realmente sólo soy una buena mujer y no una heroína. Daría una parte de mi vida ahora por no ser arrancada para siempre, al menos en Alemania, de la esfera femenina del no ser conocida.

*A Friedrich Wilhelm Ludwig Meyer**

Kronenberg, 17 de junio de 1793

[...] No me puede bastar esta libertad condicional, tengo que poder retirarme pronto de la escena para no fenecer. Ojalá estuviera aquí y pudiera hablar con usted... Sobre mi

* *Caroline, ihr Leben*, pág. 55.

culpa o inocencia sólo le puedo decir que a partir de enero he hecho oídos sordos a todo interés político. Al principio me entusiasmé de todo corazón y la opinión de Forster arrastró la mía..., pero nunca fui una buscadora de prosélitos pública o secreta... De todo de lo que se me acusa nada es verdad. Bajo la investigación más estricta sólo puede constar en contra mía una falta de precaución, de la que no sé todavía si es conocida, y que sólo es falta de sabiduría. Tienes que creerme —es posible que sea lo último que te digo.

Mi existencia en Alemania está perdida, no hay ningún hombre del que dependa todavía y a quien ame tanto como para querer perdonarle. Tatter hubiese podido salvarme con un poco más de valor masculino y alguna palabra decisiva... Si Tatter en diciembre, cuando le describí, asustada, mi futuro, hubiese dicho: vete de Maguncia, le hubiera obedecido. En vez de eso es: estoy desesperado por no poder hacer nada por ti... Mi paciencia se quebró, mi corazón se liberó, y en esta situación, con esta falta de rumbo, creí no poder hacer otra cosa mejor que aliviarme las horas tristes y además distraerme...

Ahora estoy aislada del mundo, pero sigo siendo madre, y como tal quiero tratar de mantenerme y salvarme. Lo que me inquieta y a veces debilita la alegría de mi ánimo, es mi estado de salud... y las penas de mi madre. En la semana en que yo perdí mi libertad, Lotte perdió su vida en el parto. Madre llora, pero para Lotte es mejor así; era feliz cuando murió... En cuanto a mi futuro, tengo que callar, porque no puedo confiar al papel todo lo relativo a mi presente.

*A August Wilhelm Schlegel**

[1797?]

[...] La obra[2] está llena de vida, de importancia, pero también es tan sencilla..., no hay enigmas que resolver en ella. El carácter del monje tiene profundidad, sin secretos. No es

* *Caroline Schlegel Schelling in ihren Briefen*, págs. 198 y ss.

[2] Se refiere a *Romeo y Julieta* de Shakespeare.

un santo, sino un anciano honorable, suavemente pensativo, un noble espíritu observador, casi solemne en su trato familiar con la naturaleza muerta, y extremadamente atractivo, picante (si permites la expresión) por su conocimiento tan profundo del corazón humano. Su saber está teñido por un aire alegre, gracioso. Tiene una mente rápida, que puede captar la ocasión momentánea y aprovecharla, valiente en sus planes y decisiones; siente su importancia con una seriedad filantrópica. De su orden no parece tener nada, aparte de un poco de talento para la hipocresía y temor físico; está libre de ambición de poder y se retiene sin dudar para conseguir algo bueno, es franco y dueño de sí mismo en momentos de peligro de los que no se puede evadir. Es extraño decirlo, pero no hay nada *más simpático* que este monje, y la primera escena en que aparece sirve para hacernos sentir la respetable fuerza de su ser; y la veneración refuerza esta impresión. Hace lo que los jóvenes quieren, pero no parece ceder a su ímpetu, sino al sentimiento casi sagrado y a la experiencia de lo que es pasión. Presenta a Julieta una exigencia propia de una heroína, la conmina a ser constante en el amor, como una virtud suprema, y parece saber de antemano que no se equivocará respecto a ella —en quien se une a la pasión una fidelidad ya pura y consciente: la casta fidelidad de la esposa. Julieta no es más que amor, pero sería imposible entenderla sólo como una muchacha ardiente que despierta por primera vez y cae en no importa qué objeto. A estos dos parece haberlos unido su buen espíritu: se encuentran en una mirada y toda palabra que sigue a esa mirada es como ella. Creemos con ellos que aquí no puede haber engaño. Incluso la inconstancia de Romeo no nos hace dudar: es como si su primera inclinación sólo hubiera sido un aspecto del futuro, un sueño de su imaginación, para prepararle. Y aunque no veamos en los dos más que su pasión, ésta se nos muestra de tal forma que nos hace deducir una noble decisión del alma. No os enojéis con Julieta por dejarse vencer tan fácilmente: no conoce otra inocencia que la de seguir sin engaño a la poderosa corriente. Romeo no puede espantar ni ofender su fragilidad y las finas exigencias de un corazón verdaderamente penetrado por el amor. Habla libremente consigo misma y con él, no habla con espíritu impertinente: sino sólo pronuncia en voz alta lo que el ser más decente puede pensar. A una italiana ardiente se le perdona la vivacidad de su fantasía. A partir del momento en que es su esposa su vida está atada a la suya; siente una repugnancia profunda hacia todo lo que la quiera separar de él y teme el peligro de ser profanada y arrebatada de su lado. Como está forzada a fingir, lo hace con firmeza y por ello sin remordimientos, porque después de tal encuentro no podía respetar mucho a sus padres. Su monólogo, en mi opinión, es uno de los trazos maestros de Sh. que son intachables. Primero el escalofrío de sentirse sola, ya casi como en la sepultura..., recobra su valor..., la reflexión, la desconfianza tan natural y cómo la rechaza heroicamente, con un alma elevada por encima de todo lo maligno... más que el héroe que no tomó la medicina sin ostentación. [...][3].

*A Friedrich Schlegel**

Jena, 14[15] de octubre de [17]98

[...] Y ahora sobre las actividades de Goethe. Ha reformado el interior del teatro de Weimar y lo ha convertido en un palacete de hadas simpático y reluciente. Me ha gustado increíblemente. Se llamó a un arquitecto y a un decorador de Stuttgart y en trece semanas construyeron las columnas, galerías, palcos y telón y lo adornaron, pintaron y doraron todo, pero realmente con muy buen gusto. La iluminación es muy bonita, por medio de una co-

* *Caroline Schlegel Schelling in ihren Briefen,* págs. 208 y ss.

[3] Falta el final de esta carta.

rona de lámparas inglesas colgando en una pequeña cúpula que sirve a la vez de ventilación. Goethe participó entusiasmado, igual que un niño; el día anterior a la inauguración estuvo en el teatro de la mañana a la noche, comió y bebió allí y trabajó con sus propias manos. Aceptó las más desmesuradas facturas y demandas por algunas instalaciones modificadas así como aumentos de precio, y lo tomó todo con un ánimo alegre para realizar este proyecto financiado con la venta de entradas. Luego siguieron los ensayos con los actores para que representaran bien la obra, de la que todo les resultaba extraño e inaudito. Representa el campamento de Wallenstein, como sabe, escrito en versos a la manera de Hans Sachs, llenos de vida, de efectos, de espíritu de la época y buenas ideas. Schiller realizó en años lo que Goethe hubiese escrito en una tarde quizá (sin contar los esbozos), y eso dice mucho. Se ha vendido (según Wilhelm) al diablo para hacer de realista y evitar la sentimentalidad. Pero basta; está bien, él tiene la gloria y los demás un gran placer. Los esfuezos de Goethe tampoco fueron en vano; la compañía actuó excelentemente, fue un grupo de lo más perfecto, sin desorden en todo el barullo. Para la vista también fue un placer. Las vestimentas, como se puede imaginar, fueron seleccionadas esmeradamente y contrastaban entre ellas de forma muy bonita. Para el prólogo había una decoración nueva, muy bella. Con la reforma de la casa había desaparecido la jaula de Schiller, así que tuvo que presentarse en el palco abierto, al principio al lado de Goethe, luego al lado del palco ducal. Nosotros estuvimos en el patio de butacas, que tiene el mismo precio que el palco, a donde también podíamos haber ido, pero preferimos los lugares conocidos...

Schelling va a emparedarse a partir de ahora, según dice, pero seguramente no lo aguantará. Es más bien una persona que derriba muros. Créame, amigo, es más interesante como persona de lo que usted quiere reconocer, un verdadero carácter primigenio; visto como mineral, puro granito.

[...]

*A Novalis**

Jena, 4 de febrero de 1799

En lo que a Schelling se refiere, nunca ha habido una cáscara más áspera. Pero a pesar de que no estoy con él más de seis minutos sin riñas, es, sin embargo, lo más interesante que conozco; ojalá lo viéramos más a menudo y en privado. Entonces también cesarían las disputas. Está continuamente alerta en contra mía y la ironía de la familia Schlegel; como le falta la alegría, no le hace gracia tan fácilmente el aspecto alegre. Su intenso trabajo no le permite salir a menudo; además vive en casa de los Niethammer y está ocupado por suabos, con los que por lo menos se siente a gusto. Aunque no pueda charlar sobre temas insignificantes ni comunicarse científicamente, está en una especie de tensión y no he encontrado el secreto todavía para deshacerla. El otro día celebramos su 24 cumpleaños. Todavía le queda tiempo para suavizarse...

[...] —no quiero robarme los pocos momentos que nos quedan con esto. Goethe pasa febrero aquí. La elegía no está terminada todavía, el *Athenäum* sólo impreso por la mitad. De Friedrich nada, hasta que haya visto a la Veit y la *Lucinde*[4]. La semana antes de Pascua vamos a Berlín, donde éstos pasarán el verano. ¡Querido Hardenberg, venga con nosotros! Podríamos encontrarnos con usted en Naumburg. ¡Sería tan bonito! Piénselo en serio.

Trabajamos mucho y somos muy felices. Desde el principio del año salgo poco de la habitación de Wilhelm. Traduzco la segunda pieza de Shakespeare, versos yámbicos, prosa, a veces hasta versos. Adiós, tengo que enviar esto.

---

* *Caroline Schlegel Schelling in ihren Briefen,* págs. 213 y ss.

---

4 «la Veit» es Dorothea Veit, futura esposa de Friedrich Schlegel; la *Lucinde* es la novela de Friedrich Schlegel con el mismo título.

*A Novalis**

[Jena], 20 de febrero de 1799

Pronto, muy pronto, sale la tercera parte del *Athenäum*. Pero aquí hay otra cosa. ¿Qué dirá de esta *Lucinde*? Nosotros pensamos en el fragmento del *Liceo* que empieza así: los versos sáficos tienen que crecer o ser encontrados, etc. Vuelva a leerlo... Yo por ahora no considero esto más novela que las cosas de Jean Paul..., con las que no la comparo, por cierto. Es bastante más fantástico de lo que creíamos. Dígame qué le parece. Claro que la impresión no es pura cuando una está tan cerca del autor. Yo siempre junto su personalidad reservada con este desenfreno y veo cómo la dura cáscara se rompe: realmente me puede dar miedo, y si yo fuera su amada no hubiera permitido que se imprimiera. Esto no es, sin embargo, una condena. Hay cosas que no se pueden condenar, ni censurar, ni desear que no existan, ni cambiar, y lo que hace Friedrich generalmente pertenece a esta categoría.

Wilhelm ha terminado la elegía. Una copia la tiene Goethe, que está aquí, y la otra Friedrich. Así que tiene que esperar. El cuerpo principal del poema se puede llamar didáctico, y debe serlo según la opinión de Wilhelm. La descripción de los detalles es magnífica; el conjunto quizá un poco demasiado extenso como para acogerlo de una vez en el alma; por lo menos esto exige un estado de ánimo concentrado. Debe leerlo aquí. Será incluido en la cuarta parte.

*A Luise Gotter***

Jena, 5 de octubre de 1799

Mi mejor amiga y siempre igualmente querida... eso eres, aunque tuviera que callar durante años. Y tuve que hacerlo,

* *Caroline Schlegel Schelling in ihren Briefen*, págs. 216 y ss.
** *Caroline Schlegel Schelling in ihren Briefen*, págs. 228 y ss.

que te lo diga la Seidler. Sabe el ajetreo que tuve aquí. Tuve muchas alegrías; peor, por otra parte: ni un momento de tranquilidad en los tres meses pasados...

Primero vinieron Tieck, de Berlín (un joven muy amable), y Hardenberg; estuvieron aquí quince días, y luego llegaron los de Braunschweig, madre, hermana, cuñado, un niño y una muchacha...

Ocho días más tarde llegó la Tischbein con un niño de un par de años y otra muchacha. Sus dos hijas estaban en Weimar con los Bertuch y sólo venían de vez en cuando, hasta la partida de los de Braunschweig; luego vivieron todo el tiempo en mi casa. Había intentado organizarlo todo para que todo tuviera su orden. Claro que Caroline, Betty y Auguste hacían mucho ruido y su cuarto estaba mal ordenado, pero también qué gozo observar a las alegres criaturas. Betty es una joya, tiene que entusiasmar a todo el mundo; no es sólo el espléndido talento musical y el cambio original de su ser, tiene tal bondad y naturalidad que hay que envidiar a la madre por ella. La voz de Caroline ha evolucionado con gran ímpetu; tuvimos un par de conciertos que fueron espléndidos, en los que ella y Betty cantaban arias y Auguste con ellas duettos y tríos y la madre cantaba con las hijas a coro. Cuánto hubiera deseado teneros aquí sólo por unos momentos por arte de magia...

Entonces tenía cada mediodía entre quince y dieciocho personas para comer. Mi cocinera es buena, yo atenta, así que todo salió perfecto. Mi cuñado también había venido de Berlín inesperadamente, para gran alegría nuestra. Auguste fue a Dessau por amistad y amor a la música... El cuarto de abajo lo va a ocupar una mujer de Berlín, hija de Mendelssohn, una mujer muy valiente, a quien espero cada día y que también comerá con nosotros. También Tieck viene con su mujer de Berlín a Jena para el invierno y quieren comer en nuestra casa... El 10 de octubre representan el *Hamlet* de Schlegel en Berlín. Querían que fuéramos, pero eso me resultaba demasiado, de todos modos.

*A Friedrich Wilhelm Joseph Schelling**

[Braunschweig] martes por la mañana [octubre de 1800]

[...] Vuelvo a repetir, ¿por qué no puedo decirle a Goethe que te apoye con su clara visión? Sería el único que tendría el peso necesario sobre ti. Al menos entrégate por completo a su simpatía y sus esperanzas en ti, y piensa que sí tienes amigos queridos..., tan buenos como este siglo lo permite. Escríbeme en qué estás trabajando ahora: en la revista, me lo figuro, pero no sé en qué tema. Los juegos cruzados de Friedrich[5] me divirtieron mucho. Por cierto, he oído decir a Wilhelm que contempla sus clases desde un punto de vista muy sublime: no puede contener la ironía, por ser los estudiantes demasiado tontos. La ironía sirve para todo. Por cierto, vuestro «Conversatorium» dará lugar a todo tipo de discusiones, bromas, chanzas y estratagemas, por eso no me ha gustado mucho desde el principio. [...] —En lo que se refiere a la Veit, Wilhelm poco a poco piensa casi igual que nosotros: yo también le dije que ha charlado y mentido mucho sobre la intimidad de nuestra casa, cosa que él reconoció como un mal servicio para sí mismo.

¿Has visto ya la nueva edición de las *Propyläen*?

No te preocupes por tus cartas; siempre las recibo en mano del cartero, pero sólo a veces las contesto de forma tan atravesada como los filosofemas de Friedrich. También tengo que probar si puedo sacar de

muerte   placer
                          = vida y paz
dolor   amor

De dónde me vienen estas frases primigenias, no me lo vas a preguntar *a mí* tan tajantemente. Es duro tener algo se-

* *Caroline Schlegel Schelling in ihren Briefen,* págs. 244 y ss.

[5] Friedrich Schlegel estaba preparando clases de filosofía para la Universidad de Jena, que Schelling calificaba de «diletantismo filosófico».

guro, y luego encima tener que justificar de dónde lo has tomado. Goethe ahora te cede el poema, te transmite su naturaleza. Ya que no te puede nombrar heredero, te hace una donación en vida. Él te ama paternalmente, yo te amo maternalmente..., ¡qué padres tan magníficos tienes! No nos ofendas. Y en relación a tus últimos planes ¿has pensado en tu buen padre y tu buena madre que, más sencillos, pero igualmente fuertes y amorosos, te dieron la primera vida? Ay, qué niebla tan oscura había nublado la cabeza de mi amigo... [...]

DOROTHEA SCHLEGEL

*A Friedrich Schlegel**

Roma, 1818

Una carta sobre comida, bebida y otras cosas en Roma y Genzano

Cocina. La de los italianos a nosotros, los alemanes, difícilmente nos gustará o nos sentará bien. Comen poca carne, pocas verduras verdes, casi siempre macarrones u otras pastas de harina o legumbres preparadas con aceite y ajo. Pescado no hay mucho en Roma, casi sólo pescado azul y pescado seco, etcétera.

Ingleses. Son la perdición de Italia; están en todas partes, casi siempre para ahorrar dinero, o por una especie de curiosidad por el arte (y también sólo por lo que pueden llevarse o imitar, a menudo de calidad muy mala, cuando no es realmente antiguo. Tienen verdadera pasión por la Antigüedad) o también por su débil salud. Acuden a todas partes, curiosos, incluso a ceremonias religiosas, funciones papales, y también a las audiencias del Papa; pero llenos de soberbia y desprecio, sin niguna comprensión. No he oído nunca de ningún inglés que se hubiera conmovido, como los protestantes alemanes, con la misa, y que esta conmoción hubiese dado frutos de iluminación. Hacen que las vi-

* *Briefe berühmter Frauen,* págs. 238-246.

viendas sean especialmente caras y escasas en Roma, pues exigen muebles elegantes, cortinas, sofás, alfombras, estufas, cubiertos de plata, mucha ropa blanca de mesa y de cama, y pagan precios increíbles por tener estas cosas, indispensables para un alma inglesa, por lo que ponen todo más caro. Exigen todas estas monadas en Roma, igual que solían tenerlas en Inglaterra, por ejemplo usar cada servilleta, toalla o mantel sólo una vez y con cada plato cuchillos y tenedores nuevos (estos últimos de plata) y más cosas de este estilo; viajan para ahorrar dinero, insultan y regatean cuando se enteran de que pagan más que otros y, sin embargo, no pueden acomodarse a prescindir de nada. Están en Italia por familias enteras y educan a sus hijos aquí, porque los profesores son más baratos que en su país. Y se esfuerzan por enseñarles a los niños a pronunciar los idiomas extranjeros a la manera inglesa, por ejemplo «Itelien» en vez de «Italia»; «pene» en vez de «pane» etc., para que no dejen de ser ingleses; y más ridiculeces semejantes, que muestran su orgullo, el cual quisieran relacionar con las cosas más heterogéneas. Si estas emigraciones inglesas siguen durando, dentro de poco llegará el momento, a pesar de todos los esfuerzos, en que ya no serán ingleses de verdad. En todas partes y en todas direcciones se están preparando cambios importantes y en cada sitio de manera distinta.

Chinches y pulgas. Las primeras no son más frecuentes en Italia que en otras partes. A los italianos mismos les repugnan y no dejan que su número aumente. Pero pulgas hay en cantidades tan enormes, tanto en Roma como en el campo, que, sobre todo en épocas calurosas, son una verdadera plaga contra la que no existe ningún remedio, porque aparecen por todas partes, por más limpia que se tenga la casa. ¡Y es feliz aquel que sólo trae a casa bichos que saltan y no también algunos que reptan! Con la mayor tranquilidad y sin ningún miramiento la gente se deshace de estos huéspedes inmundos en las calles y los *pasillos*. En este aspecto es muy peligroso descansar en cualquier banco durante un paseo.

Mendigos. ¿Quién no es uno de ellos?, ¿quién no pide limosna aquí? Si en la calle, sobre todo en el campo, se mira a alguien con un poco más de detenimiento, en seguida hace el gesto de pedir limosna, inclina la cabeza hacia el hombro izquierdo y abre la mano, con el brazo pegado al cuerpo. No conocen en absoluto el sentimiento de vergüenza al pedir, pues las muchachas jóvenes, los niños, también a veces las mujeres viejas, piden en broma, por travesura. Si no les das nada, se ríen de ti; pero si intentas realmente darles algo, lo aceptan sin más. En el campo había mujeres ocupadas en secar el lino, muy alegres. Yo paso a su lado, en seguida me rodean, y exigen con tanto ímpetu, con gestos y gritos tan vehementes que les dé algo, que yo, como estaba sola y no entendía bien su dialecto, empecé a tener miedo y les di algo; «que no era suficiente», gritó una, «que les diera más, con esos cinco "Bajocki" no podrían desayunar todas». Tuve que darles más, y luego se fueron, riendo y cantando, a una fonda. [...] Al empezar septiembre, en Genzano se terminó la mendicidad casi por completo, y también las continuas exigencias monetarias de nuestros caseros. Pues ahora la cosecha estaba terminada, ahora tenían que comer, también cazarían pájaros, o iban por los campos con su escopeta y cazaban una codorniz. Había uvas, higos, castañas y nueces, grano turco para la polenta, «pommi d'oro» y cebollas, ahora estaban recogidos, pues en realidad necesitan muy poco para alimentarse; y ahora dan con la misma abundancia y reparten sus riquezas cosechadas a cada extraño, cada transeúnte, igual que antes le habían pedido dinero. Ni pensar en almacenar, en distribuir para los meses siguientes. Exactamente como niños, o como salvajes... Los mendigos de Roma son de un tipo diferente y no tan ingenuos y naturales como los de Genzano: en Roma forman realmente un oficio y usan todas las artimañas y engaños correspondientes. Es raro que, ahora que por parte del gobierno se querían crear instituciones para reducir la mendicidad en las calles y atender a los mendigos en asilos, la gente se opusiera con el argumento de que se endurecerían los corazones de las personas si no tuvieran ocasión de dar limosnas. Donar el dinero destinado a las instituciones no sería el verdadero dar limosna. Probablemente teman que finalmente estas instituciones para pobres se conviertan en instituciones para funcionarios o favoritos del Estado y que pronto la limosna voluntaria se convierta en una contribución impuesta e inevitable... De este modo se oponen a todo lo que quiera el gobierno, y la desconfianza mutua crece aquí igual que en los estados laicos.

[...]

Viviendas. En ninguna ciudad las he visto tan diferentes; en ninguna parte palacios y pobreza tan cerca y entremezclados. La elegancia moderna no es tan usual como el lujo antiguo para los nobles, que disminuye poco a poco al acercarse a las clases más bajas; normalmente no tienen mobiliario ninguno, las habitaciones de los artistas y de los forasteros vacías y lúgubres, ningún asiento o lugar de reunión, pequeñas sillas de paja, colocadas en medio del cuarto, o sillones grandes y pesados a lo largo de las paredes. Pocas habitaciones tienen chimeneas; las estufas son más raras aún. Las ventanas y las puertas no están aseguradas suficientemente ni contra vientos ni lluvias fuertes, se puede ver la lluvia correr tranquilamente por el suelo de piedra y buscar alguna salida, como si tuviera que ser así; se aparta un poco más la silla o la cama, ése es todo el cuidado. Muchos de los cuartos alquilados a extranjeros sólo son apartados, cuando una sala es muy grande es compartida en varias habitaciones, pero las separaciones no son más que biombos de tela mala sobre listones, cubiertos por ambos lados con papel; y como estas salas enormes también eran relativamente altas, no se hacen los biombos hasta arriba del todo, sino que se hace también un techo de papel, según el tamaño del cuarto. Nosotras también tenemos habitaciones de éstas; el dormitorio y el comedor de la Herz son parte de una sala abovedada que tenía una fila de ventanas inclinadas, semicirculares, por encima de las ventanas normales; éstas están tapadas ahora por el techo de papel, pero, por supuesto, la luz del sol se transparenta a través del fino papel, lo que produce un efecto extraño. Se tiene la impresión de estar en una choza de ramas judía. Mi cuarto, sin embargo, es grande y bonito, sin tabiques, con una bóveda muy bonita; en cambio, ni chimenea ni estufa. Dicen que no me hará falta, ya que el sol da en las ventanas al mediodía, y el horno de la cocina está pegado a una de las paredes, así que está muy caliente. Con una alfombra quizá pueda pasar, y ésta la necesitaré a causa de los suelos de piedra. Son muy feos estos suelos de piedra, sin ningún adorno, sin cuidado, sólo con ladrillos juntados de la forma siguiente: las ranuras sin nivelar, a menudo rotas e irregulares, igual que el empedrado o que nuestras cocinas o establos. Y eso no sólo en míseras casas particulares, sino también en los palacios de los nobles, en las galerías e iglesias más magníficas; no vi suelos más bonitos en ninguna parte, a no ser que fueran mosaicos antiguos, como en Maria Maggiore o en San Pietro o en la capilla de Pinturichio en Ara Coeli. Quizá haya más basílicas en mejor estado. La de San Pablo sólo lo está en parte. [...]

RAHEL VARNHAGEN

*A David Veit**

Berlín, 2 de abril de 1793

[...] Pero cómo puede ser tan cruel como para reprenderme sobre que debería o tendría que verlo; ¿no sabe que perezco, perezco por completo, como algo que termina? ¿Es posible para una persona decente, permitir que Berlín pretenda ser el mundo? Sólo este clima horroroso y ventoso [...], y ¿tiene una mujer la culpa si también es sólo una persona? Si mi madre hubiese sido suficientemente benévola y dura y pudiera haber presentido cómo sería yo, me debería haber ahogado en el polvo de esta tierra a mi primer grito. Un ser impotente, para el que no es adecuado estar ahora sentada en casa, y que tendría en su contra cielo y tierra, hombres y animales, si quisiera irse (y que tiene pensamientos como cualquier otra persona), y tiene que quedarse en casa de verdad, y que si hace *mouvements* que se puedan notar tiene que tragar reproches de todo tipo que se le hacen con *raison*; porque realmente no es cuestión de agitar nada; pues si se caen los vasos, las ruecas de hilar, las *Flore*, los útiles de costura, entonces se derrumba todo. [...]

---

* *Rahel,* tomo VII, págs. 11 y ss.

*A David Veit**

Berlín, 10 de marzo de 1794

He llegado a un punto en la educación que creo que sólo puedo salir de ahí mediante la formación. Con el mayor esfuerzo intentaría conseguir para los niños los medios adecuados para adquirir formación más fácilmente; si pudiera costearlo de alguna forma, viajaría con ellos a los países cuyos idiomas tuvieran que aprender; pero la idea de formar todos sus talentos tiene que surgir totalmente de su propia voluntad, ¿pues de qué serviría si no?, y quizá nunca tengan esa idea; me parece que no serviría de nada si no la tienen para poder pensar mejor, para reproducirse, para ampliarse, para ser útiles de todos modos o para no perder su *ascendant* innato en la sociedad, en el mundo en conjunto, lo cual sería realmente una pérdida general; resumiendo, para saciar la gran sed que incluye todo esto y mucho más, y que nunca desearía a nadie, pero sí le daría todos los medios para saciarla, si le da, sabe Dios por qué casualidad, aunque sea contra su naturaleza. *Obligaría* a los niños a aprender algo tan perfectamente que pudieran, en el peor de los casos, ganarse la vida con ello; cuanto más parecido a un oficio fuera, mejor me parecería, un contable hecho y útil, un constructor, un jardinero, un *buen* carpintero, un agricultor capacitado, etc.; ahora no se me ocurre nada adecuado. Ahora quedan tantas preguntas, y otras tantas: ¿cuándo están educados?, ¿cuándo están hechos?, ¿cuándo comienzan a actuar solos?, ¿cuándo deben ser felices (para hacer una pregunta más loca todavía)? Igual: por eso no les obligo a nada, su libre voluntad es la única dote con la que salen de su madre; pues estorbarles lo menos posible es lo único que les podemos dar: sólo les negaría lo que pudiera tener consecuencias terribles, irreparables y continuas para ellos, como males físicos y otros; por cierto, se caen y vuelven a levantarse, no es otra cosa la vida, y no se los puede guardar de ello; si se caen muchas veces, si se caen leve o gravemente, todo eso es cosa *suya*, es *su* vida; quisiera decirles muchas

---

* *Rahel*, tomo VII, págs. 197 y ss.

cosas, pero ayudarles, verdaderamente ayudarles, no podría, sino con toda clase de medios para muchas cosas que tendrían que *necesitar* ellos mismos. Fui interrumpida, ya hace un rato, adieu.

A David Veit en Jena

Berlín, 22 de marzo de 1795

[...] Mamá no quiere llevarme a Leipzig; [...] Si el marido de la Liman no tiene tiempo de ir a Leipzig, de ir a ver a su mujer y a su hijo, no llegaré allí este año; sólo me quedo en Berlín hasta que esté decidido esto; si no, viajo con la Liman y no le pregunto a nadie. Me consumen tanto las ganas de viajar a Leipzig esta vez que, si durante la feria todavía estuviera aquí y alguien viajara allí y tuviera un sitio, viajaría *allí contra* toda opinión y permiso. El día del Juicio Final tendré razón. Apenas salgo, porque ningún aire me parece suficientemente bueno; toda compañía con la que *yo* puedo ir me es *odiosa*, la comedia es repugnante, y el concierto también. En sociedad inmediatamente me dan dolores de *ennuis* y del esfuerzo, en el teatro lo mismo; en casa de leer, escribir o *lo que* haga, por lo que el cuerpo tiene que estar sólo diez minutos en *una* dirección. El aire demasiado cargado, demasiado ligero, demasiado caliente o frío me produce náuseas, igual que cualquier dolor que sólo se haga un poco sólido. Además me muero de hastío, *vous sentez bien...*, el huir me está prohibido, ¡que alguien aguante esto! La irritabilidad y la susceptibilidad no pueden aumentar más. ¡Y sin embargo!, que me dé fiebre tiene que ser imposible: ¡si no la tendría!... El resultado es un cansancio que se convierte en dolor, el dolor en náusea, ésta en cansancio, y luego así otra vez. *Me voy al campo*. «Más cercana al suelo, igual a los gigantes nacidos de la tierra.» [...] Tengo tanta imaginación; como si un ser extraterrestre, cuando me echaron a este mundo, me hubiera grabado estas palabras en el corazón con un puñal: «Sí, ten sentimientos, mira el mundo como lo ven pocos, sé grande y noble, tampoco te puedo quitar el eterno pensar», pero *una cosa* la olvidaron: ¡sé judía! Y ahora toda mi vida es un desangrarse; el mantenerme quieta, la puede alargar; cada movimiento para cortarlo, nueva muerte; y la inmovibilidad me es posible sólo en la muerte. Este frenesí es verdadero, se puede traducir. Sonría o sienta lágrimas de lástima, le puedo derivar de *ahí* todo mal, toda desgracia, todo fastidio: y a mí no me hace perder el aplomo el ser ridícula a los ojos de otra persona. Esta opinión es mi carácter, y esto tengo que demostrárselo antes de morir. No me puede negar esa satisfacción. Quiero contestarme en su nombre y hacer hablar a la razón por su boca. «Sí», diría usted, «le ha sucedido la mayor desgracia que le podría suceder, está coja: pero oiga, vea, saboree; si siempre está contemplando su pie, es usted misma la que se hace coja». Ay, si pudiera vivir fuera del mundo, sin costumbres, sin relaciones, en un pueblo, laboriosa. Ay, diría el cojo, si no tuviera necesidad de andar; pero no tengo de qué vivir, y cada paso que quiero dar y no puedo no me recuerda los males generales de la humanidad, contra los que quiero luchar, al contrario; aún siento mi especial desgracia dos y diez veces más, y la una me potencia la otra. Qué fea soy entonces; si el mundo fuera sabio, dirían: «el pobre está cojo, aliviémosle al pobre, ¡ay qué difícil se le tiene que hacer cada paso, se nota!» No: no respetan sus pasos, porque no los dan, les parecen feos porque los ven, y no le alivian nada porque sus penas no les hacen daño, y la suya les parece horrible. ¿Y podría el cojo forzado a andar no ser infeliz? Si alguna vez he visto una comparación coja es ésta: cojea tanto que no se puede en absoluto deducir mi infelicidad, si no se conoce...

*A Bokelmann en Cádiz**

Berlín, 25 de agosto de 1801

[...] Ahora entiendo que podría haber leído su primera carta desde Cádiz mucho más tranquila (ayer la volví a leer

---

* *Rahel*, tomo VIII, págs. 169 y ss.

junto con la segunda) y otras cosas las había leído tranquilamente; lo que me llamó la atención ayer: ¡Se cayó usted tantas veces!, en eso no había pensado jamás. Qué despreocupadamente habré estado yo sentada mientras tanto. Así que realmente nunca sabemos nada de nada; y nos preocupamos y nos alegramos a ciegas. [...] Lo de la procesión tiene que haber sido un bello espectáculo. En ese momento me hubiera hecho católica. ¿Cómo se fue de allí?, ¿y cómo volvió a conseguir su caballo? ¡Lleva una vida fabulosa en Cádiz! ¡Hace bien, querido! Para colmo tiene teatro italiano *(¡ballets!)*. Esto y el tiempo es lo que más me gustaría tener. (Aquí es invierno, se sale con abrigos forrados; el norte se ha vuelto loco en su carácter norteño. Yo estoy mejor de salud desde hace dos días.)

Conoce mi apasionada inclinación polaca al ocio. Imagínese pues, yo en Cádiz, en un país donde mi siesta clandestina es legal. Dormiría, porque duermo. Pero ya no tengo tanta necesidad de ello desde que estuve en Francia. Las bellas mujeres también me gustarían; conoce mi afición; y estoy tan segura como de mi existencia de que también habrá españoles guapos, pues en París vi algunos, y aquí en la legación hay cuatro guapos. [...]

Su R. L.
¿Qué estará haciendo ahora mismo?

*A Rebekka Friedländer**

Berlín, 13 de diciembre de 1807

Lea esta carta como si llegara dentro de ocho días. La escribí ayer. Es *buena*.

Aunque hablar y escribir no sirva de nada, ¡no se debería nunca dejar de hablar ni de escribir! Esta oscura frase, de la

---

* *Rahel*, tomo I, págs. 322 y ss.

que sólo es cierta cada mitad tomada por sí sola, sólo como broma. Esta mañana no fui sincera; y usted no me entendió bien. Para mí es demasiado importante lo que hablamos y también llegamos a un punto donde se tiene que ser explícita..., tanto más, cuanto que del entender a medias en el momento sólo puede surgir un malentendido..., como para no perseguirlo con todas mis fuerzas y mis mejores intenciones hacia usted.

Lo que realmente entendemos bajo la palabra *ser humano*, es la criatura que está en contacto razonable con sus iguales, en una relación consciente que nosotros mismos podemos crear y también somos forzados a volver a crear continuamente. Podemos ser como queramos, podemos hacer lo que queramos, pero tenemos la necesidad de ser amables. Todos seguimos este instinto bello, puro, el más humano y dulce. Entendido en el sentido más alto (pero también bajando hasta el más disperso) todo el tejido de la vida del ser humano, como ser humano, no es más que esto, modificado hasta lo infinito. En usted, como carácter frágil y vivaz, esta necesidad también es muy viva. ¡Pero qué es más amable y feliz en el mundo que un alma abierta a todo lo que pueda referirse a los seres humanos! ¡Y qué, por otra parte, produce un estado de ánimo más puro que justo este estado que se intensifica y propaga por su misma duración, su mera existencia! ¡Todo el mundo la gana a usted; y usted a todo el mundo! Desista (lo que aún es la opinión errónea de tanta gente buena) de que sólo se puede comprender *una cosa* con toda el alma. Grábese en la memoria que durante *un instante* le ha surgido la convicción de lo que es amable, y usted lo es. Lo que yo exijo no es, como usted escribió hoy, «un trabajo» (del que usted ahora no es capaz, ni nadie nunca es capaz), sino un momento de convencimiento, un momento de opinión sana.

No se puede estar más humillada que yo, ni se pueden sufrir más penas; no se experimenta más desgracia en *todo* lo que *más* y menos se estima; más no se ve una hundirse; una juventud más penosa hasta los dieciocho años no se puede vivir, estar más enferma, más cerca de la locura tampoco; y he amado. ¿Cuándo no me habló el mundo, cuándo no me encontró todo lo humano, el interés por el hombre: pena y arte y burla? En el momento en que el dolor y la desgarradora añoranza despedazan el alma, no se puede ni debe querer desenterrar tesoros del alma. *Entonces* hay que vivir de las reservas del más alto interés humano, el interés *humano*. No me responda que sólo los dones de la naturaleza nos capacitan para ello: o, por ejemplo, que no me debo comparar con usted. Quien puede razonar como usted sobre algunas cosas *tiene* fuerzas: sólo que su interés está mal orientado.

No es un hombre cultivado aquel al que la naturaleza ha tratado con generosidad; un hombre cultivado es aquel que usa los dones que tiene de forma bondadosa, sabia y acertada, de la forma más elevada; el que desea esto seriamente; el que puede ver con fuerte mirada de qué carece y es capaz de comprender qué le falta. Esto en mi opinión es un deber y no un don; y es para mí lo que únicamente define a una persona cultivada. Por eso me dirijo a usted, para que por fin contemple con sus ojos lo que realmente descuida. Esto es, elevarse más a lo general *(à généraliser)*; que no siempre lo general la lleve al detalle, sino al contrario. Esto la haría a usted muy valiosa. Y esto puede *conseguirlo*, pues viene de pronto, con un pensamiento; igual que para usted lo contrario también viene sólo con una idea. También repito lo que ya dije: incluso personas como nosotras sólo se curan si adoptan el mayor asco frente a la enfermedad; si están penetradas por la idea de que estar sana es lo más valioso. No puede imaginarse mi afán: ¡con una *poción* quiero instilarle este convencimiento! ¡Pero saldrá bien, estoy segura! ¡Sólo sea *bien* coqueta!

*A Varnhagen en Tubinga**

Jueves, 8 de diciembre de 1808

[...] Me escribiste que te dijera algo sobre tus poesías; sobre las que mandaste todavía de Dresde. No las he vuelto a repasar, pero lo haré; y lo que diré ahora no se refiere en ab-

* *Rahel,* tomo IV, págs. 180 y ss.

soluto especialmente a ellas: pues no sé nada de ellas ahora mismo. Heinse, sin embargo y su salón en sí, me hace pensar en jóvenes escritores; y en el más querido. Su forma más real, y el lugar que ocupa, como *aquella* persona que demuestra ser y que está ahí; y por tanto, como escritor: pero sólo lo es, y él se lo debe a sí mismo y nosotros a él, porque se cree a sí mismo: y a nadie más. No depende de sus fuerzas y de la composición de sus dones; eso sólo le hace más pobre o más rico. Pero todo lo que acoge en sí, desde la sensación más mínima hasta la mayor excitación, desde la percepción más superficial hasta su pensar más riguroso, se lo ha aportado él mismo; y no acoge en sí nada encontrado en los mayores maestros sin transformarlo en su sangre con nuevo esfuerzo de insecto o de león. Así me parece el hombre en sus cartas; sus obras no las conozco. Lo propio, lo que agrada al corazón y a la vida más íntima, lo que él mismo tiene, siempre tienen que tenerlo. Este hombre hace pensar otra vez en la idea que tengo de ti desde hace poco, desde tus quejas, tu miedo acerca de tu talento; desde tu decisión sobre tus estudios. Libre tienes que ser; e interiormente más libre aún. Relájate *completamente* cuando trabajas (haces poesía); no pienses en ningún amigo, en ningún esquema, ni en los más grandes maestros (sólo para evitarlos), ni en la imprenta; ¡en nada! Sigue tu tendencia más íntima, más dulce; represéntate *a ti:* todo lo que ves, y cómo lo ves. Lo que sea para ti lo más querido, lo más horrible, lo más penoso, lo más secreto, lo más seductor, vuelve sobre ello con tus divinas palabras. No puedo nombrarlo: pero tienes un talento único. ¿Por qué sabes presentarme las situaciones y sentimientos más incomprensibles en ti, los más cambiantes, con palabras multicolores, claras, emanadoras, siempre bellas y artísticas? Trata así al mundo, al público, al papel, cuando escribes poesía. Estoy segura de que sólo entonces será buena. Sólo eso lo veneras y adoras tú y el mundo y yo en Goethe, Shakespeare, Cervantes y en todos los grandes; que se represente, *una vez más*, como lo hizo la naturaleza; ¡cuanto más rico, más contiene el mundo! Y entonces se confunden los lectores y espectadores débiles; y piensan que es sólo el mundo el que está representado. ¡Nada de eso! Los imitadores débiles se olvidan a sí mismos; y pretenden representar un mundo sin ellos mismos. ¡Eso no existe! Cada uno mira con sus ojos, vive una fisonomía con sus sentidos. Sé que estás empapado de esto; y me dijiste, sólo que no me acuerdo dónde y cómo, algo parecido. Tienes tal comprensión de tu ser, como quizá nadie que sea y se describa y encuentre como tú la haya tenido: eres tan sincero, con disposición de no serlo, que es un milagro (no en el sentido moral). Sólo esto tiene que hacer original tu talento de una forma quizá nunca vista y crearlo como nunca existió ninguno. Pues para esto se necesitan ciertos talentos; ciertos acordes de dones. ¡Este convencimiento no me priva de nada! Pues lo veo como veo tu rostro. Aquí la fuerza y carácter aislados no se muestran de forma común: y, tal y como es, se eleva sobre sí mismo; y surge de ello una nueva fuerza, una nueva relación; casi sin disposición para ello. Esto te da tu encanto; porque esto es lo más íntimo: te convierte en el Varnhagen entre los hombres: esto lo ven todos aunque no sepan nombrarlo; esto y la dulzura natural que emana de tu *primera* naturaleza lo hacen excitante y tranquilizante a la vez. Sólo en el alboroto de tus dos naturalezas cede toda tranquilidad; y entonces eres y te comportas de forma más hostil que nadie. (De ahí también nuestras peleas.) Pero cuando te haces dueño de estas dos naturalezas, entonces surge un nuevo fruto sobre la tierra. ¡El que tanto amo! Y tú, como artista, puedes volver a recrearlas: nuevas, bellas piezas de arte. Piezas de arte: no sé si serán obras. ¿Me puedes entender, querido, tal como me he expresado? No está del todo mal. Está bien observado. Amor, la verdadera penetración forma parte del ver y del reconocer... Te adjunto un folio pequeñito con lo que dice Heinse sobre los bailes rústicos en Suiza: por supuesto, nunca he visto ninguno; pero sé sin embargo que es cierto: igual que en buenos retratos se ve que se parecen, sin nunca haber visto la persona que representan. ¡Rembrandt tiene algunos en el museo de París! ¡Y qué bellas, brotando a borbotones como perlas, qué poco meditadas las dulces palabras con las que lo cuenta!

Varnhaguito, ¡me muero, me marchito totalmente!, sin ti; sin ninguna alegría para mi vista. Sin amor. Sólo me martirizo: ¡y mi vida se va a convertir en cartas! ¡Cuando veamos los museos juntos y gocemos juntos del aire! ¡Ay, ven, ven pronto! A veces me parece que no puedo estar sola. Hasta el deseo se debilita, ¡se deshace una sola! Estuvimos separados demasiado tiempo, lo siento: no sólo amor reina entre nosotros (aunque amor sin armonía espiritual, contacto mutuo y complementación no es nada; y esto, sin amor, tampoco: como la razón y la belleza, y mil cosas de ese tipo) también la más bella concordia en ánimo y espíritu; ¡tenemos una verdadera necesidad el uno del otro en nuestra disparidad y conversación, que empezamos una vez y que fue posible! Y ahora la relación es tal que nadie, ni amor ni otra concordia puede inmiscuirse, sólo nosotros mismos; ¡y seguramente seguirá siendo *delicioso!*, ¡y es tan necesario! Dios mío, no sé nada de ti desde hace tanto que ya no sé si a ti te pasa lo mismo. Te desacostumbrarás de mí. ¡Déjame este temor! ¡Tienes que tenerle cariño! No lo tengo; sí lo tengo. ¡Ay, Varnhagen, separados en el duro invierno! ¡Ya en este mundo! Cada vez más demente, cada día más loco me parece, cuanto más observo y pienso en el tráfago del mundo, que no vivamos de acuerdo con nuestro corazón más íntimo. Hacerlo tiene tan mala fama; porque andan por ahí *simulacros* de ello. La gente sigue a sus confusos y míseros sentidos y convicciones, y su avidez de gloria falsa y vana les castiga; y a esto llaman su corazón más íntimo; y por eso tiene que sufrir el mío. Qué puro, tan frágil como una hoja que brota en una almendra, es el deseo verdadero e íntimo; ¡qué sagrado! ¡Ay, si tuviera un hijo! cómo le ayudaría a escucharlo; todo lo sacrificaría por eso. Ésta es la ocupación de la mujer, de la madre, su talento. [...]

*A Varnhagen en París**

Francfort, 2 y media del mediodía, 8 de septiembre de 1815

Esto merece una carta. Ahora tú también te alegrarás de que estuviera aquí todavía. Mi buen August querido. Goethe estuvo en mi casa esta mañana a las diez menos cuarto. Esto es mi diploma de nobleza. Pero también me comporté muy mal, como alguien a quien su rey, sumamente honrado, valiente y sabio, le arma caballero ante todo el mundo. Me comporté muy mal. ¡Casi no le dejé hablar a Goethe! ¡Ay, cómo predijo mi alma ayer, cuando te escribía, que teniendo tan buen gusto siempre tenía que comportarme con tan mal gusto, de forma tan poco elegante!, ¡siempre parecer así! Y *otra vez* no fue culpa mía; veinte circunstancias, acontecimientos se dieron las manos para obligarme a precipitarme, vencida. ¡Escucha! Cuando ayer y antes de ayer no llegaba respuesta de Goethe, esto me preocupaba en secreto más que nada en la vida, como una enfermedad crónica; (y otra vez te hago esta máxima declaración de amor; sólo por amor a ti, para complacerte y seguirte, sacrificándome a mí y mi pasión secreta, le había escrito) y pensé que la carta no le había sido entregada; o que, *a pesar de la imposibilidad*, prefería venir a verme un momento a responderme siquiera una frase: o que le costaba encontrar un mensajero: así me imaginé yo su venida o su mensaje; y a la vez que seguro acontecería en mala hora y cuando no lo esperara; como siempre. Pero *esto no* podía imaginármelo: las diez menos cuarto es demasiado fuerte. Tenía ayer un ojo enrojecido; y tantas molestias en el ojo como tú las conoces en mí; para lo cual no fue propicia la comedia de ayer. Cuando me levanté por la mañana ya no estaba rojo, pero me dolían los ojos como si tuviera polvo en ellos; y para no leer, para que descansaran, me quedé en

* *Rahel,* tomo V, págs. 325 y ss.

la cama (si no, ahora me levanto bastante temprano), desayuné en la cama, me quejé mucho y finalmente me levanté a las nueve. Cuando estaba cepillándome los dientes, con los polvos rojos, con mis franelas puestas, viene mi casero y le dice a Dore que un señor quería hablar conmigo. Pensé: un mensajero de Goethe. (*Nunca* había venido el casero, y nunca en tal estado de miedo.) Mandé a Dore que bajara para preguntar quién era; ésta me trajo la tarjeta de Goethe, con el mensaje de que esperaría un momento. Le hice pasar y esperar sólo el tiempo que se necesita para ponerse un bata; era una negra forrada; y así aparecí ante él. Sacrificándome a *mí* para no hacerle esperar ni un momento. Sólo me queda esto en la conciencia. Tampoco le pedí disculpas, sino ¡le di las gracias! «¡Gracias!» dije; pensando que tenía que saber por qué, puesto que vino. No le pedí disculpas; pensando que tiene que saber que yo me desvanezco *totalmente* y sólo él es considerado. Esto (¡desgraciadamente!) fue el *primer* impulso de mi corazón. ¡Ahora, llena del arrepentimiento más vehemente, casi cómica, penosa, lo veo de forma *diferente!* Me dijo con un acento un poco sajón, muy suelto, que sentía no haber sabido que había estado *en su* casa. «*Sólo* queríamos saber si había recibido el paquete. Se lo habíamos dado a un comerciante vienés que lo llevó hasta Leipzig.» «Le estoy muy agradecido a su esposo, salúdele de mi parte; quería haber contestado en seguida y lo retrasé por eso, pero con las cosas más interesantes es cuando más pasa que no se encuentra el tiempo para ellas. ¡Muchas gracias!» «Ay, ya lo creo, incluso me pasa a *mí*. Si solamente quería saber si estaba en sus manos.» Te mandó saludos otra vez, creo que tres veces, preguntó dónde estabas. [...]

En total, fue como el más noble príncipe; pero como una persona extremadamente buena; lleno de naturalidad; [...]. Se fue muy pronto. ¡No le pude hablar de la Pereira, ni de la Grotthuß, ni de nada! Sólo al principio del todo le dije: «Fui yo la que le gritó en Niederrand; estaba allí con gente desconocida, justo porque usted había hablado de ello; estaba demasiado sorprendida.» Él dejó pasar esto totalmente. Yo lo celebré. Siento que en total me comporté *como entonces* en Karlsbad. Con la misma actividad precipitada: tanto tiempo sin mostrar mi bello corazón tranquilo y modesto. Pero cuando sólo se ve a alguien un momento después de tantos *años* de amor y vida y rezos y existir y estar ocupada, es lo que pasa. Y mi *negligé*, mi sensación de falta de elegancia me destrozó del todo; y su rápida partida. Pero ahora le visitaré yo: los Otterstedt me llevan insistiendo todo el tiempo; pero yo no quería. En resumen, significa muchísimo que haya venido. No ve a nadie. No quería ver de ningún modo a la princesa Solms, la cuñada del rey, y a su nuevo marido inglés. En fin, me siento excesivamente honrada en mi humillación. Sólo *yo* sé qué miserable me sentí. Goethe me armó caballero para siempre. ¡Cielos! ¡Sólo él lo *sabe*, el cielo! Ningún dios del olimpo me podría honrar más, darme más de *mi* honor. Primero quería mandarte la carta, Guste mío, pero no se la confío a ningun correo. Ahora escucha *por completo* qué ridícula soy. Cuando se había ido, me vestí muy bien. ¡Como si quisiera repararlo, enmendarlo! Un vestido *bonito* blanco con un bello cuello alto: una toca de puntillas, el velo orlado, el chal de Moscú: le escribí a la señora Busch si quería verme, ¡quería parecerle digna a otra persona! Quería verme: y encontré allí a una *íntima* amiga de la Brede que me recibió con los brazos y el corazón abiertos, una vecina afectuosa, una señora encantadora que seguramente te gustará, de lo cual me alegro. Ahora quiero decirte a ti, igual que el príncipe Louis me dijo a mí: «Ahora, entre amigos, valgo diez mil táleros más; ¡Goethe estuvo en mi casa!» *Querido* Guste, querido; te alegras por mí, lo sé. Yo lo escribí *por ti*; para que lo sepas. Y ahora que él estuvo aquí, mi mensaje ya no me parece tan soso, carente de estilo, tan amorfo; sino *bueno*. [...]

*A Rose en Haag**

Karlsruhe, viernes 22 de enero de 1819, 12 del mediodía

¡Mi querida Rosa del alma! ¡Cómo me hirió que tu estancia en Bruselas tan deseada fuera turbada de forma tan des-

* *Rahel*, tomo II, págs. 563 y ss.

graciada y penosa! ¡*Pobre* Karl! Es la enfermedad que yo tuve cuando tuviste que dar a luz a Louis, por la que pasé trece semanas en cama y un año de convalecencia. ¡*Dios* nos guarde! ¿Qué decir a todo esto? Son azotes del destino de los que no desaparecen las huellas. También hablo de ti. Te diría que te cuidaras, que te animaras; si no supiera que no sirve de nada. Una no lo hace: al contrario, ¡queremos ahorrar después de gastos tan grandes y pensamos que ya debemos tanto sólo por respirar! ¡Así *transcurre* la vida de los servidores de la razón y del deber! Pero yo, aun así, como medio pollo cada día ahora: porque nada da alimento tan *fácilmente* y es *lo que* más necesitan las constituciones frágiles, lastimadas. [...] Ve a sitios donde te rocen objetos, palabras y personas nuevas, te refresquen la sangre, la vida, los nervios y los pensamientos. Nosotras, las mujeres, necesitamos *esto* doblemente; mientras que las actividades de los hombres, al menos a sus ojos, son negocios que tienen que parecerles importantes, en cuyo desempeño su ambición se vanagloria; en las que ven un progreso, en las que ya son conmovidos por el contacto humano; a nosotras siempre nos esperan los remiendos, los pequeños gastos y arreglos que tienen que remitirse totalmente a la posición de los hombres. Es señal de desconocimiento de lo humano, si la gente cree que nuestro espíritu es diferente y constituido para otras necesidades, y que nosotras, por ejemplo, podamos nutrirnos totalmente de la existencia del marido o del hijo. Esta exigencia surge sólo de la suposición de que una mujer no conociera en toda su alma nada más sublime en todo el mundo que las exigencias y pretensiones del hombre; o los dones y deseos de sus hijos: entonces *todo* matrimonio sería, de por *sí,* la más alta condición humana; pero *no* es así; y aunque amemos, cuidemos y protejamos los deseos de los nuestros; nos avengamos a ellos; los convirtamos en nuestra mayor preocupación y actividad más urgente: pero no pueden llenarnos, recrearnos, hacernos descansar para lo que hagamos y soportemos en el futuro; o darnos fuerza y energía para toda nuestra vida. Ésta es la razón de tantas frivolidades que se observan en las mujeres, y se cree ver: de acuerdo con la norma aplaudida no tienen ni espacio para sus propios pies, siempre tienen que ponerlos justo *en* el sitio en que el hombre acaba de estar, y quiere estar: y ven todo el agitado mundo con sus ojos, como alguien que estuviera hechizado como un árbol con sus raíces en la tierra; cada intento, cada deseo de deshacer este estado antinatural es llamado frivolidad; o considerado un comportamiento delictivo. ¡*Por eso* tú y yo tenemos que ser refrescadas un poco!...

*A Pauline Wiesel en Baden**

Berlín, martes a las 12 de la mañana, 14 de octubre de 1829

Estimada, querida Pauline. [...] ¿Tan grandes veladas dan los Constant? Me duele saber que es tan hipocondríaca en cuanto a sus tratos. ¿Es que cree, estimada hija, que los que yo tengo y puedo tener me satisfacen? Una *única* mujer, por ejemplo, entre los hombres y las mujeres, hay aquí que considero mi igual: de la que escucho algo, que me devuelve lo siempre dicho y conocido (pues, ¿qué pueden las personas sin órganos nuevos decir o ver o encontrar de nuevo?) desde un *pecho humano* de forma nueva y realmente trabajado, fresco y fecundado por un espíritu ágil. Es la cuñada de Pitt Arnim, la baronesa de Arnim, de soltera Bettina Brentano, de Francfort del Meno. ¡Pero cuánta gente veo, tengo que hospedar, aguantar, cuidar con visitas! ¡Y de qué forma más ruda, más injusta sólo en cuanto a la delicadeza social, me tratan a mí! Pero me hace pensar y da impulso y es lo que necesitan las personas como nosotras, educadas en compañías falsas que pretenden ser verdaderas. ¡Cada vez me juro no volver a hacerlo! Pero las condiciones siguen siendo las mismas y siguen pariendo la misma descendencia enfermiza. No nos queda más que conseguir más y más claridad en cuanto a todo, porque *todo* tiene una relación; y, realmente,

* *Rahel*, tomo IX, págs. 775 y ss.

todo merece la pena. Ésta es la riqueza salvada de la quiebra de la vida. *Yo* pienso en *especial:* lo que ganamos aquí de agilidad, capacidad y comprensión, lo *poseeremos* en el futuro. *Esto* es castigo y recompensa. [...]

*Del diario de Rahel Varnhagen**

Octubre de 1810

[...] Quería irme cuando Bettina Brentano apareció a mi lado y dijo con su forma de hablar renana y libre que me gusta tanto: «Es un bonito día, venga a pasear un poco.» Antes no había hablado ni una palabra conmigo, creí que no se había fijado en mí, y por ello estuve tanto más sorprendida y encantada de que me dirigiera tal proposición. «Oh, con mucho gusto», dije, y así ella me cogió del brazo y fuimos al parque de Monbijou, donde todo estaba muy hermoso y el otoño, en plena fuerza todavía, se rebelaba y el sol le ayudaba. Bettina se reía, totalmente de acuerdo, como si nos conociéramos desde hace mucho, y dijo varias veces que había sido inteligente de nuestra parte el habernos separado de los demás. Luego dijo con familiaridad: «Es usted una muchacha tan lista, pero también una muchacha tan buena, ¿verdad?» Luego se puso seria, habló del efecto de la música, luego de Goethe, de su amor por él, de su contacto y correspondencia con él. Divinamente, con expresiones entusiastas que ella misma inventaba. Mi amor le concede esta juvenil llama del espíritu que su genio ha encendido; ... su genio; pues no es su corazón, su persona, ésos están como aparte. Yo, sin embargo, silencié mi adoración, sólo dije que sí a veces cuando asentía a las alabanzas de Bettina de todo corazón; pero ella sentía bien que estaba hablando con una hermana.

Luego me habló de su hermano Clemens, de Arnim, sin tener en cuenta en absoluto que yo dije conocerlos a am-

* *Rahel,* tomo IX, págs. 59 y ss.

bos, al contrario, parecía resultarle incómodo. Habló del amor de forma profunda y grandiosa; muy aguda e ingeniosamente del matrimonio: valora muy poco esta institución, pero está preparada a que no va a escapar de ella, y estoy convencida de que será la esposa más virtuosa, igual que, a pesar de toda su libertad de espíritu, es la muchacha más decente y seria. También habló del cristianismo de forma muy sensata, pero luego recayó en su antisemitismo francfortiano, que me hirió mucho, es decir me enturbió la imagen de su alma. En un alma tan noble y pura no debería tener sitio algo tan poco claro y sólo tomado del exterior. También irrité lo malo en ella, al decirle mi opinión. «Váyase», me gritó con vehemencia y apartó mi brazo, pero enseguida volvió a tomarlo, y después de pocos instantes seguía hablando con toda familiaridad. Tuve que acompañarla a su casa, abrió su escritorio y me mostró una carta empezada y varias de Clemens; yo la estimo mucho más que a éste y a Arnim; ella tiene dotes igual de grandes por lo menos y además la bella naturaleza femenina; pero tiene que atenerse a la verdad: esta fuente de la vida tiene que regar su imaginación sin cesar, si no se marchitarán su flores más bellas.

*A Ottilie von Goethe**

Berlín, martes 15 de junio de 1830

Eterno gran espectáculo de las nubes, hermoso de contemplar, que derrama frecuentes lluvias tormentosas, suspende todos los planes y los paseos, pero permite los efectos del sol en nuestros bellos árboles, que incluso desde mis ventanas son para mí casi el más querido deleite veraniego. Otro verano ya no lo tendremos.

Hace más de ocho días mi guapa cuñada, Mme. Ludwig Robert, me mandó las dos canciones o pequeñas poesías adjuntas. Ya desde hace mucho le estoy pidiendo algo suyo

* *Rahel*, tomo IX, págs. 804 y ss.

para el *Cahos [sic]*[1] pero nunca pudo reunir el valor de darme algo justo para ese fin. ¡Deseo mucho, estimada señora, que estas cancioncitas le sirvan! La segunda me gusta bastante; y no creo siquiera que hagan falta las circunstancias propicias de que sus lectores conozcan el valle cercano a Baden-Baden precisamente tan bien como yo. Cada uno se imagina alguno conocido, con éxito suficiente. Mme. Robert se entrega a su merced, y considera un honor mandarle algo para su revista de vez en cuando, cuando usted lo mande; pero significaría mucho para ella poseer un ejemplar del *Cahos*. Varnhagen, que saluda a la señora de Goethe con el más fiel respeto, también pide un ejemplar del *Cahos*. ¡No sé hasta qué punto tiene derecho a ello, y me lavo las manos con ignorancia!

Yo, de mi parte, podría volver a escribirle algo de teatro, como el otro día. Ayer vi a la gran Schröder representar a la madre en *La novia de Messina*, y *sufrí* y aprendí mucho en esa obra..., que ya se había perdido en mi memoria, pero que me ha hecho sufrir desde siempre. La representación estuvo mal, pero algunas partes también soprendentemente bien. La Schröder improvisaba casi continuamente al actuar. Krüger [representó] al hijo mayor excelentemente; sólo falta la interpretación esmerada, porque, cosa que únicamente ella puede *disculpar*, se olvidó de estar *enamorado* en ese momento.

Pero, ¡qué hablo! Tiene que *prohibirme* personalmente escribir sobre el teatro, para que lo deje de verdad. Dos veces le hace Schiller contarle a la viuda el sueño del príncipe. «Un error» se puede decir; según capté la primera vez, *una belleza* es esto; cuando la suerte manda al escenario a un dios del arte, a un ser capaz de entusiasmo; a una Schröder que lo hace *manar del corazón* por segunda vez, como sobre viejas ruinas de la desdicha, acantilados, rocas, y desiertos, oscuros, escondidos y quemados desiertos de bosques y sierras. Esa antigua miseria que brotó *allí*; esa prisa en cuanto a la poesía de las imágenes, esa voz siempre dispuesta; ese

[1] Se refiere a la revista literaria *Chaos*, publicada por Ottilie von Goethe.

canto de palabras sin respeto a ella, sólo surgido de una sensación de desgracia; ¡este marco de arte y mesura en torno a esta irrupción de la naturaleza! Merece una gran reverencia; ¡*antes* del aplauso frenético!

Su señora madre estuvo aquí ocho días; ¡lo cual supe justo cuando acababa de irse! ... ¿Volverá *otra vez* este verano?, ¿o es que está enojada conmigo? ¿Y usted sería capaz de ello? Yo nunca estoy en Weimar: de eso puede estar usted segura. Felix Mendelssohn estuvo con usted. ¡Su nombre es la bendición que siempre seguirá teniendo efecto! Estaba muy feliz; y los mayores lo están largo tiempo por eso; y los amigos participan alegres de esta felicidad; ¡aunque sea por un mensaje de su bendita casa! Hónreme con una pequeña señal de haber recibido ésta y la última carta, aunque no sea directa; y crea en mi perfecto y devoto afecto.

Sra. Varnhagen

SOPHIE MEREAU

*A Friedrich Schiller**

Jena, 18 de noviembre de 1795

La idea de crear una revista se me presentó hace algún tiempo por casualidad; volvió varias veces, poco a poco se hizo permanente y finalmente pasó a la realización.

Dado que quiero formar una colección ante todo para mi sexo, la forma, con toda la libertad temática que mi plan permite, no debe nunca acercarse demasiado a lo científico, sino tener siempre un aspecto ligero, ameno y gracioso.

No hay que decir cuán infinitamente valiosas serían para mí *sus* contribuciones, y cuento con su apoyo llena de confianza, si sus circunstancias lo permiten... Poesías más pequeñas, que para el concepto de las *Horen*[1] ocupan demasiado poco espacio, serían un regalo amable para mí; a más no aspira mi modesto deseo.

Si desea saber más del concepto de la revista, me permito remitirle al profesor Woltmann, que a menudo disfruta de la conversación con usted... Una respuesta favorable me haría muy feliz, y si pudiera tener la esperanza de incluir algo de usted en el primer número, esto sería infinitamente valioso para mí en todos los sentidos.

---

* *Briefe burühmter Frauen,* pág. 281.

---

[1] *Die Horen*, revista romántica inspirada en «Las Horas» de la Grecia antigua; dirigida por Friedrich Schiller.

¡Quede usted con Dios! Con inalterable respeto, suya

Sophie Mereau

*A Friedrich Schiller**

Jena, 19 de enero de 1796

Reciba mi agradecimiento por el regalo del almanaque que usted y Goethe han consagrado a la inmortalidad... Como nuestro propio sentimiento siempre es el criterio por el que estimamos el valor de otros, y el mayor genio siempre seguirá siendo incomprendido por aquellos a los que la naturaleza no dotó de un sentido de armonía, es mi mayor orgullo sentir su grandeza y su valor íntimamente.

Su consejo de amigo y mi convencimiento han vencido y me han llevado a la decisión de dar unos desagradables pasos hacia atrás y abandonar completamente el plan de la revista por ahora... Reconozco el valor de su interés y de los consejos que me dio con cordial agradecimiento... Ahora seguiré trabajando tranquilamente en lo que la imaginación y el sentimiento me inspiren en algunos momentos felices. Cuando considere algo terminado, se lo ofreceré. Usted tiene el derecho de ser el primero a quien se lo ofrezca, aunque no la obligación de aceptarlo... Si de vez en cuando pudiera conseguirme algunos libros del área de la literatura francesa mencionada por usted, me serían *muy* bienvenidos.

Ese beneficio por mis pequeñas contribuciones ha sobrepasado todas mis posibles esperanzas

¡Vaya con Dios!
Sophie Mereau

* *Briefe burühmter Frauen*, págs. 281 y ss.

*A Clemens**

Jena, finales de noviembre de 1799

Es una sensación extraña querer acercarse a alguien, y nunca he sentido más su lejanía que ahora que quiero escribirle. Odio todas las cartas a personas de confianza, aunque no quisiera prescindir de ellas por nada de este mundo... Una carta es siempre para mí como una novela..., y yo prefiero decir demasiado poco a decir demasiado. El papel es un mensajero tan infiel que olvida la mirada, el tono y a menudo incluso transmite un sentido erróneo..., pero aun así la lucha con las equivocaciones es mejor que el terrible yermo al que ningún sonido penetra.

He estado disfrutando durante semanas de un estado de ánimo libre y poético; más de un verso fluyó de mi pluma y más de una tarde feliz pasé con mi soledad, hasta que con el frío soplo de las necesidades se helaron todas las dulces flores de mi corazón..., llevo una lucha extraña en la vida. Una inclinación irresistible me incita a entregarme por completo a la fantasía, a revestir la existencia informe con los colores de la poesía y a vivir para lo bello, sin preocuparme por lo necesario. Pero, ¡ay!, la barca de mi destino no flota en una superficie clara como un espejo, donde, despreocupada, pudiera dejar los remos para jugar con la luz de la luna y las estrellas, mientras una brisa acariciadora llevase a la barca suavemente por las rizadas olas..., entre acantilados y remolinos, sacudida por tormentas, vaga por los mares y tengo que agarrar el remo o hundirme. [...]

¡Una bella mañana! Me siento completamente despejada. Por todas partes nubes ligeras que luchan con el esplendor de la luz... ¡y él gana!... ¡Quisiera ser durante toda mi vida como esta imagen!, ¡nubes románticas que alzan el vuelo en plena claridad!...

* *Lebe der Liebe,* págs. 84 y ss.

Sé orgulloso y modesto.
¡Vive para el amor y ama la vida!

*A Clemens**

Weimar, hacia el 20 de enero de 1803

Su carta, joven, me ha dado motivo a diversas *reflexiones.* Por una parte tengo que admirar su agudeza, aunque por otra tengo que suspirar por su culpable obstinación, atribuible a su juventud... Le agradezco que sea justo conmigo y respete mi carácter. Sí, es verdad que me he convertido en un ser completamente distinto, que siempre actúa con rigor según sus principios y odia todo lo instintivo. Por lo demás, por supuesto, ¡cielos!..., ha habido muchos momentos en los que lo instintivo en el ser humano me parecía lo único divino, incluso he tenido momentos de entusiasmo, en los que me sentía íntimamente unida a las fuerzas invisibles. ¡Idealizaciones! No, ahora la razón es para mí lo más importante, y me avergonzaría de creer en algo que no pudiera comprender. Claro que un par de años pueden contribuir mucho a la madurez de nuestro espíritu, y ya era tiempo, como usted también parece creer, querido y joven amigo, ya que me recuerda mi edad. Antaño tenía la ilusión de que no son los años los que determinan la edad; que sólo depende de la mente y que hay personas que nacen viejas y otras que morirán jóvenes por mucho tiempo que vivan.

Lo que me dice sobre las escritoras, y en especial sobre mis modestos intentos, me ha emocionado, y es más, me ha edificado. Seguramente, en el fondo no corresponde a nuestro sexo y solamente la magnanimidad de los hombres ha podido contemplar tranquilamente estos disparates tanto tiempo. De verdad, temblaría a causa de algunas obras que ¡por desgracia! ya están en la imprenta, si no encontra-

* *Lebe der Liebe,* págs. 115 y ss.

ra algo de consuelo pensando en su insignificancia e inocuidad. Pero en el futuro por lo menos ya no perderé mi tiempo haciendo versos, y si acaso me viera forzada a escribir, intentaré producir obras morales o libros de cocina. Y quién sabe si su obra erudita, de cuya publicación me ha informado bondadosamente, no hará que me decida del todo a cambiar para siempre la pluma por la aguja.

[...]

Tendría mucho más que escribirle, pero veo con asombro la enorme extensión de esta carta y le pido perdón por ella;

con suma reverencia, su servidora
Sophie Friedericke Mereau, nacida Schubart.

Si vuelve a escribirme, Clemens, exijo que me escriba las cosas más amables que, dicho sea de paso, no tienen que ser verdad. Sus verdades cuénteselas a su amada, a quien yo, como usted mismo dice, no conozco; pero como mi persona, que usted nunca ha amado y no puede rebajar demasiado, tiene que leer sus cartas, es justo que, o no me escriba, o me escriba cartas agradables. Usted me llama Psique..., por qué, no lo entiendo, tampoco me importa, pero el nombre me gusta. Pues no niego que, aunque ahora no tenga ninguna otra pena que la de que exista un invierno y que no soy bella, sin embargo..., ¿pero qué le importa esto a *usted*?... Adiós, Clemens.

*A Clemens**

Weimar, hacia el 28 de octubre de 1803

Clemens, seré tu mujer... lo más pronto posible. La naturaleza lo ordena, y por más inverosímil que me pareciera hasta ahora, ya no puedo dudar de ello. Mi salud, tu juventud, mi actual enfermedad..., a ti, ingenuo ¿nunca se te ha

* *Lebe der Liebe*, págs. 285 y ss.

ocurrido nada?... No sé por qué me cuesta decírtelo, y sin embargo no puedo callar más tiempo... Si estuvieras aquí te lo diría con un beso, pero la pluma no quiere osar escribir la decisión divina. El milagro más misterioso en la tierra, que hacen los dioses, lo que nunca puede ser descubierto, nunca escondido..., ¡adivina ahora! Imagina dolor, placer, vida, muerte descansar entrelazados en un solo ser, imagina que has sido un cantor profético..., ¿lo adivinas ahora?

Si hubieras recaído en tus antiguas crueldades, estaba decidida a convertirme en ladrona y huir con tu propiedad a un sitio que ya había elegido, donde nunca, nunca me hubieras encontrado; pero así, como tus cartas me estrecharon en bella unión como una guirnalda de flores doradas e, incesantemente, me llevaron cada vez más cerca de ti, quiero volver a llevarte tu propiedad y guardarla cuidadosamente. Mi corazón está ahora tan libre, tan leve, tan osado que apenas sé si aún lo tengo... y mi cabeza me la raptan personas, negocios, cartas. Esta semana tuve muchas visitas..., qué feliz seré, cuando sólo vea Una persona, sólo tenga Un negocio y no escriba ninguna carta... Otra vez he vuelto a tener discusiones por causa tuya. Es extraño que no haya ni Una persona que no admire tus talentos y tema tu carácter... Sólo yo no lo temo; me da tanta alegría enfrentarme una vez, absolutamente sola, osada, a todo el mundo. *Seré* feliz contigo, lo sé; si *seguiré* siéndolo no lo sé, pero ¿qué me importa el futuro?... ¿No puedo morir antes de ser infeliz?... Sería muy agradable morir en tus brazos, llorada por ti..., pero mejor aún es vivir, y disfrutar contigo la luz dorada, y te aseguro con toda confianza que tengo la fe, el valor, la seguridad de que no puedes hacerme infeliz. [...]

¡Buenas noches, mi futuro, mi amo... y también mi propiedad!

*A Clemens**

Marburgo, hacia el 21 de enero de 1804

En mi última carta olvidé escribirte algo sobre los libros, que para ti seguramente es lo más importante, pero mi olvido proviene del convencimiento de que no se puede decir nada importante o agradable de ellos. Abrí el paquete; los libros vienen de Maguncia, pero, aunque tú seas el destinatario, parecen ser para Savigny, pues son grandes libros en latín y, lo sé con seguridad, jurídicos... Tu carta casi me hizo enfermar; tu inquietud es como un fino veneno que incluso a través del inocente papel es contagioso; habrá que poner una barrera de aislamiento por causa tuya. ¡Ay!, querido, ¡que no se te avecine un nuevo desencanto! ¡No lo sé, no lo entiendo, pero tiemblo! Te quiero, muchas veces anhelo de todo corazón tu abrazo, pero no quiero fingir, ¡me sienta bien estar sola! La soledad es para los caracteres inocentes y débiles como el mío un rocío del cielo que nos refresca cuando la vida nos cansa. Tú mismo me has hecho más cuidadosa, más pensativa, ya no quiero vivir sólo para el momento, también quiero sembrar para el futuro; quiero tener una cosecha, igual que el año, y para poder sembrar hay que cosechar. Ahora es para mí el momento de ello; he empezado a instalarme, con muy buen gusto; tienes que elogiarme cuando te lo cuente todo. Si Dios me paga mis esfuerzos, me sentiré mejor en muchos aspectos. También entre tú y yo hay que evitar algunas cosas que muchas veces han dado lugar a fastidios. Ya no me encargaré de correr con todos tus gastos. Cada cuatrimestre me harás una transferencia [...] que enviaré a Francfort. Con ellos pagaré el piso, la leña, la criada, comida, ropa y luz. Del resto de tu dinero cubrirás los gastos que te conciernen sólo a ti, y lo emplearás según te plazca, igual que yo miraré por mi persona, lo que conseguiré fácilmente, empleando mi tiempo libremente y con la bendición del cielo.

---

* *Lebe der Liebe,* págs. 300 y ss.

*A Clemens**

Heidelberg, 17 de octubre de 1804

¿Debo responder a tu ultima carta llorando o riendo?... ¡Seguramente este mundo prosaico no vio Don Quijote mayor que tú! En casa está su fiel esposa, le ama, vive retirada, laboriosa, le lleva a él en y debajo del corazón, y está totalmente contenta..., él viaja por el mundo, alegre, para visitar a un amigo querido, encantador, único, podría estar completamente tranquilo y feliz, pero como no se le ocurre nada, no le falta nada, lucha contra molinos de viento y tiene los caprichos más insignificantes. Te ruego que percibas lo bueno que es tuyo; no disfrutarlo también es pecado, y lucha contra esa tendencia indescriptible a anhelar siempre lo lejano. Esta ansia eterna sólo pertenece a Dios... Mi amor, creo yo, tendría que cubrirte como un vestido cálido y suave que llevaras contigo a todas partes y en el que te sintieras bien, pero parece que tu sentimiento, para sentir, necesita a menudo un estímulo que, como la mosca española, produce ampollas. Eres *tú,* no yo, quien anhela siempre lo lejano. Tu deseo *de* mí es precisamente lo que muchas veces sentiste estando *conmigo,* lo que ahora te atrae a mí; lo que muchas veces te llevó lejos de mí, es un sentimiento general, un continuo anhelo de lo lejano, que, en el fondo, no tiene nada que ver conmigo personalmente. Te ruego, querido extraño, ven a casa alguna vez, no estás nunca en tu casa, y es tan bonito tu hogar; inténtalo y ven a ti mismo, ¡encontrarás la patria, la amarás y luego la llevarás siempre contigo!...

Es verdad, hay un sentimiento en mí, sólo uno, que no te pertenece. Es el sentimiento de la libertad. Qué es, no lo sé; me es innato, y tú lo hieres a veces. Defenderlo no puedo, pues quien tiene que defenderse, no es libre; engañar no puedo, pues engaño es coacción; así que, si lo puedes cuidar más que hasta ahora, seré más feliz. [...]

* *Lebe der Liebe,* págs. 323 y ss.

KAROLINE VON GÜNDERRODE

*A Karoline von Barkhaus**

Hanau, 26 de julio de 1799

Aplacé día tras día el escribirle porque no quería decirle nada de mi agotamiento y mi desánimo y esperaba que este estado de ánimo se perdiera; aguardé en vano un día alegre, así que le escribo tal como mi sentimiento se encuentra.

Su carta me alegró mucho, qué sería más bienvenido para mí que tener noticias de él, aun si es doloroso lo que experimento. La participación que puedo tener en su destino, si lo conozco, me compensa un poco no de las esperanzas perdidas, pero sí de su lejanía. No le puedo decir cómo todo mi ser se rebela contra la idea de olvidarle; no, por más dolor que me produzca este amor, nunca sentiré haberle visto...

Ha leído el *Kampaner Thal* de Jean Paul[1], ¿no? Me gusta mucho más que el *Siebenkäs*, no puedo imaginarme nada más afable que el carácter de Gionne, casi temo que sólo sea un ideal, inalcanzable en cualquier situación...

Si sabe algo de S., ¿le puedo rogar que me lo escriba?, no

* *Der Schatten eines Traumes*, págs. 136 y ss.

[1] El poema *Kampaner Thal* de Jean Paul es uno de los preferidos de Karoline. El poema termina con una de las primeras descripciones de un viaje en globo. Karoline describe e interpreta este tema novedoso en su poesía *Der Luftschiffer*.

me niegue este ruego, es lo único que puedo tener de él, la sombra de un sueño.

Escribiendo esto, me pregunto qué derecho tengo a molestarla con mis asuntos en cada carta; no me puedo responder y, sin embargo, sigo atentando contra su paciencia...

*A Gunda Brentano**

Hanau, 11 de agosto de 1801

Qué raros son los primeros días de estancia en un lugar extraño; los lazos que nos unían a la estancia anterior están rotos en el presente, es como si pasaran al segundo plano del sentimiento, y el estado hasta volver a acostumbrarse al entorno nuevo es bastante desagradable; es un vacío que uno quisiera expulsar de su interior; así es para mí, por lo menos. Todo conocimiento interesante, si el otro no lo comparte conmigo todavía, todo sentimiento y experiencia, son para mí un monte que me separan de aquel con quien me quiero unir. Frente a ti me pasó esto a menudo; pero no sabía si debía intentar apartar la montaña entre nosotras; pues pensé muchas veces que sólo podría ser indiferente verme tal como soy. Sabes qué difícil es para el amor propio mostrarle algo corriente de sí mismo a *otro*.

Ya varias veces fui para ti (me enorgullece) espejo fiel en el que te podías mirar; sí, te reflejé la imagen recibida con gran sinceridad; pero nunca me miré yo en ti, dime, ¿por qué? No siempre me gusta mostrarme, (ya lo dije antes), pero si me he mostrado, amo desmesuradamante verme en los demás; pues espero que el otro me haga ver un cuadro más bello del que yo misma veo. O más bien, a veces no tengo ninguna opinión sobre mí misma, tan variable es mi observación de mí misma. En general, es totalmente incomprensible para mí que no tengamos otra conciencia que la percepción de efectos, nunca de causas. Todo conocimiento adicional no me parece (en cuanto lo pienso) digno de saberlo, mientras mis facultades no conozcan la causa del

* *Frauenbriefe der Romantik*, págs. 31 y ss.

saber. Esta ignorancia es para mí la carencia más insoportable, la mayor contradicción. Y pienso que si realmente pasamos la frontera de una segunda vida, tendría que ser una de nuestras primeras visiones interiores que nuestra conciencia se hiciera más grande y más nítida, pues sería insoportable arrastrar esta barrera a una segunda vida.

Tendría muchas preguntas que hacerte, por ejemplo, si Clemens ha escrito; ¿cómo vives?, ¿ha vuelto Klötchen? Sólo la sospecha de que creyeras que mis preguntas son un medio para arrebatarte respuestas hace que no te las haga. Me entrego en esto incondicionalmente a tus caprichos, pues sé que, sólo por el hecho de ser tuyos, son niños amables con bello plumaje de colores.

Probablemente no te veré durante mucho más tiempo de lo que pensaba; mi hermana Lotte está muy mal, no vivirá por mucho tiempo ya, y estos pocos días la puedo alegrar con mi presencia. Nunca vi a nadie que estuviera tan cerca de la muerte; su carrera ha llegado también a su fin en cuanto a sus fuerzas intelectuales, pues su alma es de tal condición que nunca evolucionará hacia fuera para ser feliz, nunca podrá apartar la mirada de su interior, y este interior ya ha florecido y dado frutos (sólo en ella, y para ella). Ahora en su interior ya no puede crecer nada más que la muerte y la aniquilación; gracias a que la muerte física le ayuda...

¿Qué te parece la siguiente definición? «La ira es un amor intolerante, no por el objeto de nuestro enojo, sino por su contrario.»

Tendría mucho más que contarte, pero no puedo; otro día, si entonces me acuerdo o me parece interesante todavía.

*A Gunda Brentano**

Hanau, 29 de agosto de 1801

Ayer por la tarde recibí tu carta... ¡pero perdona! no puedo retirar mi juicio sobre ti, pues no sólo te encontré así en Wilhelmsbad, ¡no! Siempre me pareciste así, sólo que en-

* *Frauenbriefe der Romantik*, pág. 33.

tonces más definida y nítidamente. Claro que debería tener en consideración las líneas que me escribiste. Si tuviera que formarme un juicio sobre ti, me encontraría en un apuro; pues hay en ellas un espíritu completamente diferente del de Gunda, no creería que son tuyas si no supiera que estás enferma y por eso tus fuerzas están un poco menos impetuosas y más suaves y agotadas.

Es un defecto grave de mi parte el poder caer en un estado de falta de sentimientos tan fácilmente, y me alegro de todo lo que me arrebate de él. Ayer leí el *Darthula* de Ossian y tuvo un efecto tan agradable en mí; me dominó el deseo antiguo de morir de forma heroica, con gran vehemencia; era insoportable seguir viviendo, insoportable morir tranquila y ordinariamente. Ya muchas veces tuve el deseo, poco femenino, de lanzarme al tumulto del fiero combate, de morir. ¡Por qué no soy un hombre!, no tengo ninguna disposición para las virtudes femeninas, para las felicidades mujeriles. Sólo lo grande y fiero, lo brillante me gusta. Es un error desgraciado pero inmutable de mi alma; y seguirá así y tiene que ser así, pues soy mujer y tengo los deseos de un hombre, sin la fuerza viril. Por eso soy tan cambiante, estoy tan poco de acuerdo conmigo misma.

*A Gunda Brentano**

Hanau, 24 de noviembre de 1801

Me has dado mucha alegría con tu visita, pues Gunda, en serio, yo me creía completamente olvidada por ti y que mis cartas te fueran demasiado molestas. Sólo esto último fue una idea desagradable para mi orgullo; lo otro no me era nada agradable, pero lo sentía con una cierta resignación, nacida quizá de la impresión de cuán poco te importaba. También sé que por puro amor propio tendría que ser tolerante, pues yo misma soy inconstante, me vuelvo insensible

---

* *Der Schatten eines Traumes*, págs. 143 y ss.

fácilmente frente a los que se ausentan por mucho tiempo; pero ésta es una confesión desagradable, no quiero completarla aquí. Me extraña, Gunda, que no sacrifiques algo de ti para conseguir el amor de Clemens, o volver a conseguirlo; me parece tan dulce saberse amada por personas excelentes; es para mí la prueba más halagadora de mi propio valor. Soy demasiado débil frente a esta seductora voz de halago, puede hacer que me sea infiel a mí misma. Muchas veces me opuse a mí misma, en vano. El fracaso de tales propósitos (una experiencia triste en mi vida) es un triunfo de tu sistema, que no te concedo en absoluto...

[...] Mi vida es tan vacía, tengo tantas horas aburridas y sin contenido. Gunda, ¿es sólo el amor el que vierte vida y sentimiento en este pesado vacío?, ¿o hay más sentimientos que lo consigan? Hay aquí una laguna en mi alma; en vano intento llenarla, en vano superarla razonando; el arte sólo puede desarrollarse unido a la naturaleza, sin ella no puede hacer nada. He sentido intensamente desde muy temprano, me temo que he gastado tempranamente mi capacidad de sentir; sólo me quedó la medida de lo anterior y el ideal, estoy entre ambos y no puedo conseguir ni lo uno ni lo otro. E incluso ahora que te describo este estado, lo siento menos que lo reconozco.

También la amistad me niega sus felices engaños. Algunas personas que me mostraron interés y amor a objetos interesantes y una cierta ambición a menudo se hicieron mis amigos, porque la comunicación es una necesidad para mí. Pero pronto había agotado el interés que compartía con ellos, y me pareció que los había agotado a ellos mismos; sólo tenían la fuerza de pensar y sentir en conjunto lo ya pensado, lo ya sentido; pero añadir lo propio y lo especial a lo general, crear en ellos la nueva perspectiva de las cosas, esta riqueza del espíritu que mana siempre, se la negaba la naturaleza. En tal caso hay que cansarse o siempre darle tanto al otro que no se siente cuán poco se recibe. De lo último no fui capaz; me volví insensible con mis amigos, y ni el amor ni sus otras perfecciones me podían hacer olvidar esta carencia. Y demasiado a menudo echaba de menos paciencia y fuerza por su parte para soportarme tal como soy.

Así que las relaciones amistosas casi siempre me trajeron más penas que alegría. E incluso si encontrara al amigo que fuera todo lo que deseo, me sentiría indigna de él; y la misma felicidad tendría espinas para mí.

*A Savigny**

Francfort, antes del 26 de febrero de 1804

Mi corazón no se ha apartado de usted, y mucho menos se ha dirigido a otro mortal, no, siempre pienso con gran alegría que en el futuro les perteneceré a usted y a Gunda, pero desde hace algunas semanas me siento diferente que hace un par de meses. Gunda me censura, dice que soy arrogante, no quiero a nadie y no pongo interés, pero se equivoca, al menos exagera mucho: no soy arrogante en absoluto, pues me falta la convicción de ser extraordinaria, sólo puedo creerlo a veces, y otras no; pero ¿sabe qué es en el fondo? Sólo se lo puedo decir con gran simplicidad, estoy escribiendo un drama, toda mi alma está ocupada con él, me concentro en él tan vivamente, me siento tan como en mi casa en él que mi propia vida se me hace extraña; tengo mucha disposición para tal abstracción, para tal sumergirse en una corriente de contemplaciones y creaciones interiores. Gunda dice que es un error dejarse poseer en tal grado por un arte tan insignificante como el mío; pero yo amo este defecto, si es que lo es; muchas veces me resarce del mundo entero.

Debería ser firme y clara y cálida, estaría bien si lo fuera, pero ¿puedo serlo? ¿No cree usted en la necesidad de todas las cosas? Creo que mi carácter es incierto, lleno de apariciones pasajeras que van y vienen alternativamente, y sin calidez duradera y cordial. A pesar de ello, le pido que disculpe mi innata ruindad.

---

* *Der Schatten eines Traumes,* págs. 167 y ss.

*A Clemens Brentano**

10 de junio de 1804

Antes de pasar a la seria contestación de sus serias preguntas, tengo que pedirle muy urgentemente que me despoje de la peluca fatal que me ha impuesto, que realmente no llevo, porque me cohibiría mucho; por eso, ya desde el principio de mi carta, fuera con ella, para que pueda moverme libremente.

¿Quiere saber cómo tuve la idea de hacer imprimir mis poesías? Siempre tuve una oscura inclinación a hacerlo, por qué y para qué me lo pregunto rara vez; me alegré mucho cuando surgió alguien que se encargara de representarme ante el librero; fácilmente y sin saber lo que hacía rompí así la barrera que separaba mi alma más íntima del mundo; y hasta ahora no me he arrepentido de ello, pues siempre siento en mí, nuevo y vivo, el anhelo de expresar mi vida de un modo duradero, en una forma que fuera digna de acercarse a los más excelentes, saludarles y tener trato con ellos.

Sí, siempre he deseado esta comunidad, ésta es la iglesia a la que peregrina mi espíritu en la tierra.

Puesto que hoy quiero ser muy sincera con usted, tengo que decirle además que no siento aún en mí ninguna correspondencia verdadera con usted; si pudiera formarse me alegraría, tiene que surgir de usted; pero si no pudiera ser, me entristecería poco. Mi relación con usted no es amistad, ni amor, mi sentimiento no necesita por eso ninguna correspondencia, se parece más bien al interés que se pueda tener por una obra de arte; pero unas relaciones confusas, mal interpretadas, podrían enturbiar este interés.

No diga además que mi ser es reflexión o incluso que soy desconfiada. La desconfianza es una arpía que se lanza ávi-

* *Der Schatten eines Traumes*, pág. 222.

da sobre el banquete divino del entusiasmo y lo mancha con experiencia impura y astucia vulgar, que siempre he desdeñado frente a todo lo digno.

Salude a su mujer muy cordialmente; también yo me alegro de verla a ella y a su hijo, que me imagino encantador. Con el *Ponce de León* me ha dado mucha alegría.

*A Friedrich Creuzer**

23 de abril de 1805

Esta noche he tenido un sueño maravilloso, que no puedo olvidar. Me pareció estar en la cama, ¡un león a mi derecha, una loba a mi izquierda y un oso a mis pies! Todos medio encima de mí y en un sueño profundo. Entonces pensé, si estos animales despertaran, se enfurecerían el uno contra el otro y se despedazarían a ellos mismos y a mí. Me dio un miedo horrible y me retiré suavemente de entre ellos y me puse a salvo. El sueño parece alegórico, ¿qué piensa usted? Desde que pensé en lo que la Heyden le escribirá, mi buen ánimo me ha abandonado; camino por planos extraños. Me siento inquieta interiormente y todo me es extraño. Usted mismo me es extraño, no por mis sentimientos sino por el abismo que sé que hay entre nosotros y que vi con *más nitidez.* Estoy como expulsada de mi dulce patria, tan poco en mi sitio como esta noche entre las fieras que el extraño sueño me dio por compañeros.

26 de abril de 1805

Ayer estuve en casa de la Heyden. Te escribió unas frases que eran la imagen de mi inquietud, pues no me es posible esconder nada ante ti, porque no puedo entregarme a usted parcialmente, sino siempre a mí misma.

---

* *Der Schatten eines Traumes,* pág. 222.

27 de abril de 1805

El amigo [Karoline] estuvo aquí hace poco; dijo que ya muchas veces había querido escribirle, pero se sentía muy molesto, ya que lo que realmente le importaba no lo podía escribir. Le aseguro que le es absolutamente devoto. Dígame ¿cómo le ha conquistado hasta tal punto? En cuanto al resto de su vida, noto cada vez más que su alma heroica se ha disuelto completamente en ternura y anhelo amorosos. Este estado no es bueno para una persona que tiene que valerse por sí misma y que probablemente nunca se unirá con el objeto de su amor. No puede tener a la vista la resignación por mucho tiempo y a menudo se engaña a sí mismo; muéstrele la imposibilidad, ayúdeme. Sus consejos tendrán el mejor efecto. Es extraño, pero en sus pensamientos posee al objeto amado tan *por completo* que hay muchos momentos en los que cree que sólo se puede pensar tan segura y completamente lo que algún día será tan real como se piensa.

Pasado un paroxismo tal, siempre se entristece horriblemente. Dígame, ¿cómo me debo comportar con él?

*A Friedrich Creuzer**

Abril de 1806

Si algo de tu carta pudiera entristecerme, es que a veces puedas hablar con tanta renuncia, como si no fuera necesario que yo te pertenezca, sino capricho. Entonces siento siempre que tu amor tampoco lo sientes como algo necesario, y temo por tu constancia. Deberías ser más arrogante, tratarme con amor y luego con despotismo. Entonces me sentiría realmente a gusto y segura. El otro día tuve un mo-

* *Der Schatten eines Traumes,* pág. 235.

mento terrible. Me pareció haber estado demente durante muchos años y recobrar la conciencia y preguntar por ti y enterarme de que habías muerto hace mucho. Este pensamiento fue locura, y si hubiera durado más de un instante, hubiese desgarrado mi cerebro. Por eso no hables de otro amor feliz para mí. ¡No olvides nunca, alma querida, que te pertenezco absolutamente, y no hables nunca de otra forma conmigo!

*A Karl Daub**

1805

Su carta, querido Daub, me ha proporcionado varias horas de la lucha más penosa, pero, perdóneme, de ésta volvió a surgir la opinión opuesta a la suya con nueva fuerza. ¿Es un buen matrimonio si dos seres se entienden completamente y se aman, poseen y son poseídos, si la vida más íntima y sagrada del uno sólo se inflama y alimenta con el otro?, y si esto es un buen matrimonio, ¿no es un pecado contra la naturaleza aquel que pone cadenas mortificantes a dos almas que no se son suficientes el uno al otro, no se entienden ni se aman, atadura en la que el corazón del uno se consume angustiado en deseos insatisfechos?; y ¿por qué?, porque se equivocó una vez tiene que consumirse; ¿quién pregunta por el suspirar secreto del corazón maltratado?, mientras la persona no se muera por ello, todo el mundo está tranquilo pensando que ya se le pasará; pero no se le pasa, y es peor vivir así que morir, ¿cree usted que la mujer sería feliz ahora si yo hubiese renunciado?, realmente no puede sentirse bien sabiendo que obliga a quedarse con ella a un hombre cuyo ser entero desea estar lejos de ella, y aunque quisiera quedar dueña de él así, no le poseería, pues sólo se puede poseer a alguien por quien se es amado, o le poseería como el calabozo al prisionero; y si le cuesta tanto

---

* *Der Schatten eines Traumes,* págs. 249 y ss.

renunciar a este bien a ella, que en sus hijos aguarda otro futuro bello, ¿no tiene que despedazarse el corazón que tiene que renunciar a lo único que es amado y ama? ¿Pero quizá luego él volvería a quererla?... C. me juró muchas veces que ya mucho tiempo antes de conocerme a mí había sido consciente de un triste vacío, el deseo de un amor como debe ser; ¿y ahora, después de haber conocido el amor, va a amar lo que ya antes no le bastaba?... Considero evidente que con mi renuncia no ayudaría a nadie realmente, pero algunos serían muy infelices. El tener que amarnos cuando nos conociéramos era necesario, no me lo reprocho; cometí una falta cuando le permití tener esperanzas por primera vez; pero ahora que nos he familiarizado a él y a mí con esta esperanza y renunciar no sería obrar bien, aunque cometa un pecado, al menos quiero seguir pura ante él, vivir para él o morir, no me permito otra opción. Y si la esperanza fuera tan pecaminosa, él no sería capaz de ella; tiene el espíritu más sagrado, no puedo querer ser más excelente de lo que él es; hacer lo que le plazca es para mí virtud, deber y derecho, me da una conciencia satisfecha; pero hacer lo que le atormenta es reproche eterno y pena amarga y me envenenaría el cielo.

Si está insatisfecho conmigo, no se lo haga pagar a nuestro amigo, siga siempre queriéndole bien, no se puede ser más digno de amor y amistad que él.

Adiós.

BETTINA BRENTANO

*A Goethe en Karlsbad**

Kassel, 15 de junio de 1807

¡Muy querida hija! Llámame en el futuro por el nombre tan precioso para mí, madre..., lo mereces tanto... completamente.. que mi hijo sea tu hermano tiernamente amado... tu amigo... que te ama con seguridad, y pp *[sic]*.

Tales palabras me escribe la madre de Goethe; ¿qué perspectivas me da?... También rompió como una presa en mi corazón. Una criatura que está sola en una roca, cercada por todos los vientos y las raudas corrientes, insegura de sí misma, que se balancea acá y allá sin fundamento, igual que las espinas y los cardos a su alrededor; ¡así soy yo!, así era yo cuando aún no había reconocido a mi señor. Ahora giro como el girasol hacia mi dios; y con mi rostro ardiendo por sus rayos puedo probar que me penetra. ¡Oh, dios!, ¿puedo hacerlo?, ¿no soy demasiado atrevida?

¿Y qué quiero? ¿Contar cómo la espléndida amabilidad con la que me acogió, ahora crece en mi corazón y ahoga cualquier otra vida con su fuerza?, ¿cómo siempre tengo que desear estar donde me sentí bien *por primera vez?*... No sirve de nada... ¡las palabras de su madre!... Estoy lejos de creer que poseo el interés que su bondad me atribuye..., pero éstas me cegaron, y al menos tenía que satisfacer mi

---

* *Frauenbriefe der Romantik*, págs. 83 y ss.

deseo de que usted sepa con qué fuerza el amor me dirige hacia usted en cada momento. Tampoco yo debo vacilar en entregarme por completo a este sentimiento, pues ¿no fui yo quien lo implantó en mi corazón? ¿Es por voluntad mía si, de repente, de la conversación actual me siento transportada a sus pies?; entonces me siento en el suelo y reclino la cabeza en su regazo o aprieto mi boca contra su mano, o me agarro a su cuello, de pie, y tardo mucho en encontrar una posición en la que permanecer. Entonces empiezo a charlar como le place a mis labios, y sin embargo la respuesta que me doy en su nombre, la pronuncio con cautela, ¡mi niña!, ¡mi buena muchacha!, ¡corazón querido! me digo, y si luego pienso que usted podría decírmelo verdaderamente si estuviera así ante usted, entonces me estremezco de alegría y anhelo... ¡cuántos centenares de veces soñamos!, y soñamos mejor de lo que jamás nos sentiremos.

De vez en cuando también soy traviesa y petulante y llamo feliz al hombre al que Bettine ama tanto, tantísimo... entonces usted sonríe y lo confirma con amable magnanimidad.

Ay de mí, si esto nunca se hace verdad, entonces mi vida carecerá de lo más magnífico... Ay, ¿no es el vino el más bello y sagrado regalo de los dioses? Éste lo echaré en falta; y sólo utilizaré lo demás como agua sin espíritu que no sabe a *más*. ¿Cómo puedo consolarme?, ¿si acaso, con la canción «En brazos del amor qué a gusto se descansa y también en el seno de la tierra» o «Quisiera yacer y dormir a diez mil brazas bajo tierra»?

Quisiera poder terminar esta carta con una mirada a sus ojos, pronto leería en ellos el perdón por mi osadía, y lo incluiría en ella, junto con el sello, entonces no me preocuparía la plática infantil que para mí es tan seria. Oh, usted sabe bien cuán poderoso y lleno de un dulce sentimiento está el corazón a menudo, y el labio infantil no encuentra la palabra; apenas el tono que lo hace resonar.

*A Achim von Arnim**

Berlín, 16 de noviembre de 1823

[...] Querido viejo, de buen grado muestro tanta injusticia y debilidad en mi relación con los niños como tú me atribuyes, siento que, sobre todo en cuanto a lo que yo quiero lograr, salgo perdiendo muchísimo, pero no digas: que yo *creía* no poder soportar el ruido y el entorno al final de un día vivido tristemente; es que realmente no podía soportarlo. Si, durante el día, quería dedicarme a los niños mayores, me encontraba con la contrariedad y adversidad de un profesor necio que hablaba sobre los niños como si fueran monstruos, que se reía de mí por mis opiniones, que daba clase con «so» y «arre», como se les enseña a los caballos a llevar el arado, y que presentó como resultado de sus lecciones que los niños eran tontos de remate. Dado que, según su propia declaración, no podía resultar ningún provecho, era natural que a mí me pareciera bien que escaparan de este desvarío de su razón. Sé justo conmigo y recuerda que yo fui la primera en llamarte la atención sobre la necedad y decadencia del profesor. Esto lo habré notado por amor y simpatía cordial con los niños, y sé también cómo me esforcé para convencerte; si por mí hubiera sido, no me hubiera quedado con él medio año, sino que le hubiera echado a las primeras cuatro semanas. La razón por la que le perdoné a Max que no fuera a clase era: primero, que sólo tenía cuatro años, edad en la que ningún niño estudia, pues cumplió los cinco en octubre; segundo, sabía bastante bien que no se dejaría persuadir a hacer algo por Neise, que sólo molestaría a Kühnemund, y de ello sólo surgirían travesuras de los niños. Y tercero, *tampoco se hubiera dejado obligar*, tú puedes no compartir mi opinión, pero yo sólo te digo esto: no puedo obligar, no puedo exigir obediencia a la fuerza, sólo

---

* *Frauenbriefe der Romantik*, págs. 114-119.

puedo exponerles a los niños lo que considero saludable, grandioso, acertado. Pero tengo que respetar su libertad, si no me escuchan, nunca me cansaré de exponerles lo mismo; pero si fuera necesario influir en los niños mediante una personalidad más poderosa u otras medidas drásticas, que no cuenten conmigo. Cuanto más observo estos caracteres, más estoy convencida de que sólo un instinto agudo y no un plan estudiado puede influir en los niños; la bofetada que le di a Siegmund, me la había arrancado por la fuerza, no lo hice por ira o precipitación, pero estaba tan enferma que me desmayé detrás de mi estufa y estaba completamente molida al día siguiente, y la impresión de haber sido injusta con su personalidad me obligó a la atención más cariñosa con él. Siegmund no es malo, es muy bueno y muy dado a la alegría, la amistad divertida y la sociabilidad; es decir, tiene todas las cualidades nobles, y nosotros somos tan tontos y hablamos mal de él. Finalmente, en tus reproches a causa de los niños no tienes en cuenta que estaba enferma, te puedo jurar que no me lo imaginé ni te lo hice creer, estaba realmente enferma, tenía que reposar, no podía sacrificar la tarde también. Sé cuántas fuerzas he gastado, sé que otras personas notaron mi aspecto cadavérico; si la vivacidad, puedo decir, la energía de mi naturaleza, no me hubiera animado una y otra vez a una vida alegre, ya yacería muerta a tus pies. Estaba tan afectada que no podía soportar lo más mínimo, sin que mi naturaleza hubiera mostrado su debilidad; y no me he librado de esta debilidad todavía, la tengo por causa de estos ajetreos, las penas secretas, mi situación en el campo que no me convenía, sin ninguna interrupción aliviadora, una melancolía indescriptible, un dolor punzante me penetró, cuando te veía lejos de la gente que te ama y te honra y que debería alimentarte con su entusiasmo por ti como poeta patriótico; sé bien lo que sentía mi corazón, cuando era testigo de que te enseñaban a gozar, sé bien qué exigía de ti la gente, sé bien que ya serías un espíritu integrado en tu patria si hubieras seguido el camino ya alumbrado claramente por el entusiasmo, estabas magníficamente en tu elemento cuando publicabas tus *Kronenwächter* (Guardián de la Corona) has experimentado aviso y recordatorio suficiente, y de las personas más lúcidas y fieles, también el querido Görres ha hecho todo lo posible por lograr una valoración muy importante de ti, te escribió entonces que durante generaciones enteras no aparecen libros tales; los Grimm te rindieron simpatía y aplausos, mucha gente ajena trató de averiguar con auténtica curiosidad si habría una continuación; verdaderamente quisiera saber ¿qué más te podría haber tocado en suerte? Justo hoy he escuchado una conversación entre Savigny y Ritter sobre ti, en la que hubiese deseado que estuvieras detrás de la puerta, pues entonces hubieses tenido que creer en la autenticidad y vivacidad de su interés; te acusaron de terquedad, Ritter dijo: «sería nuestro Walter Scott, con el que no me gusta compararle, pues lo detallado de sus planes, lo genial que se ajusta a su poesía, la grandeza y libertad de su actitud moral no permiten esta comparación»... Conoces a Savigny, *sólo* y *siempre* necesita un apoyo para estar seguro de su propia convicción, por eso continuó, con los ojos brillantes, la conversación sobre tus magníficas facultades, y yo escuché lo que hacía bien a mi corazón. Puedes acusarme siempre de todo lo miserable, pero en mi corazón está el cuidado de tu honor y de tu naturaleza magnífica; me parece que se pierde un tesoro inmenso en cada momento, en el que no estás penetrado por el entusiasmo por lo que puedes hacer y ser para todos nosotros. ¡Qué bello eres cuando estás en compañía y animado!, ¡qué agradable es tu presencia en cualquier compañía! ¿Por qué me hablan mil veces de tu amabilidad, cada vez que vuelves a aparecer en público? Posees de la naturaleza todo lo que les es negado a muchos, que aun así siguen su camino y consiguen que el genio de la época y la contemporaneidad les sean connaturales, mientras tú, desde tu curso de vida elevado, podrías contemplar la multitud abajo, coronado, iluminado y en el ámbito de un entusiasmo al que eres inaccesible ahora; si Goethe tiene la noble medida, tú tienes la plenitud vencedora y sorprendente; si él tiene el ritmo, tú tienes la corriente de incontables sentimientos melódicos; si él tiene la forma, tú tienes el ancho mundo... Si Shakespeare, en su genialidad despreocupada, aparece de pronto en escena, inundando a una multitud ardiente, curiosa, de vida plena y opulenta, tú, aunque todo esto no te fue deparado, has desarrollado en tus actores una fuerza de representación que no puedes negar, incluso sin participación y apoyo, es decir, no puedes dudar de este regio don de la poesía, aunque no te sea asegurado con aplausos; lo que, por lo demás, también se debe a tu torpeza, tu modestia *despiadada;* si tu corazón fuera más infantil, más blando a este respecto, serías más accesible a los elogios, y en general simpatizarías más con el contacto humano; entonces tu vida sería un prado verdeante por el que serpentearían los más hermosos senderos de la simpatía; y serías como tendrías que ser, y yo no sería responsable tantas veces de haberte causado disgustos a menudo y haberte distraído más aún de tu profesión. Escribo y escribo y la noche pasa lentamente a mi lado paseando, normalmente tengo miedo de decirte algo, siempre pienso: no son las palabras adecuadas para ti; y hoy te digo por casualidad lo que a menudo sólo pienso con un sentimiento más ardiente y más sobrecogedor: la estrellamar que tu madre encontró en la ostra, y la muerte con la que afirmó tu *vida* están presentes tantas veces en mi imaginación; el que pueda imaginarse lo que significa el que la madre sufra la muerte produciendo vida, no cesará hasta haber justificado este sacrificio.

¡Tú, rico tesoro en ti mismo!, al que el orgullo del alma le produce poderes y fuerzas para triunfar sobre toda la época; tú que en todas las situaciones de la vida tienes un espíritu tan puro, y profesas a tus conciudadanos, a tu patria, un sentimiento tan fiel y desinteresado, revelaciones tan profundas que, sin prejuicios, siempre me han convencido más que todas las demás; cómo puede ser que no retengas todo esto; seguramente algún día te pedirán cuentas de estos talentos. ¡Basta!, me he pasado de la raya; perdóname todo lo equivocado y tonto que pueda haber dicho aquí, y no tomes mi actitud entusiasta y amorosa hacia tu vida por terquedad; creo que me has castigado demasiado duramente no llevando la cadena de oro, pues probablemente hasta ahora te quiero más que todas las demás personas, o más bien: soy el exponente más visible de todo el amor y veneración que te pertenecen, lo recojo y cuento con él, mientras a ti te parece perdido...

*Al príncipe Pückler Muskau**

Berlín, 25 de septiembre de 1833

Coloqué su carta, que recibí al partir del parque fatal, sobre el corazón; ha quemado la herida. Mentalmente siempre me puedo contener, aunque me suceda lo más acerbo; tanto mayor es la reacción física; mientras meditaba, desapasionada, los importantes comentarios de su carta, mi sangre estaba intranquila; en Vetschau, donde me dio un vahído, rebosó hirviendo; la eché en no poca cantidad, quizá era la sangre que había bullido en mis venas por usted, pues desde entonces me siento aliviada. En Lübbenau me paseé en barca por los bosques del Spree y estudié su carta al suave sol otoñal, como un acta desconocida que aclara un proceso crítico.

Usted llama mis escritos dirigidos a *usted «locura que proviene de pura sensualidad mental*, que sólo es exagerada artificialmente y además podría ser suprimida en cada momento o dirigida hacia otro cualquiera». Nunca le he hecho daño ninguno, ¿qué le induce a tales interpretaciones? ¿Por qué quiere profanar con expresiones atroces una situación espiritual de la que le pudiera haber sobrevenido placer y honor, provecho y alimento de sus cualidades supremas? Me refiero a mis cartas a usted; la laberíntica danza de las Gracias de aquellos sentimientos que muchas veces precede en una excitación profética y poética a las verdades más profundas... Claro que yo tengo la culpa, no he pensado que en usted su naturaleza idealista no tiene libre voluntad.

En el bosque del Spree llegué a la casa de caza y me preparé yo misma mi comida; los habitantes fueron tan ama-

---

* *Frauenbriefe der Romantik*, págs. 141-144.

bles conmigo, el sol tan cálido, los perros de caza yacían cansados a mi alrededor; hacía mucho tiempo que no había estado en una compañía en la que me sintiera tan serena como aquí, y aquí tuve que volver a reconocer mi falta: hubiera debido resistir a sus invitaciones en Muskau y partir antes de una velada a cuyo transcurso no aporté nada esencial..., siento haberle molestado quizá en su conversación solitaria con la princesa; como ella había vuelto hacía tan poco tiempo, yo hubiera debido reconocer que era mejor volver a irme en seguida.

Los cazadores trajeron a la casa de caza de los bosques del Spree un venado enorme, recién matado, colocaron su cornamenta en la pared; yo escribí debajo: «Quien es capaz de matar tal venado no es un verdadero cazador.» Me volví a acordar de la historia de cuando estuve una vez de caza con el gran duque de Weimar; había hecho una apuesta de que no erraría ninguna pieza de caza que cruzara su camino; quería que yo fuera testigo, me llevó de la mano. El príncipe, magnánimo y amable, apartó con el pie la nieve, donde yo iba a estar. Entonces estuvimos un rato al acecho; vino un venado, hizo puntería; de pronto su rostro se puso ceremonioso y serio, dejó el fusil, lo apartó y luego lo colocó a sus pies y puso la mano en la cabeza de su perro; así permaneció ceremonioso, con la mirada fjia, mientras el majestuoso animal, con su cornamenta completa, pasó a su lado. Le miré asombrada de que no hubiera tirado; dijo: «quien no sienta un profundo respeto cuando ve tal venado salir del bosque, quien pueda herirlo, no merecería ser cazador; yo por lo menos tengo demasiado respeto como para ofender a un animal así».

Recordando esta historia, estaba hondamente conmovida por la memoria del espléndido gran duque; me propuse renunciar a usted, príncipe Pückler, y conformarme con su deseo de renunciar a mi correspondencia y al trato conmigo. No presuponga alevosía ni susceptibilidad; es sólo un convencimiento, de que, a diferencia de aquellos grandes hombres, Goethe y el gran duque, usted no está acostumbrado a aceptar el rumbo de mi espíritu y sus modulaciones; y que los malentendidos que surgen de esto no pueden ser discutidos ni quedar sin explicar sin dar lugar a nuevos malentendidos.

Me habla en su carta de una amistad apasionada con una alta dama... Mis relaciones con usted eran mucho más contenidas y armoniosas en su conjunto, yo no exigía que el amor fuera correspondido, ni agradecimiento, ni atenciones, sólo confianza y comprensión. ¡No, príncipe Pückler!, ningún ramo en el que están atadas todas las rosas y violetas; no envidiaría a nadie por un ramo tan grande; si estuviera en la situación de sentir celos ansiosos, el amado podría afeitar bosques y campos, en el nombre de Dios, y atarlos en ramos; podría verter cuernos de la abundancia llenos de piñas y melones y naranjas amargas a los pies de sus varias amadas y vanagloriarse de sus cartas cariñosas a ellas; yo, si acaso, envidiaría a aquella a la que ofreciera una sola flor con timidez y cuyo corazón y espíritu le tocara en los momentos más solitarios y escondidos.

Ha sido benévolo conmigo, lo siento ahora que he sabido, para vergüenza mía, que su manera de ser se sintió herida por mi presencia; si viene a Berlín, no me visite, no le costará mucho dejar de hacerlo, y yo deseo que mis sentidos apaciguados no vuelvan a ser excitados; todo lo que tenía pensado para usted, lo recibirá por otra vía que la fracasada; y aquí me permito informarle aún de un plan secreto; aquellos escritos cariñosos eran la entrada a una profunda discusión de grandes relaciones y verdades; quería llegar con usted a una concordancia en la que el idioma mismo produce su obra maestra, haciendo comprensibles las informaciones más osadas. Quería hablar con usted lo que nadie más puede hablar, creí que entre usted y yo se descubrirían grandes secretos, en los que su corazón sediento volvería a recibir una confortación y su ímpetu volvería a ver una meta a la que aspirar; y luego quería que se apropiara usted mismo de estos folios comprendiéndolos, desechándolos o transmitiéndolos y que los convirtiera en una obra infantil en la que se reflejara la naturaleza humana en general y su alma con los colores más individuales. Y que entregara esta obra al mundo, con el título *Yo y mi voz interior*. Buen príncipe, sé con seguridad que no malinterpretará mi bello y osado plan.

Las anécdotas que le prometí le llegarán, apuntaré todo lo que viví con el duque de Weimar; esto quizá le haga verme de otra forma; y lo profundo y grande que conocí y adopté meditando sobre usted, no se le perderá.
Es mi última carta, no se impaciente por ella.

*A Clemens Brentano**

principios de julio de 1834

¡Querido Clemente! En este instante recibo tu escrito del 17 de junio de 1834 (hace veinte años y más que no nos escribimos), y se me ocurre un ejemplo de la leche agria, con el que puedo contestar a tu preocupación: si la leche empieza a agriarse de improviso, entonces es imbebible, y el que quería beberla, la deja a su pesar; pero cuando está agria del todo, entonces se acumula una nata o crema (no sé cómo se dice en Múnich) arriba, que invita a saborearla, sobre todo cuando hace calor es un manjar refrescante, se mezcla con azúcar y canela y se come en vez de beberla. Así es también mi libro, por ahora sólo tiene un pequeño resabio; cuando esté agrio del todo y haya salido la nata, se lo comerán con placer, pero justo lo que tú censuras es el fundamento verdadero de todo lo sagrado y celestial en este precioso libro; aquí el alma inocente no tiene que esconderse, puede expresar con naturalidad lo que es su mayor felicidad, y no tiene que hacer creer al público que lo que es verdad es mentira. Yo, una niña de dieciocho años (pues sabes bien que yo era una niña, como lo soy ahora), estuve sentada en el regazo de Goethe y me dormí junto a su corazón en paz y felicidad y se lo escribí a la madre de Goethe ebria de alegría; y eso es todo; ¿qué tendría que desmentir?..., sólo quiero decirte que ésta es la raíz de un tronco entero lleno de magníficas flores, que echará su perfume en

* *Frauenbriefe der Romantik*, págs. 146-150.

los tres tomos; sin raíz no hay vida, sin este acontecimiento mi espíritu no hubiera florecido gracias a este amor. Es mi mayor placer y me conmueve profundamente, como siempre que describo este momento en toda la colección de cartas apasionadas, tanto que estoy convencida de que este momento es la transposición de mi alma, desde el basto reino terrenal de personas faltas de comprensión y mentirosas que hacen necios negocios con la virtud, hasta aquel reino celestial que no se pueden imaginar por falta de ingenio... Además, a todas las niñas inocentes que han vivido un entusiasmo de amor igual de sagrado, les debo el representarlas, para con todo esto probar cuán pura es esta llama que la verdad inflama en un pecho juvenil; no hay aquí nada que esconder, y como yo te digo, la leche no está agria todavía; cuando hayas degustado el primer tomo, entonces verás la cosa con otros ojos o creerás que mi paraíso, regado por la gracia de Dios con el rocío de su clemencia, es la verdadera entrada al infierno; pero te ruego, Clemente, coge la botella, toma un buen trago y saborea el primer Johannisberger, lleno de fuego aromático y no te preocupes por ello; ve, buen hermano, y llénate de alegría desde el fondo de tu alma por toda la alegre pasión y por la niña que, con toda naturalidad, se eleva a deidad *en sí misma* y no espera del paraíso más que, después del cansado y afligido viaje terrenal, después de un largo, largo anhelo, caer finalmente en los brazos de este corazón lleno de sabiduría y bondad que la abrazan, y allí tener su primer sueño restaurador y paradisíaco.

Preguntas si no tengo ninguna mujer decente como amiga. Soy una mujer absolutamente decente y poseo una seriedad profunda y valor y gran capacidad de juzgar lo que es conveniente; y aunque tuviera una amiga decente y ella fuera tan estúpida como para presumir de un juicio mejor que yo, que he escrito esto y sé muy bien que es el espíritu de la inocencia, que vivía en mí como sigue viviendo en mí; para qué entonces debería cargar con este pecado, porque estupidez es pecado, o si quieres: es el estiércol en el que crece el pecado. Por eso no he consultado a ninguna amiga decente ni a nadie, porque no es necesario y yo misma estoy muy al tanto de este asunto inocente y sencillo, pues todo lo difícil y penoso de mi situación siempre lo he soportado y arreglado sola, sin el consejo de otros; y por eso en un asunto tan poco confuso, inocente y sagrado no necesito buscar el consejo de aquellos que se creen más listos y a mí me consideran estúpida y falta de consejo, lo cual desde luego no es cierto... Puedo contarte además que le he leído estas cartas a mucha gente, que todos me escucharon llenos de conmoción y alegría, que Schleiermacher, mi único amigo, estaba profundamente impresionado, y que me pidió que le diera las correcciones porque quería conocerlo a fondo. Todo el mundo sabe más que yo, es natural, pero sólo Schleiermacher fue más sensato, y de él he aprendido una infinidad de cosas y todo lo que dijo, tuve que reconocerlo como lo mejor; dijo, haz imprimir este libro completo, tal como está y no cambies nada; en cuanto al futuro de mis hijos, que tú consideras en peligro, yo estoy completamente tranquila en este asunto. Si ellos también son de los que encuentran algo malo en este libro, no son mis hijos; si no saben interpretar lo inocente, sencillo, verdadero, a pesar de la opinión mejor que sólo ve lo bello en él, *de esto* les resultará algo peor que de todas las discordias de este mundo; si, al contrario, aprenden a comprender lo grandioso y sublime de un carácter así, esto los preservará toda su vida de esa santurronería e hipocresía y no se formarán una opinión errada sobre la inocencia y la naturaleza; en cuanto a mis muchachas, cuando sean mayores, verán que tuvieron una *buena* madre y que significa mucho imitar a una madre así en la juventud, pero más aún en la época de espinas y ortigas de un destino severo. Entonces yo no tenía ningún consejero, nadie que simpatizara conmigo, me dejaban sola conmigo misma, y no molesté a nadie y llegué a mi meta; la edición de estas cartas es ahora la piedra final de un todo bien calculado; que no venga nadie que no haya contribuido con una paleta de argamasa a la piedra fundamental y quiera censurarme por cómo pienso concluir mi vida; y que los hijos y nietos digan lo que quieran, ¿quizá los biznietos serán más sensatos? Si hubiera cambiado o suprimido algo de esta correspondencia por temor a un escándalo, sentiría cargo de conciencia, pero mi conciencia está satisfecha... Escribes que Görres y su mujer y también Friedmund te han pedido que me comuniques vuestras preocupaciones. Si le habéis comunicado a Friedmund vuestra opinión, habéis hecho muy mal y no tengo que probároslo.

Querido Clemente. Ayer escribí tanto, y podría haber seguido escribiendo toda la noche, si hubiera querido decirte todo lo que se me ocurrió; pero no puedo decírtelo todo porque te enfadarías, seguro, si te dijera que eres un viejo dormilón con tu mujercita bien educada sentada en el sofá, es que realmente no estás cuerdo, pero esto no quería escribírtelo, considéralo nunca escrito. El viejo Schleiermacher, ese hombre magnífico, lleno de bondad, me dijo muchas veces: Bettine, a ti te creó Dios de buen humor y «con amore», no reniegues de ti, para no echar a perder su obra, de ninguna manera... No, siento que en mí no hay nada que callar, puedo expresarlo y hacerlo todo, porque tiene una causa bella, que Dios ha depositado en mí. Apareceré sincera hasta las profundidades de mi alma en este libro, y que luego el espíritu hipócrita de éstos lo interprete como quiera; hay que decirlo, es un arte diabólico el que los piadosos han declarado vigente entre ellos, el arte de convertir todo lo verdadero en algo hipócrita. Con las lluvias de mayo, que abren las flores y hacen fértiles los prados, ellos se lamentan de la lluvia de azufre de Sodoma y Gomorra.

*Al rey Federico Guillermo IV de Prusia**

18 de julio de 1845

¡Benignísimo rey!

No podría presentarme con buena conciencia ante el rey, para quien cualquiera está llamado a querer lo bueno, si quisiera dejar de mencionar lo que le proporciona beneficio

* *Armenbuch*, págs. 30-33.

o perjuicio. En este sentido me atrevo a presentarle a Su Majestad los papeles adjuntos. Tengo que suponer que sólo han penetrado hasta el rey indicios acusadores y no justificadores sobre el objeto de los mismos; por eso sería cobardía no querer presentar con confianza también aquello que habla en favor del mismo.

La bella y convincente sensatez con la cual aquí la joven hija defiende a su padre habla a favor de que este cuidador de su educación moral no puede ser ese hombre indigno, como habrá sido presentado ante Su Majestad; sino que, como ojalá aún salga a la luz de la verdad, a pesar de las sospechas sobre él, es un súbdito bienpensante y leal, que sólo ha sido calumniado por aquellos que a menudo se vieron en compromisos a causa de su honradez..., ¿pero por qué encuentra tan rápidamente oído lo que da peso a estas calumnias y no aquello que pudiera debilitarlas?

¿No le corresponde al juez suponer la inocencia y, según conviene al interés moral y político del Estado, conducir la investigación en el sentido de la exculpación y el esclarecedor desagravio del acusado? ¿Por qué se ha privado al acusado de su juez natural? ¿Por qué se ha intentado recusar a su defensor, el públicamente tan apreciado jurista Gräff? Pero él tuvo la nobleza de conseguir con luchas esta defensa, declarando que depondría todos los pleitos del fisco, de los cuales le fueron traspasando varios centenares, si se le retiraba del asunto Schloeffel... ¿No habla esto a favor del acusado? ¿Y no hubiera sido más honroso para el gobierno si hubiera traspasado por propio impulso a este digno abogado, al cual confía sus propios intereses, la defensa del tan gravemente acusado, en lugar de que tuviera que conquistarla, puesto que estaba convencido de que él conduciría el asunto con el timón de la verdad? Y ahora se dice que le resultaría al gobierno un mal favor si se demostrara la inocencia del ciudadano Schloeffel, que ya ha cumplido cuatro meses consumiéndose en la cárcel, porque le acarrearía una desaprobación de su error demasiado vergonzosa.

Si resultaran increíbles tan graves acusaciones sobre alguien completamente inocente, entonces medítese cómo este monstruo, la calumnia, en cada rincón de los periódicos tiene un diente venenoso, que roe de mala manera la verdad, incluso la voluntad pura y magnánima del rey. ¡Cómo iba a proceder ésta con el silesiano, que era para todos los usureros y opresores una espina en el ojo! Mi propia experiencia me alecciona sobre esto. ¿Quién puede seguirle el rastro a todos los recodos jesuíticos? Por ejemplo, se ha comentado últimamente en una serie de publicaciones una correspondencia entre mí y George Sand sobre comunismo y socialismo; esta correspondencia no ha existido nunca, puesto que la única carta que recibí de ella y que brindé a una colección de manuscritos famosos[1] no se puede presentar como correspondencia que hiciera sospechoso mi interés por la caridad pública, lo cual, sin embargo, se pretende conseguir mediante esas noticias de periódico. Esto me puede suceder a mí, se me puede querer empequeñecer ante el rey, para el que siempre he dado lo más elevado de mis pensamientos y obras; ¿por qué no también a este hombre en la tierra de los indigentes que provocó múltiples contrariedades por encargarse de la humanidad que se estaba hundiendo moral y físicamente, en contra de sus opresores? [...] sin ni siquiera poder evitarlo, puesto que en la tierra del empobrecimiento, donde entre millares de personas no hay nadie que tenga la voluntad de ayudar de palabra y obra, y la necesidad se apiña alrededor del único del que es bondadoso..., ¿cómo puede él negarse?

[...]

Creo que sería el mayor placer del soberano poderse mantener convencido del amor y la confianza de su pueblo; creo también que no desfavorecería a la dignidad del rey si atendiera a las reclamaciones justas del pueblo, y que sería la base de un gobierno lleno de talento más bien corregir la injusticia que herir en lo más mínimo las promesas de justicia, de protección y de culto a la confianza de sus súbditos, expuesta a extralimitaciones.

[1] La colección es la de Varnhagen. Esta carta sería importante para él como mayor representante de la veneración de Goethe en Berlín. Probablemente tuvo su parte en la publicación de dicha carta.

Una vez rozó la mano del rey la mía, yo sostuve con fuerza su mano y en ese minuto hice un voto por él. Si cree Su Majestad en la sinceridad de mis sentimientos, entonces será aquel minuto un talismán que trae suerte, del que brotan acciones sensatas y enérgicas.

Berlín, a 18 de julio de 1845

Súbdita de Su Majestad

Nota del editor*

Damos razón a aquellos que se quejan de que la fuerza de la religiosidad verdadera de nuestro tiempo ha disminuido; sólo que nosotros creemos que la queja sobre este fenómeno actual no es adecuada aquí, y nos conformamos con esbozar en pocos y breves trazos su relación con la pobreza creciente.

El industrialismo, la caza de la propiedad, ya es en sí una señal de que la condición del mundo, en la que éste se desarrolla hasta la alta tensión actual, ya no valora los bienes celestiales.

El industrialismo ha producido un estado de la sociedad en el que cada uno se ve forzado a engañar y a burlar al otro y a ser posible a todos los demás; es decir, ha disuelto el lazo religioso que debe unir a todos los hermanos, y esto sólo fue posible porque este lazo ya estaba flojo.

Las innumerables víctimas del industrialismo carecen pues en estas circunstancias, dado que les falta el apoyo de la religión, del consuelo que el pobre tenía anteriormente pensando en un futuro que elimina las contradicciones de este mundo.

---

* Esta nota está tomada del manuscrito del *Armenbuch* (págs. 48 y ss.) (Libro de los pobres) de Bettina, que describe la pobreza de los artesanos alemanes y sus causas. La nota no está incluida en la edición actual, pero según los expertos es claramente de la misma Bettina.

La falta de religiosidad hace que el pobre sienta claramente sus carencias, es más, es la que les hace pobres. Pero una vez que el aguijón ha penetrado en la personalidad, en las circunstancias existentes, el que sufre casi no puede ser liberado de sus penas, sino que decae cada vez más, hasta la desesperación; ya que con la religiosidad le falta al pobre lo que anteriormente le daba auxilio. Éste decae tanto que casi pierde el sentimiento y la conciencia de la personalidad humana, y así pierde la posibilidad de salir, luchando, de su decadencia.

OTTILIE VON GOETHE

*A Adele Schopenhauer**

Weimar, 4 de julio de 1815

Goethe me asusta; y pregunta más a menudo que nunca; ¿qué resultará? Hace poco se comportó casi como la primera vez, pero al final me seguía a todas partes, y si no hablaba conmigo era con Karoline, a la que le había pedido, cosa que siempre hace, que no me dejara sola, o que estuviera cerca de mí. —La conversación trataba sobre cosas bastante generales y sin importancia, y la vieja simpatía no se hacía notar en ninguna palabra... Un libro, que yo había deseado tener, me lo mandó de la biblioteca a través de Kräuter en seguida, a la mañana siguiente. El temor podría echarme de Weimar, pues ¿podré mantener la relación en el punto en que está ahora? ¿Y puede llegar a ser algo diferente? ¿Cuán mancillada tiene que estar el alma de un hombre, para que no pueda ni comprender una unión amistosa, ni contraerla y encontrar en ella el más puro placer? Ya ves qué difícil se le hace al ser humano el desterrar algo que alguna vez acogió en su interior, pues en estas últimas frases, ¿no aparece otra vez la antigua ilusión engañosa, a la que sacrifiqué en el pasado y que con sus bien conocidas melodías halagadoras me vuelve a arrullar con el antiguo cuento inventado de una posible amistad?

---

* *Ottilie von Goethe,* pág. 20.

*A su madre**

finales de julio de 1816

Ya desde hace bastante tiempo, querida madre, veo la necesidad de hablar contigo en detalle sobre la relación con el señor de Goethe y de pedirte una decisión a este respecto; pero para ello era necesario que yo la considerara con seriedad y llegara a una claridad absoluta y la analizara por completo. Que esto tendría poco de agradable para mí y quizá podría tener como consecuencia alguna decisión dolorosa, lo tenía que creer ya de antemano; y por eso confieso que fue falta de fuerza lo que me hizo postergarlo hasta ahora. Desde hace tres años he permitido que evolucione, despreocupadamente, sin meditarlo, o me engañaba con la esperanza de que finalmente se rompiera o se cortara por alguna casualidad. No quiero ni puedo seguir engañándome a este respecto. No es que sea indestructible por la fuerza del afecto, sino por el largo tiempo que ha durado. Todos los pequeños distanciamientos no sirven para nada más que para hacerla más maravillosa aún; no puede ser destruida, ya que aunque exteriormente se corte por completo, siempre seguirá persistiendo en silencio, y por eso sólo hace falta alguna casualidad para que vuelva a reanudarse. Ambos nos entendemos siempre secretamente, en contra de toda la sociedad, lo que es muy embarazoso pero inevitable, porque no consiste en señales convenidas, sino que resulta sólo de la larga duración de una relación mutua, dado que nos conocemos tan exactamente que sabemos interpretar cada ademán y cada gesto del otro.

La razón me decía que no debería persistir y me pregunto siempre, ¿para qué?, para ser un juego es demasiado seria y duradera, y está claro ahora para mí que los bellos sueños

* *Ottilie von Goethe,* págs. 24 y ss.

de amor fraternal, etc., son inalcanzables aquí; a propósito, no hace ni falta plantear que no tiene una influencia en absoluto positiva en mí, ni puede tenerla; el señor de Goethe no es suficientemente superior a mí como para tener una influencia ventajosa en mí o elevarme hacia algo, e incluso mi buen humor ha sufrido a menudo por ello este invierno, y en vez de alegrarte, como es el mayor deseo de mi vida, y aportar algo a tu tranquilidad, ¡te entristecía!... No, querida madre, eso no quiero volver a hacerlo. Antes creía que no te importaba vernos casadas o no..., ahora sí sé bien que lo deseas. Y si sólo pongo el caso de que me volviera a gustar alguien y yo a él, no podría acceder..., no estoy comprometida por ninguna palabra, ninguna declaración, lo sé bien, pero aun así ¡actuaría en contra de mis sentimientos, de mi delicadeza, si pudiera contraer una relación!... También en esto quisiera ser libre. Y no podemos ocultarnos que quizá incluso mi honor pudiera sufrir por ello.

*August a Ottilie**

[15 de febrero de 1817]

Querida Ottilie:

En este instante nos deja Rehbein, que está un poco enojado por tu desobediencia y sobre todo porque vas y vienes al palacio tantas veces tan ligeramente vestida. Se lo revelé todo al padre y dijo en seguida que si no se seguían sus instrucciones no podría aconsejarnos ni respondía de las consecuencias. Esto me dolió mucho. El padre, animado por las mismas intenciones que yo, le pide a su hija que se cuide, que evite cualquier resfriado y que renuncie al baile de mañana; éstas son sus palabras, a las que uno mis ruegos más insistentes y cariñosos. ¿Es que la salud es un bien tan poco importante que haya que rogar tanto para mantener-

* *Ottilie von Goethe,* pág. 31.

la? Ottilie, no hubiera pensado que padre y yo tuviéramos que rogar conjuntamente. En cuanto estés completamente restablecida, el padre te espera con alegría y amor. Yo espero verte antes.

Tu A. von Goethe

Una poesía de Ottilie

Mis ojos están turbios por las lágrimas
y el corazón tan temeroso y triste...
padezco las ofensas de amor fiel...
el mundo me parece ahora vacío.

Yo di, con íntima confianza,
mi corazón... todo mi ser...
en él... así pensaba yo... podrás
confiar, pensé sin preocuparme...

Aunque la dicha del amor primero
me quedara en un sueño del recuerdo,
aparté la mirada, con seriedad, de él,
sin dejarle un lugar a aquella evocación.

No... voces... no volváis a decir nunca nada
más... dormíos suave y silenciosamente...
Pensad que yo soy novia prometida...
no debo ser de nadie más...

Cuando me esfuerzo noche y día
para cumplir con mi deber...
habiendo hecho lo que puedo,
él, sin embargo, no lo entiende.

Pasa, mudo, ante mi dolor,
y no comprende lo que quiero...
Mas yo quiero seguir fiel a mí misma
y soportar todo en silencio.

[15 de febrero de 1817]

*Del diario de Adele Schopenhauer**

16 [de febrero de 1817]

Ayer hubo muchas dificultades. Al final volví a mostrar todo mi viejo poder sobre Ottilie y suavicé su estado de ánimo en contra de August. Todos mis malos presentimientos se realizan pronto, ay, es muy duro. August obligó a Ottilie, por capricho, a no asistir al baile y a quedarse en casa aunque estuvieron todos sus compatriotas. Por el momento esto no significa nada, para el futuro es un mal agüero. Ahora está muy enfadada, casi dura con él: pero eso lo admito, porque es la única manera de hacerle razonar. Todavía estoy bastante debilitada por esta partida, porque primero le mostré a mi Tille los casos más duros y extremos, hasta que estaba toda asustada y se espantaba de sí misma; y luego hablé de Heinke, y entonces se puso tan conmovida y blanda que volvió a ser el angelito de antes, y yo ¡la antigua niña tonta!

*Ottlie a August***

16 de febrero de 1817

Hoy vuelvo a estar tranquila..., lo estoy... porque quiero estarlo; porque en la tranquilidad está mi auténtico carácter y todo sentimiento que intimide me resulta antinatural y extraño. Y sin embargo, era comprensible cuánto me excitó y perturbó el día de ayer, cuando vi que el padre y tú pensábais que yo no sabía lo que me corresponde hacer y sacrificaría todo por mi placer personal... No, August..., no sólo quería ser una hija para el padre llevando el nombre del

---

* *Ottilie von Goethe,* págs. 32 y ss.
** *Ottilie von Goethe,* págs. 33 y ss.

hijo en el futuro; a ti te prometí más..., y me parece que no hubieras tenido que considerar necesario recordármelo; sabes que quiero al padre extraordinariamente..., incluir esto en cada acción de mi vida actual y futura es para mí un placer, que puedo sentir más que expresar; por eso tenía que dolerme ver tu opinión que pudiera faltarte a él y a ti... y encontrarme más censurada de lo normal.

No me conoces todavía, querido amigo, lo veo muchas veces en tu asombro frente a algún comentario por mi parte; la imagen de mí más acertada la tienes quizá si te imaginas una niña con un velo de matrona; pero es justo el velo lo que te engaña..., y extrañado por ver el sonajero en mi mano, me lo arrebatas bruscamente y lo tiras con desprecio. Querido August..., los hombres serían mucho más felices y mejores, si cada uno se quedara en el nivel de edad en el que está realmente..., y no se adelantaran al tiempo..., que también nos lleva al nivel siguiente. Lo que me conservaba la alegría infantil..., y me permitía gozar con un placer puro de cada alegría juvenil, era el amor de los míos, que me guardaron cuidadosamente de todo accidente que me pudiera entristecer más de lo necesario... Guárdate, amigo mío... de envolver mi buen humor por completo con el velo de matrona; no un golpe súbito, no, pero sí detalles discordantes, siempre repetidos, lo consiguen fácilmente... Adiós, August, el futuro quizá te enseñará mejor lo que soy realmente y lo que quiero ser para ti y para el padre.

*A Goethe**

Weimar, el 11 de mayo de 1817

Guerra, querido padre, quiero declararle la guerra, ¡guerra por agua y tierra!... ¿Es justo, es justificable, primero mostrarles a los niños un libro de estampas bellas y coloreadas para, en cuanto extienden las manos para cogerlo, volver a

* *Ottilie von Goethe,* págs. 36 y ss.

quitárselo en seguida?..., ¿no sabe que la consecuencia es que primero lloren, pero luego se pongan insistentes? Así me ha pasado ahora también a mí, y quiero quejarme de usted por haber destruido todos los esmerados preparativos para recibirle. August ya no salía de la cocina y la bodega, aves acuáticas y voladoras esperaban ansiosamente el momento de ser consumidas, yo me tomaba un huevo cada cuarto de hora para tener una voz clara y armoniosa para darle vivas, e, igual al gorrión, arrebataba las rebanadas de pan a los niños preparados para echar flores..., y todo eso sucedió en vano. Esta vez Adele le trae estas frases; a pesar mío la veo marchar, aunque sea por poco tiempo, ya que desde hace varios años (por nuestra aún corta vida también podría decir «desde hace muchos años») nos une un sentimiento que no oso llamar amistad, dado que sé qué mala fama tienen las amistades de las chicas que, según dicen, se rompen fácilmente por un sombrero nuevo o un nuevo admirador. Pues, querido padre, nosotras hemos superado tales difíciles problemas, y más de una vez, tras una breve lucha interior, con la heroica exclamación «tómalo», dimos señal de nuestra grandeza de alma.

Paso al acorde final, no digo nada de los novios August y Ottilie; realmente no hay nada que no se conozca..., palabras afectuosas y miradas y añoranza del padre... Ahora mismo me acuerdo de que tengo que serle fiel al principio de la carta y no puedo terminarla cariñosamente, ... así que ... guerra, querido padre..., el guante está echado, ¡ahora defiéndase!

Su hija de ánimo guerrero

Ottilie von Pogwisch

*A Adele Schopenhauer**

Weimar, 17 de mayo de 1817

Ahora, pon cara amable y escucha, que desde ayer el día de mi boda está fijado para el 17 de junio. Adele, sigo sien-

---

* *Ottilie von Goethe*, pág. 43.

do como siempre..., que hagan desfilar a un enemigo y enfrentarse conmigo, y tengo mucho más valor que si tengo que buscarle y suponerle entre miles de setos y matorrales. Así que ahora vuelvo a ser el antiguo héroe valiente, vuelvo a estar firme en los estribos y otra vez quiero avanzar, llena de osadía, en el nombre de Dios. No te preocupes demasiado por que sean justo estos días: mira, el destino me honra creyéndome capaz de tanta fuerza, y no tengo que retirar ningún pensamiento de mi alma; todos los que habitan y reposan allí, y seguramente volverán a menudo, sólo la hacen más sagrada y piadosa y fuerte. Al padre [Goethe] no le digo nada, porque no sé si August se lo escribió hoy. ¡Cuánto más cerca de él me siento, por haberme dicho tú que entiende nuestra unión!... Confieso que aún tengo un pequeño temor; ahora me quiere porque ve feliz a August..., pero no me conoce; ¿le gustaré, cuando el tiempo y la convivencia diaria abran una tras otra las páginas de mi carácter y mi ser?...

A su madre

desde Ems, mediados de julio de 1824

En resumen, querida madre, dejemos todo eso, hay que intentar hacer pasar cada día y, a ser posible, ni pensar en el siguiente..., pues, ¿qué traerán sino renuncias? Sin embargo, lo que te agradeceré eternamente, siempre, siempre, es que me digas que intente soportar esta forma de existir sólo dos años más. Mira, aunque estoy más decidida que nunca, mientras haya un hálito de fuerza en mí, aprecio el que tú tengas suficiente compasión como para no decirles en seguida a los demás «ni lo pienses»; que no decidan por eso, fría y despiadadamente, la desgracia de una larga vida. Por qué no quiero separarme de August, ya lo he dicho demasiadas veces como para repetirlo... Sterling ahora no entra en consideración en este caso. También mi primera idea de escribirle a August detalladamente sobre nuestra relación, la abandoné por completo: ¿para qué?..., ¿mediante qué sentimiento puede mejorar nuestra relación ya? No sé de ninguno, ya no está ni siquiera en su poder, durante siete años no me he visto nunca amada, siempre censurada, siempre herida: ahora ya nada depende de él; sea él como fuere, me puede afectar atormentándome, pero ya no alegrándome. ¿Y qué podría decirle? ¿No tiene razón absolutamente en todo lo que le duele ahora y de lo que se queja? No. Le ruego, ¡todo menos consuelo para el futuro!... Eso no lo puedo soportar.

A su hermana Ulrike von Pogwisch

8 de agosto de 1826

De mí hay poco bueno que escuchar; seguiré desfigurada para siempre y por eso en mi interior estoy en una especie de desesperación que un ojo ajeno apenas puede imaginar. ¡Con la cantidad de extraños que el padre ve cada día se me renueva el suplicio de la lucha! Qué sensación la de enfrentarse a cada desconocido siendo consciente de que tengo que producir repugnancia: ya nunca podré dejar Weimar, pues sería objeto de preguntas curiosas. Lo único que podría darme paz sería que August se separara de mí y yo pudiera irme a un rincón tranquilo; él no quiere, y sin embargo la vida así es insoportable; me admira que aguante esta tristeza, esta insatisfacción continua con mi estado tan pacientemente; pero esto no puede seguir así. No me hagas describir todas las incomodidades corporales que me quedan de mi caída..., los dolores psíquicos son aún más fuertes, pues ahora no puedo siquiera desear volver a ver a antiguos amigos... ¡Qué empobrecimiento!

*A Adele Schopenhauer**

mayo de 1830

Sólo la vuelta de August me amenaza como una nube de mal agüero, y la carta amable que me escribió desde Milán en la que dice lo injusto que fue conmigo y que espera ser diferente en el futuro me inquietó más que me consoló. Todo lo que rompiera la cadena me sería bienvenido..., cuando está tranquilo y amable, no tengo ningún derecho a cambiar mi suerte y, sin embargo, es lo único que podría hacerme feliz. Todo despertar de un afecto por mí en él sólo me puede proporcionar el suplicio más atroz, pues ¿cómo sería posible que ni el sueño de un sentimiento despertara en mí? Hacen falta años de dureza contra mí para apagar en mí todo sentimiento, pero una vez extinguido, también considero imposible que vuelva a despertar alguna vez. Si me imagino no poder volver a ver a August no siento ni la más mínima emoción. Se encontraba en un estado deplorable cuando se fue y me pregunté muchas veces si ese estado, semejante a la ira, terminaría en la muerte o en la locura.

*A Adele Schopenhauer***

Weimar, 11 de diciembre de 1830

Todo lo que me dices sobre August, querida Adele, encuentra un eco en mis sentimientos. Pues también yo lamento más nuestro modo de convivencia que su muerte. Seguramente los dos fuimos infinitamente infelices; y lo que me produce un sentimiento horrible es la idea de que

---

* *Ottilie von Goethe*, pág. 90.
** *Ottilie von Goethe*, págs. 99 y ss.

en cierto modo ha muerto para nosotros o para mí. O más bien, haber tenido la sensación de que sería lo mejor para nuestra suerte. No creas que doy vueltas en la cabeza a estas cosas sin cesar..., no, no quiero, ni lo hago; pero también quería mostrarte las aves nocturnas que revolotean alrededor de mi ánimo. Del resto de tu carta, confieso que casi me reí..., pues eres justo como las mamás que les dicen a sus hijos desobedientes que son muy buenos para que les dé vergüenza no ser así. Me dices que no piense en el pasado ni en el futuro, y será lo más natural, ya que tanta gente me lo advierte y sin embargo hacen lo mismo conmigo. ¿Cómo podría ser si no?... Tengo treinta y cuatro años, ningún deseo de muerte debe y puede hallar entrada en mi alma, así que ¡qué largo tramo de vida por recorrer!... Supones que mi comportamiento actual pueda extinguir lo que en mi vida anterior se censuraba; pero te pregunto: ¿Qué tiene que ver con eso? ¿Qué conexión tiene con mi comportamiento frente al padre? No se me podía censurar por mi comportamiento frente al padre, ya que era irreprochable..., así que no puedo cambiar nada, y el pasado y el presente son absolutamente idénticos. Dices que Alemania me contempla... querida Adele, Alemania contempla a Goethe... y yo cuido de mi padre y no de Goethe. Nunca he temido pronunciar las palabras que definen los sentimientos en mi interior, y ahora tampoco me acobardaré. Quieres que sólo piense en que soy libre, con el deseo de seguir siendo libre; quieres que ningún pensamiento me lleve a Sterling o Des Voeux, y, en general, que me convenza de la imposibilidad de volver a casarme jamás..., quieres que represente un papel heroico..., y no quiero engañarme, no quiero figurarme nada, no quiero renunciar a ninguna felicidad sin necesidad de ello. Quiero decirte lo que le escribí a Sterling: «No creo que se honre a los muertos con la hipocresía.» Adele, te repito que creo que ya no veo la posibilidad de ser feliz, pero estoy lejos de pensar que la pudiera encontrar en otro lugar que donde la busqué toda mi vida: en un amor tierno y abnegado. [...] Te habrás imaginado qué momentos más horribles me provocó la enfermedad del padre; y sin embargo tenía algo fortificante, conmovedor, el hecho de ser algo para él. Está mucho mejor, sólo que todavía ve a poca gente, y por las noches, hasta que se acuesta, siempre estoy a solas con él. Normalmente le leo algo... Escribir se me hace casi imposible, ya que los niños, es decir Alma, hace que mis pocos momentos libres sean muy intranquilos.

*Ottilie a Eckermann**

septiembre-octubre 1832

Querido Doctor:

Usted es de las pocas personas en este mundo que considero hasta tal punto amigos míos, que no sólo me gusta exigirles un sacrificio, sino incluso supongo que les alegra hacerlo por mí. Tengo mucho que hablar con usted: sobre Charles, a quien no he visto y a quien le ha cambiado tanto su alma tierna y espléndida, que ahora le causa placer despreciar a la mujer que sacrificó todo por él. Sin embargo, esto tuvo un efecto muy diferente en mí del que se pudiera esperar, y quiero quedarme a su lado con paciencia y amor, como una hermana al lado de su hermano enfermo. Pero sobre esto le diré más personalmente. Ésta es una carta de negocios. Primero, querido Doctor, dígame: ¿cuándo necesita su dinero? Sé que no me apremiará innecesariamente, así que dígamelo sin rodeos. Segundo, ¡me tiene que ayudar con sus consejos y su apoyo, para que pueda ganar dinero! Tengo que tener dinero por tres razones: primero, para pagar todas mis deudas cuanto antes; segundo, para pagar los gastos inesperados de la impresión del *Tasso*, ya que seguramente no exigirá de mí, igual que los demás sabios, que lo acepte de la viuda de Des Voeux; tercero..., en resumen, hay que trabajar. Como mi madre tuvo planes de hacer traducciones ya anteriormente, les escribí a varios edi-

* *Ottilie von Goethe*, págs. 226 y ss.

tores, pero en vano; ahora aún estoy esperando una respuesta de Sauerländer, y por eso comencé a traducir una novela que causó sensación en Inglaterra, pero desgraciadamente no me interesa tanto como para que no me resulte una dura tarea. Para febrero estará terminado el *Andrea Doria* de Sterling, quizá lo convenza para que me mande las pruebas de imprenta; entonces sí que el traducir será un placer; pero todo esto no es suficiente. Sabe muy bien, querido Eckermann, que siempre me he opuesto a ser escritora, cómo siempre estuve en contra..., pero me parece que el deber de una mujer (y como tal me considero) es hacer no sólo lo agradable; no sé de ningún sacrificio mayor, pero si cree usted que sería posible editar un pequeño tomo con las cosas que escribí, lo haré. No se me ocurre creer que fueran dignas de ser publicadas..., pero eso también me es indiferente, sólo importa que algún editor me dé dinero por ello. Mi gran deseo ahora es que de vez en cuando relea usted algo para seleccionar lo más soportable, y que le escriba a algún editor que a ser posible esté suficientemente lejos de mí como para que el libro probablemente nunca llege hasta aquí; por ejemplo Hamburgo, o Königsberg, o algún lugar en Suiza, o Breslau, a causa de Heinke. Le adjunto dos textos que creo que no conoce aún, pero sólo debe hacerlo cuando pueda. Necesito su ayuda en otro asunto, pero hoy ya no puedo mencionarlo porque me duelen mucho los ojos. Desde ayer vuelvo a salir y me he propuesto ir a verles muchas veces a su esposa y a usted, ya que ustedes no me visitan. Le he traído un detalle insignificante a su esposa, para mostrarle que he pensado en ella.

Su vieja amiga Ottilie

Creo que los versos deberían suprimirse por completo, porque son aun peores que la prosa. En las *Tres estrellas*, ¿es mejor tachar los tres nombres de poetas y las últimas frases explicativas? ¿Y no hay algo ridículo en la expresión «el ancho pecho acuático del océano»?

A Sybille Mertens

Viena, 26 de mayo de 1843

Le agradezco de todo corazón el dinero... Aunque me alegró mucho su gentileza, debo decir que casi, no, seguramente, le agradezco más su simpatía y su ayuda rápida en cuanto a Walther. Me alegra el juicio de su amigo, y puedo decir con seguridad que si viera la gran ópera *Enzio* de Walther, escrita por él un año más tarde que *Stradella*, estoy convencida de que creería aún más en que su talento evoluciona y merece apoyo. [...] Dígame, ¿no hubiera merecido mi suegro que los escenarios mostraran suficiente gratitud a su memoria como para darle una posibilidad de éxito al nieto? Su cumpleaños se celebra en todas partes, este año otra vez en Francfort, pero la buena gente no se acuerda, en una noche como ésta, que debería estar dedicada a él, de pensar que sería una bella fiesta comprobar qué derecho tiene el nieto a su nombre.

Walther a Ottilie

Weimar, 17 de noviembre de 1843

Si, incomprensiblemente, de veras estás tan entusiasmada con el libro de Bettina, como me escribes, no se lo cuentes a Wolf, pues está muy furioso y opina, con razón, que la Señora de Goethe y con ella nuestro nombre están desacreditados[1].

---

[1] Se refiere a *Die Frau Rat erzählt*, de Bettina von Arnim.

*Del diario de Ottilie**

1 de noviembre de 1851

Ayer desperté con el sentimiento de que por primera vez vivía este día [su cumpleaños], sin saber el amor de mi madre[2] como un trasfondo protector en mi vida. ¡Qué año pasé, cuánto me he empobrecido, y cómo decrece mi fuerza cada vez más y mi ánimo ya casi no mueve sus cansadas alas!

Los hombres no se sienten comprometidos más que por el matrimonio. Que de la amistad se pudiera pensar que es un lazo duradero, ni se les ocurre; la palabra amistad es para ellos la contraseña que se recibe para poder entrar y salir sin tener que esperar al quinto acto.

---

* *Ottilie von Goethe,* págs. 142 y ss.

---

[2] Su madre había muerto ese año.

ADELE SCHOPENHAUER

*A Ottilie von Pogwisch**

Danzig, 1819

Sabía bien, Ottilie mía, que también te latiría el corazón con mayor ligereza cuando todo el peso del mal cayera sobre él, cuando el temor ya no pudiera dibujarnos figuras indefinidas de posibilidades fantasmagóricas en el techo nebuloso del futuro; sentía que con la necesidad tu fuerza *crecería* ahora, por eso no fui indulgente contigo. Y, como siempre, también aquí me comprendiste; incluso me entendiste mejor que yo a mí misma; lo que ondeaba en mi interior sin pronunciar y flotaba como una formación de nubes con sus tormentas, sin hacerse más *claro,* sin presentarse de modo más preciso, eso lo expresaste tú; ¡la separación cercana que nos amenaza! Tienes razón, esta forma en la que el tremendo dolor se nos podría acercar es más peligrosa que aquella que yo insinuaba; la decisión de sacrificar toda su felicidad es tan antinatural para el corazón; innumerables casualidades, dolores y acontecimientos tendrían que unirse antes de que yo os dejara para conseguir lo que necesito: *una* pequeña ofensa de la vanidad, un arrebato momentáneo, una inconsecuencia, podrían arrancarme de tu lado rápidamente, si por ello mi *madre* deseara dejar Weimar. Pero igual que te digo abiertamente que parto con ella

* *Tagebuch einer Einsamen,* págs. 291-295.

en silencio sin quejarme, déjame confesar también que ya no soy capaz de vivir sin ti; que temo que tú tampoco, sin que yo esté cerca; que las dos podríamos seguir vegetando, pero sólo como sombras de nuestra existencia anterior. Si Dios, cuando exige fuerzas excesivas al hombre, se las *da* de manera incógnita en el momento de necesidad, no lo sé; sólo tengo certeza de que yo, si las circunstancias que me separaran de ti pudieran ser muy felices, si quedaras atrás sana, rodeada de todo el amor que nosotras encontramos, entonces viviría lejos de ti durante años con la esperanza de volver contigo..., pero que sin esta esperanza me petrificaría en mi situación, si me faltaras tú. Por eso obremos con todas nuestras fuerzas para retener el presente, no mostremos una magnanimidad equivocada; si podemos sujetar aquí a mi madre, si vemos que la impresión desagradable sólo es pasajera, que nos podemos sentir bien y a gusto de nuevo, no nos sacrifiquemos a nosotras mismas. Si miro aquí y allá y contemplo la riqueza de la vida en sus múltiples formas, siempre vuelvo a la consideración de nuestra suerte por habernos encontrado, y quiero buscar algo parecido y pregunto aquí y allá y me acerco más a las relaciones de las personas y siempre encuentro que nuestro amor es único. Alejemos el pensamiento orgulloso de que no existen en la vida *otros* lazos igual de puros y bellos, pero con seguridad nuestra suerte es una de las azules flores celestiales que florecen en montes milagrosos cada cien años y luego son encontradas por algún afortunado que se vuelve rico y alegre por poseerlas. Créeme, tenemos que pagar mucho por tenernos la una a la otra; muchas penas, muchos dolores nos serán impuestos; cuanto más fuertes nos hagan los años, más nos *exigirá* el destino..., ¡pero a cambio que Dios nos permita que nos tengamos la una a la otra! Y mientras *Él* nos deje unidas, no nos separemos *nosotras* y atemos la felicidad del presente todo el tiempo posible. Ninguna mirada sombría de Gerstenberg y ninguna de sus opiniones bienintencionadas me confundirá, si veo alguna posibilidad de seguir viviendo en Weimar. Mi madre no puede ser feliz si me ve perecer y tiene que reprocharse el haberme destruido por una causa mínima..., ¡todo sea intentado para evitar el desastre! Sólo que no puedo decir nada ni de mi dolor ni de mi amor..., y cuando haya expresado la decisión una vez, entonces no puedo hacer *nada* más que contenerme..., y ceder... ¿Has notado de vez en cuando en mí un estado de ánimo extraño, embarazoso, cuando se hablaba de una muerte antinatural, de la decisión de librarse de la carga de la vida? Querida Ottilie, siempre ha pesado sobre mí como una nube oscura cuando pensaba en la pérdida de mi *padre*. Ahora, desgraciadamente, Arthur, en su carta a nuestra madre, por lo demás moderada, ha usado las palabras... «aunque no haya respetado el recuerdo de un hombre de honor, mi padre, ni en su hijo ni en su hija»... Yo, que había abierto la carta, no quería leerle esto, pero ella encontró el folio en mi cuarto y se lo llevó a su gabinete para contestar. Sentí que Arthur se refería solamente a la pérdida de la fortuna y a los descuidos en la gerencia, y lo intenté todo por calmar a mi madre..., en vano. Habló de mi padre de una forma que casi me destrozó el corazón, emitió un juicio terrible sobre Arthur y dijo «que en el fondo él hubiera tenido que *depender* de ella». Desconsolada, desesperada, defendí a los dos con demasiada violencia, el dolor me arrebató, expresé mi opinión sobre la muerte de mi padre..., y tenía razón. El susto aumentó la confusión de mis sentidos, no pensé en que el temperamento vehemente de mi madre me contaba entre aquellos de los que se quejaba..., y cuando me di cuenta era demasiado tarde. Ni aseguraciones ni cariños fueron escuchados; la oferta de transferir solemnemente el módico resto de lo que es mío, para tomarlo todo *sólo de ella* y pedírselo, ni la consideró; mi miedo fue tal que, estando al lado de la ventana abierta, de pronto sentí el impulso de tirarme abajo..., puedes imaginarte, corazón querido, *¡eso* fue sólo un *momento!*, pero la desesperación que me causó el comportamiento incomprensible de mi madre duró largo tiempo; y ahora que todo está tranquilo en mí y en ella, ha quedado en mi alma la firme decisión de no oponer *nada a su deseo expreso*. [...]

*A Arthur**

primavera de 1819

Mil gracias, querido Arthur, porque por encima del sonido mágico de *Roma* no dejaste de escuchar mi recuerdo, incluso pensaste en el tiempo pasado tan lejano y escribiste tan amablemente. Desde hace mucho, mucho tiempo, nada me ha alegrado tan enteramente como esta carta, como esta descripción de tu actividad y tu vida. Nos acostumbramos a imaginarnos Roma e Italia inalcanzablemente *lejos*, porque para *nosotros* es *inalcanzable*, y así no podía creer que tú y el país deseado pudieran de pronto estar tan sorprendentemente cerca de mí, que ahora pudiera saber con exactitud cómo estás tú allí.

Comprendo completamente tu sentimiento, el que la primera entrada quizá *no* te satisfizo y, no obstante, luego pudieras disfrutar de todo como se te ofrecía, sin excitación entusiasta, con tranquilidad observadora, sin martirizarte con comparaciones de tus imágenes fantásticas; cómo el pasado, en el que vives tanto, se te hace real como el presente, y cómo todo ésto te alegra e interesa doblemente siempre en relación con tu obra. También el ambiente maravillosamente suave con el que mencionas Venecia no me es del todo desconocido, sea *como* sea su embrujo. Pensé que cada vez era más bello, escribes... ay, ¡que casi no habría tristeza, si no hubiera que pensarlo tanto! Si con la vida acontece lo mismo, y al final tenemos que terminar admitiendo el error y apartando la mirada *de* nosotros y dirigiéndola hacia todo lo que hay *alrededor.* Es bonito que a veces también volvamos la mirada, muy atrás, más allá de Roma... a *Venecia,* ¿verdad? [...]

Ahora hablemos de tu obra. La recibí hace poco. El padre de Quandt se murió, de ahí el retraso. Goethe la recibió

* *Tagebuch einer Einsamen,* págs. 317-325.

con gran alegría, en seguida cortó todo el grueso libro en dos partes y comenzó *inmediatamente* a leerlo. Una hora más tarde me mandó la nota adjunta y me transmitió este recado: te daba muchas gracias y creía que todo el libro era bueno. Como siempre tiene la suerte de abrir los pasajes más importantes en los libros, había leído las páginas indicadas y había disfrutado mucho. Por eso te mandaba los números de las páginas, para que pudieras ver lo que quería decir. Pronto piensa escribirte más en detalle su opinión más íntima; hasta entonces yo debía comunicarte esto. Pocos días más tarde, Ottilie me dijo que el padre estaba sentado con el libro y lo leía con un entusiasmo como *nunca* antes lo había visto en él. Le hizo saber que ahora tenía alegría para todo un año; pues ahora lo estaba leyendo desde el principio hasta el final y pensaba que necesitaría todo ese tiempo para ello. Luego habló conmigo y comentó que se alegraba mucho de que todavía le tuvieras tanto afecto, ya que habíais discutido sobre la teoría de los colores, en la que tu camino se apartaba del suyo. De este libro le gustaba sobre todo la claridad de la presentación y del estilo, aunque tu idioma difiera del de los demás y haya que acostumbrarse primero a llamar a las cosas como tú lo exiges. Pero una vez alcanzada esta ventaja y sabiendo que el caballo no se llama caballo, sino «cavalla» y Dios, por ejemplo, «dio» o de otra forma, entonces se podía leer cómoda y fácilmente. También le gustaba mucho toda la estructuración..., sólo el formato poco acertado no le dejaba descansar y se imaginaba, feliz, que la obra constara de dos partes. Espero volver a hablar con él a solas pronto; quizá diga algo más satisfactorio. Por lo menos eres el único autor a quien Goethe lee de esta forma y con esta seriedad; esto, creo, tiene que alegrarte. Nosotras, Ottilie y yo, empezamos al azar; el prólogo me asustó y quería comenzar enseguida con la parte señalada por ti. Ottilie insistió en el principio, yo luego encontré demasiadas palabras desconocidas y alusiones que no podía comprender, pero me alegró mucho poder imaginarme realmente haber entendido las primeras páginas. Pero primero déjame seguir leyendo... por ejemplo lo que tú me propusiste. Si tuviera un amigo que me lo explicara, leería todo el libro. ¿Crees que Quandt sería capaz? Aquí no tengo a nadie más que a Häser, mi profesor de italiano. Un hombre instruido a fondo, pero preferiría confesar haber leído el libro más depravado a una obra de este tipo..., no conoces a los necios con los que vivo. Häser podría delatarme y estaría arruinada. Sé poco, y ese poco no me gusta mostrarlo..., y es mejor así, pues a nosotras las mujeres nos sienta mal mucho saber.

Mi vida interior, sin embargo, necesita algo serio, por eso estudio donde puedo y sé, pero, como exteriormente no lo necesito, lo dejo habitar y vivir muy profundamente en mi *interior.* [...]

Desde entonces fui muchas veces con Julie Egloffstein a casa de Goethe para leer allí, para oírle hablar sobre dramaturgia, y finalmente para actuar allí. Él ensayó con nosotros *Paleophron y Neoterpe*, que poco más tarde representamos en su casa. Cada semana paso ahora una tarde allí, y aprendemos bastante más de lo que se puede esperar, pues él une a la actuación muchos aspectos infinitamente bellos y más serios. De paso a él también le divierte, le recuerda su juventud, la de Wolff, etc, etc. En este momento hace mucho que no le he visto, es decir ocho días. Y como te estoy contando cosas, déjame añadir mi relato del invierno. Después de la partida de la emperatriz surgieron la tristeza y el silencio, y ganamos tiempo para disfrutar de nuestras mejores horas. Madre está escribiendo una novela que nos tiene ocupadas una parte de las tardes. Ella nos la lee, me parece excelente y creo que las mujeres son las que escriben las mejores novelas. [...]

Tú escribes, loco, que *aparte de mí* no habías amado nunca a una mujer sin sensualidad. Me reí mucho. Pero te quiero preguntar si me hubieses podido amar también si no fuera tu hermana; pues al fin y al cabo hay suficientes mujeres de más valor que yo. Pues si mi carácter real y no mi condición de hermana me concedió tu cariño, entonces podrías amar a otra casi (mira, digo *casi)* tanto. La muchacha que nombraste me da mucha lástima, espero que no la hayas traicionado; ya que eres *sincero* con todo, ¿por qué no con un pobre ser tan débil? ¡Qué menudencias exiges a tu mujer! Pero exiges todo, como todos. Pero se podría, me parece, encontrar fácilmente una muchacha que cumpliera la mayor parte de tus deseos; que actúe el azar... Antes encontráis vosotros diez mujeres que nosotras un hombre. La felicidad doméstica es lo más bello que nos pueda dar esta existencia, y la mayoría van por la vida callados, sin quejarse, y no la tienen y no pueden siquiera *buscarla*. Yo tampoco la tengo; las influencias ajenas me oprimen y atormentan, mi orgullo me incita a faltas de amabilidad con Gerstenberg, con nuestra madre. Pero también puedo solamente volver a sostener aquí y allá lo que cae de mi construcción de felicidad, sostener y tapar, tratar de contenerme y arrullarme yo misma con canciones si el dolor me ataca con demasiada fuerza. Y eso hazlo tú también.

[...] ¡Adiós! Mi carta se ha hecho un libro..., un libro moderno, sin coherencia interior en los detalles. En mi interior todo, sin embargo, todo es bastante coherente; pero mi forma de vida implica que una vez tenga que tomar la llave de la despensa, otra la paleta, luego el sombrero de plumas y luego la pluma de escribir. Creo que entre las líneas de esta carta hay alrededor de veinte especies de estados de ánimo y ocupaciones. El principio y el final de todas es el amor que siento por ti. ¡Adiós! Tu *Adele*.

A Ottilie von Goethe

Bad Godesberg, 30 de abril de 1828

[...] De nuevo tengo un sentimiento humano, tierno, en mi corazón petrificado por la tristeza... hacia una mujer, que en su carácter se parece a ti y a mí, pero es diferente de las dos; está más o menos entre nosotras dos. Todo lo que hizo para conquistarme, con qué intención mas pura, y cómo de pronto la intención se perdió para convertirse en puro sentimiento: esto, Ottilie mía, es demasiado grande y maravilloso como para confiárselo a un pedazo de papel, que tú dejarás tirado por ahí. Basta con que piense que la relación con la Mertens puede tener influencia en mi vida futura. Hasta ahora estuvo en Plittersdorf, a media hora de mí, y pasamos todo el día juntas...

Me recuerda a *ti* incesantemente, tiene mucho de ti, sólo que es más inteligente, tú tienes más *ingenio;* ella tiene una formación más esmerada, tú más variada..., por lo demás tantos aspectos son tan parecidos, que se me nubla la vista. Sin embargo pertenece a la vida real, fue educada por su padre. Tiene seis hijos y es extraordinariamente rica. Si no puedo vivir contigo, Ottilie..., quiero vivir donde ella esté, pues satisface mi corazón y mi espíritu, aunque no me entusiasme, como tú antes lo hacías a menudo por ser lo que eres, lo que no puedo describir; y nadie más será para mí.

A Ottilie von Goethe

19 de mayo de 1828

[...] La Mertens nunca tuvo una relación amorosa, fue casada a los diecinueve años, su relación con Mertens se parece a la tuya con August. Entenderás que la Mertens tiene sentimientos de amistad tan hondos y puros que son raros. Aparte de Julie, no fui amada tanto por nadie, ¡a no ser por ti! Y, a diferencia de Julie, la Mertens no me atormenta, al contrario, no me pareció mezquina todavía ni un minuto. Tampoco idealiza, me quiere humana y naturalmente con todos mis defectos, me reprende y me elogia; pero he visto que le dieron los más horribles dolores de cabeza, vi que un frío mortal se extendía por todo su cuerpo..., porque yo tenía dolores de corazón muy fuertes, que no eran convulsivos y que le parecían peligrosos. Estuvo toda la noche encima de la manta de mi cama sin dormir, pues velaba por mí, por si enfermaba más; esta mujer frágil y elegante estuvo en la cocina y me preparaba la comida para que no me hicieran nada nocivo o que no estuviera preparado como yo quería; vino con calor y tormenta, de día y de noche..., tambien dormiría en el suelo, comería pan y bebería agua, si fuera conveniente para mí. Con todo esto, no es nada exaltada, aparte de mí ama a otras dos mujeres (o más bien, dos muchachas y una mujer)... Con todo, es muy amable e inteligente, se dedica preferentemente a la mitología y la historia, lee a los antiguos autores latinos traducidos, practica mucho el español, toca el piano magistralmente, se interesa por el arte, la antigüedad, la pintura, la poesía..., por todo lo bello y grande; hace poesías muy osadas, casi masculinas, pues a veces tiene un humor y una ironía como un hombre joven muy puro los puede tener. Tiene el don de la comprensión, de entender silenciosamente, la delicadeza de la educación más fina, y la más sublime del sentimiento más puro. Sus defectos son orgullo, terquedad, vehemencia..., a veces cambios de humor, que sólo en parte puede dominar. Otro defecto es que no se atiene a algunas pequeñas normas sociales y una excepcionalidad espiritual que a veces resalta excesivamente. La reprendo a menudo muy severamente, duramente. Y ahora que he escrito tanto sobre ella, déjame decirte: es tan buena, tan caritativa, tan divinamente piadosa..., como tú... La Mertens es igual que yo (de edad). Embellece mi existencia lánguida, hace más leves las cadenas que me oprimen; por eso la quiero con gratitud, pues es mi benefactora: ha desprendido la corteza de hielo de mi corazón.

*A Arthur**

Bonn, 27 de octubre de 1831

[...] Así que he venido aquí con la mayor parte de nuestros muebles: nos quedaremos aquí y estoy indescriptiblemente serena, ni alegre, ni sombría; ni animada, ni seria, pero tranquila. El médico más renombrado aquí es íntimo amigo mío, así que se hará todo lo necesario para nuestro cuidado. Nuestras disposiciones son sensatas, así que pienso vivir sin preocupaciones oprimentes, ya que nuestra madre trabaja asiduamente en la edición de las obras comple-

* *Tagebuch einer Einsamen,* págs. 331-334.

tas. No me mueve niguna emoción apasionada, ninguna esperanza, ningún plan... apenas un deseo; pues mis deseos rozan lo imposible: así que aprendí a verlos en su vuelo, de pasada, como el de los pájaros en el aire azul. Vivo sin ganas, temo la *edad*, temo la *vida solitaria* que seguramente me está destinada. No quiero casarme, porque difícilmente encontraría un marido que congeniara conmigo. Sólo sé de uno con el que podría casarme sin aversión y ése está casado. Soy suficientemente fuerte como para soportar este desierto. Pero le estaría agradecida de todo corazón al cólera si me librara de toda la historia sin dolores intensos. De ahí que tu *miedo*, ya que tú también te sientes infeliz y a menudo has querido evadirte de la vida con algún paso violento, se me hace extraño. Creo que bien podemos esperar. Puedo vivir bien y a menudo estoy muy contenta; pero si me toca... ¡*eh bien*!, alguna vez llegará el fin, no me importa cuándo. El invierno pasado estuve muy decaída, sufrí mucho, me restó tantas fuerzas que creí morir. Finalmente casi hubiera hecho la tontería de contraer un matrimonio de conveniencia; por suerte hubo algunas complicaciones y de una vez volví a ver claramente que (puesto que ahora, según espero, la pasión y el amor pertenecen a mi pasado) sí puedo casarme, pero sólo con un hombre que *respete* especial y completamente y que considere intelectualmente superior o igual a mí. Sólo así podría hacerlo con la conciencia pura... Mira tú mismo ¿dónde se encuentra esto fácilmente? El hombre podría encontrarse; pero ¿se encontraría también conmigo? A mí no me conoce casi nadie, pues mi alma tiene un vestido de etiqueta como los velos y máscaras venecianas; de mí no se ve mucho. ¿Por qué aburrir a la gente? Sólo quieren palabras superficiales, y si tengo que estar en público, se las doy...

Mira, querido Arthur, esto sería (sin contar el físico de la persona) todo lo que se puede decir de mí. Nunca tuve esta posición extremamente libre y natural contigo, nunca pude tenerla: la juventud y sus consecuencias, influencias exteriores, esperanzas y recuerdos tiraban de mí, estaban los respetos, los puntos de vista. Ahora muchas cosas han cambiado: el tiempo te ha demostrado que me empuja hacia ti mi *libre voluntad*, y ninguna clase de necesidad ni desamparo. Estoy convencida de que nuestros caracteres tienen mucho de similar, tanto en lo bueno como en lo malo; veamos ahora, pienso, en qué coincidimos. A ti no te gustan las personas en general, yo respeto a muy pocos y me gusta vivir sola o con muy pocos, pero no soy huraña. Crees conocer la naturaleza humana, yo a veces también, a veces me limito y creo empezar a conocerme *a mí*. Déjame verte a ti, a ser posible: si *deseo* conocer a alguna persona es a ti.

Creo que podrás quedarte el invierno en Francfort; en primavera huirás hacia el sur, es decir la Suiza francesa; concédeme una cita por un par de días en las cercanías, pero a ser posible en un lugar pequeño inadvertido, al que pueda viajar desde aquí sola fácilmente. Hasta entonces escríbeme lo que quieras, de ti, de otros, de libros, ciudades, música, en fin, lo que quieras: aprender a leerte *a ti*, entre lo que escribes. No temas ningún espionaje; lo que silencies de tus circunstancias no intentaré adivinarlo nunca, por legitimidad y por pereza. Creo que sería bueno si nuestra madre no sospechara que nos escribimos, pero también estoy dispuesta a decírselo, si quieres...

*A Goethe**

Bonn, 22 de noviembre de 1831

Estimado padre, la parte histórica de su carta, digo aquella que se refiere al cólera y a los grabados, ya está contestada en un mensaje, del que espero de la señora Ottilie que se lo haya dado efectivamente. Así que ahora espero, si absolutamente lo quiere, la devolución o mucho mejor otra cosa, si los grabados le agradan. Estamos ahora en el punto en el que podría empezar mi relato, si hubiera algo realmente interesante que mencionar de una persona que vive su vida tan tranquilamente; mi madre está alegre, laboriosa, tiene varios problemas pasajeros con sus libreros, lee a Vic-

* *Tagebuch einer Einsamen*, págs. 311-315.

tor Hugo con un entusiasmo como si tuviera dieciocho años, quiere hacer régimen, vuelve a olvidarlo y se olvida del cólera desde que llegamos a Bonn. Yo misma estoy un poco disgustada, ¿tenía esta hidra, junto a tantas bocas caníbales, que tener también un fantasma con el que devoró sin necesidad mi esperanza? Hablo de la de ir a Weimar. Estoy casi convencida de que antes de la primavera este monstruo ya no llega a Weimar, ¡y me haría tanta falta verlos a todos ustedes y volver a refrescarme en su compañía! Mientras estemos en la tierra, no nos libramos de las grandes circunstancias del espacio y del tiempo; justo por eso no debemos aumentar demasiado el tiempo de las separaciones de las personas con las que pensamos seguir viviendo y sintiendo. Siento, por ejemplo, que tendría que ver a Alma, y a los niños, y a Ottilie en su nuevo estado civil; ¡e igualmente a más! Temo acostumbrarme a una cierta barbarie emocional, aquí en este país donde no sólo aprecian solamente lo material y lo sensual, sino donde incluso se esfuerzan por quebrar fibras de sentimientos más finas o por lo menos insensibilizarlas. Casi insoportables me parecían al principio cosas de las que ahora me río... ¿Y si poco a poco lo asimilara y esta mayor tranquilidad y compostura fuera sólo entorpecimiento al final? Es cómodo vivir el momento como aquí, en este lugar lleno de individuos reunidos por el azar, contraer pocos lazos más íntimos, es cierto. También este tipo de tratos: escuchar las conversaciones de las mujeres sobre la casa y los vecinos, y de los hombres sobre los temas del mundo, libros, política, en fin todas las palancas de estos tiempos. [...]

De mí misma hay poco que contar, veo mucho a la Mertens en mi casa, pero rara vez voy a verla porque el marido a la larga es demasiado vulgar y bruto, lo que se demuestra cada vez más desde que ya no se dedica a ningún negocio. Mi contacto principal, aparte de ella y d'Alton, es mi médico, una persona muy ingeniosa, suave y armónica... pero, ¡no se asuste!, un judío. Dios me perdone si tengo ideas extrañas en cuanto a su familia, el hombre no tiene ni el más mínimo rasgo judío ni física ni psíquicamente. A su mujer no la conozco. Primero entré en contacto con él a través de su exquisita colección de grabados [...], poco a poco nos hicimos amigos y le debo muchísimo.

La muerte de Hegel ha causado una gran impresión aquí, la mayor sin duda por parte de mi hermano, a quien el cólera ha llevado a Francfort. Nos hemos acercado por escrito; cuánto nos podemos acercar, no lo puedo decir todavía, por ambas partes hay aún mucho sin discutir, ¡y muchas cicatrices por ambas partes!... Dios haga que nos entendamos debidamente. De mis obras es de lo que menos hay que contar, por ahora sólo tengo ganas de bordar y coloco las lanas multicolores sobre el fondo gris del día. Todo está verde aún, generalmente a ocho-nueve grados, pero con mucha lluvia; poca claridad, muchos ratones y viento. [...] Y ahora, después de todas estas bobadas, que necesitarían una excusa si usted no me hubiera permitido y en el fondo ordenado que escribiera así, el adiós más cordial viene como siempre debería venir, de repente; ¡hágame feliz con un par de palabras, me llenarán de claridad toda la semana! Su fiel servidora

Firmado: su Adele

FANNY MENDELSSOHN

*A Felix en Llangollen**

25 de agosto [de 1829]

Tú mismo conoces por experiencia propia ciertos nudos de acontecimientos, días y semanas, en los que se junta tanto, que uno quisiera pensar en cada cosa por separado. Así fueron para mí los días en los que llegó tu carta; todo se agolpaba y amontonaba. Una parte ahora ya está resuelta, y lo demás progresa lentamente. En cuanto a la fijación de nuestra boda, todo está como estaba, la última publicación de amonestaciones es el día veinte, ya que nuestro padre todavía está en Hamburgo y hay que amueblar todo el piso, incluyendo cazuelas y fuentes para prepararte tus platos favoritos; así que el día todavía no se puede fijar exactamente. Pero tú, Felix, decide lo que te pedí. Yo ya tengo mi pieza final de órgano en la mente. Sol mayor, contras al principio. En general estoy muy contenta de haberme convencido de que mi estado de *novia* no ha perjudicado mi música. Cuando haya logrado una pieza buena en el estado de casada, habré alcanzado mi meta y creeré en un progreso futuro. Pero, ¿no te parece?, todavía no he hecho nada mejor que las canciones para ti, y la pieza de y para Hensel tampoco está mal. De los grandes y mayores proyectos que tengo ahora en la cabeza no te quiero ni hablar, temiendo

* *Fanny Mendelssohn*, págs. 91 y ss.

quedarme estancada en el primero..., qué importa, te lo contaré; escucha: Joh. Gust. Droysen me dijo, hace algún tiempo, que no le parecería mal que las canciones que se hacían tuvieran un cierto nexo causal, una especie de hilo conductor y que si yo permitía que él buscara un hilo y ensartara canciones en él. Lo permití. Entonces volvió pasado algún tiempo y preguntó si me gustaba la saga de Loreley. Asentí y entonces me presentó su plan. Pero la cosa era demasiado poco dramática para una obra de teatro y demasiado dramatizada para una saga, es decir, ni carne ni pescado. En cuanto vi que se estaba volviendo grande y serio deseé de todo corazón que mi señor esposo tuviera parte en este trabajo, y así éste me prometió escribir una segunda parte, si Droysen pudiera hacer la suya más dramática. En fin, la cosa fue creciendo y expandiéndose, y ahora tengo ante mí una gran obra en tres partes, mejor dicho, el concepto de ésta, en el que todavía seguimos trabajando y que pensamos entregar a Droysen en los próximos días. [...] Y ahora permite que me alegre un momento más del hoy y del mañana. Hensel me es cada vez más querido y, gracias a Dios, creo que es cada vez más feliz. Y cuando vuelva ahora de los Países Bajos vamos a llevar una vida muy amena en familia. Tú traes muchas cosas nuevas, encontrarás aquí muchas cosas nuevas y te garantizo que no nos aburriremos. [...] Adiós, Felix, ahora le doy la carta a Hensel. Seguimos siendo los de antes.

*A Felix en Düsseldorf**

Berlín, 2 de noviembre de 1833

Querido Felixito, lo que mucho dura, bueno resulta; esto lo vuelve a probar contundentemente tu hermosa carta, que nos alegró infinitamente. Tengo que contestarla de memoria, porque nuestra madre la tiene consigo, y así empie-

* *Fanny Mendelssohn,* págs. 111 y ss.

zo por la traducción que me pides. ¿No equivaldría lo siguiente más o menos al original?

la gloria para el amor
pero el arte obtuvo el premio
o: ganó el laurel
o: gané el premio
u: obtuvo la victoria, etc. A mí, sin embargo, me parece preferible la primera versión, pues *Kunst* (arte) y *Kranz* (corona) es muy duro, y *Sieg* (victoria) no se canta tan bien como *Preis* (premio)[1]. Decide tú mismo... Mientras tanto tuvimos aquí a vuestro poeta Immermann y lo encontramos mucho más amable de lo que supone su reputación. Pero nunca creeré que te pueda hacer una buena ópera; para eso tiene la boca demasiado cerrada y demasiada reflexión. Pero habla muy bien. Primero estuvo una tarde con nuestra madre, donde, como luego constatamos, estaba reunida la crema de la cultura de Alemania: Steffens, Gans, Rosen, Mühlenfels, Heyse, Devrient e Immermann como centro, alrededor del cual se movían todos. Sabes lo infeliz que se siente Gans en tales momentos. Fue muy amable con Hensel y pidió poder visitarle, y como no hubo otra oportunidad vino al día siguiente al concierto, donde durante la primera pieza visitó el estudio y emitió un juicio muy favorable; durante el resto de las piezas conversó con Devrient y Steffens. Luego comió con los padres *en famille,* ya que le queríamos oír hablar alguna vez y entonces habló mucho y obviamente de buena gana, muy bien. Sebastian también estaba a la mesa y cuando la conversación cayó sobre el *Musenalmanach* (Almanaque de las Musas) del año pasado y Rebecka recitó, por iniciativa de Immermann, el epigrama de Heine[2] que termina en: «y escupe un poema»; se enfadó Sebastian: «escucha mamá, un poema no se escupe, un poema se cuenta». Esto le gustó mucho a Immermann que, en

---

[1] Dejamos en alemán estas palabras para que se capte su relación con la música.

[2] En el *Almanaque de las Musas* no se encuentra ningún epigrama de Heinrich Heine. Probablemente se refiera al poema «Poetas orientales» de *Norderney* (1826) que termina en «comen demasiado, los pobres, y luego vomitan gacelas».

general, trabó amistad con Sebastian. [...] Esta noche estamos invitados a una casa donde el señor Felix tendría bastantes ocasiones de hacer la corte. Una hija de quince años, muy bonita, tan infantil todavía que juega con muñecas, además dicen que canta muy bien, en resumen, un angelito, se llama Rosa. [...]

*A Felix en Düsseldorf**

Berlín, 1 de diciembre de 1833

Está pasando mucho tiempo hasta enterarnos de detalles de tu concierto, queridísimo Felix, y tenemos mucha curiosidad. Tu amigo, el periódico, tampoco tiene prisa por publicar noticias de éstas y así no sabemos nada todavía. Ayer estuvo aquí Schrödter, de Düsseldorf, a quien por desgracia no vimos; probablemente te habrá visto en los últimos tiempos. (Ay, la famosa tinta inglesa también tiene la clorosis). Aunque tenga que reconocer, agradecida, que durante muchos meses todo fue muy bien, ahora volvemos a tener una «cruz» casera. Luise se encuentra muy mal y guarda cama desde hoy y presiento que tardará bastante en convalecer. Dios nos guarde. En principio empecé a escribirte hoy para explayarme sobre la correspondencia de Zelter, que me provoca una continua indignación muda. Cierto que sólo la podemos tomar trago por trago, pues como nuestro padre ahora no puede leer de noche, se lee allí y entonces disfrutan del libro más de la cuenta. Dicho sea de paso, nuestro padre también está muy enojado, y tenemos el caso excepcional de que estamos todos de acuerdo y no hemos discutido ni por un solo punto. Lo siento realmente por Zelter, que se transmite a la posteridad de forma tan mezquina. El renombre de Goethe, primero, aguanta mejor un golpe y, segundo, sus cartas son infinitamente mejores que las de Zelter, aunque los dos sólo pueden salir perdien-

---

* *Fanny Mendelssohn*, págs. 120 y ss.

do con esta publicación. De parte de Zelter se hace notar una actitud desagradable y fatal que siempre pudimos suponer en él, pero que siempre negamos indignados; pero aquí está formulada irrefutablemente. Interés personal, egoísmo, adoración repugnante de Goethe sin aprecio sincero e inteligente, el más indiscreto modo de poner en un compromiso a todos los demás, que, aunque sea perdonable en una correspondencia confidencial, debería haber hecho imposible la publicación; todo esto y bastantes cosas más, a mi entender, desacredita bastante este libro. También se encuentra allí un ejemplo, entre muchos, de increíble ignorancia: Zelter pregunta a Goethe qué es Bizancio, y recibe la información deseada. ¡Y para eso una correspondencia con Goethe! La vanidad de toda la colección sobrepasa realmente todas las expectativas. Las habladurías sobre el teatro y las maledicencias son su único contenido; y queda a la vista que Goethe no pueda responder a esto nada muy sabio. ¡Qué vergüenza! Además uno tiene el gusto de escucharlo de todos los que, con razón, se sienten ofendidos por encontrarse mencionados sin su consentimiento, y hay personas que están descritas realmente como en un auto de prisión. Y ahora basta de este sucio asunto; para mí este libro ha enturbiado totalmente y para siempre el recuerdo de un hombre que amé y que hubiese querido respetar.

[...] En general, este invierno me dedico mucho a la música y estoy muy satisfecha por ello. Mis mañanas de domingo siguen siendo bastante espléndidas, menos la última, que fue espléndidamente miserable. Adiós por hoy.

*A Felix en Düsseldorf**

Berlín, 30 de noviembre de 1834

Acabo de volver a leer tu traducción de la poesía de Byron y me parece en conjunto mejor que la de Theremin, menos el final, que en Th. es infinitamente más bello, diría

* *Fanny Mendelssohn*, págs. 136 y ss.

incluso más que el del propio Byron. Tienes que intentar enmendarlo todavía y concluir con «claro pero, ay, qué lejos». Hay algo maravilloso en el poema, que nunca he visto expresado con más vigor. Tiene un poder absolutamente magnético sobre mí; no puedo volver a separar mis pensamientos de él... Después de todo, ahora lo voy conociendo, aunque no sea de la forma más favorable para un poeta, ya que leo sus versos cada semana con el profesor y los entiendo con más o menos esfuerzo. Sólo que lo que penetra toda esta prosa es la fuerza de su ritmo, la melodía maravillosa de sus versos, en este lenguaje reticente; esto es lo profundamente poético de todo su ser.

En estos días cayó en mis manos su vida, que estoy leyendo y que me interesa mucho. Me disgusta siempre que, incluso en detalles, no estemos de acuerdo. Desde que tú no compartiste mi opinión, he intentado mirar críticamente la composición de Loewe del poema de Byron, pero no lo consigo, porque me conmueve cada vez que lo leo. Me parece tan bello y soñador, tan, no puedo expresarlo de otra forma, melódico en la distancia, tan en armonía con el sentido de las palabras, que me arrebata siempre que quiero criticarlo.

día 10

Había empezado este folio con el propósito de completarlo en hora propicia, y así sea. Hoy durante el día tuve varias contrariedades y esta tarde toqué dos tríos que había conseguido, de Reißiger y Onslow, con vistas a mis conciertos, que deben volver a comenzar este domingo. Me hubiese gustado tanto presentar algo nuevo; y un tema de Onslow me había gustado en la tienda. Pero era tan flojo, débil y sumamente aburrido que casi me pudrí tocándolo, y luego, para distraerme, toqué la letanía y mi motete preferido: *Tiempo divino*. ¡Ah!, eso te hace sentirte bien de nuevo. No conozco a ningún predicador más intenso que el viejo Bach. Cuando, en un aria, sube al púlpito y no vuelve a dejar su tema hasta haber conmovido o edificado o convencido a su parroquia completamente. Casi no conozco nada más bello que el terrible *Es la antigua alianza*, en el que cantan las sopranos de forma tan conmovedora: «Ay, ven, Señor Jesucristo, ven.» [...]

*A Felix en Düsseldorf**

Berlín, 17 de febrero de 1835

Tengo que darte las gracias por las dos cartas y primero voy a responder como es debido a lo que haya que responder. [...] Las dos piezas que pediste están para mandártelas; una de ellas no me la ha devuelto aún el copista. En cuanto a la publicación, quería preguntarte si no has olvidado *Quien deje reinar a Dios...*, me gusta mucho y si tuviera que elegir entre las dos citadas, sería *Cristo, cordero de Dios*. De *Ay, Dios de...* me gusta especialmente la primera parte y sobre todo a partir del unísono, cuando pasa de forma muy seria y bella a La menor. El aria es extraña y bella, igual que la letra. Pero la última parte te la critico con vehemencia. No creas que te retorno tu indirecta, seguro que no es eso, sinceramente. Pero empieza en Fa sostenido menor y concluye en La menor, o más bien en Do mayor, con pocas modulaciones, y sin embargo creo que la letra hubiese exigido la mayor perseverancia e insistencia en la coral. Si estuviéramos juntos, nos pondríamos de acuerdo fácilmente, pero así te pido que me contestes y me digas si, a lo mejor, has cambiado de opinión en los años que pasaron desde que compusiste las piezas.

El aria de *Quien deje reinar* me inspira a decirte que en varios solos de tus pequeñas composiciones espirituales encuentro una especie de hábito que no quisiera llamar amaneramiento y que no sé describir bien, es decir, algo demasiado sencillo, que no me parece ser natural en ti; una especie de ritmos cortos, por ejemplo, que tienen algo infantil, pero también pueril, y que no parecen adecuados

* *Fanny Mendelssohn*, págs. 148 y ss.

para todo el género y también para tu forma tan seria de tratar los coros. Tengo en mente sobre todo el aria de la cantata de Navidad, en la que me puedo imaginar cómo se te ocurrió, pero me parece que en varias otras piezas el sistema es el mismo. Si hubiera tiempo hasta que nos viéramos, seguramente sería muy bonito si pudiéramos hacer la selección juntos, pues no tengo todas las piezas que no poseo suficientemente presentes como para darte mi sabio consejo.

Gracias por la adecuada crítica de mi cuarteto. ¿Lo debo hacer ejecutar alguna vez? Sabes que me parece que ahora nos escribimos cartas muy decentes, quizá no tan divertidas como cuando estaba con Beckchen y la una le quitaba a la otra la pluma para escribir cosas cada vez más locas, pero, sobre los asuntos razonables, sensatas. Yo celebraría si siguiera así.

Durante toda la semana pasada no pude escribirte, porque estuve ensayando muy intensamente tu rondó brillante. Ayer, domingo por la mañana, se efectuó la botadura con cuarteto doble y acompañamiento de bajo, recibió un aplauso general y fui lo suficientemente loca como para tocarlo dos veces, aunque me sentía muy mal, tosía y estaba abatida como una mosca, tanto placer me dio. He hecho un aria para soprano que, en cuanto a forma y modulación, te gustaría más que mi cuarteto; se mantiene bastante seria y la había terminado ya antes de que tú me escribieras sobre ese tema. He meditado sobre la pregunta de cómo yo, una persona nada excéntrica o hipersentimental, he adquirido el estilo femenino. Creo que proviene de que fuimos jóvenes justo en los últimos años de Beethoven y, como es natural, asimilamos bastante sus formas, que son emocionantes y conmovedoras en exceso. Tú superaste esto en tu vida y tus composiciones y yo me quedé estancada allí, pero sin la fuerza por la que únicamente puede y debe existir la suavidad. Por eso creo también que, en lo que a mí se refiere, no has encontrado ni expresado una valoración justa.

No es el estilo lo que me falta, sino más bien un cierto principio de vida, y por eso mis obras más largas mueren en su juventud de senilidad; me falta la fuerza para asegurar debidamente las ideas, darles la consistencia necesaria. Por eso me salen mejor las canciones, para las que sólo hay que tener una idea bonita, sin mucha fuerza para la realización.

«Ich will mir al- le Mü- he ge- ben»
Yo pon- dré to- dos mis es- fuer- zos

[...]

*A Felix en Düsseldorf**

Berlín, 27 de diciembre de 1834

[...] No se puede negar que los tiempos cambian, y con ellos nosotros también. Sin embargo, en el arte también existe lo positivamente bueno, y espero que nunca me creerás tan dejada de la mano de Dios como para pensar que lo que consideramos y siempre consideraremos lo supremo esté sujeto a la moda. Hannchen en *Las estaciones* no envejecerá, igual que *Alcestes* o el evangelista San Mateo. Pero en lo bueno existe una increíble variedad de matices, y como el arte, o lo bello, o el buen gusto, no se puede probar con 2 por 2 = 4, habrá un punto (y éste concierne, creo yo, sobre todo a la ejecución) en el que el mundo exterior o la mutabilidad del tiempo o (por más que quieras evitar la palabra) la *moda* ejerce su influencia. Recordarás, igual que yo, que hubo un tiempo en el que estábamos infinitamente entusiasmados con la música de Spohr. Ahora ya no lo estamos en tal grado; sin embargo su música permanece, nosotros tampoco nos hemos convertido en personas diferentes, pero nuestra postura hacia él ha cambiado.

Volvamos a tomar el citado ejemplo del violinista. Spohr seguramente tiene infinitos aspectos positivamente buenos

* *Fanny Mendelssohn,* págs. 145 y ss.

en su manera de tocar que no desaparecerán, pero además también tiene una cierta dulzura y esta tendencia quizá haya contribuido mucho, en su tiempo, a su fama. Luego aparece Paganini, con su manera de tocar indómita, fantástica y vigorosa y todos los jóvenes violinistas se esfuerzan por imitarle y tocan la cuerda del sol de forma espantosa. Si escucho a Spohr un par de años más tarde, instintivamente, su dulzura me llamará más la atención que antes, aunque objetivamente no haya aumentado, porque tengo los oídos llenos de una tendencia opuesta. Naturalmente, el primero en sucumbir a esta influencia es el público en masa; los individuos, más o menos, pero nadie, creo, puede decir que esté totalmente libre de ello. No me costaría aportar un montón de ejemplos diferentes de que cosas o personas que nos gustaron hace un tiempo ahora nos parecen sosas y aburridas o extravagantes e insoportables. Este cambio, por supuesto, nunca afecta a lo más sublime y mejor de su género; pero creo categóricamente que también lo bueno, según cómo afronte el tiempo, puede parecer mejor o peor. ¡Responde a esto, payaso! ¿Quieres que apunte esta correspondencia en mi libro de disputas? [...]

Fanny a su madre

Bornio, al pie del Stelvio
Lado lombardo, 27 de septiembre de 1839

Hace un mes salimos de Berlín, y hoy terminamos felizmente nuestro viaje sobre la ruta más alta de los Alpes. Hicimos un espléndido viaje de cuatro días por el Tirol, increíblemente mimados por el tiempo, que en Múnich los últimos días fue frío y lluvioso y durante el viaje sólo nos mostró un cielo azul y el sol más claro.

Milán, 30 de septiembre

El martes 24 salimos desde Múnich con tiempo dudoso, pero después de algunos chubascos aclaró completamente.

Llegamos hasta el pie de las verdaderas montañas, cruzando paisajes bellos e interesantes. A la mañana siguiente salimos con la salida del sol, la luna estaba opuesta al sol, los dos luciendo con suma claridad, y lo primero que vimos al partir fueron las montañas nevadas del Tirol, al que nos acercábamos. No lejos de la frontera está Hohenschwangau, el castillo reconstruido por el príncipe de Baviera al estilo caballeresco, en un entorno espléndido. El lado desde el que no acercábamos es llano, sólo limitado a lo lejos por montañas más bajas, llenos de prados verdes y bellos lagos cristalinos. En la vertiente posterior de la montaña, en la que está el castillo, hay un hermoso lago alpino, verdinegro, con cisnes que en el agua oscura parecen estrellitas flotantes, y detrás varias capas de altas y altísimas montañas. Se sube por un camino muy cómodo al castillo, por el que ya las farolas con sus respectivos «tallos» *[vid.* La infancia de Félix] son de estilo gótico. En conjunto, no os hacéis idea de lo gótico que es todo allí. Domenic Quaglio dibujó cada sillita del castillo, como sabréis, y finalmente murió allí mismo. Todas las paredes de las salas están cubiertas de pinturas en cera, y el príncipe fue tan libre de prejuicios que en una sala hizo retratar historias de los Hohenstaufen y en otra historias de los Welfen. Sin embargo, burla *à part,* aunque aquí fuera adecuada, todo está realizado de forma ingeniosa y bella, un poco mejor que en el castillo del príncipe Federico en el Rin, y la vista, desde todas las ventanas, a cuatro lagos de carácter muy distinto, es deliciosamente bella. Poco más tarde se cruza la frontera austriaca, cosa que logramos sin molestias mediante un florín, y el mismo día llegamos a un puerto alpino muy importante, el Finstermünz, que basta para llegar a Italia, pues desde allí se puede ir a Bolzano tras cruzar otras montañas. Este puerto de Finstermünz me recordó vivamente el Gotthard. Una subida abrupta por una bella carretera, entre dos filas de rocas; a un lado el Inn, que se oye bramar cada vez más al fondo; y en aquel punto donde la belleza romántica del paisaje llega a su clímax, igual que en el Urner Loch, la carretera sigue hacia dentro, y en vez del puente del diablo se pasa por una fortaleza que los austriacos construyen donde el valle es más estrecho, pegando a las rocas, y entonces de pronto uno se encuentra en un altiplano quieto y verde igual que en Ursern; lo salvaje del río, que poco antes de la fortaleza todavía se vierte en una catarata, se terminó y fluye tan quietamente, todo lo quieto que le es posible a un río tirolés, porque todos parecen ser de champán y no de agua. Cuando habíamos seguido rodando un poco por aquel altiplano se abrió ante nosotros una inmensidad de montañas nevadas, y cuando respondieron a nuestra pregunta que era el «Stilfser Joch» por el que pasaba la nueva carretera, tengo que confesar que el corazón se me cayó un poco a los *inexpressibles*. Dormimos al pie de la alta montaña y salimos a las cinco y media de la mañana. El cielo estaba cubierto, el aire templado, y durante horas siguió inseguro el tiempo. Intentaré daros una impresión lo más concreta posible de aquel memorable camino. La subida por el lado tirolés se divide en tres tramos de cerca de cinco millas, que se diferencian claramente también por su carácter. Durante la primera parte se entra directamente en un valle estrecho ascendiendo ya bastante, llegando a través de un puente unas veces a esta orilla, otras a la orilla de la hendida garganta y acercándose a la muralla de nieve que cierra el valle. Aquí se ve la verdadera naturaleza de los Alpes, prados con ganado, cabañas de vaqueros, rocas, aguas alpinas; Trafoi, la primera parada, está ya a cinco mil pies, y al pie del Stelvio. A partir de aquí la carretera ya no sube en línea recta sino haciendo eses, de modo abrupto, por la montaña. Vistas desde abajo, las balaustradas, de las que a menudo se pueden ver más de doce a la vez, parecen espalderas en un inmenso viñedo. La segunda parada se llama Franzenshöhe y está en el límite de la nieve. Aquí se encuentran ya glaciares y extensos campos de nieve al lado y a los pies; el Ortierspitz es visible desde su punta hasta el pie, y muy cerca el valle más profundo, con su verdor, empieza a desaparecer. Desde aquí hay que andar una milla más por la nieve, pero el tiempo era tan bueno y el sol tan claro que, lejos de necesitar mantas, guantes de piel, pañuelos y todo lo que habíamos preparado para calentarnos, tuvimos también que quitarnos los abrigos. El aire era de un frescor indescriptiblemente agradable, sin ser nada frío. Este último trozo del camino está casi completamente cubierto de fuertes tejados de madera, que lo protegen a él y al viajero de las avalanchas. Finalmente, después de diez horas de subida ininterrumpida, llegamos felices al pico Santa María. Aquí bebimos las últimas gotas del húngaro que nos regalaste tú, querida Beckchen, a la salud de los nuestros dondequiera que estén repartidos por el mundo, y luego siguió el camino bajando alegremente, en dos horas, lo que habíamos subido en más de diez. Este pico del Stelvio es lo más salvaje y fiero que he visto en mi vida, nada más que masas de roca y nieve. La bajada es un verdadero placer; al coche se le frena una rueda y entonces se rueda tan rápida como seguramente por el admirable camino, en el que no encontramos ni una piedrecita, ni un obstáculo, por pequeño que fuera. Aquí se ve el origen del Adda, que poco después de su nacimiento goza de una salud excelente y forma hermosas cataratas. Aquí están también las espléndidas galerías talladas en la roca, seis u ocho; en la mayoría de ellas contamos entre diez y doce lugares horadados, situadas en los espacios intermedios más importantes. Es indescriptiblemente bello cruzar todas estas etapas desde la nieve eterna, a través de las rocas desnudas y la vegetación de abetos y árboles de hoja caduca, hasta la amenidad de un valle fértil; y llegamos muy contentos de nuestra jornada, a la puesta del sol, a Bormio, donde escribí las primeras frases de esta carta.

Me he detenido bastante en esta travesía, porque no es algo tan conocido como lo que os tendré que describir más adelante. Tuvimos el premio gordo con el tiempo durante este viaje, porque cuando salimos de Bormio al día siguiente empezó a llover y no cesó durante tres días, y en el puerto esto hubiera sido más que desagradable, mientras que en el llano nos pareció como un descanso de tanto ver y admirar. En el valle del Adda encontramos devastaciones horribles, causadas por un huracán hace quince días; en muchos puntos estaban arrancadas y destrozadas partes del camino, de puentes y casas; la carretera sin embargo ya estaba otra vez en un estado viable, y los puentes sustituidos por puentes provisionales, pero el aspecto fue sumamente terrible. En la mañana del 29 llegamos al lago de Como y aquí vi por primera vez la Italia mil veces descrita, un millón de veces alabada y sin embargo tan sorprendente. A los olivos, castaños de verdad y moreras ya los habíamos visto por el camino, pero hasta entonces el paisaje aún tenía un carácter alpino; aquí ya cambiaba por completo. En Varenna, donde paramos, la fonda está justo a la orilla del lago y se ve la llanura de un verde claro, de un color más suave y fino, rodeado de las montañas más bellas, con las más variadas formas; tampoco faltan rocas y nieve, pero pasan a un segundo plano, humildemente, y dejan la posición privilegiada a la elegancia. En primer plano teníamos un huerto con limoneros y naranjos cubiertos de flores y de frutos, grandes higueras, rosales, enormes áloes que salían del muro, una vegetación como loca, en terrazas, de las que la última lleva al agua. Una lluvia suave, que por supuesto no nos impidió salir al huerto, y las nubes no le quitaron al paisaje nada de su encanto. No os puedo describir lo entusiasmada y conmovida que estaba, porque conmovedora es la expresión adecuada para la belleza de este paisaje. Sentía muy vivamente que no me lo merecía, y deseaba que todos vosotros estuvierais aquí. A ti, querida madre, Fausto tendría que traerte en su capa y volver a llevarte a casa por la noche, si no sería demasiado agotador para ti; pero tú, Beckchen, tienes que dirigir tu próximo viaje al lago de Como, aunque no puedas visitar toda Italia: es un paisaje como hecho para ti, y ya en sí una digna meta de un viaje. A propósito, Milán está a un tiro de honda. ¡Y los higos! Te aseguro que nunca puedo comerme ninguno, de los dulces que son y cómo se derriten en la lengua, sin desear metértelo a ti en la boca. ¡Y las uvas! Éstas, sin embargo, me las permito, porque no hay persona a quien le gusten más que a mí, pero éstas son históricas en todo el mundo, y ¡te dan dinero al comprarlas! Los albaricoques no cumplen mis expectativas, hasta ahora me han parecido duros y casi incomestibles. A lo largo del lago de Como la carretera vuelve a ser espléndida; en vez de la barandilla, está protegida por un muro cubierto de placas de granito, y otra vez las más magníficas galerías en la roca.

Aquí no hay pequeñas ventanas que sólo dejan entrar la luz necesaria, como en el puerto, sino portales grandes e irregulares, por los que cada vez se tienen las vistas más extraordinarias. [...] Está *écrit là haut*, que en Milán no conoceremos a nadie; todos aquellos para los que tenemos recomendaciones, no están; y una ciudad sin personas (en la bella naturaleza se las necesita menos) es para mí como un cuerpo sin alma; así que Milán no será un punto brillante de este viaje. A la catedral y la Scala las devoramos; un estómago de viajero es realmente una boca enorme, un abismo, un buche de avestruz. En mis cartas iniciaré un apartado «condiciones italianas» y el primer artículo es como sigue: hasta ahora, ningún mendigo; pulgas, pocas; suciedad, hasta la coronilla. Pero Milán es, en su aspecto exterior, una de las ciudades más limpias. Os escribiré algo sobre esto cuando partamos, ahora soy demasiado nueva aquí. En cuanto al idioma, me esfuerzo todo lo que puedo, leo letreros y me hago instruir por la lavandera y el camarero.

Roma, 20 de mayo [1840]

Querida madre y queridos hermanos:

Hemos vivido un día como los de las novelas, pero que en la realidad sólo se logra una vez en la vida, un día sumamente poético, del que me será inolvidable cada minuto. Todos los presentes han firmado arriba, fueron seis pintores, un músico, dos *dilettantes* y Sebastian. Nuestro segundo músico francés Gounod, a quien me hubiera gustado tener con nosotros, porque conozco a pocas personas que se diviertan de forma tan cordial y feliz, enfermó y no pudo venir. Ya desde el once de abril, el día en el que estaba planeada la excursión, fue acordada muchas veces más y luego aplazada por causa del tiempo incierto, y todavía ayer fue un día de lluvia, así que dudamos si podría hacerse esta vez. Pero salió el sol más bello y claro, y a las siete Wilhelm fue primero con Kasselowsky, los Elsasser y Sebastian, y a las nueve seguí yo con Charlotte Thygeson, Bousquet y Dugasseau y un carro con un burro llevó la vajilla y la comida.

Cuando llegamos ya encontramos a todos los pintores repartidos por el jardín y ocupados, pues se había acordado antes que todos deberían ser diligentes; y todos me habían dedicado sus obras, una ley que sólo Magnus transgredió y no trabajó en todo el día. Nosotros los músicos debíamos ponernos tareas unos a otros; yo le traje a Bousquet un poema italiano, del que hizo un pequeño duetto bastante bonito; y él a mí un tomo de Lamartine, del que compuse un par de estrofas. Al mediodía, desayunamos en una cabaña de paja muy espaciosa, con las más bonitas vistas en todas direcciones, y fue muy divertido cómo uno tras otro fue apareciendo con su obra. Elsasser hizo una acuarela, Wilhelm un esbozo al óleo, Kasselowsky y Dugasseau dibujos; yo os lo llevaré todo y así os podréis hacer una idea de la riqueza de este sitio divino. Con el desayuno no nos dimos prisa que digamos, como os podréis imaginar, y después de perder varias horas de la forma más deleitosa, volvimos a repartirnos al azar. Charlotte, Magnus, Bousquet y yo seguimos juntos, nos sentamos delante de un rosal a la sombra de las ruinas del acueducto y ensayamos varias canciones a dos, tres y cuatro voces, de Felix y mías. Os reiréis si os cuento cómo repartimos las voces, pero un pícaro lo hace mejor de lo que puede; ¡la parte de soprano la canté yo! Y la de bajo Bousquet, que tiene tan poca voz como yo, y si tiene alguna es de tenor, y alemán no sabe nada. A pesar de esta cadena de impedimentos presentamos algunas canciones no del todo mal, pero una que yo había compuesto el día anterior para este fin no la logramos, y podrá servir en nuestro jardín alguna vez. Hacia las cuatro el cielo se nubló y se acercó una tormenta. Habíamos ido en dirección a la cercana Villa Massini, donde hay frescos de jóvenes alemanes, pero tuvimos que resguardarnos de la intemperie y nos refugiamos en el salón de la Villa Wolchonsky, decorado de forma muy bonita y elegante, que tiene grandes ventanas hacia varias direcciones, con vistas divinas. Desde allí vimos los grandiosos efectos de la tormenta sobre el paisaje incomparable. Luego nos sentamos a la mesa, y la cocina de Jette gozó del aplauso de todas las naciones. Pero nos levantábamos a cada momento para ir a la ventana o al *belve-*

dere, porque a la tormenta le siguió el arco iris más maravilloso que jamás he visto, completo, doble y de unos colores radiantes y deslumbrantes; se extendía sobre mi querida sierra albana y fue visible cerca de media hora. Antes de que hubiéramos terminado la comida, el tiempo se había aclarado por completo y pudimos tomar café en el jardín. Por la tarde vinieron los Paulsen; los señores jugaron una partida de *boccia* y nosotras dimos un paseo por el jardín, hasta que fue de noche y las luciérnagas empezaron a relucir. Entonces nos sentamos en otra glorieta de rosales con luz (las rosas iluminadas no están nada mal) y recitamos las canciones que habíamos ensayado por la mañana. Mucho más tarde volvimos al salón, tomamos el té e hicimos una pequeña rifa que habíamos preparado. El premio gordo era un grabado de una obra de Rafael, luego un monedero que yo había hecho a ganchillo y varias de mis obras para piano muy populares aquí, que había copiado con una letra lo más bonita posible. Pero la fortuna resultó muy torpe: mis tres obras de piano le tocaron todas a la familia Paulsen y la mejor al coronel, que está medio ciego y no parecía la misma música; pero es un gran admirador mío. Con todo, creo que la Thygeson se quedará con ellas y allí están bien; a Magnus le tocó el grabado, que no le sirve para nada, ya que se va dentro de un par de semanas; y los señores que habían trabajado para mí se quedaron todos con premios menores, papel de cartas romano. A consecuencia de esto tuve que prometer volver a copiar varias veces varias de mis obras. Cerca de medianoche llegamos a casa, todos muy contentos por el precioso día. No he visto nunca un día de fiesta tan perfectamente logrado; ninguna casualidad inoportuna, incluso la tormenta sirvió sólo para aumentar nuestro placer; ni un minuto de ocio, durante todo el día conversaciones divertidas o serias, pero siempre ingeniosas; creo que no había nadie entre nosotros cuyas facultades no fueran potenciadas por el momento. Beckchen, ¡cómo te hubieras alegrado! ¿Habré hablado de vosotros a los que no conocéis?

Lo especial de la Villa Wolchonsky es (como solía decir L. de Roma) «la situación de este viejo sitio». El chalet en sí no es un palacio, sino una casa sencilla, construida al estilo irregular italiano; a mi parecer tan bonito, con la escalera libre y toda visible por fuera. El jardín está dividido a lo largo por las ruinas del acueducto, aprovechadas para todo tipo de instalaciones; hay escaleras que suben a los arcos y arriba hay asientos; por todas partes se ven bustos y estatuas en los muros antiguos, casi cubiertos de hiedra, y las rosas suben hasta la cima. Áloes, higueras de la India, palmeras, capiteles de columnas, recipientes antiguos, fragmentos; todo esto vive, crece, cae lo uno por encima de lo otro; y millones de rosas de todo tipo, glorietas, setos, arbustos y arbustos de rosas crecen por todos lados y dan vida al conjunto. Especialmente preciosas son cuando se apoyan en los cipreses. No os podéis imaginar lo poético y bonito que queda. [...]

No os impacientéis si, cuando volvamos, hablamos una y otra vez de Italia; no puedo prometer no hacerlo, mi corazón está demasiado lleno de ella. [...] Mientras tanto vivimos los días y las noches más divinas, pues tengo que decir que bebemos el final de esta deliciosa temporada tan por completo, que sólo dedicamos un mínimo al sueño y pasamos la mitad de la noche paseando o dibujando y haciendo música. Ahora no aguanto nada bajo techado, incluso en el Vaticano no he estado desde hace una eternidad; por la noche mi marido no consigue meterme en casa, todavía me paro hasta en la puerta y me repugna el aire del cuarto. Pero no temáis, no estamos ni nerviosos ni cansados, sino muy tranquilos y completamente sanos; y sólo la conciencia del final cercano de esta bella temporada, y a la vez el aire divino, hace que no echemos de menos el sueño. Ay, ¡qué bella es la vida!, ¡qué pena que no la aprovechemos más cada día! Ojalá pudiéramos decirles a algunos días: ¡alto!, ¡detente un poquito, deja que te miremos más a fondo!... ¡Adiós, queridísima madre y queridísimos hermanos; adiós, probablemente, a Roma!...

ÍNDICE